Winfried Schwabe

Lernen mit Fällen
Strafrecht
Allgemeiner Teil

Winfried Schwabe

Lernen mit Fällen

Strafrecht
Allgemeiner Teil

Materielles Recht
& Klausurenlehre

11., überarbeitete Auflage, 2020

BOORBERG

Bibliografische Information der Deutschen Nationalbibliothek | Die Deutsche Nationalbibliothek verzeichnet diese Publikation in der Deutschen Nationalbibliografie; detaillierte bibliografische Daten sind im Internet über www.dnb.de abrufbar.

11. Auflage, 2020
ISBN 978-3-415-06818-6

Druck und Bindung: Beltz Grafische Betriebe GmbH, Am Fliegerhorst 8, 99947 Bad Langensalza

Richard Boorberg Verlag GmbH & Co KG | Scharrstraße 2 | 70563 Stuttgart
Stuttgart | München | Hannover | Berlin | Weimar | Dresden
www.boorberg.de

Vorwort

Die 11. Auflage bringt das Buch auf den Stand von Juli 2020. Rechtsprechung und Literatur sind bis zu diesem Zeitpunkt berücksichtigt und eingearbeitet.

Dem Leser lege ich ans Herz, zunächst die Hinweise zur sinnvollen Arbeit mit diesem Buch – gleich folgend auf der nächsten Seite – sorgfältig durchzusehen.

Köln, im August 2020 Winfried Schwabe

Zur Arbeit mit diesem Buch

Das Buch bietet dem Leser **zweierlei** Möglichkeiten:

Zum einen kann er anhand der Fälle das **materielle Recht** erlernen. Zu jedem Fall gibt es deshalb zunächst einen sogenannten »Lösungsweg«. Hier wird Schritt für Schritt die Lösung erarbeitet, das notwendige materielle Recht aufgezeigt und in den konkreten Fallbezug gebracht. Der Leser kann so in aller Ruhe die einzelnen Schritte nachvollziehen, in unzähligen Querverweisungen und Erläuterungen die Strukturen, Definitionen und sonst notwendigen Kenntnisse erwerben, die zur Erarbeitung der Materie, hier also des Allgemeinen Teils des Strafgesetzbuches, unerlässlich sind.

Zum anderen gibt es zu jedem Fall nach dem gerade beschriebenen ausführlichen Lösungsweg noch das klassische **Gutachten** im Anschluss. Dort findet der Leser dann die »reine« Klausurfassung, also den im Gutachtenstil vollständig ausformulierten Text, den man in der Klausur zum vorliegenden Fall hätte anfertigen müssen, um die Bestnote zu erzielen. Anhand des Gutachtens kann der Leser nun sehen, wie das erarbeitete Wissen tatsächlich nutzbar gemacht, sprich in **Klausurform** gebracht wird. Der Leser lernt die klassische strafrechtliche Gutachtentechnik: Gezeigt wird, wie man ein strafrechtliches Gutachten aufbaut, wie man dabei richtig subsumiert, mit welchen Formulierungen man arbeiten sollte, mit welchen Formulierungen man ***nicht*** arbeiten sollte, wie man einen Meinungsstreit in der Klausur souverän darstellt, wie man einen Obersatz und einen Ergebnissatz vernünftig aufs Papier bringt, wie man Wichtiges von Unwichtigem trennt usw. usw.

Und noch ein Tipp zum Schluss: Die im Buch zitierten Paragrafen sollten auch dann nachgeschlagen und vor allem gelesen werden, wenn der Leser meint, er kenne sie schon. Das ist leider zumeist ein Irrtum. Auch das Strafrecht erschließt sich nur mit der sehr sorgfältigen Lektüre des Gesetzes. Wer anders arbeitet, verschwendet seine Zeit. Versprochen.

Inhaltsverzeichnis

1. Abschnitt

Die Grundlagen: Kausalität, Vorsatz, deliktsspezifische Absichten, der strafrechtliche Deliktsaufbau

2. Abschnitt

Die Rechtswidrigkeit einer Tat: Rechtfertigungsgründe im Strafrecht

7. Abschnitt

Die Irrtümer im Strafrecht: Tatbestandsirrtum (§ 16 StGB), Verbotsirrtum (§ 17 StGB) und Erlaubnistatbestandsirrtum

1. Abschnitt

Die Grundlagen:

Kausalität, Vorsatz, deliktsspezifische Absichten, der strafrechtliche Deliktsaufbau

Fall 1

Doof gelaufen

Bei einer Schlägerei in der Hamburger Rotlichtszene hat Rocker R seinen Kontrahenten K mit einem Brotmesser in Tötungsabsicht niedergestochen. K ist daraufhin bewusstlos und schwer verletzt zu Boden gegangen, hat die Attacke aber – anders als vom flüchtenden R irrtümlich angenommen – überlebt. Wenige Minuten später erscheint ein von Passanten gerufener Notarzt. Auf dem Weg zum Krankenhaus gerät der Rettungswagen dann aber blöderweise in einen vom LKW-Fahrer L verursachten Verkehrsunfall, bei dem K aufgrund des Zusammenstoßes der beiden Fahrzeuge einen Genickbruch erleidet und auf der Stelle tot ist. Der wegen Tötung des K angeklagte R meint später vor Gericht, angesichts der Umstände könne er keinesfalls wegen einer vollendeten Tat verurteilt werden. Den Tod des K habe schließlich der L herbeigeführt.

Strafbarkeit des R? Der § 211 StGB (Mord) bleibt außer Betracht.

> **Schwerpunkte:** Der Deliktsaufbau eines vorsätzlichen Erfolgsdelikts; die Zurechnung des Deliktserfolges; die Kausalität zwischen Handlung und Erfolg; die Bedingungstheorie; die Versuchsstrafbarkeit.

Lösungsweg

Einstieg: Wir starten mit dem Strafrecht und haben uns für den Anfang einen vergleichsweise einfachen Fall ausgesucht. Einfach deshalb, weil man das Problem der Geschichte da oben nicht wirklich suchen muss: Es geht selbstverständlich um die Frage, ob unser Rocker R tatsächlich dafür einstehen muss (also entsprechend zu bestrafen ist), dass K nicht an den von R beigebrachten Stichverletzungen stirbt, sondern vielmehr vorher bei dem von L verursachten Verkehrsunfall im Krankenwagen das Zeitliche segnet. Knifflige Frage – und auch durchaus mit überraschendem Ausgang, wie wir später sehen werden.

Zunächst aber müssen wir uns mal damit vertraut machen, wie man einen strafrechtlichen Fall überhaupt angeht, also wie man eine entsprechende Klausur bzw. Fall-Lösung im »Ernstfall« (= Uni-Klausur oder Hausarbeit) anzufertigen hätte. Denn allein mit dem Ergebnis ist es nicht getan, auch hier im Strafrecht zählt hauptsächlich der Weg bzw. die Hinführung zum Ziel. Ob das gefundene Ergebnis am Ende »richtig« oder »falsch« ist, spielt tatsächlich nur eine untergeordnete Rolle, sofern der vom Kandidaten gewählte Weg nachvollziehbar und in sich schlüssig ist.

Achtung: Bei den Strafrechtsfällen gibt es – anders als im Bürgerlichen Recht – ziemlich strenge und demnach vom Bearbeiter unbedingt einzuhaltende Aufbaumuster. Diese Aufbaumuster muss man kennen, denn die Fall-Lösungen im Strafrecht setzen neben der Kenntnis der materiell-rechtlichen Fragen vor allem auch voraus, dass man die entscheidenden Probleme auch an den richtigen Stellen bearbeitet bzw. diskutiert. Wir widmen uns in diesem Buch daher neben den materiell-rechtlichen Inhalten gleich von Anfang an auch dem **Aufbau** einer strafrechtlichen Fall-Lösung – wie gesagt, ein vernünftiger und dogmatisch einwandfreier Aufbau ist unabdingbare Voraussetzung für eine brauchbare Klausurbearbeitung und Note.

So, und in unserem ersten Fall schauen wir uns zum Einstieg jetzt mal das sogenannte »vorsätzlich begangene Erfolgsdelikt« an, und zwar den vollendeten Totschlag nach § 212 Abs. 1 StGB (aufschlagen!). Und geprüft wird das Ganze bitte so:

Strafbarkeit des R

→ § 212 Abs. 1 StGB (Totschlag – vollendet)

I. Tatbestand

A. Objektiv

Der R müsste einen Menschen getötet haben (bitte lies § 212 Abs. 1 StGB).

> **Beachte:** Die Gesetzesformulierung »ohne Mörder zu sein« aus § 212 Abs. 1 StGB, die früher als Abgrenzungskriterium zu § 211 StGB verstanden wurde, ist heutzutage nach allgemeiner Ansicht ohne jede sachliche Bedeutung und kann daher getrost überlesen bzw. aus dem Gesetzestext gestrichen werden (S/S/*Eser/Sternberg-Lieben* § 212 StGB Rz. 1; *Fischer* § 212 StGB Rz. 2). Der Mord grenzt sich vom Totschlag allein durch die in § 211 StGB genannten Mordmerkmale ab (*Lackner/Kühl* vor § 211 StGB Rz. 18; *Fischer* § 212 StGB Rz. 1). Merken.

Zurück zur Tatbestandsprüfung des § 212 Abs. 1 StGB:

1. Erforderlich für den objektiven Tatbestand des § 212 Abs. 1 StGB ist zunächst der dort geforderte **Deliktserfolg**, also der Tod eines Menschen. Das ist hier natürlich kein Problem, denn der K ist ja verstorben.

2. Des Weiteren notwendig ist auch eine **Tathandlung**, Straftatbestände setzen nämlich in der Regel ein positives Tun seitens des Täters voraus. Auch das ist hier nicht problematisch, der R hat auf den K mit einem Messer eingestochen.

<u>**ZE.**</u>**:** Damit liegt sowohl der für § 212 Abs. 1 StGB erforderliche Deliktserfolg als auch die stets notwendige Tathandlung vor.

Aber: Das kann natürlich noch nicht alles sein. Bei Strafgesetzen, die zur Erfüllung des Tatbestandes neben der Tathandlung auch noch einen Deliktserfolg voraussetzen (sogenannte »Erfolgsdelikte«), benötigt man für die Erfüllung des objektiven Tatbestandes immer noch eine besondere Verbindung zwischen diesem Deliktserfolg und der Tathandlung. Diese Verbindung nennt man »Ursächlichkeit« oder juristisch feiner ausgedrückt »Kausalität«. Der Deliktserfolg muss, um dem Täter auch strafrechtlich **zurechenbar** zu sein, ursächlich (kausal) auf der Handlung des Täters beruhen. Der dritte Prüfungspunkt im objektiven Tatbestand eines Erfolgsdelikts lautet daher:

3. Kausalität und objektive Zurechnung des Deliktserfolgs

a) Die zunächst erforderliche einfache oder auch »normale« Kausalität zwischen Handlung und Deliktserfolg bestimmt man nach der sogenannten »**Bedingungstheorie**«, auch »Äquivalenzformel« oder »conditio sine qua non«-Formel (lat: »Bedingung, ohne die nicht«) genannt; und die geht so:

> **Definition:** Die Handlung des Täters ist ursächlich im Sinne des Strafrechts, wenn sie nicht hinweggedacht werden kann, ohne dass der Erfolg in seiner konkreten Gestalt entfiele (BGHSt **49**, 1; BGHSt **10**, 369; BGHSt **1**, 332; MK/*Freund* vor § 13 StGB Rz. 333; *Rengier* AT § 13 Rz. 3; *Wessels/Beulke/Satzger* Rz. 228).

Beachte: Diese Formel bzw. Definition ***muss*** man kennen, sie gehört zum absoluten Standardprogramm und wird in jeder Klausur, in der es um Kausalitätsfragen geht, abgefragt. Dabei bildet sie stets den Ausgangspunkt einer jeden Überlegung, hat gleichwohl nur einen sehr begrenzten Wert, wie man etwa an folgendem Anwendungsbeispiel sehen kann: Nach der gerade genannten Definition ist nämlich z. B. der Verkäufer V, der dem R das Brotmesser verkauft hat, »ursächlich« im eben genannten Sinne für den Tod des K, **denn:** Hätte V dem R nicht das Messer verkauft, hätte R den K damit nicht abstechen können. Die Handlung des V ist also »ursächlich« im Sinne der Definition für den Tod des K. Oder wenn man es auf die Spitze treiben möchte: Die Mutter M des R ist ebenfalls »ursächlich« für den Tod des K: Hätte sie den R nicht gezeugt und geboren, wäre K noch am Leben.

Man sieht es: »Kausal« im Sinne der Bedingungstheorie ist so ungefähr alles, was irgendwann mal auf der Welt passiert ist. Deshalb genügt diese Theorie auch nur, um überhaupt einen ursächlichen (logischen) Zusammenhang zwischen Handlung und Erfolg herzustellen – mehr aber auch nicht. Hier bedarf es noch der Verfeinerung, was wir gleich im nächsten Schritt erledigen werden. Vorher aber der Vollständigkeit halber unser bisheriges **Zwischenergebnis:**

<u>ZE.</u>: Das Abstechen des K war **ursächlich** im Sinne der Bedingungstheorie, denn ohne die Stiche des R hätte K nicht im Krankenwagen zur Klinik gebracht werden müssen und auf diesem Weg als Unfallopfer den tödlichen Genickbruch erlitten.

b) Damit nun aber nicht jeder Mensch, der irgendetwas mit dem Täter zu tun hat, gleich die Verantwortung für sämtliches vom Täter begangene Unrecht übernehmen muss, muss die »Zurechnung« eines Deliktserfolges natürlich weiter eingegrenzt werden. Zur Durchführung dessen gibt es eine Vielzahl von Theorien und Spielarten, die freilich allesamt nach demselben Prinzip funktionieren: Man nennt das Ganze die »**objektive Zurechnung**« eines Deliktserfolges, und diese bestimmt sich nach folgender, unbedingt zu merkender Definition:

Objektiv zurechenbar ist ein Erfolg nur, wenn der Täter **1.** eine rechtlich missbilligte Gefahr geschaffen hat, die sich **2.** im konkreten tatbestandsmäßigen Erfolg später auch realisiert hat (BGH NStZ **2011**, 341; MK/*Freund* vor § 13 StGB Rz. 404; S/S/*Eisele* vor § 13 StGB Rz. 91; *Wessels/Beulke/Satzger* Rz. 261).

Beachte: Mit dieser zweigeteilten Definition soll garantiert werden, dass die strafrechtliche Haftung nicht uferlos ausgeweitet wird, sondern der Täter nur dann bestraft werden kann, wenn sich der eingetretene Erfolg neben der »normalen« Ursächlichkeit vor allem auch unter wertender Betrachtung als »**sein Werk**« darstellt (*Rengier* § 13 Rz. 48; *Roxin* § 11 Rz. 39; *Wessels/Beulke/Satzger* Rz. 257). So muss der Brotmesserverkäufer selbstverständlich **nicht** dafür einstehen, wenn seine Kunden mit den gekauften Messern später andere Leute um die Ecke bringen. Und keine Mutter der Welt muss fürchten, wegen der Geburt ihres Kindes strafrechtlich belangt zu werden, wenn aus dem schnuckeligen Baby später eine Unterweltgröße geworden ist. Zwar sind der Brotmesserverkäufer und die Mutter M »ursächlich« im Sinne der Bedingungstheorie für die von R begangene Tat, denn ihre Handlungen können nicht hinweggedacht werden, ohne dass der Erfolg entfiele. Allerdings haben beide schon keine »rechtlich missbilligte Gefahr« geschaffen, die sich später realisiert haben könnte. Wer ein Brotmesser verkauft oder ein Baby zur Welt bringt, handelt nämlich nicht strafrechtlich inadäquat und schafft somit eben auch keine rechtlich missbilligte Gefahr. Hier scheitert die objektive Zurechnung also bereits an ihrer ersten Voraussetzung (weitere Fallgruppen dazu bei *Wessels/Beulke/Satzger* Rz. 264 ff.).

Kniffliger – und dafür ist die Definition oben eigentlich auch erfunden worden – wird es hingegen in den Fällen, in denen der Täter sehr wohl eine rechtlich missbilligte Gefahr geschaffen hat (also die 1. Voraussetzung der Definition vorliegt), der Deliktserfolg später dann aber anders als geplant eintritt, zum **Beispiel:** Täter T schießt in Tötungsabsicht auf den O. Der O überlebt, verstirbt aber trotz erfolgreicher Operation an einer zwei Tage darauf im Krankenhaus erlittenen Wundinfektion. **Oder:** Täter T stößt den O von einer 20 Meter hohen Brücke in der Hoffnung, O werde auf einen Brückenpfeiler fallen und durch den Aufprall zu Tode kommen. Der O indessen verfehlt den Brückenpfeiler, fällt ins Wasser, ertrinkt aber Minuten später, weil er – was T nicht wusste – Nichtschwimmer ist.

Frage: Muss der Täter in diesen Fällen für den Tod des Opfers einstehen? Dass die Handlungen des Täters jeweils »**ursächlich**« im Sinne der Bedingungstheorie waren, ist zunächst mal nicht problematisch, denn sie können nicht hinweggedacht werden, ohne dass der Erfolg in seiner konkreten Gestalt entfiele. Und dass der Täter in diesen Fällen eine rechtlich missbilligte Gefahr des Todes für das Opfer geschaffen hat, ist ebenso klar. **Aber:** Hat sich im konkret eingetretenen Erfolg dann auch wirklich genau die Gefahr realisiert, die der Täter mit seiner Handlung geschaffen hat?

Erst mal zu unserem Fall: Der R hat den K niedergestochen. Er hat damit auf jeden Fall schon mal eine rechtlich missbilligte **Gefahr** im oben benannten Sinne geschaffen, nämlich die Gefahr des Todes des K. Gestorben ist der K aber nicht an den Stichverletzungen, sondern an dem bei dem Verkehrsunfall erlittenen Genickbruch. Damit müsste man eigentlich sagen, dass der Erfolg dem R **nicht** zurechenbar ist, denn wenn man jemanden absticht, schafft man ja nur die Gefahr des Todes infolge ***dieser*** Verletzungen, also etwa durch Verbluten oder durch die Beschädigung innerer Organe. Im konkreten tatbestandsmäßigen Erfolg (→ Genickbruch bei Verkehrsunfall) hat sich nach dieser Sichtweise also nicht die von R durch die Stiche geschaffene Gefahr realisiert. Andererseits hätte K ohne die Stiche ja gar nicht in dem Krankenwagen gelegen. Und das war für R ja auch kalkulierbar. Wer jemanden mit Messerstichen schwer verletzt, schafft damit überhaupt erst eine entsprechende »Rettungslage« und auch die Gefahr der Verletzung oder des Todes z. B. durch den Transport im Rettungswagen. Also doch objektive Zurechnung?

Lösung: Man sieht, dass die ganze Geschichte gar nicht so einfach ist. Und genau deshalb tauchen diese Fällchen auch seit Jahrzehnten mit beständiger Regelmäßigkeit nicht nur in sämtlichen Lehrbüchern, sondern auch in den universitären Übungen und – freilich nur als kleine Teil- bzw. Randprobleme – im Examen auf. Das durchaus erstaunliche Ergebnis würde den Laien übrigens überraschen, wir aber können es nach der jetzt geleisteten Vorarbeit inzwischen erahnen, **nämlich:** Nach allgemeiner Ansicht realisiert sich im Tode bei einem Verkehrsunfall im Rettungswagen **nicht** das durch den Täter vorher geschaffene Risiko, sondern vielmehr nur das allgemeine, mit jeder Autofahrt verbundene Gefährdungsrisiko im Straßenverkehr. Die Gefahr, bei einem Verkehrsunfall zu Tode zu kommen, wird durch die vorherige Beibringung einer lebensgefährlichen Verletzung weder geschaffen noch in strafrechtlich relevanter Weise erhöht (*Rengier* AT § 13 Rz. 64; *Kühl* AT § 36 Rz. 29; vgl. auch *Jescheck/Weigend* § 28 IV 3; S/S/*Eisele* vor § 13 StGB Rz. 95/96; LK/*Walter* vor § 13 StGB Rz. 72 sowie BGHSt **1**, 332, 334; BGHSt **12**, 75). Der bei einem Verkehrsunfall eingetretene Tod stellt einen sogenannten »atypischen Kausalverlauf« dar, für den der Täter nicht einstehen muss (*Rengier* AT § 13 Rz. 64; *Kühl* AT § 36 Rz. 29).

Also: Eine Bestrafung des R wegen vollendeten Totschlages nach § 212 Abs. 1 StGB scheitert daran, dass der durch den Genickbruch eingetretene Tod des K dem R nicht objektiv zugerechnet werden kann. Im konkret eingetretenen Tod des K hat sich vielmehr nur das allgemeine Risiko, im Straßenverkehr durch einen Unfall zu Tode zu kommen, realisiert; nicht realisiert hat sich im Genickbruch des K die von R durch die Stichverletzungen geschaffene Gefahr des Todes.

Ergebnis: R ist nicht wegen vollendeten Totschlages nach § 212 Abs. 1 StGB strafbar.

Vorsicht: Damit geht R selbstverständlich nicht gänzlich straffrei nach Hause, denn: Es bleibt für ihn natürlich ein – freilich deutlich gnädigerer – versuchter Totschlag nach den §§ 212 Abs. 1, 22, 23 Abs. 1, 12 Abs. 1 StGB sowie – Achtung! – eine **vollendete** gefährliche Körperverletzung nach §§ 223, 224 Abs. 1 Nrn. 2 und 5 StGB (aufschlagen!) übrig.

Beachte: Diese beiden Straftatbestände darf man in den Fällen der vorliegenden Art nicht übersehen. Wir werden an dieser Stelle, um den ersten Fall hier stoffmäßig nicht zu überfrachten, allerdings auf eine vertiefte Prüfung vorläufig verzichten; wie das mit einer Versuchsprüfung im Einzelnen funktioniert, schauen wir uns später im Buch ab Fall Nr. 15 noch in aller Ruhe und Ausführlichkeit an, wollen uns gleichwohl bitte trotzdem hier schon mal merken, dass bei mangelnder objektiver Zurechnung im Hinblick auf den Deliktserfolg im Regelfall die **Versuchsstrafbarkeit** des entsprechenden Delikts übrig bleibt. Der Täter wollte ja den Erfolg herbeiführen, es hat nur leider nicht so geklappt, wie er es sich vorgestellt hat (→ Versuchsstrafbarkeit). Und die Oberschlauen dürfen sich abschließend auch noch merken, dass in einer versuchten Tötung im Zweifel (also bei körperlicher Gewaltanwendung) immer auch eine **vollendete** Körperverletzung mit enthalten ist, für die der Täter dann auch tatsächlich noch mal separat bestraft wird (BGHSt **44**, 196). Denn wer versucht hat, einen anderen durch körperliche Gewalt umzubringen, hat im Normalfall immer auch eine vollendete Körperverletzung mit eigenem Unwertgehalt begangen.

Gesamtergebnis: R hat sich also strafbar gemacht wegen versuchten Totschlages nach den §§ 212 Abs. 1, 22, 23, 12 Abs. 1 StGB und wegen vollendeter gefährlicher Körperverletzung gemäß den §§ 223, 224 Abs. 1 Nrn. 2 und 5 StGB. Wegen vollendeten Totschlages ist er hingegen nicht zu bestrafen; dort fehlte es an der objektiven Zurechnung des Deliktserfolges (siehe oben).

Kurzer Nachtrag zum Fall

Der Vollständigkeit halber wollen wir gerade noch aufklären, wie das denn mit der objektiven Zurechnung in den weiter oben genannten Beispielsfällen gewesen wäre; also bei den Geschichten mit der Wundinfektion und dem ertrunkenen Opfer, das eigentlich beim Aufprall auf dem Brückenpfeiler sterben sollte:

→ Eindeutig und unstreitig ist zunächst mal die Sache mit der Wundinfektion. Stirbt jemand im Anschluss an eine vom Täter beigebrachte Verletzung an einer solchen Wundinfektion, muss der Täter hierfür strafrechtlich auch einstehen, **denn:** Wer einen anderen in Tötungsabsicht verletzt, haftet grundsätzlich auch für die daraus sich entwickelnden weiteren Schäden, wenn und soweit sie an das vorausgegangene Geschehen anknüpfen und nicht vollkommen atypisch sind. Dazu gehört namentlich die Infektion im Krankenhaus mit lebensbedrohlichen Bakterien, denn durch die vorher beigebrachte Verletzung hat sich das Infektionsrisiko überhaupt erst ergeben. Ein solcher Verlauf liegt innerhalb der allgemeinen Lebenserfahrung und stellt insbesondere keinen atypischen Kausalverlauf dar (so entschieden schon vom Reichsgericht → RGSt **70**, 257; vgl. auch *Rengier* AT § 13 Rz. 66). Anders übrigens wäre die Lage zu beurteilen gewesen, wenn das verletzte Opfer im Krankenhaus an einem **ärztlichen Kunstfehler** stirbt; dies muss sich der Täter nicht zurechnen lassen, denn von einem solchen Verlauf kann und muss man nicht ausgehen (OLG Celle NJW **1958**, 271; vgl. auch *Jescheck/Weigend* § 28 IV 3). Hier unterbricht das pflichtwidrige Einschreiten des Dritten die objektive Zurechnung für den Ersttäter (OLG Celle NJW **1958**, 271, 273). Für den Tod des Opfers muss man hingegen dann einstehen, wenn das vom Täter verletzte Opfer – Achtung! – die notwendige Operation unter Hinweis auf eine dadurch neu entstehende Lebensgefahr verweigert und später dann tatsächlich verstirbt, weil diese Operation nicht durchgeführt wurde (so entschieden vom OLG Celle in StV **2002**, 366). Verweigert das Opfer indessen **grundlos** jede mögliche Hilfsmaßnahme oder entzieht sich dieser, entfällt die strafrechtliche Verantwortung des Täters für den dadurch eingetretenen Tod (*Wessels/Beulke/Satzger* Rz. 269 ff.; vgl. insoweit aber auch den sehr unappetitlichen Fall des BGH in NStZ **1994**, 394).

→ Bei der Geschichte mit dem Brückenpfeiler liegt die Lösung nach dem von uns Erlernten auf der Hand: Wer einen anderen von der Brücke schubst in der Hoffnung, derjenige komme beim Sturz auf einen Brückenpfeiler zu Tode, muss auch dafür einstehen, wenn die Person an dem Pfeiler vorbei fällt und später durch Ertrinken stirbt. Denn mit dem Sturz von einer Brücke wird nicht nur die Gefahr des Todes durch Aufprall auf einen Brückenpfeiler, sondern auch die Gefahr des Todes durch Ertrinken geschaffen. Die Abweichung des Kausalverlaufs ist in diesem Falle unerheblich und entlastet den Täter nicht (vgl. *Rengier* § 13 Rz. 66 ff.; *Wessels/Beulke/Satzger* Rz. 244). Alles klar?!

Gut. Dann haben wir das Wichtigste erledigt und das Lernziel dieses Falles erreicht. Wer möchte, liest jetzt ganz zum Schluss bitte trotzdem noch ein paar wenige Zeilen weiter, wir betreten nämlich noch kurz die juristische Feinkostabteilung (= Wissen, das in der Klausur Sonderpunkte einbringt). Dort gibt es für die wirklich Interessierten noch eine Kleinigkeit zu lernen, und zwar: Wir haben oben in der Lösung mehrfach das Wort »**Erfolgsdelikt**« verwendet und auch schon erläutert, dass es sich hierbei – also z.B. bei § 212 Abs. 1 StGB – um ein Strafgesetz handelt, das zur Erfüllung des objektiven Tatbestandes neben der stets erforderlichen Tathandlung immer auch einen davon abgrenzbaren **Deliktserfolg** benötigt. Von diesen Delikten gibt es eine ganze Menge im StGB (lies z.B. § 223 Abs. 1 StGB oder § 263 StGB oder auch § 303 Abs. 1 StGB), und wir wissen seit eben, worauf man bei der Prüfung besonders achten muss, nämlich auf die ursächliche Verbindung zwischen Handlung und Erfolg (die **Kausalität**).

Neben diesen »Erfolgsdelikten« gibt es noch andere Deliktsarten, und zwar unter anderem die sogenannten »schlichten Tätigkeitsdelikte«.

Bitte lies: **§ 153 Abs. 1 StGB**.

Der § 153 Abs. 1 StGB hat eine andere Struktur als ein Erfolgsdelikt, denn im Gesetz wird nur eine **Tathandlung** vorausgesetzt, ein klassischer »Deliktserfolg« ist demgegenüber nicht notwendig (prüfen, bitte!). Strafbar nach § 153 Abs. 1 StGB ist man somit schon und nur dann, wenn man vor Gericht uneidlich die Unwahrheit sagt. Ob das Gericht der geflunkerten Aussage später glaubt oder nicht (→ das wäre dann quasi der insoweit in Betracht kommende »Deliktserfolg«), ist vollkommen irrelevant. Strafbar ist nach dem Willen des Gesetzgebers also allein die Falschaussage, sprich die Tathandlung an sich. Mehr, insbesondere ein Deliktserfolg, ist für die Strafbarkeit nicht notwendig. Wir wollen uns also für die Zukunft bitte merken, dass es im StGB verschiedene Formen von Delikten gibt, unter anderem »Erfolgsdelikte« und »schlichte Tätigkeitsdelikte«. Bei den Erfolgsdelikten bedarf es neben der Tathandlung immer auch eines Deliktserfolges sowie einer entsprechenden Kausalverknüpfung zwischen Handlung und Erfolg. Bei den schlichten Tätigkeitsdelikten genügt zur Erfüllung des objektiven Tatbestandes hingegen allein die Tathandlung.

Gutachten

Und jetzt kommt, wie oben im Vorspann (vgl. dort: »Zur Arbeit mit diesem Buch«) schon angekündigt, die ausformulierte Lösung, also das, was man dem Prüfer als Klausurlösung des gestellten Falles vorsetzen sollte, das **Gutachten**.

Hierzu vorab noch zwei Anmerkungen:

1. Zunächst ist wichtig zu verstehen, dass diese ausformulierte Lösung – also das Gutachten – sich sowohl vom Inhalt als auch vom Stil her maßgeblich von dem eben dargestellten Lösungsweg, der ausschließlich der **inhaltlichen** Erarbeitung der Materie diente, unterscheidet: In der ausformulierten (Klausur-)Lösung haben sämtliche Verständniserläuterungen nichts zu suchen. Da darf nur das rein, was den konkreten Fall betrifft und ihn zur Lösung bringt. Inhaltlich darf sich die Klausurlösung, die man dann zur Benotung abgibt, ausschließlich auf die gestellte Fall-Frage beziehen. Abschweifungen, Erläuterungen oder Vergleiche, wie ich sie oben in den Lösungsweg haufenweise zur Erleichterung des Verständnisses eingebaut habe, dürfen **nicht** in das Niedergeschriebene aufgenommen werden. Die ausformulierte Lösung ist mithin deutlich kürzer und inhaltlich im Vergleich zum gedanklichen Lösungsweg erheblich abgespeckt. Wie gesagt, es darf nur das rein, was den konkreten Fall löst. Alles andere ist überflüssig und damit – so ist das bei Juristen – **falsch**.

2. Man sollte sich als Jura-StudentIn rechtzeitig darüber im Klaren sein, dass die Juristerei eine Wissenschaft ist, bei der – mit ganz wenigen Ausnahmen – nur das **geschriebene** Wort zählt. Sämtliche Gedanken und gelesenen Bücher sind leider so gut wie wertlos, wenn die gewonnenen Erkenntnisse vom Kandidaten nicht vernünftig, das heißt in der juristischen Gutachten- bzw. Subsumtionstechnik, zu Papier gebracht werden können. Die Prüfungsaufgaben bei den Juristen, also die Klausuren und

Hausarbeiten, werden nämlich bekanntermaßen geschrieben, und nur dafür gibt es dann auch die Punkte bzw. Noten. Übrigens auch und gerade im Examen.

Deshalb ist es außerordentlich ratsam, frühzeitig die für die juristische Arbeit ausgewählte (Gutachten-)Technik zu erlernen. Die Gutachten zu den Fällen stehen aus genau diesem Grund hier stets im Anschluss an den jeweiligen Lösungsweg und sollten im höchsteigenen Interesse dann auch nachgelesen werden. Es ist nur geringer Aufwand, hat aber einen beachtlichen Lerneffekt, denn der Leser sieht jetzt, wie das erworbene Wissen tatsächlich nutzbar gemacht wird. Wie gesagt: In der juristischen Prüfungssituation zählt im Zweifel nur das **geschriebene** Wort. Alles klar!?

Und hier kommt der (Gutachten-)Text für unseren ersten Fall:

R könnte sich dadurch, dass er auf den K in Tötungsabsicht eingestochen hat, wegen vollendeten Totschlages gemäß § 212 Abs. 1 StGB strafbar gemacht haben.

Objektiver Tatbestand:

1. Erforderlich für den objektiven Tatbestand des § 212 Abs. 1 StGB ist zunächst der dort geforderte Deliktserfolg, also der Tod eines Menschen. K ist verstorben, der Deliktserfolg ist mithin eingetreten.

2. Des Weiteren notwendig ist eine Tathandlung des R. Der R hat auf den K mit einem Messer eingestochen und damit eine geeignete Tathandlung vollzogen.

3. Zwischen dem Deliktserfolg und der Tathandlung des R muss des Weiteren eine Kausalität bestehen; der Deliktserfolg muss dem R insbesondere zurechenbar sein.

a) Die insoweit zunächst erforderliche einfache Kausalität zwischen Handlung und Deliktserfolg bestimmt sich nach der sogenannten »Bedingungstheorie«. Die Handlung des Täters ist demnach dann ursächlich im Sinne des Strafrechts, wenn sie nicht hinweggedacht werden kann, ohne dass der Erfolg in seiner konkreten Gestalt entfiele. Ohne die Stiche des R hätte K nicht im Krankenwagen zur Klinik gebracht werden müssen und auf diesem Weg als Unfallopfer den tödlichen Genickbruch erlitten. Das Abstechen des K war demnach im vorliegenden Fall ursächlich im Sinne der Bedingungstheorie.

b) Des Weiteren erforderlich ist die sogenannte »objektive Zurechnung« des Deliktserfolges. Objektiv zurechenbar ist ein Erfolg nur dann, wenn der Täter eine rechtlich missbilligte Gefahr geschaffen hat, die sich im konkreten tatbestandsmäßigen Erfolg später auch realisiert hat. Mithilfe dieser Eingrenzung der Bedingungstheorie soll garantiert werden, dass die strafrechtliche Haftung nicht uferlos ausgeweitet wird, sondern der Täter nur dann bestraft werden kann, wenn sich der eingetretene Erfolg neben der »normalen« Ursächlichkeit vor allem auch unter wertender Betrachtung als »sein Werk« darstellt. R hat K niedergestochen. Er hat damit eine rechtlich missbilligte Gefahr im oben benannten Sinne geschaffen, nämlich die Gefahr des Todes des K. Gestorben ist der K aber nicht an den Stichverletzungen, sondern an dem bei dem Verkehrsunfall erlittenen Genickbruch. Damit müsste an sich festgestellt werden, dass der Erfolg dem R nicht zurechenbar ist, denn wenn man jemanden absticht, schafft man nur die Gefahr des Todes infolge dieser Verletzungen, also etwa durch Verbluten oder durch die Beschädigung innerer Organe. Im konkreten tatbestandsmäßigen Erfolg (Genickbruch bei Verkehrsunfall) hat sich nach dieser

Sichtweise also nicht die von R durch die Stiche geschaffene Gefahr realisiert. Andererseits hätte K ohne die Stiche gar nicht in dem Krankenwagen gelegen. Und das war für R auch kalkulierbar. Wer jemanden mit Messerstichen schwer verletzt, schafft damit überhaupt erst eine entsprechende »Rettungslage« und auch die Gefahr der Verletzung oder des Todes z. B. durch den Transport im Rettungswagen.

Die objektive Zurechnung ist im vorliegenden Fall gleichwohl abzulehnen. Im Tod bei einem Verkehrsunfall des Rettungswagens realisiert sich nicht das durch den Täter vorher geschaffene Risiko, sondern vielmehr nur das allgemeine, mit jeder Autofahrt verbundene Gefährdungsrisiko im Straßenverkehr. Die Gefahr, bei einem Verkehrsunfall zu Tode zu kommen, wird durch die vorherige Beibringung einer lebensgefährlichen Verletzung weder geschaffen noch in strafrechtlich relevanter Weise erhöht. Der bei einem Verkehrsunfall eingetretene Tod stellt einen sogenannten »atypischen Kausalverlauf« dar, für den der Täter nicht einstehen muss. Eine Bestrafung des R wegen vollendeten Totschlages nach § 212 Abs. 1 StGB scheitert somit daran, dass der durch den Genickbruch eingetretene Tod des K dem R nicht objektiv zugerechnet werden kann. Im konkret eingetretenen Tod des K hat sich vielmehr nur das allgemeine Risiko, im Straßenverkehr durch einen Unfall zu Tode zu kommen, realisiert.

Ergebnis: Der R ist mangels objektiver Zurechnung nicht wegen vollendeten Totschlages nach § 212 Abs. 1 StGB zu bestrafen.

R könnte sich jedoch wegen versuchten Totschlags gemäß den §§ 212, 22, 23 Abs. 1, 12 Abs. 1 StGB strafbar gemacht haben.

R hatte den für den Versuch erforderlichen Tatentschluss und hat durch das Einstechen auf K auch bereits die notwendige Tathandlung ausgeführt, mithin zur Tatbestandsverwirklichung unmittelbar angesetzt. Im Hinblick auf die Rechtswidrigkeit und die Schuld bestehen keine Bedenken.

Ergebnis: R hat sich wegen versuchten Totschlags gemäß den §§ 212, 22, 23 Abs. 1, 12 Abs. 1 StGB strafbar gemacht.

R könnte sich aufgrund der Messerstiche wegen vollendeter gefährlicher Körperverletzung im Sinne der §§ 223, 224 Abs. 1 Nrn. 2 und 5 StGB strafbar gemacht haben.

Der R hat durch die Stiche eine Körperverletzung mithilfe eines gefährlichen Werkzeugs sowie mittels einer das Leben gefährdenden Behandlung vorsätzlich, rechtswidrig und schuldhaft begangen.

Ergebnis: R hat sich daher strafbar gemacht wegen gefährlicher Körperverletzung nach den §§ 223, 224 Abs. 1 Nrn. 2 und 5 StGB.

Gesamtergebnis: R hat sich somit strafbar gemacht wegen versuchten Totschlages nach den §§ 212 Abs. 1, 22, 23, 12 Abs. 1 StGB und wegen vollendeter gefährlicher Körperverletzung gemäß § 224 Abs. 1 Nrn. 2 und 5 StGB. Beide Taten stehen im Verhältnis der Idealkonkurrenz gemäß § 52 StGB zueinander. Wegen vollendeten Totschlages ist R hingegen nicht zu bestrafen.

Fall 2

Zwei Verliebte – ein Gedanke

A und B sind mächtig verliebt in ihre Arbeitskollegin K. Als K sich eines Tages zum allgemeinen Entsetzen mit dem Chef C einlässt, beschließen A und B – unabhängig voneinander und ohne vom Plan des anderen zu wissen –, den C ins Jenseits zu befördern. Die Gelegenheit ergibt sich auf der Firmenweihnachtsfeier: Eine halbe Stunde vor Ende der Party füllt A, der an der Getränkeausgabe ausgeholfen hatte, in ein Bierglas des C heimlich ein paar Tropfen Zyankali. Kurz darauf erscheint der ahnungslose B, zückt einen mitgebrachten Revolver und erschießt den C, noch bevor der C an dem inzwischen getrunkenen Zyankali sterben kann. Das Gift hätte den Tod innerhalb von fünf Minuten herbeigeführt. Und im Nachhinein stellt sich dann auch noch heraus, dass der C Blutkrebs im Endstadium und noch eine Lebenserwartung von maximal drei Monaten hatte.

Strafbarkeit von A und B? Der § 211 StGB bleibt außer Betracht.

Schwerpunkte: Die sogenannte »überholende«, die »abbrechende« und die »hypothetische« Kausalität; Aufbau eines vorsätzlichen Begehungsdelikts; der dreigliedrige Deliktsaufbau.

Lösungsweg

Vorbemerkung: Man glaubt es nicht, aber solche Geschichten kommen tatsächlich vor und sind demnach in dieser oder ähnlicher Form schon häufiger Gegenstand von Gerichtsentscheidungen gewesen (BGH NStZ **2001**, 29; BGH NJW **1966**, 1823; BGH MDR **1956**, 526; vgl. zum Ganzen auch *Bechtel* in JA 2016, 906). Da sich dahinter eine interessante rechtliche Problematik verbirgt, steht der Kram zudem in nahezu sämtlichen Lehrbüchern und wird dementsprechend auch gerne zum Thema von Klausuren und Hausarbeiten gemacht. Wirklich schwierig sind die Fragen nach der sogenannten »**überholenden**«, der »**abbrechenden**« und der »**hypothetischen**« Kausalität dabei freilich nicht; hat man indessen noch nie davon gehört, fallen die meisten Kandidaten darauf rein. Der »gesunde Menschenverstand«, der uns im letzten Fall (das war die Geschichte mit dem Tod im Krankenwagen) noch aufs Glatteis geführt hat, gibt bei der hier zu lösenden Problematik im Zweifel übrigens jetzt die richtigen Antworten; der Leser mag sich bitte – vor dem Durchsehen des Lösungsweges! – gerade mal fragen und nach Bauchgefühl entscheiden, ob überhaupt und wem er denn jetzt die strafrechtliche Verantwortung für den Tod des C geben würde. Wer einen halbwegs funktionierenden Verstand und ein entsprechendes Gerechtigkeitsgefühl hat, wird die Lösung in diesem Fall auch erahnen können. Prüfen wir mal:

Strafbarkeit des A

→ **§ 212 Abs. 1 StGB** (vollendeter Totschlag – durch das Beibringen des Zyankalis)

I. Tatbestand

A. Objektiv

Voraussetzung: Der A müsste einen Menschen getötet haben (lies: § 212 Abs. 1 StGB).

1. Erforderlich für den objektiven Tatbestand des § 212 Abs. 1 StGB ist der geforderte **Deliktserfolg**, also der Tod eines Menschen. Das ist kein Problem, C ist verstorben.

2. Des Weiteren notwendig ist auch eine **Tathandlung**; Straftatbestände setzen ein positives Tun seitens des Täters voraus. Auch das ist hier nicht problematisch, der A hat Zyankali in das Bierglas des C gefüllt und damit eine Handlung vollzogen.

ZE.: Damit liegt sowohl der für § 212 Abs. 1 StGB erforderliche Deliktserfolg als auch die stets notwendige Tathandlung vor.

3. Kausalität und objektive Zurechnung des Deliktserfolgs

So. Das kennen wir schon aus dem letzten Fall, zwischen Handlung und Erfolg muss es eine besondere Verknüpfung geben, der konkret eingetretene Erfolg muss dem Täter auch als »sein Werk« zurechenbar sein. Das Ganze nennt man **Kausalität** und **objektive Zurechnung** – und die sind hier natürlich problematisch, denn der C stirbt ja nicht am Zyankali: Vielmehr kommt unser B unerwartet ins Spiel und knallt den C ab, noch bevor der C an dem von A beigebrachten Gift sterben kann. Es fragt sich angesichts dessen, ob die Giftbeibringung wirklich ursächlich für den Tod des C gewesen ist und – wenn wir das bejahen würden – ob dieser Tod dem A dann auch objektiv zurechenbar ist. Aber der Reihe nach, wir erinnern uns bitte:

> **Definition:** Die Handlung des Täters ist dann *ursächlich* im Sinne des Strafrechts, wenn sie nicht hinweggedacht werden kann, ohne dass der Erfolg in seiner konkreten Gestalt entfiele (BGH JR **2016**, 274; BGHSt **49**, 1; MK/*Freund* vor § 13 StGB Rz. 333; *Rengier* AT § 13 Rz. 3; *Wessels/Beulke/Satzger* Rz. 228).

Wenden wir diese Definition der sogenannten »Bedingungs- oder Äquivalenztheorie« wortgetreu an, ergibt sich Folgendes: Ohne das Beibringen des Zyankali (= Tathandlung des A) wäre C dennoch genau so gestorben, wie es letztlich passiert ist, nämlich durch den Schuss des B. Die Handlung des A kann also sehr wohl hinweggedacht werden, ohne dass der Erfolg in seiner konkreten Gestalt entfiele. C wäre auch ohne das Zyankali durch den Schuss des B zu Tode gekommen. Die Beibringung des Giftes war demnach zwar geeignet, den Tod des C herbeizuführen, letztlich aber nicht »ursächlich« für diesen Tod. Der Tod des C ist **allein** durch Erschießen eingetreten. Die von A in Gang gesetzte Kausalreihe ist somit durch das Verhalten des B in strafrechtlich relevanter Weise »**unterbrochen**« worden; das Verhalten des B hat die Kausalitätsreihe des A »**überholt**«. In diesen Fällen aber scheidet eine Bestrafung wegen der zuerst gesetzten Bedingung aus. Und das ist unstreitig (BGH NJW **2001**, 1077; BGH NStZ **1989**, 431; LK/*Walter* vor § 13 StGB Rz. 78; S/S/*Eisele* vor § 13 StGB Rz. 78; SK/*Jäger* vor § 1 Rz. 77; *Wessels/Beulke/Satzger* Rz. 247).

Durchblick: Das fühlt sich möglicherweise im ersten Moment ein bisschen komisch oder vielleicht sogar ungerecht an, denn der C wäre ja fünf Minuten später an dem Gift tatsächlich verstorben. **Aber:** Der B setzt mit seiner Handlung (→ Schuss) einen vollkommen neuen Kausalverlauf in Gang. Deshalb ist der Tod in seiner konkreten Gestalt auch allein »**sein Werk**« – und nicht das des A (vgl. *Wessels/Beulke/Satzger* Rz. 247). Anders wäre die Situation indessen zu beurteilen gewesen, wenn B eine von A bereits geschaffene Situation für seine Tötungshandlung ausgenutzt oder fortgeführt hätte, zum **Beispiel:** Im sogenannten »Gnadenschuss-Fall« des BGH hatte der Täter T das Opfer O mit mehreren Messerstichen niedergestreckt und daraufhin für tot gehalten. Als der Komplize K des T den einige Minuten später noch röchelnden O am Boden liegen sah, erschoss er ihn. Hier hat der BGH sowohl den K als auch den T (!) wegen **vollendeter** Tötung verurteilt mit dem Argument, dass die von T in Gang gesetzte Bedingung fortgewirkt und K diese bei seiner Tathandlung ausgenutzt bzw. vollendet habe (BGH MDR **1956**, 526). Zu Deutsch: Ohne die Stiche des T hätte K dem O keinen »Gnadenschuss« gesetzt. Deshalb war nach Ansicht des BGH auch die Handlung des T »ursächlich« für den später durch den Schuss eingetretenen Tod – und der T demnach auch wegen vollendeter Tötung zu belangen (BGH MDR **1956**, 526; vgl. zum Ganzen auch den Fall aus BGH JR **2016**, 274 sowie BGH NStZ **2001**, 29 und *Jescheck/Weigend* § 28 II).

So wie gerade zum Schluss geschildert, war die Situation im hier zu entscheidenden Fall allerdings nicht. Denn der B führt keine von A durch das Gift bereits geschaffene Lage fort und nutzt eine solche auch nicht aus. Der B setzt vielmehr – wie oben bereits erörtert – eine völlig neue, unabhängig von der ersten Kausalreihe erwachsene Kausalität in Gang und hat damit die erste Bedingung in strafrechtlich relevanter Art und Weise »**überholt**«. Der Tod des C ist mithin allein »sein Werk«.

ZE.: Die Handlung des A ist schon nicht kausal im Sinne der Bedingungstheorie für den eingetretenen Deliktserfolg und daher kann dieser Erfolg dem A auch nicht entsprechend vorgeworfen werden. Einer Prüfung der objektiven Zurechnung bedarf es nicht mehr. Denn die Vollendungstrafbarkeit scheitert bereits am Vorliegen der »normalen« Kausalität.

Ergebnis: A ist nicht strafbar wegen vollendeter Tötung des C (§ 212 Abs. 1 StGB).

→ **§§ 212 Abs. 1, 22, 23 Abs. 1, 12 Abs. 1 StGB (versuchter** Totschlag)

Diese Tat bleibt für den A selbstverständlich ebenso übrig wie …

→ **§ 224 Abs. 1 Nrn. 1 und 5 StGB (vollendete** gefährliche Körperverletzung),

wobei wir es hier – wie im ersten Fall auch schon geschehen – so halten wollen, diese beiden Tatbestände lediglich als erfüllt festzustellen. Das dürfen wir, denn sie sind nicht mehr problematisch.

Gesamtergebnis: Der A hat sich durch das Einfüllen des Giftes in das Bierglas strafbar gemacht wegen versuchten Totschlages und wegen vollendeter gefährlicher Körperverletzung gemäß den §§ 212, 22, 23, 12 Abs. 1, 224 Abs. 1 Nrn. 1 und 5 StGB.

Strafbarkeit des B

→ **§ 212 Abs. 1 StGB** (vollendeter Totschlag)

I. Tatbestand

A. Objektiv

B müsste einen Menschen getötet haben.

1. Der Tod eines Menschen als erforderlicher Deliktserfolg ist eingetreten, der C ist gestorben.

2. B hat durch den Schuss auch die für § 212 Abs. 1 StGB notwendige Tathandlung ausgeführt.

ZE.: Damit liegt sowohl der für § 212 Abs. 1 StGB erforderliche Deliktserfolg als auch die stets notwendige Tathandlung vor.

3. Kausalität und objektive Zurechnung des Deliktserfolgs

An dieser Stelle können wir es vergleichsweise kurz machen, denn die wichtigsten Fragen haben wir oben bei der Prüfung des A schon geklärt. Die Handlung des B (→ Schuss) ist insbesondere »ursächlich« im Sinne der Bedingungstheorie, denn sie kann nicht hinweggedacht werden, ohne dass der Erfolg in seiner konkreten Gestalt entfiele. Hätte B nicht auf den C geschossen, wäre C auch nicht an einem Schuss gestorben.

Achtung: Dass der C entweder fünf Minuten später an dem von A beigebrachten Gift oder aber drei Monate später an Blutkrebs gestorben wäre, entlastet den B nicht, **denn:** Diese sogenannten »**hypothetischen**« Kausalverläufe bleiben bei der Bestimmung der Ursächlichkeit einer Handlung immer außer Betracht. Sehr anschaulich beschreiben dies *Wessels/Beulke/Satzger* in ihrem Lehrbuch, dort heißt es – unter Bezugnahme auf BGHSt **2**, 20 – bei Rz. 239:

> *»… Der Umstand, dass der sozialschädliche Erfolg später aufgrund anderer Ereignisse und in anderer Weise ebenso eingetreten wäre, beseitigt die Ursächlichkeit der realen Bewirkungshandlung nicht. Ein ›**Hinzudenken**‹ derartiger sogenannter ›**Reserveursachen**‹, die an Stelle der wegzudenkenden Handlung wirksam geworden wäre, ist unzulässig, da ein tatsächli-*

cher Geschehensablauf sein Dasein und seine Wirkung nicht dadurch einbüßt, dass ein anderer an seine Stelle hätte treten können, aber nicht getreten ist …«

Also: Das wollen wir uns bitte unbedingt merken. Was alles hätte passieren *können* oder sollen, und wie und wann das Opfer möglicherweise sonst gestorben ***wäre*** – all das spielt **keine** Rolle im Hinblick auf die Ursächlichkeit der Handlung des Täters und des konkret eingetretenen Erfolges. Diese »hypothetischen« Kausalverläufe bleiben **immer** außer Betracht (vgl. dazu auch BGHSt **49**, 1; BGHSt **45**, 270; *Fischer* vor § 13 StGB Rz. 31; S/S/*Eisele* vor § 13 StGB Rz. 81). Diese gerade dargestellte Regel wird übrigens in der Praxis häufig interessant und vor allem strafrechtlich relevant, wenn – was in der jüngeren Vergangenheit erschreckend häufig passiert und auch entsprechend durch die Medien gegangen ist – Altenpfleger oder Krankenschwestern todkranke Menschen umbringen und nachher vor Gericht allen Ernstes zu ihrer Verteidigung erklären: »*Der wäre ja in ein paar Tagen sowieso gestorben*!« Das mag zwar stimmen, entlastet den Täter aber – wie wir jetzt wissen – keinesfalls. Man kann sich als Täter eines Tötungsdelikts selbstverständlich **nicht** darauf berufen, dass der Tod des Opfers später sowieso oder unter Umständen auf andere Art eingetreten wäre. Wörtlich dazu der BGH: »*… Auch eine Lebensverkürzung um wenige Minuten stellt stets eine vollendete Tötung dar.*« (BGH NStZ **2019**, 136, 137; BGHSt **21**, 59). Entscheidend ist demnach also nur der konkret vom Täter herbeigeführte Erfolg. Merken.

<u>ZE.</u>: Kausalität (und objektive Zurechnung) liegen auf Seiten des B vor.

<u>ZE.</u>: Damit ist der objektive Tatbestand des § 212 Abs. 1 StGB erfüllt.

B. Subjektiver Tatbestand

Gemäß § 15 StGB (lesen, bitte) ist grundsätzlich nur **vorsätzliches** Handeln strafbar, weshalb man im subjektiven Tatbestand eines Delikts stets zu prüfen hat, ob der Täter im Hinblick auf den objektiven Tatbestand einen entsprechenden Vorsatz hatte.

Definition: Der Täter handelt **vorsätzlich** im Sinne des § 15 StGB, wenn er das Vorliegen der objektiven Tatbestandsmerkmale wenigstens billigend in Kauf genommen hat (BGHSt **36**, 1; BGHSt **19**, 295; *Fischer* § 15 StGB Rz. 3).

Beachte: Wir werden uns mit dem Begriff des Vorsatzes und seinen Schwierigkeiten später noch ausführlich beschäftigen, brauchen das hier aber nicht zu tun, denn unser Täter B wusste um alle Umstände, die im objektiven Tatbestand stehen (→ Tötung eines Menschen) und wollte die Tat auch genau so ausführen, wie er es letztlich getan hat. B handelte – so nennt man das dann – mit »dolus directus 1. Grades«, nämlich mit **Wissen** und **Wollen** um die Tatbestandsverwirklichung (BGHSt **18**, 246; MK/*Joecks* § 16 StGB Rz. 22; LK/*Vogel*/*Bülte* § 15 StGB Rz. 79).

<u>ZE.</u>: Der subjektive Tatbestand des § 212 Abs. 1 StGB liegt auch vor.

II. Rechtswidrigkeit

Die Tatbestandsmäßigkeit indiziert die Rechtswidrigkeit des jeweiligen Handelns (*Wessels/Beulke/Satzger* Rz. 397). Die Rechtswidrigkeit einer tatbestandsmäßigen Handlung entfällt demzufolge nur dann, wenn zugunsten des Täters **Rechtfertigungsgründe** vorliegen, etwa die §§ 32 oder 34 StGB.

<u>ZE.</u>: Solche sind hier im vorliegenden Fall aber nicht ersichtlich, der B handelte daher rechtswidrig.

III. Schuld

1. Es sind keine Umstände erkennbar, die Zweifel an der **Schuldfähigkeit** des B begründen könnten (lies → §§ 19 und 20 StGB).

2. Des Weiteren ist nicht ersichtlich, dass bei B Mängel im **Unrechtsbewusstsein** bestehen, also namentlich ein Verbots- oder Erlaubnistatbestandsirrtum vorliegt (→ § 17 StGB).

3. Schließlich kann B zu seiner Entlastung auch keine **Entschuldigungsgründe** anführen, etwa § 35 StGB.

<u>ZE.</u>: Der B handelte folglich auch schuldhaft.

Ergebnis: Der B hat sich somit durch den Schuss auf C wegen vollendeten Totschlages nach § 212 Abs. 1 StGB strafbar gemacht.

Ein kurzer Nachtrag

Wir haben gerade – quasi im Schnelldurchgang – zum ersten Mal den kompletten Aufbau eines vorsätzlichen Begehungsdelikts (konkret in Form des sogenannten »Erfolgsdelikts«) durchgespielt. Da tauchen dann in den einzelnen Prüfungsabschnitten mit **Tatbestand**, **Rechtswidrigkeit** und **Schuld** (das ist der sogenannte »dreistufige Deliktsaufbau«) eine ganze Menge Begriffe auf, die wir bislang noch gar nicht erklärt oder besprochen haben – siehe z. B. gerade bei der Prüfung der Schuld die **fett** gedruckten Worte. Leider geht das für den Moment nicht anders. Wir werden das komplette Buch (!) brauchen, um am Ende sämtliche Prüfungspunkte umfassend erläutert zu haben und an der richtigen Stelle einzuordnen. Dennoch ist es wichtig, sich bereits jetzt mit den notwendigen Schlagworten vertraut zu machen. Im Laufe der Fälle werden wir alle Begriffe und Prüfungsabschnitte noch weiter mit Leben füllen, an der einen oder anderen Stelle sogar noch weitere Unterpunkte in das Prüfungsschema einbauen und ganz zum Schluss dann erst das komplette Handwerkszeug – sprich die gesammelten Schemata der einzelnen Deliktsgruppen – in Händen halten. Aber, bitte alles schön der Reihe nach. Wer den ganzen Krempel gleich in einem Wurf und am liebsten in lockeren 15 Minuten kapieren und möglichst dann auch noch lebenslang behalten will, stellt sich selbst vor unlösbare Aufgaben. Bitte Geduld haben, es lohnt sich. Versprochen.

Anfangen wollen wir hier jetzt mit dem ersten groben Schema, es betrifft das vorsätzlich begangene Erfolgsdelikt, und sieht so aus:

Aufbauschema zum vorsätzlich begangenen Erfolgsdelikt

I. Tatbestand

A. Objektiv

1. Deliktserfolg

2. Tathandlung

3. Kausalität (zwischen Handlung und Erfolg) und objektive Zurechnung

B. Subjektiv

→ Vorsatz

II. Rechtswidrigkeit

→ Keine Rechtfertigungsgründe (z. B. §§ 32, 34 StGB)

III. Schuld

1. Schuldfähigkeit (§§ 19, 20 StGB)

2. Unrechtsbewusstsein (Verbotsirrtum → § 17 StGB; Erlaubnistatbestandsirrtum)

3. Keine Entschuldigungsgründe (z.B. § 35 StGB)

Bitte einprägen, damit werden wir ab jetzt als Grundmuster der Fallprüfung arbeiten.

Gutachten

I. Strafbarkeit des A

A könnte sich durch das Beibringen des Zyankalis wegen vollendeten Totschlags gemäß § 212 Abs. 1 StGB strafbar gemacht haben.

Objektiver Tatbestand:

1. Erforderlich für den objektiven Tatbestand des § 212 Abs. 1 StGB ist zunächst der dort geforderte Deliktserfolg, also der Tod eines Menschen. Der C ist verstorben, der Deliktserfolg mithin eingetreten.

2. Des Weiteren notwendig ist auch eine Tathandlung. A hat Zyankali in das Bierglas des C gefüllt und damit eine Tathandlung vollzogen. Damit liegt sowohl der für § 212 Abs. 1 StGB erforderliche Deliktserfolg als auch die notwendige Tathandlung vor.

3. Im Übrigen bedarf es zur Erfüllung des objektiven Tatbestandes einer Kausalität und objektiven Zurechnung des Deliktserfolgs. Dies bestimmt sich zunächst nach der sogenannten Bedingungstheorie. Die Handlung des Täters ist demnach dann ursächlich im Sinne des Strafrechts, wenn sie nicht hinweggedacht werden kann, ohne dass der Erfolg in seiner konkreten Gestalt entfiele. Ohne das Beibringen des Zyankalis wäre C dennoch genau so gestorben, wie es letztlich passiert ist, nämlich durch den Schuss des B. Die Handlung des A kann somit hinweggedacht werden, ohne dass der Erfolg in seiner konkreten Gestalt entfiele. C wäre auch ohne das Zyankali durch den Schuss des B zu Tode gekommen. Die Beibringung des Giftes war demnach zwar geeignet, den Tod des C herbeizuführen, letztlich aber nicht »ursächlich« für diesen Tod. Der Tod des C ist allein durch Erschießen eingetreten. Die von A in Gang gesetzte Kausalreihe ist somit durch das Verhalten des B in strafrechtlich relevanter Weise »unterbrochen« worden; das Verhalten des B hat die Kausalitätsreihe des A »überholt«. In diesen Fällen aber scheidet eine Bestrafung wegen der zuerst gesetzten Bedingung aus. Die Handlung des A ist schon nicht kausal im Sinne der Bedingungstheorie für den eingetretenen Deliktserfolg und daher kann dieser Erfolg dem A auch nicht entsprechend vorgeworfen werden. Einer Prüfung der objektiven Zurechnung bedarf es nicht mehr. Denn die Vollendungsstrafbarkeit scheitert bereits am Vorliegen der einfachen, normalen Kausalität im Sinne der Bedingungstheorie.

Ergebnis: A ist nicht wegen vollendeter Tötung des C nach § 212 Abs. 1 StGB zu bestrafen.

A könnte sich indessen wegen versuchter Tötung des C gemäß den §§ 212 Abs. 1, 22, 23 Abs. 1, 12 Abs. 1 StGB strafbar gemacht haben.

A hatte den für den Versuch erforderlichen Tatentschluss und hat durch das Einschütten des Zyankalis auch bereits die notwendige Tathandlung ausgeführt, mithin zur Tatbestandsverwirklichung unmittelbar angesetzt. Im Hinblick auf die Rechtswidrigkeit und die Schuld bestehen keine Bedenken.

Ergebnis: A hat sich wegen versuchten Totschlags gemäß den §§ 212, 22, 23 Abs. 1, 12 Abs. 1 StGB strafbar gemacht.

A könnte sich aufgrund der Vergiftung zudem wegen vollendeter gefährlicher Körperverletzung im Sinne der §§ 223, 224 Abs. 1 Nrn. 1 und 5 StGB strafbar gemacht haben.

Der A hat durch das Einfüllen des Zyankalis eine Körperverletzung sowohl durch Beibringung von Gift als auch mittels einer das Leben gefährdenden Behandlung vorsätzlich, rechtswidrig und schuldhaft begangen.

Ergebnis: A hat sich daher strafbar gemacht wegen gefährlicher Körperverletzung nach den §§ 223, 224 Abs. 1 Nrn. 2 und 5 StGB.

II. Strafbarkeit des B

B könnte sich durch das Erschießen des C wegen vollendeten Totschlages gemäß § 212 Abs. 1 StGB strafbar gemacht haben.

Objektiver Tatbestand:

1. Der Tod eines Menschen als erforderlicher Deliktserfolg ist eingetreten, C ist gestorben.

2. B hat durch den Schuss auch die für § 212 Abs. 1 StGB notwendige Tathandlung ausgeführt. Damit liegt sowohl der für § 212 Abs. 1 StGB erforderliche Deliktserfolg als auch die stets notwendige Tathandlung vor.

3. Des Weiteren sind auch hier die Kausalität und die objektive Zurechnung des Deliktserfolgs zu prüfen. Die Handlung des B (Schuss) ist »ursächlich« im Sinne der Bedingungstheorie, denn sie kann nicht hinweggedacht werden, ohne dass der Erfolg in seiner konkreten Gestalt entfiele. Hätte B nicht auf den C geschossen, wäre C auch nicht an einem Schuss gestorben. Dass der C dann entweder fünf Minuten später an dem von A beigebrachten Gift oder aber drei Monate später an Blutkrebs gestorben wäre, entlastet den B nicht. Diese sogenannten »hypothetischen« Kausalverläufe bleiben bei der Bestimmung der Ursächlichkeit einer Handlung immer außer Betracht. Der Umstand, dass der sozialschädliche Erfolg später aufgrund anderer Ereignisse und in anderer Weise ebenso eingetreten wäre, beseitigt die Ursächlichkeit der realen Bewirkungshandlung nicht. Ein »Hinzudenken« derartiger sogenannter »Reserveursachen«, die an Stelle der wegzudenkenden Handlung wirksam geworden wären, ist unzulässig, da ein tatsächlicher Geschehensablauf sein Dasein und seine Wirkung nicht dadurch einbüßt, dass ein anderer an seine Stelle hätte treten können, aber nicht getreten ist. Kausalität (und objektive Zurechnung) liegen auf Seiten des B vor. Damit ist der objektive Tatbestand des § 212 Abs. 1 StGB erfüllt.

Subjektiver Tatbestand:

Gemäß § 15 StGB ist grundsätzlich nur vorsätzliches Handeln strafbar. Der Täter handelt vorsätzlich im Sinne des § 15 StGB, wenn er das Vorliegen der objektiven Tatbestandsmerkmale wenigstens billigend in Kauf genommen hat. Im vorliegenden Fall hat B wissentlich und willentlich die objektiven Voraussetzungen des § 212 StGB erfüllt. Der subjektive Tatbestand des § 212 Abs. 1 StGB liegt folglich auch vor.

Rechtswidrigkeit:

Die Tatbestandsmäßigkeit indiziert die Rechtswidrigkeit des jeweiligen Handelns. Die Rechtswidrigkeit einer tatbestandsmäßigen Handlung entfällt demzufolge nur dann, wenn zugunsten des Täters Rechtfertigungsgründe vorliegen, etwa die §§ 32 oder 34 StGB. Solche sind im vorliegenden Fall aber nicht ersichtlich, der B handelte daher rechtswidrig.

Schuld:

1. Es sind keine Umstände erkennbar, die Zweifel an der Schuldfähigkeit des B begründen könnten.

2. Des Weiteren ist nicht ersichtlich, dass bei B Mängel im Unrechtsbewusstsein bestehen, also namentlich ein Verbots- oder Erlaubnistatbestandsirrtum vorliegt.

3. Schließlich kann B zu seiner Entlastung auch keine Entschuldigungsgründe anführen, etwa § 35 StGB.

Der B handelte folglich auch schuldhaft.

Ergebnis: Der B hat sich somit durch den Schuss auf C wegen vollendeten Totschlages nach § 212 Abs. 1 StGB strafbar gemacht.

Fall 3

Rache!

Auf einer Party sieht Rechtsstudentin R, dass der Gastgeber G im Besitz der neuen CD des britischen Superstars *Robbie W.* ist. R ist eine große Verehrerin des smarten Briten und steckt daher in einem unbeobachteten Moment die CD ein, damit sie sie zuhause in Ruhe anhören kann. Danach will R die (kopiergeschützte) CD dem G, den sie eigentlich gut leiden kann, unbemerkt wieder in den Briefkasten schmeißen und – sollte ihr die Musik gefallen haben – im Laden ein eigenes Exemplar erwerben. Als R am nächsten Tag erfährt, dass G auf der Party ihre beste Freundin angebaggert und beim Tanzen auch noch betatscht hat, beschließt R, die mitgenommene CD des G doch zu behalten.

Strafbarkeit der R?

Schwerpunkte: Der subjektive Tatbestand eines Delikts; der Vorsatz; die Bestimmung des Zeitpunktes für die subjektiven Merkmale einer Tat; die Regeln der §§ 15 und 8 StGB; der Vorsatzwechsel; die besonderen deliktspezifischen Absichten; die Zueignungsabsicht aus § 242 StGB; der Diebstahl nach § 242 Abs. 1 StGB; die Unterschlagung nach § 246 Abs. 1 StGB; das Antragserfordernis aus § 248a StGB als Strafverfolgungsvoraussetzung.

Lösungsweg

Strafbarkeit der R durch das Mitnehmen der CD

→ § 242 Abs. 1 StGB (Diebstahl)

I. Tatbestand

A. Objektiv

Die R müsste eine fremde bewegliche Sache weggenommen haben (bitte lies § 242 Abs. 1 StGB).

1. Die CD war eine für R fremde bewegliche Sache; sie stand und steht nach wie vor (lies: § 935 Abs. 1 BGB!) im Eigentum des G und ist zudem fraglos auch »beweglich«.

2. Diese CD müsste R »weggenommen« haben.

Definition: Die **Wegnahme** ist der Bruch fremden und die Begründung neuen, nicht notwendig tätereigenen Gewahrsams (BGHSt **16**, 273; *Fischer* § 242 StGB Rz. 10; S/S/*Eser/Bosch* § 242 StGB Rz. 22; *Lackner/Kühl* § 242 StGB Rz. 8).

Beachte: Hinter dieser Definition verbergen sich unzählige Probleme, die wir in späteren Semestern, namentlich beim Erlernen der sogenannten »Vermögensdelikte« noch kennenlernen werden und das auch müssen, denn der Diebstahl mit seiner Wegnahmedefinition ist außerordentlich beliebtes Prüfungsthema (vgl. dazu dann etwa *Schwabe*, »Lernen mit Fällen«, Strafrecht BT 2, Fälle 1–5). Hier an dieser Stelle jedoch können wir es uns vergleichsweise einfach machen, denn dass die R mit dem Einstecken der CD den Gewahrsam des G gebrochen und neuen eigenen Gewahrsam begründet hat, ist auch ohne vertiefte Kenntnisse der Materie problemlos anzunehmen. Wer einen kleinen Gegenstand bei jemand anderem einsteckt und mitnimmt, erfüllt spätestens mit dem Verlassen des Hauses den Wegnahmebegriff des § 242 Abs. 1 StGB (vgl. etwa BGHSt **16**, 273; BGHSt **20**, 196; BGHSt **23**, 255; OLG Köln NJW **1984**, 810; S/S/*Eser/Bosch* § 242 StGB Rz. 23).

ZE.: Die R hat, als sie die CD bei G einsteckte und mit zu sich nach Hause nahm, eine Wegnahmehandlung im gerade benannten Sinne vollzogen.

ZE.: Damit liegt der objektive Tatbestand des § 242 Abs. 1 StGB vor, nämlich die Wegnahme einer fremden beweglichen Sache.

B. Subjektiver Tatbestand

Im vorherigen Fall (Nr. 2) hatten wir uns mit dem ersten groben Prüfungsschema vertraut gemacht und dort gesehen, dass zum subjektiven Tatbestand insbesondere der **Vorsatz** gehört. Und für diesen Begriff des Vorsatzes haben wir dann folgende Definition entwickelt und verwendet:

Definition: Der Täter handelt **vorsätzlich** im Sinne des § 15 StGB, wenn er das Vorliegen der objektiven Tatbestandsmerkmale wenigstens billigend in Kauf nimmt (BGH NStZ-RR **2020**, 79; BGH NStZ **2019**, 468; *Fischer* § 15 StGB Rz. 3).

Und genau so wollen wir das auch hier machen, also fragen, ob unsere R alle Merkmale des objektiven Tatbestandes wenigstens billigend in Kauf genommen hat: Bei genauer Betrachtung ist dies allerdings gar kein Problem, denn im objektiven Tatbestand des § 242 Abs. 1 StGB steht ja nur drin, dass der Täter eine fremde bewegliche Sache weggenommen haben muss. Und **das** wusste und wollte (!) die R sogar. Sie hat diese Umstände somit nicht nur billigend in Kauf genommen, sie **wollte** sie auch, handelte also sogar mit Absicht (= dolus directus 1. Grades). Kein Problem.

ZE.: Unsere R handelte vorsätzlich im Hinblick auf sämtliche objektiven Tatbestandsmerkmale des § 242 Abs. 1 StGB.

Achtung: Jetzt wird es erst richtig interessant. Wir bleiben nämlich weiterhin im subjektiven Tatbestand des § 242 Abs. 1 StGB:

Bitte lies zunächst noch einmal sorgfältig den **§ 242 Abs. 1 StGB**.

Durchblick: Es gibt Delikte, die fordern neben dem wegen § 15 StGB immer notwendigen Vorsatz noch weitere sogenannte »**deliktsspezifische Absichten**«. Der Täter muss demnach nicht nur vorsätzlich im Hinblick auf alle objektiven Merkmale gehandelt haben (diese also mindestens billigend in Kauf nehmen), sondern **zudem** noch mit einer besonderen, das Unrecht der Tat steigernden Motivation handeln, und zwar mit der im Gesetz jeweils näher bestimmten Absicht.

Bei diesen Delikten (z.B. § 242 Abs. 1 StGB oder § 263 Abs. 1 StGB) müssen wir das im letzten Fall gelernte Aufbauschema daher ergänzen bzw. erweitern. Und zwar so:

I. Tatbestand

A. Objektiv

1. Deliktserfolg

2. Tathandlung

3. Kausalität (zwischen Handlung und Erfolg) und objektive Zurechnung

B. Subjektiv

→ Vorsatz

→ Deliktsspezifische Absichten, soweit erforderlich (z.B. § 242 Abs. 1 StGB)

II. Rechtswidrigkeit

→ Keine Rechtfertigungsgründe (z.B. §§ 32, 34 StGB)

III. Schuld

1. Schuldfähigkeit (§§ 19, 20 StGB)

2. Unrechtsbewusstsein (Verbotsirrtum, § 17 StGB; Erlaubnistatbestandsirrtum)

3. Keine Entschuldigungsgründe (z.B. § 35 StGB)

Machen wir mal: In § 242 Abs. 1 StGB ist gefordert, dass der Täter die fremde bewegliche Sache wegnimmt »in der Absicht, die Sache sich oder einem Dritten rechtswidrig zuzueignen«. Hier genügt somit nicht nur der obligatorische Vorsatz auf die

Wegnahmehandlung, es muss vielmehr zudem auch noch die gerade genannte Absicht – die sogenannte »Zueignungsabsicht« – beim Täter vorliegen. Und das ist in unserem Fall gar nicht so einfach, **denn:** Diese Zueignungsabsicht aus § 242 Abs. 1 StGB setzt voraus, dass man den Eigentümer der Sache **dauerhaft** von der Benutzung des Gegenstandes ausschließen will (BGHSt **16**, 192; BGHSt **4**, 238; RGSt **61**, 232; S/S/*Eser/Bosch* § 242 StGB Rz. 47; *Wessels/Hillenkamp/Schuhr* BT 2 Rz. 150). Wer eine Sache nur **vorübergehend** in Gebrauch nehmen will, dem fehlt die für § 242 Abs. 1 StGB erforderliche Zueignungsabsicht, denn der Diebstahl bestraft nur den endgültigen Entzug der Sache. Handelt der Täter mit einem Rückgabewillen, begeht er also im Regelfall keinen Diebstahl (RGSt **35**, 356; S/S/*Eser/Bosch* § 242 StGB Rz. 51). Für solche Konstellationen sieht das StGB nur eine Bestrafung im Rahmen der in § 248b StGB genannten Sonderfälle vor (aufschlagen!).

Frage: Wie ist das denn jetzt mit unserer R?

Problem: Als R die CD bei G eingesteckt hat, wollte sie sie nur mit nach Hause nehmen, dort zur Probe hören und dem G dann am nächsten Tag unbemerkt wieder in den Briefkasten werfen. Zu **diesem** Zeitpunkt hatte sie also den eben beschriebenen Rückgabewillen, was zur Folge hätte, dass sie ohne die von § 242 Abs. 1 StGB geforderte Zueignungsabsicht gehandelt hätte. Sie könnte demnach nicht wegen Diebstahls bestraft werden. Andererseits hat sie den Entschluss, die CD dann doch zu behalten und den G damit endgültig von der Benutzung auszuschließen, gefasst, als sie noch im Besitz der CD war. Stellt man auf **diesen** Zeitpunkt ab, läge die erforderliche Zueignungsabsicht vor und R wäre nach § 242 Abs. 1 StGB zu bestrafen.

Lösung: Jetzt kommt mit der Lösung des Falles eine Regel, die wir uns bitte ziemlich fett hinter die Ohren schreiben wollen. Sie gilt nämlich für **sämtliche** Delikte des gesamten StGB, muss unbedingt verstanden werden und wird leider so häufig missachtet wie kaum ein anderer Grundsatz in der strafrechtlichen Lehre. Sie lautet:

> **Regel:** Die subjektiven Merkmale einer Straftat (= Vorsatz und deliktspezifische Absichten) müssen stets zum Zeitpunkt der Ausführung der **Tathandlung** vorliegen. Sofern sich die subjektiven Merkmale erst danach beim Täter einstellen – sogenannter »dolus subsequens« –, bleiben sie für das jeweilige Delikt unberücksichtigt (BGH NStZ-RR **2020**, 79; BGH NStZ **2019**, 468; MK/*Joecks* § 16 StGB Rz. 16; SK/*Hoyer* § 8 StGB Rz. 4; *Wessels/Beulke/Satzger* AT Rz. 319).

Und diese Regel braucht man nicht mal auswendig zu lernen, sie steht nämlich im Gesetz, und zwar in **§ 15 StGB** (aufschlagen, bitte!). Da heißt es:

»Strafbar ist nur vorsätzliches Handeln, wenn nicht …«

Also: Der Vorsatz und die sonstigen subjektiven Tendenzen wie etwa eine Zueignungsabsicht müssen beim »**Handeln**« vorliegen. Und dieses »Handeln« meint nach allgemeiner Ansicht die Ausführung der jeweiligen **Tathandlung**, auf den möglichen späteren Erfolgseintritt kommt es nicht an; vgl. insoweit auch § 16 Abs. 1 StGB, der von »Begehung der Tat« spricht sowie § 8 Satz 1 und 2 StGB (BGH NStZ-RR **2020**, 79; BGH NStZ **2019**, 468; *Wessels/Beulke/Satzger* AT Rz. 319). Für die Fall-Lösung bedeutet dies, dass wir bei der Untersuchung des subjektiven Tatbestandes stets und nur auf den Zeitpunkt der **Ausführung** der jeweils im Delikt beschriebenen Tathandlung abstellen dürfen. Alles, was danach (oder davor!) passiert, ist uninteressant und muss unberücksichtigt bleiben. Merken.

Zum Fall: Die Ausführung der Tathandlung ist bei unserer Geschichte die »Wegnahme« der fremden beweglichen Sache, also das Einstecken und Mitnehmen der CD. Im Hinblick auf den Vorsatz und die sonstigen subjektiven Merkmale müssen wir also allein auf **diesen** Zeitpunkt abstellen. Und zu **diesem** Zeitpunkt hatte R ohne Zweifel noch den Willen, dem G die CD zurück zu geben. Dass sie später, als die Wegnahmehandlung längst abgeschlossen war, ihre Absicht geändert hat, spielt nach dem eben Erlernten keine Rolle.

ZE.: Die R hatte zum Zeitpunkt der Tathandlung damit zwar den Vorsatz auf die objektiven Merkmale des § 242 Abs. 1 StGB, ihr fehlte es indessen an der zudem erforderlichen Zueignungsabsicht. R hatte vielmehr die Absicht, die CD zurückzugeben. Die R erfüllt damit nicht den subjektiven Tatbestand des § 242 Abs. 1 StGB.

Ergebnis: R ist somit nicht zu bestrafen wegen Diebstahls.

Bitte ruhig bleiben: Ich weiß, dass das ein bisschen wehtut und dass dieses Ergebnis dem Rechtsempfinden des Lesers im Zweifel massiv widerstrebt. Ab und zu kommt so etwas im Strafrecht aber vor, und im Übrigen ist der Fall auch noch nicht zu Ende. Wir werden gleich sehen, dass R natürlich nicht gänzlich ungeschoren davonkommt. Gleichwohl wollen wir gerade noch mal hinschauen, was wir bislang gelernt haben: Im subjektiven Tatbestand eines Delikts müssen neben dem obligatorischen **Vorsatz** bei manchen Straftaten noch die sogenannten »deliktsspezifischen Absichten« geprüft werden (so wie etwa in unserem Fall bei § 242 Abs. 1 StGB). Fehlt es dem Täter an diesen Absichten, kann er – trotz Vorsatz! – dennoch nicht bestraft werden, denn die besonderen Absichten gehören **gleichwertig** zum subjektiven Tatbestand und müssen immer auch erfüllt sein. Sowohl der Vorsatz als auch die deliktsspezifischen Absichten müssen des Weiteren immer zum Zeitpunkt der Ausführung der **Tathandlung** vorliegen. Alles, was vorher oder nachher passiert, ist und bleibt unbeachtlich. Dies folgt aus § 15 StGB, wonach der Vorsatz und die deliktsspezifischen Absichten beim »Handeln« vorliegen müssen (BGH NStZ-RR **2020**, 79). Und dieses »Handeln« meint, wie man auch § 8 Satz 1 und 2 StGB entnehmen kann, immer nur die **Ausführung** der Tathandlung. Alles klar!?

Gut. Dann bringen wir den Fall gerade noch zum Ende, und zwar so:

→ **§ 246 Abs. 1 StGB** (Unterschlagung)

Durchblick: Die Tathandlung der »Wegnahme« bleibt für unsere R zwar unbestraft, denn ihr fehlt zu diesem Zeitpunkt – wie gesehen – die für § 242 Abs. 1 StGB erforderliche Zueignungsabsicht. Dass sie die CD dann aber behält, stellt für sich betrachtet nun wieder eine neue Tathandlung dar, für die R dann wegen **Unterschlagung** nach **§ 246 StGB** (bitte aufschlagen und nur den Abs. 1 lesen) zu belangen ist. Hierbei wollen wir uns vertiefte Ausführungen zur Definition des im objektiven Tatbestand des § 246 Abs. 1 StGB verwendeten Begriffes »Zueignung« sparen; die gehören zum einen in ein AT-Buch nicht hin und werden uns in den kommenden Semestern außerdem noch genügend Sorgen bereiten (wer dennoch möchte: *Schwabe*, »Lernen mit Fällen«, Strafrecht BT 2, dort der Fall 2). Wir wollen uns hier nur merken, dass derjenige, der eine Sache für sich behält, obwohl er dazu nicht berechtigt ist, den objektiven Tatbestand der Unterschlagung nach § 246 Abs. 1 StGB erfüllt (MK/*Hohmann* § 246 StGB Rz. 23; *Fischer* § 246 StGB Rz. 7). Im subjektiven Tatbestand des § 246 Abs. 1 StGB finden sich nun – im Gegensatz zu § 242 Abs. 1 StGB – keine besonderen Absichten, die neben dem obligatorischen Vorsatz noch zu prüfen wären (bitte lies § 246 Abs. 1 StGB). Und dass die R vorsätzlich handelte (sie wusste um alle Umstände und wollte diese auch), ist im vorliegenden Fall nicht problematisch. Schließlich bestehen auch keine Zweifel im Hinblick auf die **Rechtswidrigkeit** und die **Schuld.**

Ergebnis: Dadurch, dass R die CD behalten hat, obwohl sie hierzu nicht berechtigt war, hat sie sich wegen Unterschlagung nach § 246 Abs. 1 StGB strafbar gemacht, was übrigens vom Strafmaß her deutlich freundlicher ist als § 242 Abs. 1 StGB (bitte das gerade noch überprüfen). Und ganz zum Schluss lesen wir der Vollständigkeit wegen auch noch den **§ 248a StGB**, merken uns, dass nach Meinung des BGH eine »geringwertige« Sache bis zu einem Betrag von ca. 25 Euro reicht und im vorliegenden Fall zur Strafverfolgung somit ein **Strafantrag** (des G) erforderlich wäre (BGH vom 03.05.**2016** – 3 Str 114/16; BGH NStZ-RR **2014**, 141; OLG Jena vom 23.10.**2006** – 1 Ss 275/06; OLG Hamm JA **2014**, 155; *Fischer* § 248a StGB Rz. 3a; **anders:** OLG Frankfurt NStZ-RR **2017**, 12; NStZ-RR **2016**, 12 und NStZ-RR **2008**, wonach die Grenze für eine Geringwertigkeit erst bei 50 Euro enden soll, zustimmend *Jahn* in JuS 2008, 1024).

Apropos Strafantrag:

Ein solcher Strafantrag ist in der Praxis häufig von erheblicher Bedeutung, vor allem, wenn er fehlt. Denn dann darf die Staatsanwaltschaft, soweit kein öffentliches Interesse an einer Strafverfolgung vorliegt, die Tat nicht verfolgen, demnach auch kein Ermittlungsverfahren gegen die betreffende Person einleiten (bitte lies: **§ 77b Abs. 1 Satz 1 StGB**). Der Täter bleibt dann, obwohl er sich tatsächlich strafbar gemacht hat, mangels Strafantrages komplett ungeschoren (vgl. instruktiv *Ruppert* in JA 2018, 107). Das ist die Funktion, die ein solcher Strafantrag hat: Er ist für diverse Delikte des StGB sogenannte »Strafverfolgungsvoraussetzung«, mit der »Strafbarkeit« an sich hat er aber nichts zu tun (*Wessels/Beulke/Satzger* Rz. 172; *Ruppert* in JA 2018, 107).

In den universitären Übungsarbeiten findet sich nun häufig am Ende des Sachverhaltes hinter der Frage nach der »Strafbarkeit der Beteiligten« der legendäre Satz:

»Strafanträge sind, soweit erforderlich, gestellt.«

Dieser Satz ist in einer Übungsaufgabe ebenso unsinnig wie überflüssig – und man kann ihn deshalb auch getrost überlesen. Wir haben ja gerade gesehen, dass die »Strafbarkeit der Beteiligten«, nach der in den Klausuren und Hausarbeiten gefragt wird, von dem Strafantrag vollkommen unberührt bleibt. Der Strafantrag ist nur von Bedeutung für eine mögliche **Strafverfolgung** des Täters durch die Behörden (= Polizei und Staatsanwaltschaft); zu dieser aber nimmt man als Student nicht Stellung. In der Klausur oder Hausarbeit ist man daher, sollte dieser leidige Satz mit dem Hinweis auf den gestellten Strafantrag in der Fallfrage stehen, am besten beraten, wenn man bei einem Antragsdelikt die folgende Formulierung hinter die Prüfung und Bejahung des jeweiligen Strafgesetzes schreibt (beispielhaft an unserem Fall):

»R hat sich durch ihr Verhalten im Hinblick auf die CD strafbar gemacht wegen Unterschlagung nach § 246 Abs. 1 StGB. Zur Strafverfolgung ist, soweit kein besonderes öffentliches Interesse besteht, gemäß § 248a StGB ein Strafantrag erforderlich. Ein solcher ist nach Auskunft des Sachverhaltes gestellt.«

Damit ist alles gesagt. Und sollte der leidige Satz mit den angeblich gestellten Strafanträgen tatsächlich mal unter dem Sachverhalt fehlen, also wirklich nur nach der »Strafbarkeit der Beteiligten« gefragt sein, lässt man bei einem Antragsdelikt einfach von dem gerade gegebenen Formulierungsvorschlag den zweiten bzw. letzten Satz weg. Dann hat man auch das souverän gelöst. Alles klar!?

Das Allerletzte: Der »Ku'Damm-Raser-Fall« aus dem März 2018

Wir haben oben gelernt, dass der Vorsatz des Täters immer zum Zeitpunkt der Ausführung der **Tathandlung** vorliegen muss und dass sich dieses Prinzip unmittelbar aus § 15 StGB und § 16 StGB ergibt – es gilt: Wenn zum Zeitpunkt der Tathandlung der Vorsatz des Täters noch nicht (oder nicht mehr) vorliegt bzw. festgestellt werden kann, scheidet eine Bestrafung wegen vorsätzlicher Tat aus (BGH NStZ-RR **2020**, 79; BGH NStZ **2019**, 468). Der BGH hat im **März 2018** dieses Prinzip konsequent und sehr öffentlichkeitswirksam angewandt und das Urteil gegen die beiden Raser, die auf dem Berliner »Ku'Damm« ein Jahr zuvor ein illegales Autorennen veranstalteten und dabei einen Unbeteiligten töteten, aufgehoben (BGH NJW **2018**, 1621): Die Fahrer hatten sich an einer Ampel auf dem *Kurfürstendamm* in Berlin-Charlottenburg spontan zu einem Rennen verabredet, im Anschluss mehrere rote Ampeln überfahren und schließlich in einer Tempo-30-Zone mit 170 km/h (!) auf einer Kreuzung bei Überfahren des Rotlichts einen schweren Unfall mit einem berechtigt in die Kreuzung einfahrenden PKW verursacht. Dessen Fahrer starb noch an der Unfallstelle. Das Landgericht (LG) Berlin verurteilte beide Fahrer später wegen gemeinschaftlichen **Mordes** mit gemeingefährlichen Mitteln zu langen Haftstrafen. In den Urteilsgründen heißt es zum bedingten Vorsatz:

> *»... Spätestens jetzt beim Einfahren in die letzte Kreuzung war den Tätern bewusst, dass ein bei ›Grün‹ in die Ampel einfahrender anderer Verkehrsteilnehmer bei einer Kollision mit hoher Wahrscheinlichkeit zu Tode kommen würde. Dieser Umstand war den Tätern gleichgültig, sie überließen den weiteren Ablauf dem Zufall und nahmen billigend den Tod anderer Verkehrsteilnehmer in Kauf ... Beim Einfahren in die letzte Kreuzung waren beide Fahrer aufgrund der extrem hohen Geschwindigkeit zudem absolut unfähig, noch zu reagieren ...«*

Dies genügte dem BGH nicht, um einen bedingten Tötungsvorsatz zum Zeitpunkt der Tathandlung zu bejahen, denn:

> *»... Nach den §§ 15 und 16 StGB muss der Vorsatz im Zeitpunkt der zum Taterfolg führenden Handlung vorliegen. Fasst der Täter den Vorsatz erst später (dolus subsequens), kommt eine Verurteilung wegen vorsätzlicher Tat nicht in Betracht. Aus der Notwendigkeit, dass der Vorsatz bei Begehung der Tat stets vorliegen muss, folgt logisch zwingend, dass sich nur strafbar macht, wer ab Entstehen des Tatentschlusses noch eine **Handlung** vornimmt, die in der vorgestellten oder für möglich gehaltenen Weise den tatbestandlichen Erfolg (hier: den Tod) herbeiführt. Davon aber kann hier nicht ausgegangen werden: Das Landgericht hat den Tötungsvorsatz, wie sich aus der Formulierung **›spätestens jetzt‹** ergibt, erst für das Einfahren in die **letzte** Kreuzung angenommen. Gleichzeit aber sollen die Fahrer zu genau diesem Zeitpunkt aufgrund der extrem hohen Geschwindigkeit von 170 km/h **›absolut unfähig, zu reagieren‹** gewesen sein. Daraus folgt denklogisch, dass die Fahrer ab dem Zeitpunkt, in dem sie den bedingten Vorsatz zur Tötung hatten (die Einfahrt in die letzte Kreuzung), keine Tahandlung mehr vornahmen, die den Tötungsvorgang herbeiführen kann. Ob die Täter bereits vorher, als sie ihr (Tat-)Handeln noch kontrollieren konnten, bereits einen Tötungsvorsatz hatten, lässt sich dem Landgerichtsurteil nicht entnehmen. Dies kann somit auch nicht angenommen werden. Eine Bestrafung wegen vorsätzlicher Tötung ist folglich nach den landgerichtlichen Feststellungen nicht möglich, da diese gegen das in den §§ 15 und 16 StGB niedergelegte Prinzip verstoßen würde ...«*

Beachte: Das ist die ganz hohe Kunst und da muss man schon SEHR genau hinsehen. Im Ergebnis freilich ein juristisch grandioses Auseinanderpflücken des landgerichtlichen Urteils, das von den dortigen Richtern offenbar nicht sorgfältig durchdacht bzw. begründet wurde. Hätte das LG Berlin den Vorsatz schon zu Beginn des Autorennens geprüft und angenommen, wäre die – durchaus mutige und dem Volksempfinden entsprechende – Verurteilung wegen Mordes vermutlich kein Problem gewesen. Im **März 2019** übrigens hat eine andere Kammer des LG Berlin die Sache – der BGH hatte das Verfahren mit obiger Begründung zurück ans LG verwiesen – neu verhandelt und die beiden Täter abermals wegen Mordes verurteilt, freilich mit anderer Begründung und unter Annahme der Mordmerkmale »Heimtücke« und »niedrige Beweggründe« (LG Berlin 26. März 2019 – Az. 532 Ks 9/18). So, und dieses Urteil, einschließlich der Mordmerkmale und des bedingten Tötungsvorsatzes bestätigte der BGH am **18. Juni 2020** jedenfalls gegenüber demjenigen Fahrer, der die Kollision mit dem tödlich verletzten Opfer herbeiführte. Eine **Mittäterschaft** des zweiten Angeklagten, der auf der anderen Fahrspur fuhr, sei indes nicht erwiesen, weswegen das LG Berlin insoweit neue Feststellungen treffen müsse (BGH 4 StR 482/19). Es bleibt spannend.

Gutachten

R könnte sich durch das Mitnehmen der CD wegen Diebstahls gemäß § 242 Abs. 1 StGB strafbar gemacht haben.

Objektiver Tatbestand:

1. Die CD war eine für R fremde bewegliche Sache; sie stand und steht nach wie vor im Eigentum des G und ist zudem auch beweglich.

2. Diese CD müsste R weggenommen haben. Die Wegnahme ist der Bruch fremden und die Begründung neuen, nicht notwendig tätereigenen Gewahrsams.

R hat mit dem Einstecken der CD den Gewahrsam des G gebrochen und neuen eigenen Gewahrsam begründet. Wer einen kleinen Gegenstand bei jemand anderem einsteckt und mitnimmt, erfüllt spätestens mit dem Verlassen des Hauses den Wegnahmebegriff des § 242 Abs. 1 StGB. Die R hat, als sie die CD bei G einsteckte und mit zu sich nach Hause nahm, eine Wegnahmehandlung im gerade benannten Sinne vollzogen. Damit liegt der objektive Tatbestand des § 242 Abs. 1 StGB vor.

Subjektiver Tatbestand:

1. Gemäß § 15 StGB ist zunächst vorsätzliches Handeln erforderlich. Der Täter handelt vorsätzlich im Sinne des § 15 StGB, wenn er das Vorliegen der objektiven Tatbestandsmerkmale wenigstens billigend in Kauf genommen hat.

R wusste um die Fremdheit und Beweglichkeit der Sache sowie darum, dass sie den Gewahrsam des R brechen und durch die Mitnahme neuen eigenen Gewahrsam begründen würde. Im vorliegenden Fall waren der R somit alle Umstände bekannt, die zum gesetzlichen Tatbestand gehören. R handelte demnach im Hinblick auf sämtliche objektiven Tatbestandsmerkmale des § 242 Abs. 1 StGB vorsätzlich.

2. Erforderlich ist des Weiteren, dass der Täter die fremde bewegliche Sache wegnimmt in der Absicht, die Sache sich oder einem Dritten rechtswidrig zuzueignen. Diese Zueignungsabsicht aus § 242 Abs. 1 StGB setzt voraus, dass man den Eigentümer der Sache in jedem Falle dauerhaft von der Benutzung des Gegenstandes ausschließen will. Wer eine Sache hingegen nur vorübergehend in Gebrauch nehmen will, dem fehlt die für § 242 Abs. 1 StGB erforderliche Zueignungsabsicht, denn der Diebstahl bestraft nur den endgültigen Entzug der Sache. Handelt der Täter mit einem Rückgabewillen, begeht er also im Regelfall keinen Diebstahl.

Für solche Konstellationen sieht das StGB nur eine Bestrafung im Rahmen der in § 248b StGB genannten Sonderfälle vor. Zu prüfen ist demnach, inwieweit R eine Zueignungsabsicht hatte. Als R die CD bei G eingesteckt hat, wollte sie sie nur mit zu sich nach Hause nehmen, dort zur Probe anhören und dem G dann am nächsten Tag unbemerkt wieder in den Briefkasten werfen. Zu diesem Zeitpunkt hatte sie also den eben benannten Rückgabewillen, was zur Folge hätte, dass sie ohne die von § 242 Abs. 1 StGB geforderte Zueignungsabsicht gehandelt hätte. Sie könnte demnach auch nicht wegen Diebstahls bestraft werden. Andererseits hat sie den Entschluss, die CD dann doch zu behalten und den G damit doch noch endgültig von der Benutzung auszuschließen, gefasst, als sie noch im unmittelbaren Besitz der CD war.

Stellt man auf diesen Zeitpunkt ab, läge die erforderliche Zueignungsabsicht vor und R wäre nach § 242 Abs. 1 StGB zu bestrafen. Im Hinblick auf den für die Strafbarkeit entscheidenden Zeitpunkt ist nunmehr Folgendes beachtlich: Die subjektiven Merkmale einer Straftat müssen stets zum Zeitpunkt der Ausführung der Tathandlung vorliegen.

Sofern sich die subjektiven Merkmale erst danach beim Täter einstellen – sogenannter dolus subsequens –, bleiben sie für das jeweilige Delikt unberücksichtigt. Der Vorsatz und die sonstigen subjektiven Tendenzen wie etwa eine Zueignungsabsicht müssen gemäß § 15 StGB beim Handeln vorliegen. Und dieses »Handeln« meint nach allgemeiner Ansicht die Ausführung der jeweiligen Tathandlung, auf den möglichen späteren Erfolgseintritt kommt es nicht an.

Die Ausführung der Tathandlung ist im vorliegenden Fall die Wegnahme der fremden beweglichen Sache, also das Einstecken und Mitnehmen der CD. Im Hinblick auf den Vorsatz und die sonstigen subjektiven Merkmale muss also allein auf diesen Zeitpunkt abgestellt werden. Und zu diesem Zeitpunkt hatte R ohne Zweifel noch den Willen, dem G die CD zurück zu geben. Dass sie später, als die Wegnahmehandlung längst abgeschlossen war, ihre Absicht geändert hat, spielt nach dem eben Gesagten keine Rolle. Die R hatte zum Zeitpunkt der Tathandlung damit zwar den Vorsatz auf die objektiven Merkmale des § 242 Abs. 1 StGB, ihr fehlte es indessen an der zudem erforderlichen Zueignungsabsicht. R hatte vielmehr die Absicht, die CD zurück zu geben. Die R erfüllt damit nicht den subjektiven Tatbestand des § 242 Abs. 1 StGB.

Ergebnis: R ist somit nicht zu bestrafen wegen Diebstahls.

R könnte sich aber wegen Unterschlagung gemäß § 246 Abs. 1 StGB strafbar gemacht haben.

Objektiver Tatbestand:

R müsste sich dadurch, dass sie die CD behalten hat, eine fremde bewegliche Sache rechtswidrig zugeeignet haben. Zueignung im Sinne des § 246 Abs. 1 StGB ist die Anmaßung einer eigentümerähnlichen Stellung unter Ausschluss des Berechtigten.

R hat dadurch, dass sie die ihr nicht gehörende CD bei sich behielt, eine eigentümerähnliche Stellung ausgeübt und den R als Berechtigten von der Verfügungsgewalt ausgeschlossen. Der objektive Tatbestand des § 246 Abs. 1 StGB ist damit erfüllt.

Subjektiver Tatbestand:

Im subjektiven Tatbestand des § 246 Abs. 1 StGB ist gemäß § 15 StGB allein vorsätzliches Handeln erforderlich. R wusste vorliegend um alle Umstände und wollte diese auch. Sie handelte folglich mit dem notwendigen Vorsatz.

Rechtswidrigkeit und Schuld:

Die Rechtswidrigkeit und die Schuld begegnen keinen Bedenken.

Ergebnis: Dadurch, dass R die CD behalten hat, obwohl sie hierzu nicht berechtigt war, hat sie sich nach § 246 Abs. 1 StGB strafbar gemacht. Zur Strafverfolgung ist, soweit kein besonderes öffentliches Interesse besteht, gemäß § 248a StGB ein Strafantrag erforderlich.

2. Abschnitt

Die Rechtswidrigkeit einer Tat:

Rechtfertigungsgründe im Strafrecht

Fall 4

Belegte Brötchen

Auf dem Weg zur Universität hält Rechtsstudent R an einer Bäckerei an, stellt sein altes Fahrrad (Wert: 75 Euro) vor die Tür und betritt den Verkaufsraum, um für den Tag ein paar belegte Brötchen zu kaufen. Als R gerade seine Bestellung aufgegeben hat, sieht er, wie draußen ein Unbekannter (U) auf das Rad steigt und eilig davonfährt. R rennt aus dem Laden, läuft dem U hinterher, erreicht das Hinterrad und kann die Gepäckträgerstange ergreifen. Aufgrund der beachtlichen Geschwindigkeit, die U inzwischen erreicht hatte, kommt es dabei zu einem schweren Sturz, bei dem U auf den Asphalt schlägt und einen Schädelbruch sowie Frakturen beider Beine erleidet. R hatte einen Sturz des U und entsprechende Verletzungen billigend in Kauf genommen, da er keine andere Möglichkeit sah, sein Fahrrad zurückzubekommen.

Hat R sich strafbar gemacht?

Schwerpunkte: Die Rechtfertigung einer Straftat; das Notwehrrecht aus § 32 StGB; Voraussetzungen der Notwehr: Notwehrlage und Notwehrhandlung; der Verteidigungswille; Grenzen der Notwehr; die Selbsthilfe nach § 859 Abs. 2 BGB als Rechtfertigungsgrund im Strafrecht.

Lösungsweg

Einstieg: In diesem und dem nächsten Fall werden wir uns ausführlich mit der **Rechtswidrigkeit** einer Straftat befassen. Hierbei geht es um die Frage, ob ein tatbestandsmäßiges Handeln aus besonderen Gründen (→ den sogenannten »Rechtfertigungsgründen«) trotz Verwirklichung des tatbestandsmäßigen Unrechts von der Rechtsordnung toleriert werden kann und somit nicht bestraft wird. Leider genießen diese Fälle in der universitären Ausbildung nur ein Schattendasein, obwohl sie später in den Prüfungen und übrigens auch in der Lebenswirklichkeit vergleichsweise häufig auftauchen. So mag man sich etwa den Fall da oben ansehen: Dass das tagtäglich in Deutschland mehr als einmal vorkommt, dürfte außer Zweifel stehen, wenngleich die Verletzungsfolgen hier – übrigens absichtlich so gewählt – durchaus drastisch, aber keinesfalls unrealistisch daherkommen. Ob unser R nun für die schweren Verletzungen des U strafrechtlich einstehen muss oder nicht, wird Gegenstand dieses Falles und gleich dann im Rahmen der Rechtswidrigkeit zu lösen sein. Und hierbei erahnt man schon, an welcher Stelle vermutlich der Knackpunkt liegt: Durfte der R, um sein Fahrrad im Wert von 75 Euro (!) zu retten, den U tatsächlich vom Rad zerren und ihm dabei – billigend in Kauf genommen! – den Schädel und beide Beine brechen? Klingt im ersten Moment deutlich überzogen.

Wie immer machen wir das Ganze aber schön der Reihe nach und halten uns, um bei diesem ziemlich umfangreichen Fällchen von Anfang an den Überblick zu behalten, selbstverständlich an das inzwischen bekannte Aufbauschema, also:

Strafbarkeit des R durch das Umstoßen des U

→ **§§ 223 Abs. 1, 224 Abs. 1 Nr. 5 StGB** (gefährliche Körperverletzung)

I. Tatbestand

A. Objektiv

Voraussetzung für den objektiven Tatbestand ist eine Körperverletzung des U, die mittels einer das Leben gefährdenden Behandlung begangen wurde.

1. Der R hat den U ohne Frage körperlich misshandelt im Sinne des § 223 Abs. 1 StGB, denn der Sturz von einem Fahrrad mit anschließendem Schädelbruch und Beinfrakturen stellt eine sogenannte »üble unangemessene Behandlung« dar (vgl. etwa BGH NStZ-RR **2015**, 211; BGHSt **14**, 269; OLG Düsseldorf NJW **1994**, 1232).

2. Des Weiteren handelt es sich hierbei auch um eine das Leben gefährdende Behandlung im Sinne des § 224 Abs. 1 Nr. 5 StGB. Wer einen anderen bei schneller Fahrt vom Rad oder Moped stößt oder zu Fall bringt, vollzieht wegen der besonderen Bewegungssituation eine das Leben des Betroffenen gefährdende Behandlung (BGH MDR/D **1957**, 652; S/S/*Sternberg-Lieben* § 224 StGB Rz. 12a).

<u>ZE.</u>: Der objektive Tatbestand der §§ 223 Abs. 1, 224 Abs. 1 Nr. 5 StGB liegt vor.

B. Subjektiver Tatbestand

Der R müsste entsprechend **vorsätzlich** gehandelt, also die objektiven Tatbestandsmerkmale der gerade geprüften Vorschriften wenigstens billigend in Kauf genommen haben. Auch das ist hier kein Problem, in der Sachverhaltsschilderung steht nämlich, dass derR einen Sturz des U und die entsprechenden Verletzungen billigend in Kauf genommen hatte (= bedingter Vorsatz). Dass der R hierbei die konkreten Folgen seines Handelns in Form eines Schädelbruchs sowie der Beinfrakturen vermutlich nicht exakt voraussehen konnte, ist übrigens nicht schädlich; bei einer billigend in Kauf genommenen Verletzung genügt die Vorstellung auf eine Schädigung, die sich innerhalb der Risikodimension, die durch die Tathandlung geschaffen wird, hält (vgl. BGH NStZ-RR **2016**, 111; BGH NStZ **2016**, 95; S/S/*Sternberg-Lieben/Schuster* § 15 StGB Rz. 16).

ZE.: Der R handelte vorsätzlich. Besondere deliktsspezifische Absichten sind für die §§ 223, 224 StGB nicht erforderlich.

II. Rechtswidrigkeit

Grundregel: Die Tatbestandsmäßigkeit eines Handelns, also die Erfüllung des objektiven und subjektiven Tatbestandes, **indiziert** die Rechtswidrigkeit der Tat mit der Folge, dass diese Rechtswidrigkeit nur dann entfällt, wenn zugunsten des Täters Rechtfertigungsgründe eingreifen (BGH JR **2012**, 204; *Wessels/Beulke/Satzger* Rz. 397). Für die Fallprüfung hat dies zur Konsequenz, dass man grundsätzlich vom Vorliegen der Rechtswidrigkeit ausgehen kann, es sei denn, es liegen konkrete Anhaltspunkte vor, die eine Rechtfertigung des Täters begründen könnten.

Solche Anhaltspunkte haben wir hier, denn der R zerrt ja nur deshalb am Rad und bringt den U damit zu Fall, weil der U mit dem Rad wegfahren und somit einen Diebstahl begehen wollte. Angesichts dieser Umstände kommt als Rechtfertigungsgrund für R die **Notwehr** nach § 32 StGB in Betracht (aufschlagen!). Gemäß § 32 Abs. 1 StGB handelt derjenige, der eine durch Notwehr gebotene Tat begeht, nicht rechtswidrig (= straflos). Und genau das prüfen wir jetzt mal, und zwar in folgenden, zwingend einzuhaltenden Schritten:

1. Voraussetzung für die Rechtfertigung durch Notwehr ist zunächst das Vorliegen einer sogenannten »Notwehrlage«. Glücklicherweise brauchen wir die Definition hierfür nicht auswendig zu lernen, sie steht im Gesetz: Lies bitte § 32 Abs. 2 StGB. Die Notwehrlage kennzeichnet sich als **gegenwärtiger**, **rechtswidriger Angriff**.

a) Wir benötigen demnach als Erstes einen **Angriff**. Dieses Merkmal grenzt die Notwehr vom sogenannten rechtfertigenden Notstand (→ § 34 StGB und §§ 228, 904 BGB) ab und wird wie folgt definiert:

Definition: Ein Angriff im Sinne des § 32 StGB ist jede durch menschliches Verhalten drohende Verletzung rechtlich geschützter Güter oder Interessen (BGH NStZ-RR **2018**, 272; BGH JR **2012**, 204; BGH NStZ **2011**, 82; *Fischer* § 32 StGB Rz. 5).

Achtung: Die Definition muss man sehr genau lesen, sie enthält eine wichtige Botschaft, deren Kenntnis zum Verständnis des Notwehrrechts unerlässlich ist. Da steht nämlich, dass nur »**menschliches Verhalten**« einen Angriff und damit eine Notwehrlage auslösen kann. Geht die Gefahr von einer **Sache** aus, kann die Notwehr als Rechtfertigungsgrund demnach nicht herangezogen werden. **Beispiel:** Wenn sich bei einem an einem Hang parkenden Wagen die Handbremse löst und das Auto auf eine Gruppe Schulkinder zurollt, liegt kein »Angriff« im Sinne des § 32 StGB vor. Wer das Auto nun mit seinem eigenen Wagen – etwa durch einen gezielten Zusammenstoß – stoppt, kann sich im Hinblick auf die Sachbeschädigung an dem herabrollenden Wagen nicht auf § 32 StGB berufen, denn die Gefährdung der Rechtsgüter ging nicht von einem menschlichen Verhalten, sondern von einer **Sache** aus. In diesem Falle käme nur der rechtfertigende Notstand aus § 34 StGB oder § 228 BGB in Betracht, denn dort hat der Gesetzgeber nicht das Wort »Angriff«, sondern das Vorliegen einer »Gefahr« als Voraussetzung normiert – und dieser Begriff umfasst auch die Gefährdung durch Sachen (BGHSt **26**, 176; MK/*Erb* § 34 StGB Rz. 60; *Lackner/Kühl* § 34 StGB Rz. 2; NK/*Neumann* § 34 StGB Rz. 39; S/S/*Perron* § 34 StGB Rz. 12).

Durchblick: Des Weiteren wollen wir uns hier bitte auch schon mal merken, dass die Notwehr immer nur Abwehrhandlungen gegen den **Angreifer** selbst und dessen Rechtsgüter umfasst (BGH NStZ-RR **2018**, 272; BGHSt **55**, 191; BGHSt **39**, 374; *Fischer* § 32 StGB Rz. 24; *Wessels/Beulke/Satzger* Rz. 508). Wer Rechtsgüter anderer Personen zur Verteidigung verletzt, kann sich nicht auf Notwehr berufen. **Beispiel:** Rechtsstudent R steht an der Theke und baggert ahnungslos die hübsche Frau F an. Kurz darauf erscheint der obereifersüchtige Ehemann M, holt ohne Vorwarnung zum Fausthieb aus, dem R dann nur dadurch noch entgehen kann, dass er geistesgegenwärtig einen herumstehenden Schirm ergreift und dem M vor den Kopf schlägt. Hierbei zerbricht der Schirm. Der Schirm gehörte dem Gast G, der jetzt Strafantrag gegen R wegen Sachbeschädigung stellt: Während die Körperverletzung des M durch Notwehr gerechtfertigt wäre (→ es liegt ein »Angriff« des M vor und die Abwehrhandlung richtet sich auch gegen den M), ist die Sachbeschädigung an dem Schirm hingegen nicht über § 32 StGB gedeckt, **denn:** Der R hat zur Verteidigung das Rechtsgut eines unbeteiligten Dritten verletzt. Die Notwehr kann aber – wie gesagt – grundsätzlich nur eingreifen bei Verteidigungshandlungen gegen den Angreifer selbst oder dessen Rechtsgüter. Hier käme dann der sogenannte »aggressive Notstand« aus § 904 BGB in Betracht, denn der erfasst – ebenso wie auch § 34 StGB – Beeinträchtigungen fremder, nicht dem Angreifer gehörender Rechtsgüter (Einzelheiten dazu im nächsten Fall).

Wir merken uns: Die Notwehr nach § 32 StGB setzt zum einen immer eine durch **menschliches Verhalten** verursachte Beeinträchtigung oder Bedrohung von Rechtsgütern (→ Angriff) voraus. Zum anderen deckt die Notwehr dann nur diejenigen Handlungen, die sich gegen den Angreifer selbst oder dessen Rechtsgüter richten (BGH NJW **2010**, 2963). In allen anderen Fällen – also bei Gefährdungen durch Sachen oder der Verletzung fremder, nicht dem Angreifer zustehender Rechtsgüter – kann die Notwehr nicht einschlägig sein; dann kommen nur die Regeln über den »Notstand« aus § 34 StGB oder den §§ 228, 904 BGB in Betracht.

Zum Fall: Unser U hat sich auf das Rad gesetzt und ist davongefahren. Hierbei handelt es sich ohne Probleme um eine Beeinträchtigung des Rechtsguts »Eigentum« des R infolge eines menschlichen Verhaltens. Wir haben es folglich mit einem **Angriff** im Sinne des § 32 Abs. 2 StGB zu tun (und die Handlung des R richtete sich auch gegen den Angreifer selbst!).

<u>ZE.</u>: Ein Angriff auf ein Rechtsgut des R liegt von Seiten des U vor.

b) Dieser Angriff müsste auch **gegenwärtig** sein.

Definition: Gegenwärtig ist der Angriff, der unmittelbar bevorsteht, schon begonnen hat oder noch fortdauert (BGH NStZ **2020**, 147; BGH NStZ **2018**, 84; BGH NStZ-RR **2017**, 38; *Wessels/Beulke/Satzger* Rz. 498; SK/*Hoyer* § 32 StGB Rz. 40).

Die Gegenwärtigkeit grenzt das Notwehrrecht nun **zeitlich** ein. So sind zum einen sogenannte »präventive Maßnahmen« nicht vom Notwehrrecht gedeckt und können auch nicht durch eine analoge Anwendung des § 32 StGB gerechtfertigt werden (*Fischer* § 32 StGB Rz. 19; *Rengier* in NStZ 2004, 233). Wer also beispielsweise im Voraus verhindern will, dass ein anderer einen Diebstahl begeht und ihn deshalb vorsorglich und sicherheitshalber einfach mal in seiner Wohnung einschließt, ist nicht von § 32 StGB gedeckt (*Wessels/Beulke/Satzger* Rz. 500). Des Weiteren ist Notwehr nicht (mehr) zulässig, wenn der Angriff bereits **beendet** ist. Dieses Merkmal ist deutlich schwieriger zu bestimmen, insbesondere bei Diebstahlsfällen mit anschließender Flucht und Verfolgung des Täters tauchen beachtliche Abgrenzungsprobleme auf. Hier gilt grundsätzlich die Regel, dass Notwehr dann nicht mehr eingreifen kann, wenn ein endgültiger Verlust des Rechtsgutes eingetreten ist (BGH NStZ **2003**, 425), wobei man beim Diebstahl darauf zu achten hat, dass damit wegen § 935 Abs. 1 BGB (lesen, bitte!) immer nur der endgültige Verlust der tatsächlichen Verfügungsmacht – und nicht des Eigentums! – gemeint sein kann. Man hat also zu fragen, ob der Täter bereits gesicherten Gewahrsam an der Sache erlangt, die Beute also quasi für sich »endgültig gesichert« hat (RGSt **55**, 84; BGHSt **48**, 209; *Roxin* in JZ 2003, 966).

Zum Fall: Unser R hat U bei dem Fahrraddiebstahl auf frischer Tat ertappt und ist ihm sogleich hinterher gelaufen. U konnte noch keinen gesicherten Gewahrsam begründen und auch noch keine ungehinderte Verfügungsmacht ausüben. Die Beute war noch nicht gesichert und der Diebstahl damit auch noch nicht beendet; der Angriff auf das Rechtsgut Eigentum dauert folglich noch an und war namentlich noch ***gegenwärtig*** im Sinne des § 32 Abs. 2 StGB.

<u>**ZE.**</u>: Es liegt ein gegenwärtiger Angriff vor.

c) Dieser gegenwärtige Angriff muss schließlich auch **rechtswidrig** gewesen sein.

Definition: Rechtswidrig ist jeder Angriff, der im Widerspruch zur Rechtsordnung steht, vom Betroffenen also nicht geduldet werden muss; schuldhaft muss der Angriff hingegen nicht sein (BGH NStZ **2014**, 451; BGH JZ **2001**, 661; *Rengier* AT § 18 Rz. 29; *Lackner/Kühl* § 32 StGB Rz. 5; S/S/*Perron* § 32 StGB Rz. 20).

Das ist hier – wie übrigens in der Regel in Klausuren oder Hausarbeiten – kein Problem, denn der R musste die Aktion des U selbstverständlich nicht dulden. Die Wegnahme des Rades stand im Widerspruch zur Rechtsordnung (→ § 242 StGB).

ZE.: Der Angriff des U war somit auch rechtswidrig.

ZE.: Damit liegt ein gegenwärtiger rechtswidriger Angriff des U auf das Rechtsgut Eigentum des R vor. Eine »Notwehrlage« ist gegeben.

2. Neben der Notwehrlage erfordert eine Rechtfertigung nach § 32 StGB des Weiteren eine sogenannte »Notwehrhandlung«. Diese setzt sich aus drei Prüfungspunkten zusammen, die glücklicherweise auch allesamt im Gesetz stehen, nämlich: Zunächst muss die Notwehrhandlung eine sogenannte »Verteidigung« sein, diese Verteidigung muss zudem **erforderlich** und schließlich auch **geboten** sein.

a) Aus dem in § 32 Abs. 2 StGB gewählten Begriff »Verteidigung« folgt nun zunächst das, was wir weiter oben zum besseren Verständnis der gesamten Rechtfertigungssystematik und der Abgrenzung zu den Notstandsnormen der §§ 34 StGB, 228, 904 BGB schon gelernt haben, **nämlich:** Die Notwehrhandlung, also die sogenannte »Verteidigung«, muss sich stets und ausschließlich gegen den **Angreifer** selbst oder dessen Rechtsgüter richten (BGHSt **39**, 374; BGHSt **5**, 245; *Rengier* AT § 18 Rz. 31; *Wessels/Beulke/Satzger* Rz. 508). Nicht vom Notwehrrecht erfasst sind demnach Handlungen gegen dritte, unbeteiligte Personen oder deren Rechtsgüter (das war vorhin die Geschichte mit dem Schirm, den der Rechtsstudent R am Kopf des obereifersüchtigen Ehemanns zerschlägt, der aber dem Gast G gehörte). Und beachte abschließend bitte auch noch, dass die Verteidigung auch zum Schutz einer dritten Person durchgeführt werden kann (lies § 32 Abs. 2 StGB: »... von sich oder **einem anderen** abzuwenden«); das nennt man »Nothilfe« (*Rengier* AT § 18 Rz. 110; *Wessels/Beulke/Satzger* Rz. 509).

ZE.: Die Handlung des R richtete sich in unserem Fall unproblematisch gegen den Angreifer U und war daher eine »Verteidigung« im eben benannten Sinne.

b) Des Weiteren muss die Notwehrhandlung **erforderlich** sein (§ 32 Abs. 2 StGB).

> **Definition:** Erforderlich im Sinne des § 32 Abs. 2 StGB ist diejenige Handlung, die zum einen geeignet ist, den Angriff wirksam abzuwehren, und zum anderen das mildeste zur Verfügung stehende Gegenmittel darstellt (BGH NStZ **2020**, 147; BGH NStZ **2019**, 263; BGH NStZ **2019**, 136; S/S/*Perron* § 32 StGB Rz. 34).

So, jetzt wird es langsam interessant: Bei der Prüfung der Erforderlichkeit nach § 32 Abs. 2 StGB liegt in der Regel der Schwerpunkt, sie teilt sich auf in zwei Abschnitte: Nämlich in die **Geeignetheit** der Handlung und die Frage, ob der Handelnde auch das **mildeste Mittel** gewählt hat, sofern für ihn noch andere Handlungsalternativen bestanden.

Aber, Vorsicht: Insoweit darf man nun nicht den Fehler machen, innerhalb der Erforderlichkeitsprüfung des § 32 Abs. 2 StGB eine Güter- oder Interessenabwägung zwischen dem verteidigten und dem im Zuge der Notwehrhandlung verletzten Rechtsgut durchzuführen. Viele Kandidaten können dieser Versuchung nicht widerstehen und rechnen die beiden verletzten Rechtsgüter quasi gegeneinander auf – und bringen die Klausur damit garantiert und zielsicher in den Keller. Um dies zu vermeiden, wollen wir uns, bevor wir sogleich in die Einzelheiten gehen, hier bitte schon mal folgenden Satz merken, mit dem die Notwehr und ihre Funktion in der Rechtsordnung zutreffend beschrieben wird:

»Das Recht braucht dem Unrecht nicht zu weichen!« (→ RGSt **21**, 168)

Soll heißen, dem Betroffenen wird von § 32 StGB nicht zugemutet, bei seiner Abwehrhandlung, die ja einen der Rechtsordnung widersprechenden Zustand rasch wieder umkehren soll, auf eine mögliche Güterabwägung zu achten und unter Umständen, um den Angreifer und dessen Rechtsgüter zu schonen, auf eigene Rechte zu verzichten bzw. ihre Verletzung zu dulden (BGH NStZ-RR **2019**, 598; BGH NStZ **2019**, 136; BGH NStZ-RR **2018**, 272; *Wessels/Beulke/Satzger* Rz. 519). Nein. Im Vordergrund steht bei der Notwehr vielmehr die **Wiederherstellung** des rechtmäßigen Zustandes; das Risiko der möglicherweise dadurch entstehenden Verletzung anderer, eventuell sogar höherwertiger Rechtsgüter, trägt allein der Angreifer, da er mit seinem rechtswidrigen Angriff ja den umzukehrenden Zustand selbst geschaffen bzw. hergestellt hat (BGH NStZ-RR **2019**, 598; BGH NStZ **2019**, 136; BGH NStZ-RR **2018**, 272; St-K-*Joecks* § 32 StGB Rz. 11).

Ein sehr anschauliches und zudem merkbares Beispiel für dieses Prinzip liefert der BGH in einem spektakulären Fall aus dem **April 2013** – **Folgendes** hatte sich ereignet: Eine vierköpfige Gruppe linksradikaler Demonstranten steuerte zu Fuß und mit Pfefferspray sowie mit Quarzsand gefüllten Boxhandschuhen bewaffnet auf einen (rechtsradikalen) Mann (M) zu, der auf einem Parkplatz in seinem Auto saß. Da M zutreffend mit erheblichen Angriffen gegen seine Person rechnete und sich dagegen nicht anders zu helfen wusste, steuerte er mit seinem Wagen in langsamer Geschwindigkeit auf die Gruppe zu und erfasste letztlich eine der auf ihn zulaufenden Personen. M hätte auch in eine andere Richtung fahren und über einen zweiten Ausgang des Parkplatzes mit seinem Auto flüchten können. **Strafbarkeit des M?**

Der BGH sprach den M vom Vorwurf der Körperverletzung frei, und zwar wegen **Notwehr**. Wörtlich heißt es (→ BGH NJW **2013**, 2133):

»… Da das Notwehrrecht nicht nur dem Schutz der bedrohten Individualrechtsgüter des Angegriffenen, sondern auch der ***Verteidigung*** *der durch den rechtswidrigen Angriff negierten Rechtsordnung dient, kommen als alternativ in Betracht zu ziehende Abwehrhandlungen grundsätzlich nur solche Maßnahmen in Betracht, die die bedrohte Rechtsposition gegen den Angreifer durchsetzen. Das Gesetz verlangt von einem rechtswidrig Angegriffenen daher* ***nicht****, dass er die Flucht ergreift oder auf andere Weise dem Angriff ausweicht, weil damit nämlich ein* ***Hinnehmen*** *des Angriffs verbunden wäre und weder das bedrohte Recht, noch die in ihrem Geltungsanspruch infrage gestellte Rechtsordnung gewahrt bliebe. Insbesondere ist der Angegriffene* ***nicht*** *gehalten, eine Interessen- und Güterabwägung vorzunehmen und dann entsprechend dem Angriff auszuweichen, etwa in Form einer Flucht …«*

Also: Die Prüfung der Erforderlichkeit der Notwehr- bzw. Abwehrhandlung umfasst – anders übrigens als etwa bei § 34 StGB – grundsätzlich **keine** Güter- und Interessenabwägung, sondern beantwortet nur die Frage, ob die gewählte Maßnahme geeignet und das mildeste zur Verfügung stehende Mittel zur Verteidigung der eigenen Rechtsgüter sowie der Rechtsordnung war (BGH NStZ-RR **2018,** 170; BGH NStZ-RR **2018**, 69; BGH NStZ **2018**, 84). Sind diese Voraussetzungen gegeben, ist die Maßnahme »**erforderlich**« bzw. rechtmäßig, auch wenn die verletzten Rechtsgüter des Angreifers unter Umständen höher zu bewerten sind, als die des Angegriffenen. Wie gesagt: Das Recht braucht dem Unrecht nicht zu weichen. Wichtig, bitte merken.

aa) Wie das nun im Einzelnen funktioniert und welche Auswirkungen dieses Prinzip auf unsere konkrete Fall-Lösung hat, schauen wir uns jetzt mal an und beginnen schön brav mit dem ersten Prüfungspunkt innerhalb der Erforderlichkeit, nämlich der **Geeignetheit** der Verteidigung.

Definition: Eine Maßnahme ist zur Verteidigung geeignet, wenn sie grundsätzlich in der Lage ist, den Angriff entweder ganz zu beenden oder ihm wenigstens ein Hindernis in den Weg zu legen (BGH NStZ **2019**, 263; BGH NStZ **2019**, 136; BGH NStZ-RR **2018,** 170; SK/*Hoyer* § 32 StGB Rz. 54; *Wessels/Beulke/Satzger* Rz. 511).

Hier: Kein Problem, das Festhalten des Rades war die geeignete Maßnahme, um den Diebstahl zu verhindern.

<u>ZE.</u>: Die Handlung des R war geeignet im Sinne der eben genannten Definition.

bb) Des Weiteren müsste die Handlung des R auch das **mildeste** Mittel sein, um den Angriff abzuwehren.

Durchblick: Diese Voraussetzung kann indessen nur greifen und muss dementsprechend auch geprüft werden, wenn dem Angegriffenen bei seiner Verteidigung überhaupt mehrere Mittel zur Verfügung standen. Dann – aber nur dann! – ist vom Betroffenen dasjenige Verteidigungsmittel zu wählen, das bei gleicher Wirksamkeit den geringsten Schaden anrichtet (BGH NStZ-RR **2019**, 598; BGH NStZ-RR **2018**, 272; BGH NStZ-RR **2018**, 69). Diese Problematik wird übrigens in der Praxis häufig beim Schuss- oder Stichwaffengebrauch relevant und diskutiert: So muss nämlich ein gezielter Schuss auf den Körper des Angreifers oder das Einstechen mit einem Messer zunächst nach allgemeiner Ansicht **angedroht** werden, notfalls mithilfe eines Warnschusses bzw. einer wörtlichen Androhung, bevor man zur Verteidigung eigener Rechtsgüter (übrigens durchaus auch zum Schutz vor Sachwerten oder sogar der Ehre → BGH NStZ-RR **2018**, 272 und BGH NStZ **2003**, 425) tatsächlich auf einen anderen schießt oder einsticht (BGH NStZ **2019**, 263; BGH NStZ **2019**, 136; BGH NStZ-RR **2018**, 272). Das Ganze setzt indessen immer voraus, dass dem Täter auch genügend Zeit zur Abschätzung der Lage zur Verfügung steht und der Gegenüber unbewaffnet ist (BGH NStZ **2019**, 263; BGH NStZ-RR **2018,** 170; BGH NStZ **2018**, 84). Ist dies der Fall, kann und wird zunächst ein Schuss in die Beine oder andere, nicht lebensgefährlich zu verletzende Körperteile das mildeste Mittel sein (vgl. sehr instruktiv dazu: BGH NStZ-RR **2018**, 272 und BGH NStZ **2018**, 84 sowie *Altvater* in NStZ 2003, 21; umfassende Hinweise auch bei S/S/*Perron* § 32 StGB Rz. 37). Andererseits kann im Einzelfall auch ein Waffen- bzw. Messergebrauch gegen einfache Schläge mit der Hand oder auch zum Schutz der Ehre (!) geeignet im oben genannten Sinne sein, wenn dem Angegriffenen keine andere Möglichkeit der Abwehr zur Verfügung steht (instruktiv zum Gebrauch von Messern: BGH NStZ-RR **2019**, 598; BGH NStZ-RR **2018**, 272; BGH NStZ-RR **2018**, 69).

In der Fallprüfung hat man demnach sehr genau hinzuschauen, ob der Sachverhalt dem Betroffenen tatsächlich eine andere als die später gewählte Möglichkeit gegeben hat. Wenn ja, dann muss der Betroffene – wie gesehen – das bei gleicher Wirksamkeit mildeste Mittel wählen, was übrigens auch einleuchtet, denn das Notwehrrecht würde ansonsten den Weg zur mutwilligen Schädigung ebnen. Hat der Betroffene in der konkreten Situation hingegen nur **eine** Möglichkeit, den drohenden Schaden abzuwenden, entfällt die Prüfung des mildesten Mittels, es gibt ja nur dieses eine (vgl. etwa den Fall aus BGH NStZ-RR **2019**, 598).

Und: Wenn diese Verteidigungshandlung aus den genannten Gründen erforderlich ist, wird diese Erforderlichkeit auch nicht dadurch beseitigt, dass die Abwehrhandlung ungewollte oder auch billigend in Kauf genommene weitere Auswirkungen mit sich bringt (BGH NStZ-RR **2019**, 598; BGH NStZ-RR **2018**, 272; *Wessels/Beulke/Satzger* Rz. 511/519). Es darf auch dann keine Güterabwägung im Hinblick auf die Folgen der rechtmäßigen Handlung durchgeführt werden. Vielmehr kommt es allein darauf an, ob die **Abwehrhandlung** an sich als (einziges oder mildestes) Mittel geeignet war, den Angriff wirksam abzuwehren. Das Folgerisiko trägt der Angreifer als Verursacher der Notwehrlage; aus diesen Umständen heraus kann im Ernstfall dann sogar die Tötung des Angreifers gerechtfertigt sein (vgl. dazu anschaulich: BGH NStZ-RR **2018**, 272 und BGH NStZ **2018**, 84 sowie die Erläuterungen bei S/S/*Perron* § 32 StGB Rz. 38). Wörtlich und plakativ heißt es dazu bei *Wessels/Beulke/Satzger* (Rz. 517 a.E.):

> *»… Die Risiken, die sich aus der vom Angreifer veranlassten Abwehrhandlung und aus der typischen Gefährlichkeit des gewählten Verteidigungsmittels ergeben, gehen zulasten des Angreifers und sind nicht etwa von dem Angegriffenen zu tragen …«*

Also: Ist die gewählte Verteidigungshandlung das einzige oder – bei mehreren möglichen Handlungen – das mildeste Mittel, trägt der Angreifer das Risiko der Folgen dieses Angriffs. Merken.

Zum Fall: Dem R stand nach den Begebenheiten des Falles nur die Möglichkeit offen, U zu Fuß zu verfolgen, im günstigsten Fall einzuholen und dann zu stellen. Von einer Polizeistreife, die aus Versehen in der Nähe stand oder Ähnlichem, ist nicht die Rede. Das Hinterherlaufen und Festhalten des Rades war somit das einzige Mittel, um den Angriff des U wirksam zu stoppen. Demzufolge war die Verteidigungshandlung des R auch »erforderlich«. Und hierbei ist es insbesondere unbeachtlich, dass R dem U zur Rettung seines Fahrrades im Wert von 75 Euro den Schädel und beide Beine bricht. **Denn:** Eine Güterabwägung findet – wie weiter oben schon mal erläutert – im Falle der Rechtmäßigkeit der Verteidigungshandlung im Rahmen der Erforderlichkeitsprüfung **nicht** statt (BGH NStZ-RR **2019**, 598; BGH NStZ **2019**, 136; BGH NStZ-RR **2018**, 272). Es kommt allein darauf an, dass der Angegriffene entweder das einzige oder – bei Vorliegen mehrerer Handlungsalternativen – das mildeste Mittel gewählt hat. Wenn das der Fall ist, trägt der Angreifer das Risiko weiterer Folgewirkungen (BGH NStZ **2018**, 84; BGH NStZ **2016**, 593; BGH NStZ **2016**, 526).

Man sieht es: Würde man hier die verletzten Rechtsgüter gegeneinander abwägen, hätte R den U natürlich nicht zu Fall bringen dürfen. Das Rechtsgut »körperliche Unversehrtheit«, hier konkret verletzt in Form eines Schädelbruchs und zweier Beinfrakturen, steht in unserer gesellschaftlichen bzw. rechtlichen Werteskala nämlich eindeutig über einem Sachwert von 75 Euro, vermutlich sogar über jedem Sachwert. **Aber:** Darauf kommt es bei § 32 StGB nicht an. Das Notwehrrecht aus § 32 StGB fragt nicht nach solchen Abwägungen, sondern stellt sich ganz auf die Seite des Angegriffenen und dessen Rechtsgüter. Sofern der Angegriffene eine geeignete Maßnahme ergreift und das mildeste der zur Verfügung stehenden Mittel wählt, hat er die Rechtsordnung (→ in Form des § 32 StGB) ohne Rücksicht auf Verluste beim Angreifer auf seiner Seite. So kann im Extremfall – das ist oben schon mal kurz erwähnt worden – sogar der Schusswaffengebrauch zur Rettung von Sachwerten zulässig sein (BGH NStZ **2003**, 425 → dort waren es 2.500 Euro; vgl. hierzu auch S/S/*Perron* § 32 StGB Rz. 37 und *Wessels/Beulke/Satzger* Rz. 517). Wir sagten es bereits: Das Recht braucht dem Unrecht nicht zu weichen. Das Notwehrrecht wird wegen dieser weit reichenden Befugnisse für den Angegriffenen und den möglichen drastischen Folgen für den Angreifer übrigens auch häufig als »schneidig« (→ »Schneidiges Notwehrrecht«) bezeichnet (vgl. etwa S/S/*Perron* § 32 StGB Rz. 1a; MK/*Erb* § 32 StGB Rz. 2).

ZE.: Die von R ergriffene Maßnahme war im vorliegenden Fall »erforderlich« im Sinne des § 32 Abs. 2 StGB, denn sie war geeignet und das einzige zur Verfügung stehende Mittel zur Abwehr des Angriffs des U.

3. Fertig sind wir damit aber noch nicht. Es fehlt noch die »Gebotenheit« der Abwehrhandlung; die steht auch im Gesetz, und zwar in **§ 32 Abs. 1 StGB** (prüfen!).

Durchblick: Nachdem wir nun ausführlich erläutert haben, dass der Angegriffene – nahezu ohne Rücksicht auf Verluste – seine Rechte im Rahmen des § 32 StGB gegenüber dem Angreifer verteidigen darf, muss es dennoch irgendeine Möglichkeit geben, das »**schneidige**« Notwehrrecht in Extremfällen zu begrenzen. Die Notwehr findet ihre Grenze namentlich im Verbot des Rechtsmissbrauchs, das man innerhalb des »Gebotenseins« der Verteidigungshandlung zu prüfen hat (*Roxin* AT I § 15 Rz. 56).

Lehrbuchfall: Opa O ist 84 Jahre alt, dazu noch gelähmt und sitzt aus Langeweile in seinem Rollstuhl im Garten. Dort beobachtet er dann, wie der 9-jährige Nachbarsjunge J auf einen seiner Bäume klettert, um dort Äpfel zu klauen (→ § 242 StGB). Als J auf diverse Rufe und Warnungen des O nicht reagiert, schießt O den J mit einer geladenen Flinte vom Baum. **Notwehr?**

Dieses herrlich absurde Fällchen aus dem (prima) Lehrbuch von *Wessels/Beulke/Satzger* (Rz. 524) verdeutlicht sehr anschaulich und merkbar, dass auch das »schneidige« Notwehrrecht Grenzen haben muss. Denn dass hier ein Angriff auf das Rechtsgut Eigentum des O vorlag, ist ebenso unproblematisch wie die Tatsache, dass der Schuss ein geeignetes und aus der Sicht des O im konkreten Fall auch das einzige Mittel war, den Angriff des J wirksam abzuwehren. Und da wir ja erst vor ein paar Minuten gelernt haben, dass eine Güterabwägung innerhalb des § 32 StGB grundsätzlich nicht stattfindet und der Schusswaffengebrauch auch zur Verteidigung von Sachwerten zulässig ist, war die Handlung des O hier dementsprechend »erforderlich« und mithin eigentlich auch rechtmäßig.

Aber: Das geht natürlich nicht. Kinder wegen geklauter Äpfel vom Baum zu schießen, ist eindeutig eine Nummer zu mächtig – und wird deshalb auch nicht vom Notwehrrecht umfasst. Wir merken uns bitte:

Definition: Innerhalb der Frage nach der **Gebotenheit** einer an sich erforderlichen Abwehrhandlung ist zu prüfen, ob aufgrund sozial- und rechtsethischer Abwägungen ausnahmsweise die Zuerkennung des Notwehrrechts zu unterbleiben hat. Die Verteidigung ist insbesondere nicht geboten im Sinne des § 32 Abs. 1 StGB, wenn von dem Angegriffenen aus sozial- und rechtsethischen Gründen ein anderes Verhalten, also die Hinnahme der Rechtsgutsverletzung oder eine eingeschränkte Verteidigungshandlung zu verlangen ist, was insbesondere im Falle des Rechtsmissbrauchs in Betracht kommt (BGH NStZ-RR **2018**, 272; BGH NStZ **2016**, 526; BGH JuS **2016**, 366; *Fischer* § 32 StGB Rz. 36; NK/*Kindhäuser* § 32 StGB Rz. 98).

An dieser Stelle – und nicht vorher! – gibt es also doch noch eine Abwägung der Rechtsgüter, wenn auch nur in begrenztem Umfang. Der Gesetzgeber wollte mit dem Erfordernis der »Gebotenheit« der Verteidigungshandlung die Fälle aus dem Notwehrrecht ausgrenzen, in denen die Rechtsordnung trotz Schutzes des Angegriffenen ein Interesse daran hat, auch den Angreifer selbst zu schützen (BGH NStZ **2016**, 526; BGH NStZ **2016**, 84; MK/*Erb* § 32 StGB Rz. 176). Ausschlaggebend ist nunmehr allein eine normative, losgelöst von der konkreten »Kampflage« liegende Betrachtung, und zwar unter sozialethischen Gesichtspunkten (BGH NStZ-RR **2018**, 272; *Wessels/Beulke/Satzger* Rz. 524 ff.). Folgende Varianten können in Frage kommen:

→ Bei Notwehr gegen **kindliche** oder sonst **schuldunfähige** Personen (z.B. Betrunkene, wenn man sie auch erkennt!) kann es geboten im Sinne des § 32 Abs. 1 StGB sein, diesem Angriff auszuweichen oder sich ohne ernstliche Gefahr für den Angreifer zu verteidigen (BGH NStZ-RR **2018**, 69; BGHSt **5**, 245; BGH GA **65**, 148; BayObLG NStZ-RR **1999**, 9; AG Rudolstadt NStZ-RR **2007**, 265; MK/*Erb* § 32 StGB Rz. 213). Beachte insoweit aber auch den interessanten Fall des OLG Düsseldorf aus dem Juni 2016 (→ JUS **2017**, 81), wo ein OGS-Betreuer einen Erstklässler auf dem Schulhof ohrfeigt, als dieser ihn mit anderen Schülern zusammen anspuckt und schlägt. Trotz der massiven körperlichen Überlegenheit des Betreuers nahm das OLG hier Notwehr an und ließ namentlich die Minderjährigkeit und Kindlichkeit des Opfers (sechs Jahre alt!) nicht als Notwehrausschluss gelten (OLG Düsseldorf JuS **2017**, 81 → lesenswert!).

→ Bei Personen mit engen **familiären** oder **persönlichen** Bindungen ist ebenfalls anerkannt, dass das Notwehrrecht nur mit Zurückhaltung und unter Schonung des anderen ausgeübt werden darf (BGH NStZ **2016**, 526; BGH NJW **1975**, 62; BGH NJW **1969**, 802; *Wessels/Beulke/Satzger* Rz. 531; *Roxin* AT I § 15 Rz. 84). Denn hier bestehe ein Spannungsverhältnis zwischen dem aus § 32 StGB erwachsenden Recht, sich selbst zu verteidigen, und der engen persönlichen Bindung, die möglicherweise eine Beschützerstellung (Garant) zugunsten des anderen begründe (*Roxin* in ZStW 93, 101; zweifelnd S/S/*Perron* § 32 StGB Rz. 53).

→ Besteht zwischen Art und Umfang der aus dem Angriff drohenden Verletzung und der mit der Verteidigung verbundenen Beeinträchtigung des Angreifers absehbar ein grobes (»unerträgliches«) **Missverhältnis**, ist die Notwehr ebenfalls unzulässig, weil nicht geboten im Sinne des § 32 Abs. 1 StGB (Brutale Messerstiche gegen Beleidigungen → BGH NStZ-RR **2018**, 272; Revolverschüsse zum Schutz von Biergläsern → RGSt **23**, 116; Selbstschussanlage zur Abwehr von Pfirsichdiebstählen → OLG Braunschweig MDR 1947, 205; weitere Beispiele bei SK/*Hoyer* § 32 StGB Rz. 79; LK/*Rönnau/Hohn* § 32 StGB Rz. 230 oder *Fischer* § 32 StGB Rz. 39). Diese Variante bezeichnet man auch als »Bagatellangriffe«, gegen die Notwehr – wie gesehen – nicht zulässig, weil nicht geboten ist (*Wessels/Beulke/Satzger* Rz. 524). In diesen Zusammenhang passt übrigens auch eine inzwischen berühmt gewordene Entscheidung des AG Erfurt aus dem September 2013, in der das Gericht eine junge Frau überraschend vom Vorwurf der gefährlichen Körperverletzung freisprach: Die Frau hatte sich gegen das absichtliche »Ins-Gesicht-Rauchen« durch einen deutlich größeren Mann dadurch gewehrt, dass sie ihm auf der Tanzfläche einer Disko ein Bierglas mitten ins Gesicht geworfen hatte. Das AG Erurt fand das in Ordnung und bejahte alle Voraussetzungen der Notwehr (AG Erfurt NStZ **2014**, 160). Insbesondere bei der **Gebotenheit** kann man da aber vermutlich auch anderer Ansicht sein.

→ Schließlich unterliegt auch die sogenannte »Notwehrprovokation« Einschränkungen: Wer einen anderen absichtlich provoziert, kann sich später bei seiner eigenen Abwehrhandlung nicht auf Notwehr berufen, denn in Wirklichkeit ist er selbst der Angreifer (**streitig:** gegen ein Notwehrrecht → BGH NStZ **2019**, 263; BGH StraFo **2019**, 34; BGH NStZ **2016**, 84; *Wessels/Beulke/Satzger* Rz. 533; anders aber: *Baumann/Weber/Mitsch* AT § 17 Rz. 38; NK/*Paeffgen/Zabel* vor § 32 StGB Rz. 146). Denkbar ist zudem, dass der Notwehrausübende »sonst schuldhaft« die Notwehrlage herbeigeführt hat, und zwar durch vorheriges rechtswidriges Verhalten – in zwei vom BGH kürzlich entschiedenen Fällen geschah dies durch verbale Auseinandersetzungen bzw. Provokationen unter

Hundebesitzern bzw. Nachbarn (BGH NStZ **2016**, 84; BGH NStZ-RR **2013**, 139 vgl. auch BGH NStZ **2014**, 451). In diesen Situationen darf der Täter nicht gleich zur sogenannten »Trutzwehr« im Sinne des § 32 StGB greifen, sondern muss dem durch eigenes Verhalten quasi selbst verursachten Angriff zunächst ausweichen, sogenannte »**Schutzwehr**« (sehr instruktiv: BGH NStZ **2019**, 263 sowie BGH NStZ **2016**, 84, wo der BGH trotz Provokation gleichwohl den § 33 StGB anwendet; vgl. auch BGH NStZ-RR **2018,** 170, wo der BGH strenge Anforderungen an die Provokation bzw. deren Nachweis stellt und dem Täter trotz vorheriger Stretitigkeiten einen beinahe tödlichen Messerstich gestattet).

Diese Fallgruppen wollen wir uns bitte merken. Hier meint der Gesetzgeber, dass trotz der »Schneidigkeit« des Notwehrrechts auch der Angreifer Schutz verdient und demzufolge im Rahmen der Gebotenheit der Verteidigungshandlung Einschränkungen zu machen sind. Und in unserem kleinen Fällchen oben mit dem gelähmten Opa, der den 9-jährigen wegen des Apfeldiebstahls vom Baum schießt, wird man dann auch sagen müssen, dass der Angreifer zum einen eben ein 9-jähriges Kind ist und zum anderen auch ein ziemlich grobes Missverhältnis zwischen Art und Umfang der aus dem Angriff drohenden Verletzung und der mit der Verteidigung verbundenen Beeinträchtigung des Angreifers besteht. Hier hätte der Opa, der dies absehen konnte, nicht schießen dürfen, diese Abwehrhandlung war eindeutig nicht geboten.

Zum Ausgangsfall: Der R zerrt den U vom Rad, woraufhin U sich die Knochen bricht. In Betracht kommt angesichts dessen höchstens ein **grobes Missverhältnis** im eben erläuterten Sinne. **Aber:** Die Verteidigungshandlung des R war – wie gesehen – sowohl geeignet als auch das einzige Mittel, um den Angriff wirksam abzuwehren. Dass der U, von dem der Angriff ausging, derartige schlimme Folgeverletzungen davonträgt, ist allein sein Risiko. Unter sozialethischen Gesichtspunkten erscheint die Handlung des R daher auch geboten im Sinne des § 32 Abs. 1 StGB, denn der Ausgang war für R nicht absehbar, R durfte das Eigentum an seinem Rad schützen, und die dabei erlittene Verletzung unterliegt dem Risikobereich des U.

ZE.: Die Handlung des R war auch **geboten** im Sinne des § 32 Abs. 1 StGB.

ZE.: Damit hat R die für § 32 StGB erforderliche **Notwehrhandlung** vollzogen.

4. Ein Letztes: Die überwiegende Meinung in der Wissenschaft und auch der BGH fordern für die Notwehr im subjektiven Bereich schließlich noch einen sogenannten »Notwehrwillen« (auch »Verteidigungswillen«), also das Bewusstsein des Angegriffenen, auch wirklich in Notwehr gehandelt zu haben (BGH NStZ **2019**, 263; BGH JuS **2016**, 366; BGH NJW **2013**, 2133; *Fischer* § 32 StGB Rz. 23; MK/*Erb* § 32 StGB Rz. 239; *Jescheck/Weigend* § 31 IV; *Wessels/Beulke/Satzger* Rz. 545). Ein solches Bewusstsein liegt in unserem Fall problemlos vor, denn der R wusste ja um alle Umstände und wollte deshalb ja überhaupt nur sein Rad zurückholen. Er hatte mithin den erforderlichen Notwehr- bzw. Verteidigungswillen.

Feinkostabteilung: Fehlt dem Täter ein solcher Notwehrwille, handelt er also objektiv gerechtfertigt, weiß davon aber gar nix – oder handelt gar im Glauben, gerade **nicht** gerechtfertigt zu sein, fragt sich, ob der Täter dennoch in den Genuss des Notwehrrechts kommen soll. Die Behandlung dessen ist umstritten: Nach einer Ansicht wird der Täter dann trotz objektiv vorliegender Rechtfertigungslage wegen **vollendeten** Delikts bestraft (BGH JuS **2016**, 366; BGH NStZ **2005**, 332; *Zieschang* AT Rz. 232; *Heinrich* in Jura 1997, 374; *Alwart* in GA 1983, 454). Die Gegenmeinung bestraft hingegen nur wegen **versuchter** Tat (*Wessels/Beulke/Satzger* Rz. 416; LK/*Hillenkamp* § 22 StGB Rz. 200; SK/*Hoyer* vor § 32 StGB Rz. 80; *Rengier* AT § 18 Rz. 108; *Fischer* § 32 StGB Rz. 23; *Jescheck/Weigend* AT § 31 IV 2; *Gropp* AT 13/95). Wenn sich in der Klausur oder Hausarbeit dieses Problem stellt, muss man sich natürlich entscheiden, welche Lösung im konkreten Fall sachgerechter ist: Entweder man sanktioniert die kriminelle Energie des Täters, der ja tatsächlich ohne Rechtfertigung handeln wollte, und bestraft wegen vollendeten Delikts; oder aber man stellt auf die objektiven Begebenheiten ab und bestraft nur wegen Versuchs (brauchbare Argumente zum Ganzen etwa bei *Wessels/Beulke/Satzger* Rz. 416 oder LK/*Hillenkamp* § 22 StGB Rz. 199 f.).

Damit brauchen wir uns hier im Fall aber glücklicherweise nicht zu beschäftigen, denn der R wusste ja um alle Umstände seiner Handlung, sodass auf seiner Seite ein Notwehrwille problemlos bejaht werden kann.

ZE.: Und damit liegen sämtliche Voraussetzungen des § 32 StGB vor. Der R handelte folglich nicht rechtswidrig (bitte lies: § 32 Abs. 1 StGB).

Ergebnis: R ist nicht nach den §§ 223, 224 Abs. 1 Nr. 5 StGB zu bestrafen.

Zwei Anmerkungen noch

1. Das war also die Notwehr nach § 32 StGB als ein im Strafrecht relevanter Rechtfertigungsgrund. Neben dieser Notwehr existieren indes noch eine ganze Reihe weiterer Rechtfertigungsgründe, die – wie wir im Laufe der Lösung teilweise schon gesehen haben – nicht nur im StGB stehen. So finden sich Rechtfertigungsgründe unter anderem im BGB (→ §§ 227, 228, 229, 562b, 859, 904, 1029 BGB), in der Strafprozessordnung (→ §§ 81 ff. StPO) oder auch der Zivilprozessordnung (→ §§ 758, 808, 909 ZPO). Selbstverständlich kann man die – gerade als Anfänger – nicht alle kennen, und das muss man auch nicht. Wir haben uns hier für die **Notwehr** entschieden, da sie das Grundmuster für die Prüfung der Rechtfertigungsgründe in der strafrechtlichen Klausur bietet und im Übrigen in den universitären Übungsarbeiten klassischerweise abgefragt wird. Wir werden uns im nächsten Fall mit dem rechtfertigenden **Notstand** befassen, und zwar nicht nur dem aus § 34 StGB, sondern vor allem den Rechtfertigungsgründen aus den §§ 228, 904 BGB, da diese deutlich häufiger vorkommen als § 34 StGB und dieser Norm übrigens als lex specialis vorgehen (= sie verdrängen).

2. Und wenn wir gerade dabei sind, wollen wir bitte der Vollständigkeit wegen noch beachten, dass neben der Notwehr in unserem Fall oben auch noch die sogenannte »Besitzkehr« aus § 859 Abs. 2 BGB einschlägig gewesen wäre. Dieses Recht, das sich im 3. Buch des BGB – dem Sachenrecht – befindet, normiert die Handlungsbefugnis innerhalb der sogenannten »**verbotenen Eigenmacht**« und ist unstreitig auch im

Strafrecht ein anerkannter Rechtfertigungsgrund, der die Rechtswidrigkeit des Handelns ausschließen kann (*Wessels/Beulke/Satzger* Rz. 392). Das wollen und müssen wir uns aber jetzt nicht auch noch in epischer Breite geben; wir nehmen die Existenz des § 859 Abs. 2 BGB als Rechtfertigungsgrund bitte noch zur Kenntnis – und gut.

Um den Lernerfolg dieses ziemlich umfangreichen Falles einzufahren, reicht es, das oben Aufgezeigte innerhalb der Prüfung des § 32 StGB zu verstehen: Der Leser sollte nach der Lektüre der Lösung jetzt also bitte im Kopf haben, wie die Notwehr aufbautechnisch funktioniert (**Notwehrlage** und **Notwehrhandlung**), dass Notwehr nur bei **Angriffen** (= menschlichem Verhalten) funktioniert, sich die Abwehrhandlung zudem immer gegen den Angreifer oder dessen Rechtsgüter richten muss, dass es bei dieser Abwehrhandlung grundsätzlich – sofern das geeignete und mildeste Mittel gewählt worden ist – **keine** Güterabwägung gibt, weil das Recht nämlich dem Unrecht nicht zu weichen braucht, und dass gelähmte Opas aber trotzdem keine Kinder vom Baum schießen dürfen (→ nicht geboten). Alles klar!?

Aufbauschema für eine Notwehrprüfung nach § 32 StGB

I. Notwehrlage

1. Angriff (= **menschliches** Verhalten)

2. gegenwärtig

3. rechtswidrig

II. Notwehrhandlung

1. Verteidigung (= nur gegen den **Angreifer** selbst)

2. Erforderlichkeit der Verteidigungshandlung (→ **keine** Güterabwägung)

→ Geeignetheit der Verteidigungshandlung

→ Mildestes Mittel, sofern mehrere Mittel zur Auswahl stehen

3. Gebotenheit, fraglich bei

→ Kindern oder sonst Schuldunfähigen,

→ familiären oder persönlichen Bindungen,

→ grobem Missverhältnis (= keine Kinder von Bäumen schießen) oder

→ Notwehrprovokation

4. Notwehrwille (**Problem:** Wille nicht vorhanden, aber objektiv Notwehr: streitig)

Gutachten

R könnte sich dadurch, dass er den U vom Rad gestoßen hat, wegen gefährlicher Körperverletzung gemäß den §§ 223 Abs. 1, 224 Abs. 1 Nr. 5 StGB strafbar gemacht haben.

Objektiver Tatbestand:

1. Der Sturz von einem Fahrrad mit anschließendem Schädelbruch und Beinfrakturen stellt eine sogenannte üble unangemessene Behandlung gemäß § 223 Abs. 1 StGB dar. R hat den U folglich körperlich misshandelt im Sinne des § 223 Abs. 1 StGB.

2. Des Weiteren handelt es sich hierbei auch um eine das Leben gefährdende Behandlung im Sinne des § 224 Abs. 1 Nr. 5 StGB. Wer einen anderen während der Fahrt vom Rad oder Moped stößt oder zu Fall bringt, vollzieht wegen der besonderen Bewegungssituation eine das Leben des Betroffenen gefährdende Behandlung. Der objektive Tatbestand der §§ 223 Abs. 1, 224 Abs. 1 Nr. 5 StGB liegt vor.

B. Subjektiver Tatbestand:

Der R müsste entsprechend vorsätzlich gehandelt, also die objektiven Tatbestandsmerkmale der gerade geprüften Vorschriften wenigstens billigend in Kauf genommen haben. R hat einen Sturz des U billigend in Kauf genommen und damit bedingt vorsätzlich gehandelt. Dass der R hierbei die konkreten Folgen seines Handelns in Form eines Schädelbruchs sowie der Beinfrakturen vermutlich nicht voraussehen konnte, ist nicht schädlich; bei einer billigend in Kauf genommenen Verletzung genügt die Vorstellung auf eine Schädigung, die sich innerhalb der Risikodimension, die durch die Tathandlung geschaffen wird, hält. Der R handelte vorsätzlich. Besondere deliktsspezifische Absichten sind für die §§ 223, 224 StGB nicht erforderlich.

Rechtswidrigkeit:

Die Tatbestandsmäßigkeit eines Handelns – also die Erfüllung des objektiven und subjektiven Tatbestandes – indiziert die Rechtswidrigkeit der Tat mit der Folge, dass diese Rechtswidrigkeit nur dann entfällt, wenn zugunsten des Täters Rechtfertigungsgründe eingreifen. Im vorliegenden Fall kommt als Rechtfertigungsgrund für R die Notwehr nach § 32 StGB in Betracht. Gemäß § 32 Abs. 1 StGB handelt derjenige, der eine durch Notwehr gebotene Tat begeht, nicht rechtswidrig.

1. Voraussetzung für die Rechtfertigung durch Notwehr ist zunächst das Vorliegen einer Notwehrlage. Die Notwehrlage kennzeichnet sich gemäß § 32 Abs. 2 StGB als gegenwärtiger, rechtswidriger Angriff.

a) Ein Angriff im Sinne des § 32 StGB ist jede durch menschliches Verhalten drohende Verletzung rechtlich geschützter Güter oder Interessen.

U hat sich im vorliegenden Fall auf das Rad gesetzt und ist davongefahren. Hierbei handelt es sich um eine Beeinträchtigung des Rechtsguts Eigentum des R infolge eines menschlichen Verhaltens. Somit liegt ein Angriff im Sinne des § 32 Abs. 2 StGB vor.

b) Dieser Angriff müsste auch gegenwärtig sein. Gegenwärtig ist der Angriff, der unmittelbar bevorsteht, schon begonnen hat oder noch fortdauert. Im Falle des Diebstahls gilt die Regel, dass Notwehr dann nicht mehr eingreifen kann, wenn ein endgültiger Verlust des Rechtsgutes eingetreten ist, wobei beim Diebstahl darauf zu achten ist, dass damit wegen § 935 Abs. 1 BGB immer nur der endgültige Verlust der tatsächlichen Verfügungsmacht – und nicht des Eigentums – gemeint sein kann. Man hat also zu fragen, ob der Täter bereits gesicherten Gewahrsam an der Sache erlangt, die Beute also quasi für sich »endgültig gesichert« hat. R hat U bei dem Fahrraddiebstahl auf frischer Tat ertappt und ist ihm sogleich hinterhergelaufen. U konnte noch keinen gesicherten Gewahrsam begründen und auch noch keine ungehinderte Verfügungsmacht ausüben. Die Beute war noch nicht gesichert und der Diebstahl damit auch noch nicht beendet; der Angriff auf das Rechtsgut Eigentum dauert folglich noch an und war namentlich noch gegenwärtig im Sinne des § 32 Abs. 2 StGB. Es liegt ein gegenwärtiger Angriff vor.

c) Dieser gegenwärtige Angriff muss schließlich auch rechtswidrig gewesen sein. Rechtswidrig ist jeder Angriff, der im Widerspruch zur Rechtsordnung steht, vom Betroffenen also nicht geduldet werden muss; schuldhaft muss der Angriff hingegen nicht sein. R musste die Aktion des U nicht dulden. Die Wegnahme des Rades stand im Widerspruch zur Rechtsordnung. Der Angriff des U war somit auch rechtswidrig.

Und damit liegt ein gegenwärtiger rechtswidriger Angriff des U auf das Rechtsgut Eigentum des R vor. Eine Notwehrlage ist gegeben.

2. Neben der Notwehrlage erfordert eine Rechtfertigung nach § 32 StGB des Weiteren eine sogenannte »Notwehrhandlung«. Zunächst muss die Notwehrhandlung eine sogenannte Verteidigung sein, diese Verteidigung muss zudem erforderlich und schließlich auch geboten sein.

a) Aus dem in § 32 Abs. 2 StGB gewählten Begriff »Verteidigung« folgt zunächst, dass die Notwehrhandlung – also die sogenannte »Verteidigung« – sich stets und ausschließlich gegen den Angreifer selbst oder dessen Rechtsgüter richten muss. Die Handlung des R richtete sich hier gegen den Angreifer U und war daher eine »Verteidigung« im eben benannten Sinne.

b) Des Weiteren muss die Notwehrhandlung auch erforderlich sein. Erforderlich im Sinne des § 32 Abs. 2 StGB ist diejenige Handlung, die zum einen geeignet ist, den Angriff wirksam abzuwehren, und zum anderen das mildeste zur Verfügung stehende Gegenmittel darstellt. Insoweit ist zu unterteilen in die Geeignetheit der Handlung und die Frage, ob der Handelnde auch das mildeste Mittel gewählt hat, sofern für ihn noch andere Handlungsalternativen bestanden.

aa) Eine Maßnahme ist zur Verteidigung geeignet, wenn sie grundsätzlich in der Lage ist, den Angriff entweder ganz zu beenden oder ihm wenigstens ein Hindernis in den Weg zu legen. Das Festhalten des Rades war die geeignete Maßnahme, um den Diebstahl zu verhindern. Die Handlung des R war geeignet im Sinne der eben genannten Definition.

bb) Des Weiteren müsste die Handlung des R auch das mildeste Mittel sein, um den Angriff abzuwehren. Diese Voraussetzung muss geprüft werden, wenn dem Angegriffenen bei seiner Verteidigung mehrere Mittel zur Verfügung standen. Dann ist vom Betroffenen dasjenige Verteidigungsmittel zu wählen, das bei gleicher Wirksamkeit den geringsten Schaden anrichtet. R stand nach den Begebenheiten des Falles nur die Möglichkeit offen, den U zu Fuß zu verfolgen, im günstigsten Fall einzuholen und dann zu stellen. Von einer Polizeistreife, die zufällig in der Nähe stand oder Ähnlichem, ist nicht die Rede. Das Hinterherlaufen und Festhalten des Rades war somit das einzige Mittel, um den Angriff des U wirksam zu stoppen. Demzufolge war die Verteidigungshandlung des R auch »erforderlich«. Und hierbei ist es insbesondere unbeachtlich, dass R dem U zur Rettung seines Fahrrades im Wert von 75 Euro den Schädel und beide Beine bricht. Eine Güterabwägung findet im Falle der Rechtmäßigkeit der Verteidigungshandlung im Rahmen der Erforderlichkeitsprüfung nicht statt. Es kommt allein darauf an, dass der Angegriffene entweder das einzige oder – bei Vorliegen mehrerer Handlungsalternativen – das mildeste Mittel gewählt hat. Wenn das der Fall ist, trägt der Angreifer das Risiko weiterer Folgewirkungen. Die von R ergriffene Maßnahme war im vorliegenden Fall »erforderlich« im Sinne des § 32 Abs. 2 StGB, denn sie war geeignet und das einzige zur Verfügung stehende Mittel zur Abwehr des Angriffs des U.

3. Schließlich ist gemäß § 32 Abs. 1 StGB noch die »Gebotenheit« der Abwehrhandlung zu prüfen. Die Notwehr findet ihre Grenze im Verbot des Rechtsmissbrauchs, das innerhalb des «Gebotenseins« der Verteidigungshandlung zu prüfen ist. Innerhalb der Frage nach der Gebotenheit einer an sich erforderlichen Abwehrhandlung ist zu klären, ob aufgrund sozial- und rechtsethischer Abwägungen ausnahmsweise die Zuerkennung des Notwehrrechts zu unterbleiben hat. Die Verteidigung ist insbesondere dann nicht geboten im Sinne des § 32 Abs. 1 StGB, wenn von dem Angegriffenen aus sozial- und rechtsethischen Gründen ein anderes Verhalten, also die Hinnahme der Rechtsgutsverletzung oder eine eingeschränkte Verteidigungshandlung zu verlangen ist, was insbesondere im Falle des Rechtsmissbrauchs in Betracht kommt.

Besteht zwischen Art und Umfang der aus dem Angriff drohenden Verletzung und der mit der Verteidigung verbundenen Beeinträchtigung des Angreifers absehbar ein grobes (unerträgliches) Missverhältnis, ist die Notwehr ebenfalls unzulässig, weil nicht geboten im Sinne des § 32 Abs. 1 StGB. Diese Variante bezeichnet man auch als »Bagatellangriffe«, gegen die Notwehr nicht zulässig, weil nicht geboten ist. R zerrt den U vom Rad, woraufhin U sich die Beine und den Schädel bricht. In Betracht kommt angesichts dessen ein grobes Missverhältnis im eben erläuterten Sinne. Die Verteidigungshandlung des R war indessen sowohl geeignet als auch das einzige Mittel, um den Angriff wirksam abzuwehren. Dass der U, von dem der Angriff ausging, derartige schlimme Folgeverletzungen davonträgt, ist allein sein Risiko. Unter sozialethischen Gesichtspunkten erscheint die Handlung des R daher auch geboten im Sinne des § 32 Abs. 1 StGB, denn der Ausgang war für R nicht absehbar; R durfte das Eigentum an seinem Rad schützen, und die dabei erlittene Verletzung unterliegt dem Risikobereich des U. Die Handlung des R war geboten im Sinne des § 32 Abs. 1 StGB. Damit hat R die für § 32 StGB erforderliche Notwehrhandlung vollzogen.

4. Nach überwiegender Meinung in der Wissenschaft und Rechtsprechung ist für die Notwehr im subjektiven Bereich schließlich noch ein sogenannter »Notwehrwille« (auch »Verteidigungswille«), also das Bewusstsein des Angegriffenen, auch wirklich in Notwehr gehandelt zu haben, erforderlich. Ein solches Bewusstsein liegt vor, R wusste um alle Umstände und wollte deshalb ja überhaupt nur sein Rad zurückholen. Er hatte mithin den erforderlichen Notwehr- bzw. Verteidigungswillen. Und damit liegen sämtliche Voraussetzungen des § 32 StGB vor. Der R handelte folglich nicht rechtswidrig.

Ergebnis: R ist nicht nach den §§ 223, 224 Abs. 1 Nr. 5 StGB zu bestrafen.

Fall 5

Notstand am Bodensee

Rechtsstudent R macht Sommerurlaub in Konstanz am *Bodensee*. Dort sitzt er eines Nachmittags in der Nähe des Kanu-Verleihs des V am Strand und beobachtet die Szenerie, als er plötzlich bemerkt, dass sich ein am Ufer fest angetautes, ca. fünf Meter langes Kanu aus der Verankerung löst und ungebremst auf ein im Wasser sitzendes Kind zusteuert. Geistesgegenwärtig ergreift R eine herumstehende Kühltasche, rennt in Richtung des Bootes und rammt die schwere Tasche in letzter Sekunde gegen den Bootskörper. Das Boot rutscht daraufhin zur Seite und verfehlt das Kind um einen halben Meter. Dafür ist aber jetzt ein großes Loch im Kanu, und die Kühltasche nebst Inhalt ist ebenfalls zertrümmert. Als R nach diesem Schock lieber schnell zurück in sein Hotel möchte, wird er vom Kühltaschenbesitzer B – gegen seinen Willen – bis zum Eintreffen der von V gerufenen Polizei festgehalten, da B seinen Schadensersatzanspruch gegen R sichern möchte und im Übrigen der Meinung ist, dass R sich strafbar gemacht hat und dieser Vorgang der Polizei gemeldet werden müsse.

Strafbarkeit von R und B?

Schwerpunkte: Der rechtfertigende Notstand; die Regeln der §§ 34 StGB und 228, 904 BGB; der »defensive« und der »aggressive« Notstand; das vorläufige Festnahmerecht aus § 127 Abs. 1 Satz 1 StPO; die Selbsthilfe nach § 229 BGB als Rechtfertigungsgrund im Strafrecht; die Konkurrenz mehrerer Rechtfertigungsgründe.

Lösungsweg

Einstieg: Dieser Fall dient dazu, die anderen Rechtfertigungsgründe, die es neben der Notwehr noch gibt und die in der universitären Ausbildung eine Rolle spielen, kennen zu lernen. Dabei geht es hauptsächlich darum, die in Betracht kommenden Vorschriften überhaupt mal zu finden, sie sorgfältig zu lesen und schließlich voneinander abgrenzen zu können, damit man im Ernstfall (= Klausur oder Hausarbeit) auch die richtigen anwendet. Wir werden gleich vorübergehend das StGB verlassen und einen Ausflug in andere Gesetze, namentlich das BGB und die Strafprozessordnung (StPO) machen, denn dort stehen – wie wir aus dem vorherigen Fall ja schon wissen – auch Rechtfertigungsgründe, die im Strafrecht wirksam werden können. Wer beim letzten Fall vernünftig aufgepasst hat, weiß übrigens jetzt schon, warum die Notwehr nach § 32 StGB hier bei dieser Geschichte keine Rolle spielen kann, nämlich: Notwehr ging ja nur bei Angriffen. Und »Angriff« hatten wir definiert als jede durch **menschliches** Verhalten drohende Verletzung rechtlich geschützter Güter oder Interessen (BGH NJW **2010**, 2963; BGH NJW **2003**, 1955; *Fischer* § 32 StGB Rz. 5; *Otto* § 8 Rz. 21; *Gropp* AT § 6 Rz. 68). In diesem Fall hier – wenn wir zunächst mal die Rechtswidrigkeit des Verhaltens des R betrachten – ging die Gefahr aber nicht von einem menschlichen Verhalten, sondern von einem rutschenden Boot, also einer **Sache** aus. Und wenn die Gefahr von Sachen ausgeht, kommt nicht die Notwehr, sondern nur eine Form des rechtfertigenden **Notstandes** in Betracht. Der steht unter anderem in den §§ 34 StGB, 228, 904 BGB – und mit diesen Vorschriften werden wir uns gleich auch beschäftigen. Ob der Kühltaschenbesitzer B den R später auch festhalten durfte (das ist ja eigentlich eine Freiheitsberaubung nach § 239 StGB), klärt sich ebenfalls nicht mit der Notwehr, denn R wollte einfach nur verschwinden, ein »Angriff« auf die Rechtsgüter des B im eben benannten Sinne liegt hierin nicht. An dieser Stelle müssen wir mal sehen, unter welchen Voraussetzungen das Festhalten einer Person zur Sicherung von strafrechtlicher Verfolgung bzw. Sicherung eigener zivilrechtlicher Ansprüche (für die zerstörte Kühltasche!) gestattet ist; es geht – soviel schon mal vorweg – um das sogenannte »**vorläufige Festnahmerecht**« aus § 127 StPO und die sogenannte »**Selbsthilfe**« nach § 229 BGB.

Also: Unmengen zu lernen, wieder ein recht anspruchsvolles Fällchen, dafür aber mit extrem hohem Lerneffekt. Wer beim Lesen des Lösungsweges gleich ein aufgeschlagenes Gesetz (StGB **und** BGB) neben sich auf dem Schreibtisch liegen hat, ist übrigens deutlich im Vorteil; die Strafprozessordnung brauchen wir als Volltext nicht, die Vorschrift des § 127 Abs. 1 StPO wird später im Text zitiert.

I. Strafbarkeit des R durch das Beschädigen des Bootes und der Kühltasche

→ **§ 303 Abs. 1 StGB** (Sachbeschädigung)

I. Tatbestand

A. Objektiv

R müsste eine fremde Sache beschädigt oder zerstört haben. Kein Problem, der R hat mit der Kühltasche ein großes Loch in den Bootskörper gerammt. Kühltasche und Boot sind nach Schilderung des Sachverhaltes beschädigt.

ZE.: Der objektive Tatbestand des § 303 Abs. 1 StGB liegt vor.

B. Subjektiver Tatbestand

R müsste im Hinblick auf die objektiven Tatbestandsmerkmale gemäß § 15 StGB auch vorsätzlich gehandelt haben. Auch kein Problem, der R wusste um alle Merkmale des objektiven Tatbestandes, er handelte mithin vorsätzlich.

ZE.: Der subjektive Tatbestand des § 303 Abs. 1 StGB ist ebenfalls erfüllt.

II. Rechtswidrigkeit

Durchblick: Die Tatbestandsmäßigkeit indiziert – wie wir aus dem letzten Fall schon wissen – grundsätzlich die Rechtswidrigkeit des Handelns. Sofern keine Anhaltspunkte im Hinblick auf eine Rechtfertigung im Sachverhalt stehen, braucht man daher zur Rechtswidrigkeit auch kein Wort zu verlieren. Angesichts der Umstände unseres Falles – R rammt mit der Kühltasche das Boot, um das Kind zu retten – könnte R indessen hier gerechtfertigt sein. In Betracht kommt eine Rechtfertigung aufgrund eines rechtfertigenden Notstandes (Notwehr geht nicht, siehe oben). Die Vorschriften dazu finden sich sowohl in § 34 StGB als auch in den §§ 228 und 904 BGB. Im Hinblick auf das Konkurrenzverhältnis mehrerer Rechtfertigungsgründe zueinander und die Frage, welchen der in Betracht kommenden man zuerst prüfen muss, gilt nun **Folgendes:** Normalerweise können mehrere Rechtfertigungsgründe auch nebeneinander bestehen, sofern ihre Voraussetzungen jeweils vorliegen. Beispielsweise begegnet es keinen Bedenken, neben der Notwehr aus § 32 StGB auch die §§ 229, 895 BGB zur Anwendung kommen zu lassen (*Wessels/Beulke/Satzger* Rz. 404). So war das ja im letzten Fall, wo wir neben der Notwehr auch die »Besitzkehr« aus § 859 Abs. 2 BGB bejaht hatten.

Im Verhältnis der Notstandsnormen zueinander – also der §§ 34 StGB und 228, 904 BGB – gilt jedoch etwas Anderes, nämlich:

> **Merke:** Soweit die Voraussetzungen der §§ 228, 904 BGB vorliegen, tritt der allgemeine rechtfertigende Notstand aus § 34 StGB dahinter zurück, das heißt, er wird nicht mehr geprüft (*Lackner/Kühl* § 34 StGB Rz. 14; *Wessels/Beulke/Satzger* Rz. 440). Die Vorschriften aus dem BGB grenzen ihren Anwendungsbereich nämlich weiter ein, als der allgemeine Rechtfertigungsgrund des § 34 StGB dies tut, und sie sind daher ***lex specialis*** (BGH NStZ **2012**, 144; NK/*Neumann* § 34 StGB Rz. 86; *Lackner/Kühl* § 34 StGB Rz. 14). In der Fallprüfung hat man somit immer zuerst die **§§ 228, 904 BGB** zu untersuchen und nur bei Ablehnung derer auf den allgemeinen Rechtfertigungsgrund des § 34 StGB einzugehen.

Also: Das wollen wir uns bitte merken. Im Bereich des rechtfertigenden Notstandes gehen die §§ 228, 904 BGB dem § 34 StGB immer vor und müssen demzufolge zuerst geprüft werden. Wer gleich mit § 34 StGB anfängt, zeigt, dass er die Systematik nicht verstanden hat.

Zum Fall: Wir müssen klären, welche Normen für unseren R als Rechtfertigung in Betracht kommen; und dazu machen wir jetzt bitte mal Folgendes:

→ Wir lesen zunächst sorgfältig den § 228 Satz 1 BGB (bitte!).

→ Wir lesen dann bitte § 904 Satz 1 BGB.

So. **Frage:** Welche Norm kommt für welche Beschädigung in Betracht?

Antwort: Genau. Für das zerdepperte Boot ist es eindeutig der **§ 228 Satz 1 BGB**, für die zertrümmerte Kühltasche ist es **§ 904 Satz 1 BGB**. Während der § 228 BGB als sogenannter »defensiver Notstand« die klassische Sachgefahr behandelt (→ Gefahr geht von einer Sache aus, und **diese Sache** darf dann zur Gefahrenabwehr beschädigt oder zerstört werden), geht § 904 BGB mit seinem sogenannten »aggressiven Notstand« noch einen Schritt weiter: Hier darf zur Abwendung einer Gefahr (egal, welcher Art) auch eine fremde, quasi unbeteiligte Sache zur Gefahrenabwehr beschädigt oder zerstört werden (die letzten beiden Sätze waren sehr wichtig, bitte mindestens noch einmal lesen).

Prüfen wir mal im Einzelnen bei unserem Fall:

1. Die Beschädigung des Bootes könnte durch § 228 Satz 1 BGB gerechtfertigt gewesen sein. Voraussetzung dafür ist zum einen eine Notstandslage, zum anderen eine Notstandshandlung und schließlich die Abwägung der Interessen innerhalb des von § 228 Satz 1 BGB vorgegebenen Rahmens.

> Die **Notstandslage** kennzeichnet sich hierbei als Gefahr für ein Rechtsgut, die von der fremden Sache selbst ausgeht bzw. droht, wobei die Gefahr definiert ist als eine auf tatsächlichen Umständen beruhende Wahrscheinlichkeit eines Schadenseintritts (BGH NJW **2016**, 2818; BGHSt **18**, 271). Die **Notstandshandlung** liegt in der Beschädigung oder Zerstörung der fremden, die Gefahr begründenden Sache, wobei hier – wie auch bei § 32 StGB – immer die **Erforderlichkeit** der Handlung zu prüfen und dabei zu klären ist, ob die Zerstörung oder Beschädigung im konkreten Fall auch das mildeste der zur Verfügung stehenden Mittel gewesen ist (*Palandt/Ellenberger* § 228 BGB Rz. 7). Ist dies gegeben, muss schließlich die Verhältnismäßigkeit der Maßnahme im Rahmen einer Abwägung untersucht werden: Dabei ist zu prüfen, ob der durch die Zerstörung oder Beschädigung der Sache entstandene Schaden nicht außer Verhältnis zur drohenden Gefahr steht (vgl. etwa OLG Hamm NJW-RR **2001**, 237; OLG Hamm NJW-RR **1995**, 279; *Palandt/Ellenberger* § 228 BGB Rz. 8).

Alles nicht wirklich schwierig, und insbesondere in unserem Fall unproblematisch zu prüfen, **nämlich:** Von der fremden Sache »Boot« ging hier die (Lebens- bzw. Leibes-) Gefahr für das im Wasser spielende Kind aus; es bestand nämlich die hohe Wahrscheinlichkeit, dass das Kind von dem Boot getroffen und dabei möglicherweise schwer verletzt wird (das Boot war ca. fünf Meter lang!). Das Rammen des Bootes war zudem die einzig erkennbare Möglichkeit, den Schaden von dem Kind noch abzuwenden, was letztlich ja auch geklappt hat. Schließlich stand der Wert des Bootes in keinem Verhältnis zum geretteten Rechtsgut (Gesundheit des Kindes) mit der Konsequenz, dass auch die von § 228 Satz 1 BGB geforderte Verhältnismäßigkeit gewahrt ist. R hat somit innerhalb des defensiven Notstandes von **einem anderen** die drohende Gefahr abgewendet.

<u>ZE.</u>: Die Voraussetzungen des defensiven Notstandes aus § 228 Satz 1 BGB lagen vor.

<u>ZE.</u>: Die Beschädigung des Bootes war damit nicht widerrechtlich, sprich gerechtfertigt. R ist deswegen somit nicht zu bestrafen.

2. Die Beschädigung der Kühltasche könnte aus **§ 904 Satz 1 BGB,** dem sogenannten »aggressiven Notstand« gerechtfertigt gewesen sein. Auch hier ist Voraussetzung wieder das Vorliegen einer dort beschriebenen Notstandslage; es muss zudem eine entsprechende Notstandshandlung vorgenommen worden und schließlich die im Gesetz geforderte Abwägung der Rechtsgüter erfolgt sein.

Die Notstandslage setzt hier jetzt – anders als bei § 228 Satz 1 BGB – eine **gegenwärtige** Gefahr (die jetzt nicht zwingend von einer Sache ausgehen muss, sondern auch vom Menschen ausgehen kann) voraus, wobei diese Gegenwärtigkeit erfordert, dass die drohende Gefahr aufgrund des Verlaufs der Ereignisse unmittelbar bevorsteht (RGZ **57**, 187). Die **Notstandshandlung** des § 904 Satz 1 BGB unterscheidet sich zu der bei § 228 Satz 1 BGB geforderten nun dadurch, dass zur Abwendung der Gefahr eine Sache beschädigt oder zerstört werden darf, von der die Gefahr gerade nicht ausging. Das Gesetz gestattet also die Beschädigung oder Zerstörung einer quasi »unbeteiligten« Sache, was sich damit begründet, dass innerhalb einer »Rechtsgemeinschaft« vom unbeteiligten Sacheigentümer in Notlagen ein gewisses Maß an **Opferbereitschaft** gefordert wird (*Wessels/Beulke/Satzger* Rz. 452), die freilich durch den Schadensersatzanspruch des § 904 Satz 2 BGB (aufschlagen!) zivilrechtlich später wieder ausgeglichen wird. Innerhalb der Abwägung der betroffenen Rechtsgüter muss schließlich dann zum einen geklärt werden, ob die Maßnahme auch »notwendig« war, was dann der Fall ist, wenn der Handelnde das geeignete und zudem mildeste zur Verfügung stehende Mittel gewählt hat (*Palandt/Herrler* § 904 BGB Rz. 3). Zum anderen muss der drohende Schaden im Verhältnis zu dem dem Eigentümer durch die Beschädigung oder Zerstörung seiner Sache entstehenden Schaden »unverhältnismäßig groß« sein (lies: § 904 Satz 1 BGB).

Auch das ist jetzt nicht wirklich problematisch in unserem Fall: Die gegenwärtige Gefahr bestand für das Leben bzw. die Gesundheit des Kindes. Diese Gefahr ging nicht von der Kühltasche, sondern von dem Boot aus. Die Maßnahme des R richtete sich also gegen eine unbeteiligte Sache und war fraglos geeignet und auch das mildeste, weil das einzige Mittel, um den drohenden Schaden abzuwenden. Und der drohende Schaden an der Gesundheit des Kindes wäre im Vergleich zum entstandenen Schaden an der Kühltasche selbstverständlich unverhältnismäßig groß gewesen.

ZE.: Die Voraussetzungen des aggressiven Notstandes aus § 904 Satz 1 BGB lagen zugunsten des R vor, als er mit der Kühltasche das Boot rammte.

ZE.: Die Beschädigung der Kühltasche war damit ebenfalls nicht rechtswidrig.

Ergebnis: R kann wegen seiner Rettungstat insgesamt nicht wegen Sachbeschädigung nach § 303 Absatz 1 StGB bestraft werden. Die Beschädigung des Bootes ist nach § 228 Satz 1 BGB gerechtfertigt, die Beschädigung der Kühltasche gemäß § 904 Satz 1 BGB.

Noch mal: So richtig schwierig war das jetzt nicht. Leider vergeigen die meisten Kandidaten dennoch die Fälle der vorliegenden Art, und zwar, weil sie schlicht die Normen nicht kennen und sofort auf den § 34 StGB springen, der freilich hier gar nicht einschlägig sein kann. Wir hatten das ja weiter oben schon gesagt: Der rechtfertigende

Notstand aus § 34 StGB greift nur ein, wenn weder § 228 BGB noch § 904 BGB passen. Und da die meistens passen, hat der § 34 StGB auch nur noch einen sehr begrenzten Anwendungsbereich (Fallbeispiele dazu etwa bei *Wessels/Beulke/Satzger* Rz. 455 ff.). Im Hinblick auf die §§ 228, 904 BGB zeigt unser Fall dann sehr anschaulich die beiden Anwendungsbereiche, die wir uns noch mal klar machen wollen: Der § 228 Satz 1 BGB gilt, wenn die Gefahr von einer ***Sache*** ausgeht und man dann ***diese*** Sache zur Abwendung der Gefahr beschädigt oder zerstört. Der § 904 Satz 1 BGB gilt demgegenüber, wenn eine »unbeteiligte« Sache zur Abwendung einer anders verursachten Gefahr beschädigt oder zerstört wird. Merken.

II. Strafbarkeit des B durch das Festhalten des R

→ **§ 239 Abs. 1 StGB** (Freiheitsberaubung)

I. Tatbestand

A. Objektiv

Der B müsste einen Menschen eingesperrt oder auf andere Weise der Freiheit beraubt haben (lies: § 239 Abs. 1 StGB). Eingesperrt im Sinne der Norm hat der B offensichtlich niemanden, also:

> **Definition:** Die Freiheitsberaubung »auf andere Weise« erfüllt, wer den anderen unter vollständiger Aufhebung seiner Fortbewegungsfreiheit daran hindert, seinen Aufenthaltsort zu verlassen; dem Einsperren muss diese Variante nicht ähnlich sein (BGH NStZ **1992**, 33; BGHSt **14**, 314; RGSt **6**, 232; *Wessels/Hettinger/Engländer* BT 1 Rz. 372; S/S/*Eser/Eisele* § 239 StGB Rz. 6).

Das ist angesichts der Schilderung im Sachverhalt kein Problem, denn einfaches Festhalten unterliegt unbestritten der gerade genannten Definition (OLG Hamm JMBl NW **64**, 31; S/S/*Eser/Eisele* § 239 StGB Rz. 6; *Wessels/Hettinger/Engländer* Rz. 372).

ZE.: B hat den R seiner Freiheit beraubt im Sinne des § 239 Abs. 1 StGB.

B. Subjektiv

B handelte fraglos auch vorsätzlich im Sinne des § 15 StGB.

ZE.: Der subjektive Tatbestand des § 239 Abs. 1 StGB ist ebenfalls erfüllt.

II. Rechtswidrigkeit

Der B könnte bei dieser Freiheitsberaubung gerechtfertigt sein. **Wodurch** er gerechtfertigt sein könnte, müssen wir uns allerdings mal etwas genauer ansehen. Die Notwehr nach § 32 StGB scheidet nämlich schon mal wieder direkt aus, denn seitens des

R liegt kein rechtswidriger »**Angriff**« im Sinne der Vorschrift vor. Eine der eben gelernten Normen (§§ 228, 904 BGB) kommt auch nicht in Betracht, denn B beschädigt oder zerstört keine Sache. Auch § 34 StGB, der jetzt ja grundsätzlich greifen könnte, ist es nicht, denn es mangelt an einer gegenwärtigen Gefahr für Leben, Leib oder Freiheit (steht so drin in § 34 Abs. 1 StGB). Was bleibt?

Um das herauszufinden, wollen wir uns mal die Situation, in der der B sich hier befindet, verdeutlichen: Unser B hat mit angesehen, wie der R seine Kühltasche gegen das Kanu gerammt und damit zerstört hat. Selbstverständlich möchte der B nun Ersatz für seine Kühltasche, denn dass er den Schaden als unbeteiligter Dritter jetzt alleine tragen soll, ist natürlich ein Witz. Unserem B steht vielmehr gemäß **§ 904 Satz 2 BGB** (reinschauen, bitte!) ein Schadensersatzanspruch gegen den R zu, der seinerseits übrigens dieses Geld dann von dem Kind bzw. dessen Eltern über die Vorschriften der Geschäftsführung ohne Auftrag (§§ 677 ff. BGB) fordern könnte (*Palandt/Bassenge* § 904 BGB Rz. 5). Diesen Anspruch, den der B gegen R aus § 904 Satz 2 BGB hat, muss der B natürlich auch realisieren können – und wie soll er das machen, wenn der R das Weite sucht? Des Weiteren meint der B ja auch noch – wie wir übrigens seit eben wissen, **irrtümlich**! – dass der R eine Straftat begangen hat und deshalb der Polizei vorgeführt werden müsse.

Aus diesen Erwägungen kommen wir nun auf die in Betracht kommenden Rechtfertigungsgründe, und zwar: Für den Fall, dass jemand einen anderen bei einer **Straftat** auf frischer Tat betrifft und diese Person der Flucht verdächtig ist oder ihre Identität nicht sofort festgestellt werden kann, ist gemäß **§ 127 Abs. 1 Satz 1 StPO** jedermann befugt, die betreffende Person vorläufig festzunehmen (genauer Gesetzestext kommt gleich). Und für den Fall, dass jemand gegen einen anderen einen zivilrechtlichen Anspruch hat und die Verwirklichung dieses Anspruchs ohne sofortiges Einschreiten vereitelt oder wesentlich erschwert würde, gestattet das Gesetz in **§ 229 BGB** im Falle der Fluchtgefahr des Verpflichteten die Festnahme (BGH NStZ **2012**, 144).

Durchblick: Solche Vorschriften, die die sogenannte »**private Gewalt**« gestatten, muss es geben, obwohl unsere Rechtsordnung das Gewaltmonopol eigentlich dem Staat zuspricht. Denn es sind Situationen denkbar, in denen staatliche Gewalt nicht sofort verfügbar ist und dadurch entweder die Verfolgung einer Straftat unterbleiben würde oder aber die Durchsetzung eines zivilrechtlichen Anspruchs erschwert oder gar unmöglich wird. Aus diesen Gründen erlaubt es die Rechtsordnung – ausnahmsweise und nur unter sehr engen Voraussetzungen! – auch Privatpersonen, Gewalt anzuwenden, ohne sich hierdurch strafbar zu machen (BGH NStZ **2012**, 144; RGSt **17**, 127; *Roxin* AT § 31 A I 2; *Meyer-Goßner* § 127 StPO Rz. 1). Hieraus resultiert auch die Funktion der genannten Normen als Rechtfertigungsgründe im Strafrecht (*Schauer/Wittig* in JuS 2004, 107; *Wessels/Beulke/Satzger* Rz. 606 ff.).

1. Wir wollen uns beide Vorschriften jetzt mal ansehen und natürlich auch prüfen, ob sie in unserem Fall das Festhalten des R tatsächlich rechtfertigen können. Und beginnen werden wir dabei mit der Vorschrift aus der Strafprozessordnung (StPO), also dem § 127 Abs. 1 Satz 1 StPO. Da unter Umständen noch nicht jeder den entsprechenden Gesetzestext zur Hand hat, kommt hier der Wortlaut des Gesetzes:

§ 127 Abs. 1 Satz 1 StPO:

Wird jemand auf frischer Tat betroffen oder verfolgt, so ist, wenn er der Flucht verdächtig ist oder seine Identität nicht sofort festgestellt kann, jedermann befugt, ihn auch ohne richterliche Anordnung vorläufig festzunehmen.

Also: Normalerweise darf in unserem Staat nur die Polizei oder die Staatsanwaltschaft jemanden festnehmen bzw. einer entsprechenden Anordnung gemäß handeln; das ist ein Ausfluss des Gewaltmonopols des Staates. Der § 127 Abs. 1 Satz 1 StPO trägt nun dem Umstand Rechnung, dass bei der Begehung von Straftaten gelegentlich auf die Schnelle aber eben schon mal keine Polizei, Staatsanwaltschaft oder ein Gericht zur Stelle ist. Beobachtet nun ein Bürger die Begehung einer Straftat, gestattet das Gesetz in § 127 Abs. 1 Satz 1 StPO unter den dort genannten Voraussetzungen die Festnahme des Täters durch »**jedermann**« (also insbesondere Privatpersonen), um den staatlichen Strafanspruch zu sichern. Der Bürger übernimmt also eine öffentliche Aufgabe, die nämlich eigentlich den Behörden zugewiesen ist, und handelt dann bei der zum Beispiel beim Festhalten des Täters begangenen Freiheitsberaubung nicht rechtswidrig (RGSt **17**, 127).

Der § 127 Abs. 1 Satz 1 StPO kommt im richtigen Leben und deshalb übrigens auch in den universitären Übungsaufgaben sowie im Examen ziemlich häufig vor. Geprüft bzw. abgefragt wird in den Klausuren und Hausarbeiten dabei in 99 von 100 Fällen immer das gleiche Problem, **nämlich:** Was passiert eigentlich, wenn der Bürger nur irrtümlich annimmt, er sei Zeuge einer Straftat geworden, es tatsächlich aber gar nicht ist – und dann den scheinbaren »Täter« festnimmt? Kann sich der Festnehmende dann auch auf § 127 Abs. 1 StPO berufen?

Bitte lies zunächst noch einmal den Gesetzestext des § 127 Abs. 1 Satz 1 StPO oben sorgfältig durch.

Und jetzt zum Fall: Unser R ist zwar von B **betroffen**, aber offensichtlich nicht auf frischer Tat, denn: Der R hat sich – wie wir oben ja ausführlich geprüft hatten – ja gar nicht strafbar gemacht. Er war nämlich im Hinblick auf das Boot gerechtfertigt nach § 228 Satz 1 BGB und bezüglich der Kühltasche nach § 904 Satz 1 BGB. Die von ihm begangenen Sachbeschädigungen waren damit nicht strafbar und folglich auch keine **Taten** im Sinne des § 127 Abs. 1 StPO.

Frage: Gilt das Festnahmerecht des § 127 Abs. 1 Satz 1 StPO über den Wortlaut des Gesetzes hinaus auch dann, wenn der Festnehmende nur irrtümlich annimmt, er sei Zeuge einer (Straf-)**Tat** geworden?

Antwort: Sehr umstritten.

- Nach einer Meinung soll bereits ein sogenannter »**dringender Tatverdacht**« ausreichen, also ein Zustand, bei dem nach der Zusammenschau aller äußerlich erkennbaren Umstände das Vorliegen einer Straftat als sehr wahrscheinlich angesehen werden muss, sogenannte »prozessuale Lösung« (vgl. BGH – 6. Zivilsenat – NJW **1981**, 745; OLG Celle BeckRS **2015**, 0003; OLG Koblenz VR **2009**, 32; OLG Hamm NStZ **1998**, 370; BayObLG MDR **1986**, 956; OLG Zweibrücken NJW **1981**, 2016; AG Grevenbroich NJW **2002**, 1060; NK/*Paeffgen/Zabel* vor § 32 StGB Rz. 185; *Rengier* AT § 22 Rz. 10; *Kargl* in NStZ 2000, 8; LK/*Rönnau* vor § 32 StGB Rz. 266; *Roxin* AT § 17 Rz. 24; in einem Zivilverfahren so auch der BGH in NJW **1981**, 745). Diese Ansicht reklamiert für sich, dass sämtliche Vorschriften der Strafprozessordnung, die eine Festnahme rechtfertigen, immer nur vom dringenden **Tatverdacht** und nicht von einer tatsächlich vorliegenden Straftat ausgehen. Daher müsse dies auch für das Festnahmerecht aus § 127 Abs. 1 StPO gelten (LK/*Rönnau* vor § 32 StGB Rz. 266).

- Nach anderer Auffassung setzt der § 127 Abs. 1 Satz 1 StPO hingegen immer das Vorliegen einer **tatsächlich begangenen** rechtswidrigen Tat voraus; ein dringender Tatverdacht, der sich später als falsch herausstellt, soll nicht genügen, sogenannte »materiellrechtliche Lösung« (KG VRS **45**, 35; OLG Hamm NJW **1977**, 590; KK/*Schultheiß* § 127 StPO Rz. 9; *Satzger* in Jura 2009, 386; *Bülte* in ZStW 121, 386; *Fischer* vor § 32 StGB Rz. 7a; *Wessels/Beulke/Satzger* Rz. 615; *Jescheck/Weigend* § 35 IV 2; *Meyer-Goßner* § 127 StPO Rz. 4; S/S/*Lenckner/Sternberg-Lieben* vor § 32 StGB Rz. 82). Diese Meinung behauptet, dass dem ausnahmsweise per Gesetz legitimierten »privaten Festnehmer« wegen des Gewaltmonopols des Staates nur in ganz engen Grenzen entsprechende Befugnisse zugestanden werden dürften. Hierzu gehöre nicht ein lediglich dringender Tatverdacht, es müsse immer auch eine tatsächlich begangene Tat vorliegen (*Wessels/Beulke/Satzger* Rz. 354). Sofern der private Festnehmer irrtümlich vom Vorliegen einer Tat ausgegangen sei, könne dies bei Unvermeidbarkeit dieses Irrtums immer nach den Regeln der Irrtumslehre den Vorsatz ausschließen – und eine Strafbarkeit wegen vorsätzlicher Tat des Festnehmenden sei damit in der Regel ausgeschlossen (*Fischer* vor § 32 StGB Rz. 7a; *Wessels/Beulke/Satzger* Rz. 615).

Für unseren Fall hat dieser Streit zunächst mal beachtliche Konsequenzen, denn es lag ja tatsächlich gar keine Straftat des R vor; er war bei seinen Sachbeschädigungen gerechtfertigt. Unser »privater Festnehmer«, Herr Kühltaschenbesitzer B, wusste das aber nicht und ging somit irrtümlich von falschen Voraussetzungen aus, er glaubte ja, der R habe sich strafbar gemacht. Wir müssten demnach die Frage nach den Voraussetzungen des § 127 Abs. 1 Satz 1 StPO entscheiden, also argumentativ abwägen, ob auch ein dringender Tatverdacht für das Einschreiten nach § 127 StPO ausreicht.

Aber: Dem könnten wir unter Umständen noch dadurch entgehen, dass zugunsten des R vielleicht ja ein anderer Rechtfertigungsgrund eingreift. Wenn dem so wäre, bräuchten wir die Streitfrage innerhalb des § 127 Abs. 1 Satz 1 StPO nicht mehr zu entscheiden, denn bei mehreren in Betracht kommenden Rechtfertigungsgründen ist der Täter bereits dann straffrei, wenn nur einer dieser Rechtfertigungsgründe in all seinen Voraussetzungen gegeben ist (*Wessels/Beulke/Satzger* Rz. 440).

2. In Frage kommt vorliegend als Rechtfertigungsgrund noch die »Selbsthilfe« aus § 229 BGB (aufschlagen und **vollständig** lesen!). Unser B hält den R ja auch deshalb fest, damit er seinen Schadensersatzanspruch wegen der zerstörten Kühltasche retten kann.

Durchblick: Im Unterschied zu § 127 Abs. 1 Satz 1 StPO geht es hier bei § 229 BGB jetzt nicht mehr um die Sicherung des staatlichen Strafanspruchs, sondern um die Sicherung **zivilrechtlicher Ansprüche** im Wege der privat ausgeübten Gewalt. Normalerweise dürfen in unserem Rechtssystem solche zivilrechtlichen Ansprüche weder auf eigene Faust gesichert, geschweige denn durchgesetzt werden (*Jauernig/Mansel* §§ 229–231 BGB Rz. 1). Dafür sind allein die Gerichte bzw. später dann die Gerichtsvollzieher zuständig. Wer in einem Rechtsstaat lebt, muss und soll sich bei Ansprüchen gegen andere (private) Personen allein an den Staat (= Gerichte) wenden, um dort verbindliche und die Rechtsordnung garantierende Zustände zu schaffen.

Der § 229 BGB bildet nun eine der ganz wenigen Ausnahmen, in denen ein Bürger trotz des Gewaltmonopols des Staates die **Sicherung** – keinesfalls aber die Durchsetzung! – seiner zivilrechtlichen Ansprüche gegen einen anderen Bürger mit Gewalt, nämlich der vorläufigen Festnahme durchführen kann (sollte die Festnahme, etwa aus körperlichen Gründen, nicht möglich sein, darf der Geschädigte dem Schuldner übrigens notfalls auch dessen Sachen wegnehmen, um so die Identifizierung des Schuldners zu ermöglichen, vgl. dazu den anschaulichen Fall in BGH NStZ **2012**, 144). Diese zivilrechtliche Norm des § 229 BGB stellt zur Vereinheitlichung der Rechtsordnung nun auch einen **Rechtfertigungsgrund** im Strafrecht dar und kann den Festnehmenden legitimieren, wenn die entsprechenden Voraussetzungen vorliegen (BGH NStZ **2012**, 144; BGHSt **17**, 87). Und zwar:

§ 229 BGB: Es muss **a)** ein durchsetzbarer zivilrechtlicher Anspruch vorliegen; der Schuldner muss zudem **b)** fluchtverdächtig, **c)** die Verwirklichung des Anspruchs gegen den Betroffenen daher gefährdet und schließlich **d)** obrigkeitliche Hilfe nicht rechtzeitig erreichbar sein (steht genau so im Gesetz; zu den Einzelheiten und Streitfragen vgl. etwa S/S/*Perron* vor § 32 StGB Rz. 66).

Zum Fall: Unserem Kühltaschenbesitzer B stand gegen R ein Anspruch auf Entschädigung für die zerstörte Kühltasche aus § 904 Satz 2 BGB zu (siehe oben). Der gute R wollte nach dem Vorfall aber lieber verschwinden, war damit also fluchtverdächtig im gerade genannten Sinne. Des Weiteren wäre die Verwirklichung des Anspruchs für B ziemlich gefährdet gewesen, denn ohne Schuldner und/oder dessen Personalien ist eine gerichtliche Durchsetzung vergleichsweise schwierig, wenn nicht sogar faktisch unmöglich. Und schließlich war obrigkeitliche Hilfe offenbar nicht rechtzeitig erreichbar.

ZE.: Die Voraussetzungen des § 229 BGB liegen vor.

ZE.: Der B war damit bei seiner Freiheitsberaubung gerechtfertigt nach § 229 BGB und handelte folglich nicht rechtswidrig. Die Frage, ob B auch über § 127 Abs. 1 Satz 1 StPO gerechtfertigt gewesen wäre, kann somit offenbleiben.

Ergebnis: B ist mangels Rechtswidrigkeit nicht zu bestrafen wegen Freiheitsberaubung nach § 239 Abs. 1 StGB.

Gesamtergebnis: Sowohl R als auch B bleiben damit insgesamt straflos.

Gutachten

I. Strafbarkeit des R durch das Beschädigen des Bootes und der Kühltasche

R könnte sich dadurch, dass er mit der Kühltasche ein Loch in den Bootsrumpf geschlagen hat, wegen Sachbeschädigung gemäß § 303 Abs. 1 StGB strafbar gemacht haben.

Objektiver Tatbestand:

R hat mit der Kühltasche ein großes Loch in den Bootskörper gerammt. Kühltasche und Boot sind für R fremde Sachen und dabei beschädigt worden. Der objektive Tatbestand des § 303 Abs. 1 StGB liegt vor.

Subjektiver Tatbestand:

R müsste im Hinblick auf die objektiven Tatbestandsmerkmale gemäß § 15 StGB auch vorsätzlich gehandelt haben. R wusste um alle Merkmale des objektiven Tatbestandes, er handelte mithin vorsätzlich. Der subjektive Tatbestand des § 303 Abs. 1 StGB ist ebenfalls erfüllt.

Rechtswidrigkeit:

1. Die Beschädigung des Bootes könnte durch § 228 Satz 1 BGB gerechtfertigt gewesen sein. Voraussetzung dafür ist zum einen eine Notstandslage, zum anderen eine Notstandshandlung und schließlich die Abwägung der Interessen innerhalb des von § 228 Satz 1 BGB vorgegebenen Rahmens.

Die Notstandslage kennzeichnet sich als Gefahr für ein Rechtsgut, die von der fremden Sache selbst ausgeht bzw. droht, wobei die Gefahr definiert ist als eine auf tatsächlichen Umständen beruhende Wahrscheinlichkeit eines Schadenseintritts.

Die Notstandshandlung liegt in der Beschädigung oder Zerstörung der fremden, die Gefahr begründenden Sache, wobei hier immer die Erforderlichkeit der Handlung zu prüfen und dabei zu klären ist, ob die Zerstörung oder Beschädigung im konkreten Fall auch das mildeste der zur Verfügung stehenden Mittel gewesen ist. Ist dies gegeben, muss schließlich die Verhältnismäßigkeit der Maßnahme im Rahmen einer Abwägung untersucht werden: Dabei ist zu prüfen, ob der durch die Zerstörung oder Beschädigung der Sache entstandene Schaden nicht außer Verhältnis zur drohenden Gefahr steht.

Von der fremden Sache »Boot« ging hier die (Lebens- bzw. Leibes-) Gefahr für das im Wasser spielende Kind aus; es bestand die hohe Wahrscheinlichkeit, dass das Kind von dem Boot getroffen und dabei möglicherweise schwer verletzt wird. Das Rammen des Bootes war zudem die einzig erkennbare Möglichkeit, den Schaden von dem Kind noch abzuwenden, was letztlich auch funktioniert hat.

Schließlich stand der Wert des Bootes in keinem Verhältnis zum geretteten Rechtsgut (Gesundheit des Kindes) mit der Konsequenz, dass auch die von § 228 Satz 1 BGB geforderte Verhältnismäßigkeit gewahrt ist. R hat somit innerhalb des defensiven Notstandes von einem anderen die drohende Gefahr abgewendet. Die Voraussetzungen des defensiven Notstandes aus § 228 Satz 1 BGB lagen vor. Die Beschädigung des Bootes war damit nicht widerrechtlich, sondern vielmehr gerechtfertigt. R ist deswegen somit nicht zu bestrafen.

2. Die Beschädigung der Kühltasche könnte aus § 904 Satz 1 BGB, dem sogenannten »aggressiven Notstand« gerechtfertigt gewesen sein. Auch hier ist Voraussetzung wieder das Vorliegen einer dort beschriebenen Notstandslage, es muss zudem eine entsprechende Notstandshandlung vorgenommen worden und schließlich die im Gesetz geforderte Abwägung der Rechtsgüter erfolgt sein.

Die Notstandslage setzt eine gegenwärtige Gefahr voraus, wobei diese Gegenwärtigkeit erfordert, dass die drohende Gefahr aufgrund des Verlaufs der Ereignisse unmittelbar bevorsteht. Die Notstandshandlung des § 904 Satz 1 BGB unterscheidet sich zu der bei § 228 Satz 1 BGB geforderten dadurch, dass zur Abwendung der Gefahr eine Sache beschädigt oder zerstört werden darf, von der die Gefahr gerade nicht ausging. Innerhalb der Abwägung der betroffenen Rechtsgüter muss schließlich dann zum einen geklärt werden, ob die Maßnahme auch »notwendig« war, was dann der Fall ist, wenn der Handelnde das geeignete und zudem mildeste zur Verfügung stehende Mittel gewählt hat. Zum anderen muss der drohende Schaden im Verhältnis zu dem dem Eigentümer durch die Beschädigung oder Zerstörung seiner Sache entstehenden Schaden unverhältnismäßig groß sein.

Die gegenwärtige Gefahr bestand im hier zu entscheidenden Fall für das Leben bzw. die Gesundheit des Kindes. Diese Gefahr ging nicht von der Kühltasche, sondern von dem Boot aus. Die Maßnahme des R richtete sich also gegen eine unbeteiligte Sache und war geeignet und auch das mildeste, weil das einzige Mittel, um den drohenden Schaden abzuwenden. Und der drohende Schaden an der Gesundheit des Kindes wäre im Vergleich zum entstandenen Schaden an der Kühltasche selbstverständlich unverhältnismäßig groß gewesen.

Die Voraussetzungen des aggressiven Notstandes aus § 904 Satz 1 BGB lagen zugunsten des R vor, als er mit der Kühltasche das Boot rammte. Die Beschädigung der Kühltasche war damit ebenfalls nicht rechtswidrig.

Ergebnis: Der R kann wegen seiner Rettungstat damit insgesamt nicht wegen Sachbeschädigung nach § 303 Absatz 1 StGB bestraft werden. Die Beschädigung des Bootes ist nach § 228 Satz 1 BGB gerechtfertigt; die Beschädigung der Kühltasche gemäß § 904 Satz 1 BGB.

II. Strafbarkeit des B durch das Festhalten des R

B könnte sich durch das Festhalten des R wegen Freiheitsberaubung gemäß § 239 Abs. 1 StGB strafbar gemacht haben.

Objektiver Tatbestand:

B müsste einen Menschen eingesperrt oder auf andere Weise der Freiheit beraubt haben. Eingesperrt im Sinne der Norm hat der B niemanden. Die Freiheitsberaubung in anderer Weise erfüllt, wer den anderen unter vollständiger Aufhebung seiner Fortbewegungsfreiheit daran hindert, seinen Aufenthaltsort zu verlassen; dem Einsperren muss diese Variante nicht ähnlich sein. Einfaches Festhalten unterliegt unbestritten der gerade genannten Definition. B hat den R seiner Freiheit beraubt im Sinne des § 239 Abs. 1 StGB.

Subjektiver Tatbestand:

B handelte fraglos auch vorsätzlich im Sinne des § 15 StGB. Der subjektive Tatbestand des § 239 Abs. 1 StGB ist ebenfalls erfüllt.

Rechtswidrigkeit:

Der B könnte bei dieser Freiheitsberaubung aber gerechtfertigt sein. Die Notwehr nach den Regeln des § 32 StGB scheidet vorliegend aus, denn seitens des R liegt kein rechtswidriger »Angriff« im Sinne der Vorschrift vor. Für den Fall, dass jemand einen anderen bei einer Straftat auf frischer Tat betrifft und diese Person der Flucht verdächtig ist oder ihre Identität nicht sofort festgestellt werden kann, ist gemäß § 127 Abs. 1 Satz 1 StPO jedermann befugt, die betreffende Person vorläufig festzunehmen. Und für den Fall, dass jemand gegen einen anderen einen zivilrechtlichen Anspruch hat und die Verwirklichung dieses Anspruchs ohne sofortiges Einschreiten vereitelt oder wesentlich erschwert würde, gestattet das Gesetz in § 229 BGB im Falle der Fluchtgefahr des Verpflichteten die Festnahme.

1. Wird jemand auf frischer Tat betroffen oder verfolgt, so ist, wenn er der Flucht verdächtig ist oder seine Identität nicht sofort festgestellt kann, jedermann gemäß § 127 Abs. 1 StPO befugt, ihn auch ohne richterliche Anordnung vorläufig festzunehmen. R ist im vorliegenden Fall zwar von B betroffen, aber nicht auf frischer Tat.

Der R hat sich nicht strafbar gemacht. Er war im Hinblick auf das Boot gerechtfertigt nach § 228 Satz 1 BGB und bezüglich der Kühltasche nach § 904 Satz 1 BGB. Die von ihm begangenen Sachbeschädigungen waren damit nicht strafbar und folglich auch keine Taten im Sinne des § 127 Abs. 1 StPO. Es stellt sich demnach die Frage, ob § 127 StPO auch dann anwendbar ist, wenn der Einschreitende irrtümlich annimmt, der andere habe sich strafbar gemacht.

a) Nach einer Meinung soll bereits ein sogenannter »dringender Tatverdacht« ausreichen, also ein Zustand, bei dem nach der Zusammenschau aller äußerlich erkennbaren Umstände das Vorliegen einer Straftat als sehr wahrscheinlich angesehen werden muss. Diese Ansicht reklamiert für sich, dass sämtliche Vorschriften der Strafprozessordnung, die eine Festnahme rechtfertigen, immer nur vom dringenden Tatverdacht und nicht von einer tatsächlich vorliegenden Straftat ausgehen. Daher müsse dies auch für das Festnahmerecht aus § 127 Abs. 1 StPO gelten.

b) Nach anderer Auffassung setzt der § 127 Abs. 1 Satz 1 StPO hingegen immer das Vorliegen einer tatsächlich begangenen rechtswidrigen Tat voraus; ein dringender Tatverdacht, der sich später dann als falsch herausstellt, soll nicht genügen. Diese Meinung behauptet, dass dem ausnahmsweise per Gesetz legitimierten »privaten Festnehmer« wegen des Gewaltmonopols des Staates nur in ganz engen Grenzen entsprechende Befugnisse zugestanden werden dürften. Hierzu gehöre nicht lediglich ein dringender Tatverdacht, es müsse immer auch eine tatsächlich begangene Tat vorliegen. Sofern der private Festnehmer irrtümlich vom Vorliegen einer Tat ausgegangen sei, könne dies bei Unvermeidbarkeit dieses Irrtums immer nach den Regeln der Irrtumslehre den Vorsatz ausschließen – und eine Strafbarkeit wegen vorsätzlicher Tat des Festnehmenden sei damit in der Regel ausgeschlossen. Für den vorliegenden Fall hat dieser Streit beachtliche Konsequenzen. Tatsächlich lag keine Straftat des R vor, er war bei seinen Sachbeschädigungen – wie oben erörtert – gerechtfertigt. B wusste das aber nicht und ging somit irrtümlich von falschen Voraussetzungen aus, er glaubte, der R habe sich strafbar gemacht.

c) Die Streitentscheidung könnte jedoch entbehrlich sein, wenn zugunsten des R ein anderer Rechtfertigungsgrund unstreitig eingreift. In Frage kommt vorliegend als Rechtfertigungsgrund noch die »Selbsthilfe« aus § 229 BGB. B hält R auch deshalb fest, damit er seinen Schadensersatzanspruch wegen der zerstörten Kühltasche retten kann. Für die Anwendung des § 229 BGB muss ein durchsetzbarer zivilrechtlicher Anspruch vorliegen, der Schuldner muss zudem fluchtverdächtig, die Verwirklichung des Anspruchs gegen den Betroffenen daher gefährdet und schließlich obrigkeitliche Hilfe nicht rechtzeitig erreichbar sein.

Dem Kühltaschenbesitzer B stand gegen R ein Anspruch auf Entschädigung für die zerstörte Kühltasche aus § 904 Satz 2 BGB zu (siehe oben). R wollte nach dem Vorfall verschwinden, war damit also fluchtverdächtig im gerade genannten Sinne. Des Weiteren wäre die Verwirklichung des Anspruchs für B durchaus gefährdet gewesen, denn ohne Schuldner und dessen Personalien ist eine Durchsetzung vergleichsweise schwierig, wenn nicht sogar unmöglich. Und schließlich war obrigkeitliche Hilfe offenbar nicht rechtzeitig erreichbar. Die Voraussetzungen des § 229 BGB liegen vor. Der B war damit bei seiner Freiheitsberaubung gerechtfertigt nach § 229 BGB und handelte folglich nicht rechtswidrig. Die Frage, ob B auch über § 127 Abs. 1 Satz 1 StPO gerechtfertigt gewesen wäre, kann somit offenbleiben.

Ergebnis: B ist mangels Rechtswidrigkeit nicht zu bestrafen wegen Freiheitsberaubung nach § 239 Abs. 1 StGB.

Gesamtergebnis: Sowohl R als auch B bleiben damit insgesamt straflos.

3. Abschnitt

Die Merkmale der Schuld:

Schuldfähigkeit, actio libera in causa; der entschuldigende Notstand aus § 35 StGB

Fall 6

Hemmungslos!

Ehemann M ist von seiner Frau F verlassen worden. Als M erfährt, dass F schon zwei Wochen nach der Trennung ein Verhältnis mit einem anderen Mann angefangen hat, beschließt er, die F umzubringen. Da er für eine solche Tat nüchtern allerdings keinen Mut hat, trinkt er sich in der Absicht, die F später im betrunkenen Zustand zu erschießen, eines Abends mit Hilfe einer Flasche hochprozentigen Wodkas sämtliche Hemmungen weg und macht sich dann mit einer geladenen Pistole auf den Weg zur Wohnung der F. Dort klingelt er und erschießt die F, als sie die Tür öffnet. Entgegen seinem ursprünglichen Plan betritt M dann auch noch die Wohnung, findet zufällig den ihm unbekannten Liebhaber L im Bett schlafend und erschießt auch diesen. Eine Blutalkoholuntersuchung ergibt für den Tatzeitpunkt 3,4 Promille bei M.

Kann M für seine Taten bestraft werden?

Schwerpunkte: Die Merkmale der Schuld; die Schuldunfähigkeit im Sinne des § 20 StGB; die »actio libera in causa«; das Ausnahme- und das Tatbestandsmodell; der Vollrausch nach § 323a StGB; die Konkurrenz des § 323a StGB zur »actio libera in causa«; Lösungsmöglichkeiten für eine Rauschtat; die fahrlässige und die vorsätzliche »actio libera in causa«; das »Koinzidenzprinzip« im Strafrecht.

Lösungsweg

Einstieg: Auf den ersten Blick darf man sich durchaus schon über die Fallfrage wundern: *Kann M für seine Taten bestraft werden?* Eigentlich undenkbar, dass das nicht geht und man sich unter Umständen nur die Birne reichlich zuschütten muss, um dann alle möglichen Straftatbestände verwirklichen zu können, ohne deswegen belangt zu werden. Ganz so abwegig ist das aber leider nicht – und deshalb müssen wir uns das hier auch mal näher ansehen. Wir steigen damit zugleich in den dritten Prüfungspunkt innerhalb des dreistufigen Deliktsaufbaus ein und klären nun die Frage nach der **Schuld** des Täters. Inhaltlich geht es hier konkret um das erste Problem innerhalb der Schuld, und zwar ab wann man tatsächlich **schuldunfähig** im Sinne des **§ 20 StGB** ist und welche Folgen das haben kann. Wir werden uns gleich wundern, was da alles rauskommt und wie vergleichsweise gnädig das Gesetz mit Menschen ist, die sich im Umfeld des § 20 StGB bewegen. Zudem werden wir noch den in diesem Zusammenhang relevanten § 323a StGB (sogenannter »Vollrausch«) und die ziemlich klausurträchtige Konstruktion der sogenannten »actio libera in causa« kennenlernen, die in Fällen der vorliegenden Art verschiedene Lösungsmöglichkeiten anbietet und damit die gröbsten Ungerechtigkeiten zu verhindern sucht. In der Praxis übrigens hat die Frage nach der Schuldunfähigkeit gemäß § 20 StGB oder der verminderten Schuldfähigkeit im Sinne des § 21 StGB eine vollkommen überragende Bedeutung, denn kaum ein Weg zum Freispruch oder einer milderen Strafe (→ § 21 StGB) ist leichter als dieser. Er wird daher von Anwälten auch entsprechend gerne beschritten – sehr häufig übrigens mit Erfolg: im Jahre 2017 etwa wurden fast 16 % (!) aller wegen Tötungsdelikten Angeklagten aufgrund von Schuldunfähigkeit freigesprochen (Tendenz steigend), vgl. diese und andere Zahlen zu diversen Delikten bei: MK/*Streng* § 20 StGB Rz. 9.

Wir wollen uns die ganze Geschichte nun mal anhand unseres kleinen Falles oben näher anschauen, bleiben dabei aber wie immer im klassischen Prüfungs- bzw. Aufbauschema, denn nur das garantiert, dass wir die entscheidenden Fragen auch an den richtigen Stellen beantworten, also:

I. Strafbarkeit des M durch das Erschießen der F

→ **§ 212 Abs. 1 StGB** (Totschlag)

I. Tatbestand

A. Objektiv

Unser M müsste einen Menschen getötet haben, was angesichts der Schilderung im Sachverhalt zwanglos bejaht werden kann.

ZE.: Der objektive Tatbestand des § 212 Abs. 1 StGB ist erfüllt.

B. Subjektiv

M handelte dabei mit Wissen und Wollen um die Tatbestandsverwirklichung, somit ***vorsätzlich*** im Sinne des § 15 StGB.

ZE.: Der subjektive Tatbestand des § 212 Abs. 1 StGB ist ebenfalls erfüllt.

II. Rechtswidrigkeit

Anhaltspunkte für das Vorliegen eines Rechtfertigungsgrundes sind nicht ersichtlich.

ZE.: Der M handelte bei seiner Tat auch rechtswidrig.

III. Schuld

1. Schuldfähigkeit

→ Bitte lies zunächst: **§ 20 StGB**.

Durchblick: Diese Norm spielt – wie oben schon mal erwähnt – in der Praxis eine überragende Rolle, weil sie nämlich dem Täter die vergleichsweise einfache Möglichkeit bietet, trotz einer rechtswidrigen Tat freigesprochen zu werden. In solchen Fällen des Freispruchs gibt es dann insbesondere keine »**Strafe**« im klassischen Sinne mehr, es verbleiben je nach Gesamtwürdigung der Tat und des Täters nur noch die »**Maßregeln der Besserung und Sicherung**« aus den §§ 61 ff. StGB, lies etwa zur Probe mal den § 63 StGB oder – für die Freunde des übermäßigen Alkoholgenusses – bitte den § 64 Abs. 1 StGB (vgl. BGH StV **2015**, 216). Diese ganzen Maßnahmen, die übrigens keinesfalls zwingend angeordnet werden müssen, sind nun in jedem Falle freundlicher als ein Aufenthalt im Knast, zudem zeitlich häufig sehr begrenzt und schonen natürlich auch die Seele im Vergleich zum harten Gefängnisalltag. Insgesamt also eine prima Sache für einen Täter, der ansonsten mit einer Haftstrafe zu rechnen hätte und dann wegen Schuldunfähigkeit freigesprochen wird. In den Klausuren und Hausarbeiten an der Universität und auch im Examen ist der § 20 StGB demgegenüber deshalb ein außerordentlich gern geprüftes Thema, weil sich hinter dieser Norm knifflige Abgrenzungsfragen und insbesondere die Rechtsfigur der »**actio libera in causa**« verbergen (*Wessels/Beulke/Satzger* Rz. 653). Dabei geht um das Problem, ob und wie ein bei vollem Bewusstsein herbeigeführter Rauschzustand die spätere Schuldfähigkeit aufheben und damit die Strafbarkeit entfallen lassen kann (deutsche Übersetzung der »**actio libera in causa**«: Handlung, für die der Täter in einem willensfreien/schuldfähigen Zustand die Ursache setzt, aber erst in einem willenlosen/schuldunfähigen Zustand die Merkmale des gesetzlichen Tatbestandes verwirklicht). Dass das nicht einfach so zur Straflosigkeit führen kann, ist natürlich irgendwie klar und einleuchtend, der Weg dorthin führt jedoch über diverse Hürden.

Zum Fall: Wir haben bislang festgestellt, dass M im Hinblick auf den Totschlag tatbestandsmäßig und rechtswidrig gehandelt hat. Innerhalb der nun folgenden Prüfung der Schuld stellt sich als Erstes die Frage nach der **Schuldfähigkeit**. Im vorliegenden Fall könnte diese Schuldfähigkeit bei M natürlich deshalb entfallen, weil er den stolzen Promillewert von 3,4 hatte. Und insoweit merken wir uns zunächst bitte mal folgende wichtige

> **Regel:** Eine »tiefgreifende Bewusstseinsstörung« und damit eine Schuldunfähigkeit im Sinne des § 20 StGB liegt regelmäßig vor ab einem Blutalkoholwert von **3,0** Promille (BGH NStZ-RR **2016**, 103; BGHSt **57**, 247; BGH NStZ-RR **2003**, 71; *Lackner/Kühl* § 20 StGB Rz. 18; *Fischer* § 20 StGB Rz. 19).

Der § 20 StGB ordnet damit an, dass Personen, die zum Zeitpunkt der Tathandlung 3,0 oder mehr Promille hatten, ohne Schuld handeln und mithin nicht bestraft werden können. Zwar variiert die Praxis je nach Alkoholgewöhntheit des Täters dann um ein paar Zehntel – so kann man etwa als geübter Trinker trotz 3,61 Promille dennoch schuldfähig sein, vgl. BGH NStZ **1997**, 164 oder BGHSt **57**, 247 –; der Richtwert von 3,0 Promille hat indessen regelmäßig Gültigkeit und sollte daher in der Klausur – wenn keine weiteren verwertbaren Hinweise im Sachverhalt vermerkt sind – auch angewendet werden. Steht also in der Sachverhaltsschilderung nur, dass der Täter (so wie bei uns) bei der Tathandlung über dem Wert von 3,0 liegt, sollte man als Bearbeiter von einer Schuldunfähigkeit im Sinne des § 20 StGB wegen »tiefgreifender Bewusstseinsstörung« ausgehen (vgl. zu den Ausnahmen etwa BGH NStZ-RR **2016**, 103; BGHSt **57**, 247). Der § 20 StGB normiert damit übrigens einen Ausfluss des aus dem Grundgesetz folgenden »Koinzidenzprinzips« (Koinzidenz = Zusammentreffen), wonach sämtliche Merkmale einer Straftat – also auch die Schuldmerkmale – zum Zeitpunkt der Tatbegehung vorliegen bzw. zusammentreffen müssen (BGH NStZ **2004**, 386; *Fischer* § 20 StGB Rz. 48; *Wessels/Beulke/Satzger* Rz. 319; MK/*Streng* § 20 StGB Rz. 115; *Jerouschek/Kölbel* in JuS 2001, 417).

<u>ZE.</u>: Der M handelt wegen der 3,4 Promille aufgrund tiefgreifender Bewusstseinsstörungen im Sinne des § 20 StGB zum Zeitpunkt der Begehung der Tat ohne Schuld.

Ergebnis: M ist wegen der Tötung der F nicht nach § 212 Abs. 1 StGB zu bestrafen.

→ **§ 323a Abs. 1 StGB** (Vollrausch)

Durchblick: Diese Vorschrift (gelesen?) ergänzt nun den § 20 StGB, denn das Gesetz bestimmt, dass jemand, der wegen § 20 StGB schuldunfähig ist und deshalb auch nicht wegen des konkret begangenen Delikts bestraft werden kann, nicht gänzlich straflos ausgehen soll, sondern wenigstens nach der allgemeinen Vorschrift des § 323a StGB mit einer Höchststrafe von fünf Jahren oder Geldstrafe belangt werden kann. Was übrigens auf den ersten Blick auch irgendwie gerecht daherkommt, denn es kann ja nicht sein, dass man sich besäuft, anschließend – wie in unserem Fall – jemanden erschießt und dafür dann überhaupt nicht einstehen muss.

Voraussetzungen des § 323a StGB: Der Täter muss sich vorsätzlich oder fahrlässig in einen Rausch versetzt, in diesem Zustand eine rechtswidrige Tat begangen haben und deswegen nicht bestraft werden dürfen, weil er infolge des Rausches schuldunfähig war (→ Gesetzeswortlaut § 323a StGB).

Hier: Kein Problem, genau so ist es gewesen.

Ergebnis: M ist zu bestrafen wegen Vollrausches nach § 323a StGB und bekommt entweder Freiheitsstrafe bis zu fünf Jahren oder eine Geldstrafe.

Nein. So geht es nicht. Das kann nämlich irgendwie nicht sein. Wenn das eben herausgearbeitete Ergebnis tatsächlich der Schluss des Falles wäre (unabhängig mal von der Tat an L, die vermutlich identisch zu beurteilen wäre), bräuchte man sich nur reichlich zu besaufen und könnte dann alle möglichen, auch schweren

Straftaten begehen und müsste dennoch immer nur mit dem doch eher dünnen Strafmaß des § 323a StGB rechnen. Unser M etwa würde die eigentlich verwirkte Strafe des § 212 Abs. 1 StGB von fünf Jahren **aufwärts** (bitte prüfen) reduzieren auf eine vergleichsweise alberne Haftstrafe von bis zu fünf Jahren bzw. eine Geldstrafe. Oder man stelle sich vor, der M hätte sogar – wie später bei L – ein Mordmerkmal (Heimtücke) aus § 211 Abs. 1 StGB erfüllt: Dann würde er von lebenslänglich auf das Maß des § 323a StGB reduziert, und zwar nur oder gerade deshalb, weil er sich (absichtlich!) vor der Tat besoffen hat.

Das geht nicht – es widerspricht jedem Rechtsempfinden.

Und an genau ***dieser*** Stelle setzt die »actio libera in causa« an: Die »actio libera in causa« (wörtlich »eine in der Ursache freie Handlung«) soll in Situationen helfen, in denen der Täter – so wie bei uns – schon ***vor*** dem Berauschen weiß (oder hätte wissen können), dass er später im schuldunfähigen Zustand eine Straftat begeht. Denn dieser Täter ist nicht schutzwürdig durch § 20 StGB. Die Vorschriften über die Schuldunfähigkeit und den Vollrausch sind vielmehr vorgesehen für Fälle, in denen der Täter sich berauscht und dann – ohne dies vorher zu wissen oder auch nur in Betracht zu ziehen – eine Straftat begeht. Dann verdient er aufgrund seines Zustandes zum einen das Privileg des § 20 StGB und zum anderen die im Zweifel mildere Bestrafung des § 323a StGB (*Lackner/Kühl* § 20 StGB Rz. 25; *Fischer* § 323a StGB Rz. 10).

Merke: Der § 323a StGB ist gedacht für die Konstellationen, in denen der Täter sich berauscht, dabei aber weder weiß noch hätte wissen können, dass er später im schuldunfähigen Zustand eine Straftat begeht. Ein solcher Täter kann und soll wegen § 20 StGB aufgrund des tatsächlich begangenen Delikts nicht bestraft werden, muss dann aber zumindest mit den Sanktionen des allgemein gehaltenen Tatbestandes des § 323a StGB rechnen. Wer sich hingegen berauscht und dabei weiß oder hätte wissen können, dass er später eine Straftat begeht, kann nach den Grundsätzen der »actio libera in causa« nach dem tatsächlich begangenen Delikt bestraft werden; der § 323a StGB tritt in diesen Fällen **subsidiär** dahinter zurück, er ist demnach grundsätzlich auch nicht mehr zu prüfen (*Fischer* § 323a StGB Rz. 10; vgl. bitte auch S/S/*Sternberg-Lieben/Hecker* § 323a StGB Rz. 31a zu den Ausnahmen).

Also: Die »actio libera in causa« bewirkt im Ergebnis, dass der Täter trotz seines schuldunfähigen Zustandes und trotz der Existenz des § 20 StGB dennoch wegen der konkret begangenen Tat bestraft werden kann – jedenfalls soweit er vor dem Berauschen schon wusste (→ sogenannte »vorsätzliche actio libera in causa«) oder hätte wissen können (→ sogenannte »fahrlässige actio libera in causa«), dass er später eine Tat begeht.

Interessant – das haben wir bislang ja noch gar nicht geklärt – ist jetzt natürlich die Frage, wie genau diese »actio libera in causa« eigentlich dogmatisch begründet wird und dann die Anwendung funktioniert. Wir gehen das Schritt für Schritt durch, und zwar so:

1. Zunächst machen wir mal einen Schritt zurück und streichen den eben geprüften und von uns bereits problemlos bejahten § 323a StGB wieder weg. Denn wir haben ja gerade gelernt, dass der § 323a StGB nur **subsidiär** zur »actio libera in causa« ist und demnach immer nur dann eingreifen kann, wenn der Täter nicht nach diesen Grundsätzen wegen des tatsächlich begangenen Delikts (hier → § 212 Abs. 1 StGB) bestraft werden kann. Und logischerweise müssen wir dann bei der oben von uns abgebrochenen Prüfung des § 212 Abs. 1 StGB erneut ansetzen; diese Prüfung hatten wir ja eigentlich wegen der Schuldunfähigkeit des M beendet, den M von der Schuld freigesprochen und dabei auf § 20 StGB verwiesen. Dieses Ergebnis war nach dem Wortlaut des Gesetzes zwingend, der M war ja zum Zeitpunkt der Tatbegehung mit 3,4 Promille schuldunfähig.

2. An dieser Stelle steigen wir jetzt wieder in die Prüfung ein – und um zu verstehen, wie die »actio libera in causa« funktioniert, wollen wir uns im nächsten Schritt dann bitte Folgendes (noch mal) vor Augen führen: Unser M hatte den Entschluss, die F umzubringen, gefasst, als er noch komplett nüchtern und damit schuldfähig war. Er hat sich dann absichtlich besoffen und in einen Zustand versetzt, in dem er nicht mehr schuldfähig war, um dann erst die Tathandlung zu begehen; so hat er es dann ja auch ausgeführt. Und wir haben oben gesehen, dass er angesichts dieser Umstände nicht bestraft werden kann, da er »**bei der Begehung der Tat**« nicht (mehr) schuldfähig war, er litt zum Zeitpunkt des Erschießens an einer »tiefgreifenden Bewusstseinsstörung« infolge des übermäßigen Alkoholkonsums (3,4 Promille). Die konsequente Anwendung des Wortlautes des § 20 StGB führte also dazu, dass unser Täter wegen 3,4 Promille zum Zeitpunkt der »Begehung der Tat« trotz des vorsätzlich und rechtswidrig begangenen Totschlages nicht bestraft wird. Es fehlte an der von § 20 StGB geforderten **Koinzidenz** (= Zusammentreffen) von Tathandlung und Schuldfähigkeit.

Um dieses Problem der Koinzidenz von Tathandlung und Schuldfähigkeit zu bewältigen, bietet die Wissenschaft unter der Bezeichnung »**actio libera in causa**« nun mehrere Lösungsmöglichkeiten an; zwei davon sind diskussionswürdig und können in der Klausur den richtigen Weg weisen:

a) Das sogenannte »**Ausnahmemodell**«

Die Vertreter dieser Auffassung wollen den Täter, der selbstverschuldet den Rauschzustand herbeiführt und dann eine vorher schon beabsichtigte Straftat begeht, trotz des Wortlautes des § 20 StGB nach den Grundsätzen der »actio libera in causa« bestrafen und begründen dies wie folgt: Wer sich gerade im Hinblick auf eine später zu begehende Straftat in einen Rausch versetzt und diese Tat dann auch dem ursprünglichen Plan gemäß begeht, handelt dennoch vorwerfbar und darf nicht in den Genuss des § 20 StGB kommen. Zwar fordere der Wortlaut des § 20 StGB die Schuldfähigkeit zum Zeitpunkt der **Tatbegehung** (→ Koinzidenzprinzip); indessen sei dies nur so zu verstehen, dass der Täter unter den dort genannten Voraussetzungen ohne Schuld handelt, ***sofern*** ihm die Tat nicht nach den Regeln der »actio libera in causa« vorzuwerfen sei. Die »actio libera in causa« stelle eine **Ausnahme** zu § 20 StGB dar (*Jescheck/Weigend* AT § 40 VI 1; *Wessels/Beulke/Satzger* Rz. 655; LK/*Schöch* § 20 StGB Rz. 199; *Lackner/Kühl* § 20 StGB Rz. 25; S/S/*Perron/Weißer* § 20 Rz. 33). Handelt der Täter also in einem Rauschzustand, den er vorher entweder vorsätzlich oder fahrlässig herbeigeführt hat, und begeht dann eine vorher bereits beabsichtigte oder für ihn absehbare Straftat, entfalle die Anwendung des § 20 StGB. Der Täter könne dann nach den Grundsätzen der »actio libera in causa« wegen des tatsächlich begangenen Delikts bestraft werden (*Jescheck/Weigend* AT § 40 VI 1). In der **Klausur** hätte man demnach innerhalb der Prüfung der Schuld festzustellen, dass die Vorschrift des § 20 StGB hier trotz Vorliegens der Voraussetzungen nicht anwendbar ist, da der Täter zum Zeitpunkt des Sichberauschens gewusst hat, dass er später eine Straftat begeht. Unter diesen Gegebenheiten kann dem Täter das Privileg des § 20 StGB nämlich nicht zugutekommen; es greift die Ausnahmeregel der »actio libera in causa« mit der Konsequenz, dass von einer Schuldfähigkeit des Täters auszugehen ist (*Lackner/Kühl* § 20 StGB Rz. 25; *Wessels/Beulke/Satzger* Rz. 655).

b) Das sogenannte »**Tatbestandsmodell**«

Diese Meinung ist besonders clever und macht **Folgendes:** Sie verlegt die Tatbegehung im Sinne des § 20 StGB vor und behauptet, bereits das Sichbetrinken, also quasi der erste Schluck aus der Pulle, sei auch schon die ***erste*** Tathandlung bzw. Tatbegehung (BGHSt **17**, 333; BGH NStZ **1997**, 230; SK/*Rogall* § 20 StGB Rz. 72; *Fischer* § 20 StGB Rz. 52; *Satzger* in Jura 2006, 513). Wer sich nämlich in der Absicht, später eine Straftat zu begehen, in einen Rausch versetzt, habe mit der Begehung der Straftat schon in dem Zeitpunkt begonnen, in dem er den Rauschzustand aktiv herbeiführt. Das Herbeiführen des Rausches sei demnach das erste Glied in der Kausalkette, die später zur Verwirklichung des Tatbestandes führt. Diese Auffassung hat dann übrigens logischerweise **kein** Problem mit dem Koinzidenzprinzip, denn in dem Zeitpunkt, in dem das Glas oder die Flasche zum ersten Mal zum Mund geführt wird (= erster Schritt der **Tathandlung**!), ist der Täter natürlich noch nüchtern und damit auch schuldfähig. Der Wortlaut des § 20 StGB ist damit gewahrt. Berauscht sich der Täter nun vorsätzlich und hat zudem auch Vorsatz auf die später zu begehende Tat, kann er auch wegen vorsätzlicher Tat belangt werden (»vorsätzliche actio libera in causa«). Handelt er zum Zeitpunkt des Berauschens hingegen fahrlässig im Hinblick auf eine später zu begehende Tat (→ Täter hatte zwar keine Tat beabsichtigt, hätte aber erkennen können, dass er eine begeht, z.B. wegen Erfahrungen aus der Vergangenheit), liegt ein Fall der sogenannten »fahrlässigen actio libera in causa« vor (*Fischer* § 20 StGB Rz. 59).

Durchblick: Welcher Ansicht man letztlich den Vorzug gewährt, ist im besten Sinne des Wortes »gleichgültig«, solange man sie nur beide erwähnt und dann einer Auffassung konsequent folgt – beide Meinungen haben übrigens in etwa das gleiche Gewicht in der wissenschaftlichen Bewertung (zur Streitdarstellung in der Klausur vgl. das Gutachten weiter unten). Wir werden gleich – ohne Wertung – der letztgenannten Meinung folgen und den Fall entsprechend weiter prüfen. Leider ist aber auch diese Ansicht, die das sogenannte »**Tatbestandsmodell**« favorisiert, keinesfalls frei von Widersprüchen oder Zweifeln: Denn die Vorverlagerung der Tathandlung auf den Zeitpunkt des Sichbetrinkens mag zwar bei den sogenannten »verhaltensneutralen« Delikten (= im Gesetz steht keine konkrete Handlung, so z.B. in § 212 StGB »Tötung eines Menschen«), und damit z.B. in unserem Fall hier möglich und zulässig sein: Im Gesetz steht ja nicht, wie diese Tathandlung genau aussehen muss und deshalb kann auch das Sichbetrinken als erster Schritt einer Tathandlung herhalten. Schwierig und im Zweifel unzulässig ist dieses Vorgehen aber dann, wenn das Gesetz zur Verwirklichung des Tatbestandes ein ***konkretes Handeln*** fordert, zum Beispiel: **§ 316 StGB** (lesen, bitte!). Da steht im Gesetz nun als Tathandlung »Führen eines Fahrzeuges« (= verhaltensgebundenes Delikt) mit der Folge, dass man hier das Sichbetrinken kaum als erste Tathandlung werten könnte, wenn der Täter sich einfach nur vollaufen lässt, obwohl er weiß, dass er später noch fahren muss und wird (so was soll vorkommen). Die Tathandlung des § 316 StGB ist nämlich klar umschrieben als »Führen eines Fahrzeugs«. An dieser Stelle versagt demnach das Tatbestandsmodell, was der BGH, der dieser Konstruktion eigentlich grundsätzlich zuneigt, dann auch im August 1996 verbindlich festgestellt und mit seinem Urteil vom 22.08.1996 die »actio libera in causa« für die verhaltensgebundenen Delikte konsequenterweise wegen Verstoßes gegen den Gesetzeswortlaut und das Bestimmtheitsgebot für unanwendbar erklärt hat (BGHSt **42**, 235; vgl. auch *Schwabe*, Lernen mit Fällen, BT 1 Fall 20). Bei den verhaltensneutralen Delikten lässt der BGH die »actio libera in causa« hingegen nach wie vor zu und wendet das gerade erläuterte Tatbestandsmodell weiterhin an (BGHSt **42**, 235; BGHSt **34**, 29; BGH NStZ **2000**, 584; so auch *Fischer* § 20 StGB Rz. 52).

Diese Unterscheidung mit den verhaltensneutralen und den verhaltensgebundenen Delikten muss man übrigens nicht gleich beim ersten Versuch verstehen (wäre freilich prima!). Das ist schon sehr gehobenes Niveau, das eigentlich erst in spätere Semester gehört, namentlich zu den Straßenverkehrsdelikten der §§ 315 ff. StGB und den fahrlässigen Erfolgsdelikten, wo sich die genannte Problematik hauptsächlich stellt, dann auch Gegenstand vielfältiger Diskussionen und Gerichtsentscheidungen ist und demnach auch häufig in den Prüfungen abgefragt wird (vgl. dazu dann *Schwabe*, Lernen mit Fällen, BT 1, Nichtvermögensdelikte, Fall 20).

Wir wollen es hier in unserem Fall dabei belassen zu verstehen, dass bei den sogenannten »verhaltensneutralen« Delikten (= Tathandlung ist im Gesetz nicht näher beschrieben, z.B. § 212 Abs. 1 StGB) nach den eben dargestellten Regeln des »Tatbestandsmodells« das Sichbetrinken in der Absicht, später eine vorher schon geplante Tat zu begehen, als erste Tathandlung gewertet wird. Damit wird der Begriff der »Tatbegehung« **vorverlagert** auf den Zeitpunkt des Berauschens mit der Folge, dass es für die Bestimmung der Schuldfähigkeit im Sinne des § 20 StGB auch nur auf ***diesen*** Zeitpunkt ankommt.

ZE.: Unter Vorverlegung der Tathandlung auf den Zeitpunkt des Sichbetrinkens in der Absicht, eine Straftat zu begehen, war M **schuldfähig**. Die Tatsache, dass er dann später beim Erschießen der F sehr beachtliche 3,4 Promille im Blut hatte, spielt keine Rolle und verursacht namentlich keine Schuldunfähigkeit im Sinne des § 20 StGB. Die Tathandlung hatte er schon vorher – schuldfähig – begonnen.

ZE.: Zweifel am Vorliegen der weiteren Schuldmerkmale (Unrechtsbewusstsein und Entschuldigungsgründe) sind nicht erkennbar.

Ergebnis: M ist wegen Tötung der F zu bestrafen nach § 212 Abs. 1 StGB in Verbindung mit den Grundsätzen der »vorsätzlichen actio libera in causa«. Eine Bestrafung wegen Vollrausches nach § 323a StGB entfällt aufgrund der Subsidiarität der Norm.

II. Strafbarkeit wegen der Tötung des L

→ **§ 211 Abs. 1 StGB** (Mord)

I. Tatbestand

A. Objektiv

M müsste einen Menschen unter Verwirklichung eines der in § 211 Abs. 1 StGB beschriebenen Mordmerkmale getötet haben. Wer einen Schlafenden erschießt, handelt »**heimtückisch**« im Sinne des § 211 StGB und verwirklicht mithin den Tatbestand des Mordes, da er die Arg- und Wehrlosigkeit des Opfers ausnutzt (BGH JZ **1997**, 1185; BGHSt **32**, 382; BGHSt **23**, 119).

ZE.: Der objektive Tatbestand des § 211 Abs. 1 StGB ist erfüllt.

B. Subjektiv

M handelte dabei mit Wissen und Wollen um die Tatbestandsverwirklichung, somit ***vorsätzlich*** im Sinne des § 15 StGB.

ZE.: Der subjektive Tatbestand des § 211 Abs. 1 StGB ist ebenfalls erfüllt.

II. Rechtswidrigkeit

Anhaltspunkte für das Vorliegen eines Rechtfertigungsgrundes sind nicht ersichtlich.

ZE.: Der M handelte bei seiner Tat auch rechtswidrig.

III. Schuld

1. Schuldfähigkeit

Und jetzt?

Der M war natürlich wieder schuldunfähig. Und wir könnten jetzt ja eigentlich den ganzen Krempel von oben verwerten und sagen: Ist egal, der M hat sich ja nur besoffen, um eine entsprechende Tat zu begehen, deshalb »actio libera in causa« und deshalb dann eben Mord in Verbindung mit den Grundsätzen der »vorsätzlichen actio libera in causa«.

Nein, eben nicht. Wir werden zwar tatsächlich das Erlernte von oben jetzt verwerten, aber im Ergebnis kommt hier dann etwas ganz anderes heraus, **denn:** Wir haben gesagt, dass die »actio libera in causa« dann eingreift, wenn der Täter sich berauscht und dabei entweder weiß oder hätte wissen können, dass er später im schuldunfähigen Zustand eine Tat begeht. Bei diesen Konstellationen verdient er nicht das Privileg des § 20 StGB bzw. das der milderen Bestrafung nach § 323a StGB. Und deswegen haben wir unseren M wegen der Tötung der F ja auch nach § 212 Abs. 1 StGB in Verbindung mit den Grundsätzen der »actio libera in causa« bestraft. Für den § 323a StGB war aufgrund der Subsidiarität zur »actio libera in causa« kein Raum mehr (siehe unsere Erläuterungen oben).

> Hier bei der Tötung des L ist die Situation aber eine andere, **nämlich:** Diese Tat hatte der M weder in seinen ursprünglichen Plan aufgenommen noch hätte er die Begehung vorhersehen können. Jedenfalls steht davon nichts in der Sachverhaltsschilderung. Die Entscheidung, diese Tat zu begehen, traf M erst unmittelbar vor der Ausführung, als er nämlich entgegen seiner vorherigen Planung die Wohnung der F betrat und dort zufällig den ihm unbekannten L im Bett liegen sah. Und dies hat zur Folge, dass die entscheidende Voraussetzung der »actio libera in causa« in Bezug auf den L nicht vorliegt. M wollte nur die F erschießen, als er sich in den Rausch versetzte. Unter diesen Umständen aber greift die »actio libera in causa« nicht ein: Wechselt oder erweitert der Täter im Laufe der Tat im bereits schuldunfähigen Zustand seinen Vorsatz, ist in Bezug auf den geänderten Vorsatz kein Raum für eine Bestrafung wegen der »actio libera in causa« (*Wessels/Beulke/Satzger* Rz. 668). Es verbleibt dann nur der Tatbestand des § 323a StGB (BGHSt **17**, 259; BGH NJW **1977**, 590).

Und genau so ist das in unserem Fall: Der M kann wegen der Tötung des L nicht nach § 211 StGB bestraft werden, da er zum Zeitpunkt der »Begehung der Tat« schuldunfähig im Sinne des § 20 StGB gewesen ist und diese Schuldunfähigkeit auch nicht nach den Grundsätzen der »actio libera in causa« geheilt werden kann. M wusste nicht (→ dann wäre es § 211 StGB gewesen) und hat auch nicht fahrlässig verkannt (→ dann wäre § 222 StGB in Betracht gekommen), dass er später den L umbringen würde. Es fehlt damit die entscheidende Voraussetzung der »actio libera in causa«.

Ergebnis: Der M ist mangels Schuldfähigkeit nicht wegen Mordes zu bestrafen.

→ **§ 323a Abs. 1 StGB** (Vollrausch)

M hat sich vorsätzlich durch alkoholische Getränke in einen Rausch versetzt, in diesem Zustand eine rechtswidrige Tat (§ 211 StGB!) begangen, und kann ihretwegen nicht bestraft werden, da er infolge des Rausches schuldunfähig war.

ZE.: Die Voraussetzungen des § 323a Abs. 1 StGB liegen vor.

Ergebnis: Der M ist wegen der Tötung des L nur nach § 323a Abs. 1 StGB zu bestrafen. Alles klar!?

Gutachten

I. Strafbarkeit des M durch das Erschießen der F

M könnte sich wegen des Erschießens der F gemäß § 212 Abs. 1 StGB strafbar gemacht haben.

Objektiver Tatbestand:

M müsste einen Menschen getötet haben, was angesichts der Schilderung im Sachverhalt bejaht werden kann. Der objektive Tatbestand des § 212 Abs. 1 StGB ist erfüllt.

Subjektiver Tatbestand:

M handelte dabei mit Wissen und Wollen um die Tatbestandsverwirklichung, somit vorsätzlich im Sinne des § 15 StGB. Der subjektive Tatbestand des § 212 Abs. 1 StGB ist ebenfalls erfüllt.

Rechtswidrigkeit:

Anhaltspunkte für das Vorliegen eines Rechtfertigungsgrundes sind nicht ersichtlich. Der M handelte bei seiner Tat auch rechtswidrig.

Schuld:

1. Es stellt sich die Frage, ob M wegen mangelnder Schuldfähigkeit gemäß § 20 StGB zu behandeln ist und folglich schuldlos handelte. Im vorliegenden Fall könnte diese Schuldfähigkeit bei M deshalb entfallen, weil er den Promillewert von 3,4 hatte. Eine »tiefgreifende Bewusstseinsstörung« und damit eine Schuldunfähigkeit im Sinne des § 20 StGB liegt vor ab einem Blutalkoholwert von 3,0 Promille. M handelt wegen der 3,4 Promille aufgrund tiefgreifender Bewusstseinsstörungen im Sinne des § 20 StGB zum Zeitpunkt der Begehung der Tat damit ohne Schuld.

Ergebnis: M wäre demnach wegen der Tötung der F mangels Schuldfähigkeit nicht nach § 212 Abs. 1 StGB zu bestrafen.

Etwas Anderes könnte sich aber noch aus den Grundsätzen der actio libera in causa ergeben. Demnach kommt trotz Schuldunfähigkeit zum Zeitpunkt der Tatbegehung gleichwohl eine Bestrafung in Betracht, sofern sich der Täter vorsätzlich oder fahrlässig in einen Rausch versetzt und in diesem Zustand eine Tat begeht. Der M hatte hier den Entschluss, die F umzubringen, gefasst, als er noch nüchtern und damit schuldfähig war. Er hat sich dann absichtlich betrunken und in einen Zustand versetzt, in dem er nicht mehr schuldfähig war, um dann erst die Tathandlung zu begehen.

a) Die Vertreter des sogenannten »Ausnahmemodells« wollen einen Täter, der selbstverschuldet den Rauschzustand herbeiführt und dann eine vorher schon beabsichtigte Straftat begeht, trotz des Wortlautes des § 20 StGB nach den Grundsätzen der »actio libera in causa« bestrafen und begründen dies wie folgt: Wer sich gerade im Hinblick auf eine später zu begehende Straftat in einen Rausch versetzt, und diese Tat dann auch dem ursprünglichen Plan gemäß begeht, handelt dennoch vorwerfbar und darf nicht in den Genuss des § 20 StGB kommen. Zwar fordere der Wortlaut des § 20 StGB die Schuldfähigkeit zum Zeitpunkt der Tatbegehung (Koinzidenzprinzip); indessen sei dies nur so zu verstehen, dass der Täter unter den dort genannten Voraussetzungen ohne Schuld handelt, sofern ihm die Tat nicht nach den Regeln der »actio libera in causa« vorzuwerfen sei. Die »actio libera in causa« stelle eine Ausnahme zu § 20 StGB dar. Handelt der Täter also in einem Rauschzustand, den er vorher entweder vorsätzlich oder fahrlässig herbeigeführt hat, und begeht dann eine vorher bereits beabsichtigte oder für ihn absehbare Straftat, entfalle die Anwendung des § 20 StGB. Der Täter könne dann nach den Grundsätzen der »actio libera in causa« wegen des tatsächlich begangenen Delikts bestraft werden. Die Vorschrift des § 20 StGB wäre demnach hier trotz Vorliegens der Voraussetzungen nicht anwendbar, da der Täter zum Zeitpunkt des Sichberauschens gewusst hat, dass er später eine Straftat begeht. Unter diesen Gegebenheiten kann dem Täter das Privileg des § 20 StGB nicht zugutekommen, es greift die Ausnahmeregel der »actio libera in causa« mit der Konsequenz, dass von einer Schuldfähigkeit des Täters auszugehen ist.

Nach dieser Auffassung, dem sogenannten Ausnahmemodell, wäre § 20 StGB hier nicht anwendbar mit der Konsequenz, dass M wegen Totschlages zu bestrafen wäre.

b) Das sogenannte »Tatbestandsmodell« verlegt demgegenüber in den Fällen der vorliegenden Art die Tatbegehung im Sinne des § 20 StGB vor und behauptet, bereits das Sichbetrinken sei auch schon die erste Tathandlung bzw. Tatbegehung. Wer sich nämlich in der Absicht, später eine Straftat zu begehen, in einen Rausch versetzt, habe mit der Begehung der Straftat schon in dem Zeitpunkt begonnen, in dem er den Rauschzustand aktiv herbeiführt. Das Herbeiführen des Rausches sei demnach das erste Glied in der Kausalkette, die später zur Verwirklichung des Tatbestandes führt. Diese Auffassung umgeht das Koinzidenzprinzip durch die Vorverlegung der Tathandlung auf den Zeitpunkt, in dem das Glas oder die Flasche zum ersten Mal zum Mund geführt wird. Zu diesem Zeitpunkt ist der Täter noch nüchtern und damit auch schuldfähig. Der Wortlaut des § 20 StGB ist mithin gewahrt. Berauscht sich der Täter vorsätzlich und hat zudem auch Vorsatz auf die später zu begehende Tat, kann er auch wegen vorsätzlicher Tat belangt werden. Unter Vorverlegung der Tathandlung auf den Zeitpunkt des Sichbetrinkens in der Absicht, eine Straftat zu begehen, war der M somit schuldfähig. Die Tatsache, dass er dann später beim Erschießen der F 3,4 Promille im Blut hatte, spielt keine Rolle und verursacht namentlich keine Schuldunfähigkeit im Sinne des § 20 StGB. Die Tathandlung hatte er schon vorher – schuldfähig – begonnen. Zweifel am Vorliegen der weiteren Schuldmerkmale (Unrechtsbewusstsein und Entschuldigungsgründe) sind nicht erkennbar.

Da M somit nach beiden dargestellten Lösungsmodellen zur »actio libera in causa« im vorliegenden Fall wegen vorsätzlicher Tat bestraft wird, kann eine Entscheidung zwischen den Ansichten dahinstehen.

Ergebnis: M ist wegen Tötung der F in jedem Falle zu bestrafen nach § 212 Abs. 1 StGB in Verbindung mit den Grundsätzen der »vorsätzlichen actio libera in causa«. Eine Bestrafung wegen Vollrausches nach § 323a StGB entfällt aufgrund der Subsidiarität der Norm.

II. Strafbarkeit wegen der Tötung des L

M könnte sich zudem wegen Mordes an L gemäß § 211 Abs. 1 StGB strafbar gemacht haben.

Objektiver Tatbestand:

M müsste einen Menschen unter Verwirklichung eines der in § 211 Abs. 1 StGB beschriebenen Mordmerkmale getötet haben. Wer einen Schlafenden erschießt, nutzt die Arg- und Wehrlosigkeit des Opfers aus und handelt demzufolge »heimtückisch« im Sinne des § 211 StGB. Der objektive Tatbestand des § 211 Abs. 1 StGB ist erfüllt.

Subjektiver Tatbestand:

M handelte dabei mit Wissen und Wollen um die Tatbestandsverwirklichung, somit vorsätzlich im Sinne des § 15 StGB. Der subjektive Tatbestand des § 211 Abs. 1 StGB ist ebenfalls erfüllt.

Rechtswidrigkeit:

Anhaltspunkte für das Vorliegen eines Rechtfertigungsgrundes sind nicht ersichtlich. Der M handelte bei seiner Tat auch rechtswidrig.

Schuld:

1. Der M war beim Erschießen des L wegen der 3,4 Promille im Blut wiederum schuldunfähig. Es fragt sich jedoch, ob auch insoweit die Grundsätze der »actio libera in causa« angewandet werden können. Hier ist indessen eine andere Beurteilung angezeigt. Diese Tat hatte der M nämlich weder in seinen ursprünglichen Plan aufgenommen noch hätte er die Begehung vorhersehen können. Die Entscheidung, diese Tat zu begehen, traf M erst unmittelbar vor der Ausführung, als er entgegen seiner vorherigen Planung die Wohnung der F betrat und dort zufällig den ihm unbekannten L im Bett liegen sah. Und dies hat zur Folge, dass die entscheidende Voraussetzung der »actio libera in causa« in Bezug auf den L nicht vorliegt. M wollte nur die F erschießen, als er sich in den Rausch versetzte. Unter diesen Umständen aber greift die »actio libera in causa« nicht ein: Wechselt oder erweitert der Täter im Laufe der Tat im bereits schuldunfähigen Zustand seinen Vorsatz, ist in Bezug auf den geänderten Vorsatz kein Raum für eine Bestrafung im Rahmen der »actio libera in causa«. Es verbleibt dann nur der Tatbestand des § 323a StGB. Der M kann wegen der Tötung des L demnach nicht nach § 211 StGB bestraft werden, da er zum Zeitpunkt der »Begehung der Tat« schuldunfähig im Sinne des § 20 StGB gewesen ist und diese Schuldunfähigkeit auch nicht nach den Grundsätzen der »actio libera in causa« geheilt werden kann. M wusste nicht und hat auch nicht fahrlässig verkannt, dass er später den L umbringen würde. Es fehlt damit die entscheidende Voraussetzung der »actio libera in causa«.

Ergebnis: Der M ist mangels Schuldfähigkeit nicht wegen Mordes zu bestrafen.

M könnte sich nun aber wegen § 323a Abs. 1 StGB strafbar gemacht haben.

Dann müsste M sich vorsätzlich oder fahrlässig in einen Rausch versetzt, in diesem Zustand eine rechtswidrige Tat begangen haben und deswegen nicht bestraft werden dürfen, weil er infolge des Rausches schuldunfähig war. M hat sich vorsätzlich durch alkoholische Getränke in einen Rausch versetzt, in diesem Zustand eine rechtswidrige Tat an L (Mord) begangen, und kann ihretwegen nicht bestraft werden, da er infolge des Rausches schuldunfähig war. M erfüllt damit die Voraussetzungen des § 323a StGB.

Ergebnis: Der M ist wegen der Tötung des L nur nach § 323a Abs. 1 StGB zu bestrafen.

Fall 7

Titanic

Auf der Jungfernfahrt des Luxusliners *Titanic* haben sich *Leonardo di C.* (L) und *Kate W.* (K) enorm romantisch ineinander verliebt und an Bord sogar noch verlobt. Drei Tage später sinkt die *Titanic* – und es kommt zur ultimativen Schlussszene: Während die K auf einem kleinen Holzbrett, das nur eine Person trägt, durch das kalte Meer treibt, schwimmt L nahezu entkräftet durchs eisige Wasser und droht zu ertrinken, als beide den schmierigen Ex-Freund F der K auf einem Holzbalken erblicken. Da mit einer Rettung erst in acht bis zehn Stunden zu rechnen ist und L bis dahin ertrinken würde, entschließen sich K und L, den F ins Meer zu stoßen, damit L sich auf dessen Balken, der ebenfalls nur eine Person über Wasser hält, retten kann. Den Tod des F nehmen sie dabei billigend in Kauf. Und so kommt es: Der von K und L ins Wasser gestoßene F ertrinkt kurze Zeit später. L und K können sich demgegenüber retten, heiraten später, bekommen mindestens 20 Kinder – und alles ist gut.

Oder haben sie sich strafbar gemacht?

Schwerpunkte: Der entschuldigende Notstand nach § 35 StGB; Abgrenzung zum rechtfertigenden Notstand aus § 34 StGB und zur Notwehr aus § 32 StGB; Sinn der Regelung des § 35 StGB; die Verteidigung gleichwertiger Rechtsgüter; Voraussetzungen und Rechtsfolgen des § 35 StGB.

Lösungsweg

Vorab: Wie gerade gesehen, wollen wir der hinreißenden *Kate Winslet* und dem ebenso charmanten Kollegen *di Caprio* hier – anders als in der legendären Hollywood-Schmonzette – freundlicherweise ein echtes Happy End gönnen und diesen glücklichen Umstand als Anlass nehmen zu prüfen, ob im Kampf »Leben gegen Leben« der vorsätzlich herbeigeführte Tod möglicherweise straflos bleiben kann. Wir haben bislang im Rahmen der Rechtfertigungsgründe (Fälle Nr. 4 und Nr. 5) gelernt, dass die Verletzung eines Rechtsgutes im Zweifel nur unter einer Güterabwägung rechtmäßig (gerechtfertigt) sein kann – namentlich, wenn das geschützte Rechtsgut einen höheren Rang hat als die beeinträchtigte Rechtsposition. Hier in diesem Fall kommt nun die Variante, dass beide Rechtsgüter gleichwertig sind und sogar mit dem ***Leben*** das allerhöchste Gut eines Menschen in Frage steht. Wir werden gleich sehen, dass unsere Rechtsordnung für Grenzsituationen dieser Art eine besondere, im Ergebnis dann auch ziemlich überraschende Regelung vorsieht. Jeder mag sein Rechtsempfinden gerade mal daraufhin abklopfen, ob unsere beiden Kandidaten hier wohl straflos ausgehen sollen oder doch eher ins Gefängnis gehören.

Da oben steht übrigens nicht nur die Schmusevariante der Titanic-Geschichte, sondern natürlich auch der klassische Lehrbuch-Fall um das sogenannte »**Brett des Karneades**« (→ griechischer Philosoph, * 214–126 vor Chr. – Sein Problem: Was tun, wenn nur ein Brett vorhanden, aber zwei Personen aus Seenot gerettet werden müssen?), der sich in den Standard-Werken der juristischen Ausbildung findet (vgl. etwa *Wessels/Beulke/Satzger* Rz. 475 und 690; *Roxin* AT § 16 Rz. 33; LK/*Zieschang* § 34 Rz. 74; siehe auch den ähnlich gelagerten »Bergsteiger-Fall« bei SK/*Hoyer* § 34 StGB Rz. 49 jeweils mwN.) und uns zum »entschuldigenden Notstand« des **§ 35 StGB** führt. Wir bleiben dabei aufbautechnisch gesehen im Prüfungspunkt »Schuld« und werden uns jetzt namentlich mit den sogenannten »Entschuldigungsgründen« befassen, also Sachlagen, in denen der Täter trotz Tatbestandsmäßigkeit und Rechtswidrigkeit dennoch – und zwar mangels vorwerfbaren schuldhaften Verhaltens – nicht bestraft werden kann. Im letzten Fall hatten wir diesbezüglich die **Schuldunfähigkeit** als ersten Punkt innerhalb der Schuld schon eingehend überprüft und festgestellt, dass eine Schuldunfähigkeit nach § 20 StGB die Schuld ausschließen und je nach Täterprofil dann aber wenigstens noch zur Verhängung von Maßregeln der Besserung und Sicherung aus den §§ 61 ff. StGB oder sogar zur Anwendung der *actio libera in causa* führen kann. Diese Varianten scheiden bei § 35 StGB nun aus: Wer unter den Voraussetzungen des entschuldigenden Notstands eine Tat begeht, muss mit keinerlei Sanktionen rechnen, er bleibt vollständig straflos (*Lackner/Kühl* § 35 StGB Rz. 1).

> Bevor wir da jetzt in die Einzelheiten gehen, wollen wir zunächst aber mal einen Augenblick überlegen, warum die Strafbarkeit der beiden verliebten Verlobten in unserem Fall nicht schon mangels **Rechtswidrigkeit** ausgeschlossen ist. Man könnte ja immerhin auf die Idee kommen zu sagen, K und L hätten in Notwehr nach § 32 StGB oder aber wenigstens im rechtfertigenden Notstand aus § 34 StGB gehandelt. Und wenn eine Tat gerechtfertigt ist, braucht man selbstverständlich nicht mehr über die Frage der Schuld nachzudenken.

Aber: Hier können wir jetzt (hoffentlich!) das in den Fällen Nr. 4 und Nr. 5 bereits Erlernte nutzbar machen und daher festhalten, dass dadurch, dass der F auf dem Holzbalken durchs Meer trieb, keinesfalls ein »**Angriff**« im Sinne des § 32 StGB auf das Leben von K oder L vorlag. Der F war gemäß § 904 BGB (lesen, bitte!) berechtigt, sich an dem Holzbalken festzuhalten, um sein eigenes Leben zu retten; hierin liegt insbesondere kein aktives Tun oder pflichtwidriges Unterlassen, das ein Rechtsgut einer anderen Person beeinträchtigt. F handelt nur zur eigenen Rettung. Es mangelt mithin schon an der sogenannten »Notwehrlage«, nämlich einem gegenwärtigen rechtswidrigen Angriff im Sinne des § 32 Abs. 2 StGB auf ein Rechtsgut von L oder K.

Des Weiteren kommt auch der § 34 StGB (oder ein rechtfertigender Notstand aus dem BGB) als Rechtfertigungsgrund nicht in Betracht, denn diese Norm – und damit haben wir auch schon den ersten Unterschied zwischen dem rechtfertigenden und dem entschuldigenden Notstand benannt – setzt stets eine Abwägung der jeweils betroffenen Interessen voraus (bitte lies § 34 Satz 1 StGB). Da wir im vorliegenden Fall aber den Konflikt »Leben gegen Leben« zu lösen haben, kann der rechtfertigende Notstand aus § 34 StGB, der stets dem **höherwertigen** Rechtsgut den Vorrang einräumt, nicht einschlägig sein (BGHSt **35**, 350; MK/*Erb* § 34 StGB Rz. 116; NK/*Neumann* § 34 StGB Rz. 74). In unserer Situation stehen sich gleichwertige Rechtsgüter gegenüber mit der Folge, dass allein der entschuldigende Notstand den oder die Täter exkulpieren kann. In § 35 Abs. 1 StGB wird nämlich erstaunlicherweise **keine** Güterabwägung vorgenommen, was darin begründet liegt, dass der Gesetzgeber hier die Situationen erfassen wollte, in denen der Täter aufgrund einer die Existenz bedrohenden Sach- bzw. Notlage psychisch derart beansprucht und belastet ist, dass ihm ein normgemäßes Verhalten ausnahmsweise nicht mehr zugemutet werden kann (S/S/*Perron* § 35 StGB Rz. 2; SK/*Rogall* § 35 StGB Rz. 3). Der § 35 StGB setzt also die Güterwertigkeit unserer Rechtsordnung unter besonderen Umständen außer Kraft und sieht allein aufgrund der besonderen Motivationslage des Täters von einer Bestrafung ab, auch wenn das geschützte Rechtsgut keinen höheren oder nur den gleichen Rang wie das beeinträchtigte Rechtsgut genießt (BGHSt **2**, 243; *Fischer* § 35 StGB Rz. 9). Wichtiger Satz, bitte merken.

Und jetzt zur Fallprüfung:

Strafbarkeit des L

→ **§ 212 Abs. 1 StGB** (Totschlag)

I. Tatbestand

A. Objektiv: Keine Aktion, nach Schilderung des Sachverhaltes hat L (zusammen mit K) den F vom Balken gestoßen und damit dessen Tod ursächlich herbeigeführt.

ZE.: Der objektive Tatbestand des § 212 Abs. 1 StGB ist erfüllt.

B. Subjektiv: Hierbei hat L den Tod des F in Kauf genommen (= bedingter Vorsatz).

ZE.: Auch der subjektive Tatbestand in Form des Vorsatzes (§ 15 StGB) ist gegeben.

II. Rechtswidrigkeit

Das haben wir oben im Vorspann schon gesagt: Es fehlt in Bezug auf § 32 StGB bereits an der **Notwehrlage**, da von Seiten des F schon kein »Angriff« auf ein Rechtsgut des L vorlag. Im Hinblick auf den rechtfertigenden Notstand aus § 34 StGB ist festzustellen, dass diese Norm bei gleichwertigen Rechtsgütern nicht einschlägig sein kann, da der rechtfertigende Notstand nur zur Rettung höherwertiger Rechtsgüter Anwendung findet.

<u>ZE.</u>: Die Tat des L war nicht gerechtfertigt.

III. Schuld

1. Schuldfähigkeit

Kein Problem, es gibt keine Anzeichen, die für eine Schuldunfähigkeit des L im Sinne des § 20 StGB sprechen.

2. Unrechtsbewusstsein

Ebenfalls kein Problem, es gibt auch keine Anzeichen, die für ein mangelndes Unrechtsbewusstsein des L sprechen könnten (kein Verbotsirrtum und auch kein Erlaubnistatbestandsirrtum).

3. Entschuldigungsgründe

Also dann: In Betracht kommt im vorliegenden Fall der entschuldigende Notstand gemäß § 35 Abs. 1 StGB für den L, als er zur Rettung seines eigenen Lebens den F (gemeinsam mit K) von dem Balken stieß. Die Voraussetzungen:

a) Die **Notstandslage**

Erforderlich ist eine gegenwärtige Gefahr für Leben, Leib oder Freiheit – entweder für den Täter selbst, einen Angehörigen oder eine andere dem Täter nahestehende Person (bitte lies das Gesetz, § 35 Abs. 1 Satz 1 StGB).

> **Durchblick:** Wer das Gesetz genau liest, sieht nun zunächst mal, dass mit **Leben**, **Leib** oder **Freiheit** in § 35 StGB nur die drei höchsten Rechtsgüter, die unser Wertesystem kennt, als schützenswert benannt sind. Das Eigentum, die Ehre oder auch andere mögliche Rechtsgüter, die etwa noch in § 34 StGB Erwähnung finden, reichen für § 35 StGB nicht aus. Das liegt daran, dass – wir sagten es oben bereits – von § 35 StGB nur wirkliche psychische Zwangs- bzw. Notlagen auf Seiten des Betroffenen erfasst werden sollen und die ergeben sich nach Ansicht des Gesetzgebers eben nur bei Eingriffen in das Leben, den Körper oder die Freiheit (BT-Drs. IV/650 Seite 161; MK/*Müssig* § 35 StGB Rz. 12; S/S/*Perron* § 35 StGB Rz. 4). Des Weiteren muss für diese psychische Zwangslage die Gefahr entweder für den Täter selbst bestehen, einen **Angehörigen** (→ § 11 Abs. 1 Nr. 1 StGB) oder eine dem Täter nahestehende Person (= Bestehen eines auf gewisse Dauer angelegten zwischenmenschlichen Verhältnisses, das ähnliche Solidaritätsgefühle wie unter Angehörigen hervorruft und das deshalb auch die seelische Zwangslage hervorruft; bestes Beispiel ist der **Lebensgefährte:** vgl. OLG Koblenz NJW **1988**, 2371; S/S/*Perron* § 35

StGB Rz. 15). Bei einer Gefahr für einen Fremden oder einen Bekannten, der nicht als nahestehende Person subsumiert werden kann, scheidet der § 35 StGB als Entschuldigungsgrund demnach von vorneherein aus (LK/*Zieschang* § 35 StGB Rz. 33).

Also: Nur beide gerade genannten Voraussetzungen (besonders wichtiges Rechtsgut + besonders wichtige Person) ergeben – gekoppelt selbstverständlich mit der obligatorischen **gegenwärtigen Gefahr** – nach Ansicht des Gesetzgebers dann die für § 35 Abs. 1 StGB erforderliche Notstandslage, da der Täter nur dann in einer derart psychischen Drucksituation steht, dass ihm normgemäßes Verhalten nicht mehr zugemutet werden kann.

Prüfen wir mal: Im vorliegenden Fall drohte L (also der Täter selbst) zu ertrinken. Es lag folglich eine ziemlich gegenwärtige Gefahr für das allerhöchste Rechtsgut, das ***Leben***, auf Seiten des Täters vor.

ZE.: Eine Notstandslage im Sinne des § 35 Abs. 1 Satz 1 StGB ist gegeben.

b) Die **Notstandshandlung**

Auch hier hilft – wie so oft – der Blick ins Gesetz:

aa) Aus der Gesetzesformulierung »nicht anders abwendbaren Gefahr« folgert man zum einen, dass der Täter nur zu der Handlung legitimiert ist, die das einzig geeignete Mittel war, die Gefahr abzuwenden; es muss namentlich das **erforderliche** Mittel gewählt worden sein (BGH NJW **1966**, 1823; *SK/Rogall* § 35 StGB Rz. 21; *Lackner/Kühl* § 35 StGB Rz. 2). Wäre also etwa ein Ausweichen, Flüchten oder sogar die Rettung des beeinträchtigten Rechtsguts möglich gewesen, ist § 35 StGB nicht einschlägig (S/S/*Perron* § 35 StGB Rz. 13).

> **Beachte:** Wählt der Täter das einzig geeignete Mittel, gibt es dann tatsächlich keine Güterabwägung mehr! Wie gesagt, das fordert der § 35 Abs. 1 Satz 1 StGB in seinem Wortlaut nicht – und es ist daher auch nicht erforderlich. Insbesondere im Falle der Gegenüberstellung gleichwertiger Rechtsgüter, hier konkret also »**Leben gegen Leben**«, deckt der § 35 Abs. 1 Satz 1 StGB damit die notwendige Rettungsmaßnahme, also auch die Tötung, weil das Gesetz nämlich dem Täter angesichts dieser psychischen Zwangs- bzw. Notlage kein normgemäßes Verhalten mehr zumutet (S/S/Perron § 35 StGB Rz. 13). Ein letzter Rettungsanker ist freilich immer noch die Verhältnismäßigkeit, die indessen nur in extremen Ausnahmefällen ein anderes Verhalten des Täters verlangt: Wer etwa zur Abwendung einer geringen Leibesgefahr oder Freiheitsbeeinträchtigung einen Unbeteiligten schwer verletzt oder sogar tötet, ist nicht entschuldigt. Je gravierender die mit der Rettungshandlung verbundene Rechtsgutsverletzung ausfällt, desto sorgfältiger muss der Täter die Möglichkeiten eines anderen Auswegs prüfen (wörtlich so *Wessels/Beulke/Satzger* Rz. 690 unter Verweis auf RGSt **66**, 397 und BGH NStZ **1992**, 487).

Hier: Davon kann bei uns nun aber keine Rede sein. Der bedauernswerte L hatte keine andere Wahl, als sein Leben durch das Herunterstoßen des F von dessen Holzplanke zu retten. Ein anderes Mittel war nicht ersichtlich. Daher war die in Kauf genommene Tötung des F auch das **erforderliche** Mittel.

ZE.: Der L hat das erforderliche Mittel gewählt; die Gefahr für sein Leben war »nicht anders abwendbar« als durch die in Kauf genommene Tötung des F.

bb) Schließlich steht im Gesetz noch die Formulierung »… *um die Gefahr von sich … abzuwenden …*«, was die herrschende Meinung als einen für § 35 StGB notwendigen **Rettungswillen** beim Täter auslegt (BGHSt **35**, 350; MK/*Müssig* § 35 StGB Rz. 36; *Fischer* § 35 StGB Rz. 8; *Wessels/Beulke/Satzger* Rz. 693; LK/*Zieschang* § 35 StGB Rz. 38).

Hier: Auch das ist in unserem Fall kein Problem, der gute L handelte selbstverständlich mit dem Willen, sein Leben zu retten und erfüllt damit auch die subjektive Komponente des § 35 Abs. 1 StGB.

ZE.: Damit liegen die Voraussetzungen des § 35 Abs. 1 Satz 1 StGB auf Seiten des L vor.

> **Beachte noch:** Hat man dies festgestellt, lohnt sich noch ein kurzer Blick in **§ 35 Abs. 1 Satz 2 StGB** (bitte!). Die dort aufgestellten Ausnahmeregelungen zu § 35 Abs. 1 Satz 1 StGB betreffen in ihrer ersten Variante die Situation, in der der Täter die Gefahr selbst verursacht hat, zum **Beispiel:** In unserem Fall oben wollen wir uns mal vorstellen, der Kapitän hat die *Titanic* erst schuldhaft gegen den Eisberg gesetzt, schubst dann aber nachher einen Schiffbrüchigen von einer Holzplanke, um sich selbst zu retten. Geht nicht! → **§ 35 Abs. 1 Satz 2, 1. Var. StGB** (wobei man sich wohl durchaus überlegen kann, ob man trotz dieser Umstände wirklich jemanden zwingen will, seinen eigenen Tod hinzunehmen oder sich eben strafbar zu machen). Im zweiten Fall des § 35 Abs. 1 Satz 2 StGB ist mit »besonderem Rechtsverhältnis« gemeint, dass es Personen gibt, denen aufgrund ihres Berufes zugemutet werden muss, besondere Gefahren hinzunehmen. Das sind dann Polizisten, Ärzte, Feuerwehrleute, Soldaten, Seeleute, Bergführer usw. (vgl. die Aufzählung bei *Fischer* § 35 StGB Rz. 12). Dieser Personenkreis kann sich in der Regel nicht auf § 35 Abs. 1 Satz 1 StGB berufen, denn die Hinnahme besonderer Gefahren gehört zum Berufsrisiko. Lies bitte aber auch den § 35 Abs. 1 Satz 2, 2. Halbsatz StGB zu einer möglichen Strafmilderung.

ZE.: In unserem Fällchen oben greift keine der gerade benannten Ausnahmen ein mit der Folge, dass der L tatsächlich bei seiner Tötungs- bzw. Rettungshandlung nach § 35 Abs. 1 Satz 1 StGB ***entschuldigt*** ist – und nicht bestraft werden kann. Sein Verhalten war zwar tatbestandsmäßig und rechtswidrig, aber nicht schuldhaft.

Ergebnis: L ist straflos.

Strafbarkeit der K

→ **§§ 212 Abs. 1, 25 Abs. 2 StGB** (Totschlag in Mittäterschaft)

Aufgepasst: Die Tatsache, dass L mangels Verschulden nicht bestraft werden kann, schließt eine Bestrafung der K wegen des gleichen Delikts grundsätzlich nicht aus. Und zwar wegen **§ 29 StGB** (aufschlagen!). Freilich müssen wir im Hinblick auf eine Strafbarkeit der K – und insbesondere bezüglich der Schuld und der Anwendung des § 35 StGB – natürlich die gleichen Überlegungen anstellen wir bei L.

Machen wir mal, es ist nicht schwer, **denn:** Für K gilt in Bezug auf die Tatbestandsmäßigkeit und die Rechtswidrigkeit selbstverständlich das Gleiche, was wir oben zu L gesagt haben. K hat F tatbestandsmäßig und rechtswidrig getötet, keine Zweifel. Fraglich ist allein, ob K sich im Rahmen der Schuld auch auf § 35 Abs. 1 Satz 1 StGB berufen kann. Und da ergeben sich folgende kleine Unterscheidungen: K handelt nicht, um sich selbst zu retten (so war das ja bei L), sondern vielmehr um L vor dem Tode zu bewahren. Das aber geht nur nach § 35 Abs. 1 Satz 1 StGB durch, wenn L entweder ein »Angehöriger« oder eine sonst »nahe stehende Person« ist. Und jetzt wird es noch mal richtig spannend, denn wenn wir den § 11 Abs. 1 Nr. 1 StGB mal schön brav aufschlagen, lesen und auch noch mal den Sachverhalt oben sorgfältig lesen, erkennen wir, dass die dort geschilderte **Verlobung** zwischen K und L unserer K jetzt tatsächlich den Gang ins Gefängnis erspart. Denn in § 11 Abs. 1 Nr. 1 StGB ist der **Verlobte** ausdrücklich erwähnt. Und berücksichtigt man, dass wir weiter oben im Text gelernt hatten, dass »nahestehende« Personen nur als solche zu bezeichnen sind, wenn sie schon über einen gewissen Zeitraum in enger Verbindung zum Täter stehen (OLG Koblenz NJW **1988**, 2371), hätte der *Titanic*-Aufenthalt vermutlich für diese Definition nicht gereicht. Ein Glück also, dass die beiden sich vor dem Drama noch flott verlobt haben, denn daher ist L jetzt ein »Angehöriger« der K mit der Konsequenz, dass K den F von der Holzplanke schubsen durfte, um ihren Verlobten zu retten.

Ergebnis: Die K ist ebenfalls nach § 35 Abs. 1 Satz 1 StGB entschuldigt – und wird demzufolge auch nicht bestraft.

Noch mal bitte klarmachen:

§ 35 StGB regelt die Grenzsituationen, in denen der Gesetzgeber trotz tatbestandsmäßiger und rechtswidriger Tat ausnahmsweise eine Bestrafung entfallen lässt, weil der Täter nämlich in einer derartigen psychischen Notlage war, dass von ihm ein normgemäßes Verhalten nicht mehr verlangt werden konnte (*Wessels/Beulke/Satzger* Rz. 655). Und in diesem Fall darf man sogar einen anderen Menschen vorsätzlich töten, um sein eigenes oder ein anderes Leben, und zwar das eines Angehörigen oder einer anderen nahestehenden Person, zu retten. Die Voraussetzungen des § 35 Abs. 1 StGB haben wir weiter oben schon mal kurz zusammengefasst und wollen das gerade noch mal merkfähig wiederholen:

§ 35 Abs. 1 Satz 1 StGB

=

besonders wichtiges Rechtsgut + besonders wichtige Person

Also: Zur Verteidigung des **Lebens**, der **Leibes** oder der **Freiheit** (= die drei höchsten Rechtsgüter unserer Werteordnung) darf man eine rechtswidrige Tat begehen, um eine gegenwärtige Gefahr von sich, einem Angehörigen (→ § 11 Abs. 1 Nr. 1 StGB) oder einer anderen, dem Täter nahestehenden Person abzuwenden. Unter diesen Voraussetzungen ist der Täter in einer derartigen psychischen Notlage, dass der Gesetzgeber ihm sogar die Tötung eines anderen Menschen gestattet, wenn eine andere Möglichkeit zur Rettung des eigenen Lebens oder des Lebens einer der sonst benannten Personen nicht mehr besteht. Merken.

Gutachten

Strafbarkeit des L

L könnte sich aufgrund des Ertränkens des F wegen Totschlags gemäß § 212 Abs. 1 StGB strafbar gemacht haben.

Objektiver Tatbestand:

L hat zusammen mit K den F vom Balken gestoßen und damit dessen Tod ursächlich herbeigeführt. Der objektive Tatbestand des § 212 Abs. 1 StGB ist erfüllt.

Subjektiver Tatbestand:

Hierbei hat L nach Auskunft des Sachverhaltes den Tod des F in Kauf genommen. Auch der subjektive Tatbestand in Form des Vorsatzes (§ 15 StGB) ist gegeben.

Rechtswidrigkeit:

In Betracht kommt zunächst eine Rechtfertigung durch Notwehr gemäß § 32 StGB. Es fehlt jedoch in Bezug auf § 32 StGB bereits an der Notwehrlage. Von Seiten des F lag schon kein »Angriff« auf ein Rechtsgut des L vor. Im Hinblick auf den rechtfertigenden Notstand aus § 34 StGB ist festzustellen, dass diese Norm bei gleichwertigen Rechtsgütern nicht einschlägig sein kann, da der rechtfertigende Notstand nur zur Rettung höherwertiger Rechtsgüter Anwendung findet. Die Tat des L war somit nicht gerechtfertigt.

Schuld:

1. Es gibt zum einen keine Anzeichen, die für eine Schuldunfähigkeit des L im Sinne des § 20 StGB sprechen.

2. Des Weiteren sind keine Gründe erkennbar, die gegen das Unrechtsbewusstsein der K sprechen.

3. In Betracht kommt im vorliegenden Fall aber der entschuldigende Notstand gemäß § 35 Abs. 1 StGB zugunsten des L, als er zur Rettung seines eigenen Lebens den F (gemeinsam mit K) von dem Balken stieß.

a) Erforderlich dafür ist zunächst eine gegenwärtige Gefahr für Leben, Leib oder Freiheit – entweder für den Täter selbst, einen Angehörigen oder eine andere dem Täter nahestehende Person. Im vorliegenden Fall drohte L (also der Täter selbst) zu ertrinken. Es lag folglich eine gegenwärtige Gefahr für das allerhöchste Rechtsgut, das Leben, auf Seiten des Täters vor. Eine Notstandslage im Sinne des § 35 Abs. 1 Satz 1 StGB ist gegeben.

b) Aus der Gesetzesformulierung »nicht anders abwendbaren Gefahr« ergibt sich des Weiteren, dass der Täter nur zu der Handlung legitimiert ist, die das einzig geeignete Mittel war, die Gefahr abzuwenden; es muss namentlich das erforderliche Mittel gewählt worden sein. Wäre also etwa ein Ausweichen, Flüchten oder sogar die Rettung des beeinträchtigten Rechtsguts möglich gewesen, ist § 35 StGB nicht einschlägig. Wählt der Täter hingegen das einzig geeignete Mittel, gibt es keine Güterabwägung mehr. Insbesondere im Falle der Gegenüberstellung gleichwertiger Rechtsgüter, hier konkret also »Leben gegen Leben«, deckt der § 35 Abs. 1 Satz 1 StGB damit die notwendige Rettungsmaßnahme, also auch die Tötung, weil das Gesetz dem Täter angesichts dieser psychischen Zwangs- bzw. Notlage kein normgemäßes Verhalten mehr zumutet. Nur in extremen Ausnahmefällen kann aufgrund einer Verhältnismäßigkeitsprüfung ein anderes Verhalten des Täters verlangt werden: Wer etwa zur Abwendung einer geringen Leibesgefahr oder Freiheitsbeeinträchtigung einen Unbeteiligten schwer verletzt oder sogar tötet, ist nicht entschuldigt. Je gravierender die mit der Rettungshandlung verbundene Rechtsgutsverletzung ausfällt, desto sorgfältiger muss der Täter die Möglichkeiten eines anderen Auswegs prüfen.

Eine solche Verhältnismäßigkeitsprüfung kam hier jedoch nicht in Betracht. Der L hatte keine andere Wahl, als sein Leben durch das Herunterstoßen des F von dessen Holzplanke zu retten. Ein anderes Mittel war nicht ersichtlich. Daher war die in Kauf genommene Tötung des F auch das erforderliche Mittel. Der L hat somit das erforderliche Mittel gewählt, die Gefahr für sein Leben war »nicht anders abwendbar« als durch die in Kauf genommene Tötung des F.

c. Schließlich fordert die ganz herrschende Meinung einen Rettungswillen auf Seiten des Täters. Vorliegend handelte L mit dem Willen, sein Leben zu retten und erfüllt damit auch die subjektive Komponente des § 35 Abs. 1 StGB. Mithin liegen die Voraussetzungen des § 35 Abs. 1 Satz 1 StGB auf Seiten des L vor. Das Verhalten war somit zwar tatbestandsmäßig und rechtswidrig, aber nicht schuldhaft.

Ergebnis: L ist straflos.

Strafbarkeit der K

K könnte sich wegen Totschlags in Mittäterschaft gemäß den §§ 212 Abs. 1, 25 Abs. 2 StGB strafbar gemacht haben.

Objektiver Tatbestand:

K hat zusammen mit L den F vom Balken gestoßen und damit dessen Tod ursächlich herbeigeführt. Der objektive Tatbestand des § 212 Abs. 1 StGB ist erfüllt. Die Tatsache, dass L mangels Verschuldens nicht bestraft werden kann, schließt eine Bestrafung der K wegen des gleichen Delikts grundsätzlich nicht aus. Dies ergibt sich aus § 29 StGB.

Subjektiver Tatbestand:

Auch K hat nach Auskunft des Sachverhaltes den Tod des F in Kauf genommen. Der subjektive Tatbestand in Form des Vorsatzes (§ 15 StGB) ist gegeben.

Rechtswidrigkeit:

In Betracht kommt zunächst eine Rechtfertigung durch Notwehr gemäß § 32 StGB. Es fehlt jedoch in Bezug auf § 32 StGB bereits an der Notwehrlage. Von Seiten des F lag schon kein »Angriff« auf ein Rechtsgut der K vor. Im Hinblick auf den rechtfertigenden Notstand aus § 34 StGB ist festzustellen, dass diese Norm bei gleichwertigen Rechtsgütern nicht einschlägig sein kann, da der rechtfertigende Notstand nur zur Rettung höherwertiger Rechtsgüter Anwendung findet. Die Tat der K war somit nicht gerechtfertigt.

Schuld:

1. Es gibt zum einen keine Anzeichen, die für eine Schuldunfähigkeit der K im Sinne des § 20 StGB sprechen.

2. Des Weiteren sind keine Gründe erkennbar, die für ein mangelndes Unrechtsbewusstsein der K sprechen könnten.

3. In Betracht kommt im vorliegenden Fall erneut der entschuldigende Notstand gemäß § 35 Abs. 1 StGB zugunsten der K, als sie zur Rettung des Lebens des L den F (gemeinsam mit L) von dem Balken stieß. K kann sich indessen nur dann auf § 35 Abs. 1 Satz 1 StGB berufen, wenn der L entweder ein »Angehöriger« oder eine sonst »nahestehende Person« ist. Dies richtet sich nach § 11 StGB. Gemäß § 11 Abs. 1 Nr. 1 StGB ist der Verlobte als »Angehöriger« ausdrücklich erwähnt. L war somit »Angehöriger« der K. K kann demzufolge ebenfalls den entschuldigenden Notstand für sich in Anspruch nehmen.

Ergebnis: Die K ist nach § 35 Abs. 1 Satz 1 StGB entschuldigt – und wird demzufolge auch nicht bestraft.

4. Abschnitt

Besondere Deliktsarten:

Fahrlässigkeit und Unterlassungsdelikt

Fall 8

Das ist doch Blödsinn – oder?!

Rechtsstudent R wohnt auf dem Land und hat von seinen Eltern ein Auto zum Geburtstag geschenkt bekommen. Mächtig stolz kutschiert er am nächsten Tag seine Freundin F durch das Heimatdorf und beschleunigt, um der F zu imponieren, kurz vor dem Ortsausgang den Wagen auf freier Strecke für etwa 800 Meter auf 70 km/h. Nur 50 Meter nach dem Verlassen des Ortes springt hinter einer Baumgruppe urplötzlich ein kleines Mädchen (M), das dort gespielt hatte, auf die Fahrbahn, wird vom Auto des R erfasst und erleidet einen Beinbruch.

Der R wird anschließend wegen fahrlässiger Körperverletzung angeklagt. Zur Begründung argumentiert der Staatsanwalt wie folgt: Wäre R innerhalb der Ortschaft mit der zulässigen Höchstgeschwindigkeit von 50 km/h gefahren, hätte er – was der Wahrheit entspricht – den Unfallort erst etwa vier Sekunden später erreicht und damit den Zusammenstoß mit M vermeiden können. Deshalb sei er zu bestrafen.

Stimmt das?

Schwerpunkte: Die Fahrlässigkeitstat; Aufbau einer Fahrlässigkeitsprüfung am Beispiel des § 229 StGB; der einheitliche Tatbestand des Fahrlässigkeitsdelikts; die objektive Sorgfaltspflichtverletzung; Pflichten aus geschriebenen und ungeschriebenen Rechtsnormen; das Problem der objektiven Zurechnung; der Schutzzweck der Norm als Zurechnungskriterium. Im Anhang: Das pflichtgemäße Alternativverhalten; der Pflichtwidrigkeitszusammenhang.

Lösungsweg

Einstieg: Dieses sonderbare Fällchen mit der merkwürdigen Argumentation des Staatsanwalts führt uns zur Strafbarkeit wegen **fahrlässigen** Verhaltens. Bislang hatten wir in diesem Buch ja nur vorsätzliche Taten untersucht und dort dann auch ein entsprechendes Aufbauschema erlernt, in dem man insbesondere den Tatbestand aufteilt in einen objektiven und einen subjektiven Teil – wobei wir im subjektiven Tatbestand wegen **§ 15 StGB** stets den Vorsatz des Täters geprüft hatten. Nun gibt es aber auch Situationen, in denen der Täter im Hinblick auf eine Rechtsgutsverletzung zwar nicht vorsätzlich handelt, sich gleichwohl aber irgendwie pflichtwidrig verhalten hat und deshalb unter Umständen eine Strafe verdient. Anders gesagt: Der Täter hätte den Eintritt einer Rechtsgutsverletzung in zumutbarer Weise vermeiden können, hat das aber pflichtwidrig nicht getan, weil er nämlich mit seinem Verhalten, strafrechtlich betrachtet, die objektiv erforderliche Sorgfalt außer Acht gelassen hat (*Wessels/Beulke/Satzger* Rz. 1101). Und das Ganze nennt man »**Fahrlässigkeit**« – und die müssen wir uns jetzt in der konkreten Fall-Lösung mal anschauen, denn unser R hat das kleine Mädchen M natürlich nicht vorsätzlich angefahren; bei der geschilderten Sachverhaltsgestaltung bliebe noch nicht mal Raum für ein »billigendes in Kauf nehmen« (= bedingter Vorsatz). Hier kommt somit nur eine Bestrafung wegen fahrlässiger Tat in Betracht, und zwar nach § 229 StGB (aufschlagen!).

Die klausurmäßige Prüfung eines Fahrlässigkeitsdelikts folgt – es gibt ja jetzt keinen zu prüfenden Vorsatz – einem komplett anderen Aufbauschema, insbesondere fehlt die Aufteilung in einen subjektiven und einen objektiven Tatbestand. Das fahrlässige Delikt hat vielmehr nur einen **einheitlichen** Tatbestand und unterscheidet sich auch im Bereich der Schuld und der dort zu berücksichtigenden Merkmale vom bislang bekannten Muster, und zwar:

Aufbau eines fahrlässigen (Erfolgs-)Delikts

I. Tatbestand

1. Eintritt und Verursachung des tatbestandlichen Erfolges

2. Objektive Sorgfaltspflichtverletzung

3. Die objektive Zurechnung einschließlich der objektiven Vorhersehbarkeit des konkret eingetretenen Erfolgs

II. Rechtswidrigkeit

III. Schuld

1. Schuldfähigkeit

2. Unrechtsbewusstsein

→ Subjektive Sorgfaltspflichtverletzung (spezielle Tätereigenschaften)

→ Subjektive Vorhersehbarkeit des Kausalverlaufs und Erfolgseintritts (s.o.)

3. Keine Entschuldigungsgründe

Und wie man das im Einzelnen zu prüfen hat, schauen wir uns jetzt mal an unserem konkreten Fall an:

Strafbarkeit des R durch das Umfahren der M

→ **§ 229 StGB** (fahrlässige Körperverletzung)

I. Tatbestand

1. Eintritt und Verursachung des tatbestandlichen Erfolges

Hier: Der tatbestandliche Erfolg in Form einer Körperverletzung ist bei M eingetreten; sie hat einen Beinbruch erlitten. Dieser Erfolg ist auch von R im Sinne der Äquivalenzformel »verursacht«, denn das Verhalten des R kann nicht hinweggedacht werden, ohne dass der Erfolg in seiner konkreten Gestalt entfiele (»conditio sine qua non«). Wäre R nicht am Unfallort vorbeigefahren, wäre die M nicht verletzt worden.

> **Beachte:** An dieser Stelle des Tatbestandsaufbaus genügt die Feststellung, dass die Handlung ursächlich im Sinne der Äquivalenzformel (→ conditio sine qua non) war. Sollten neben der festgestellten einfachen Kausalität weitere Zurechnungsprobleme auftreten, gehört die Erörterung dessen in den 3. Prüfungspunkt, also in die objektive Zurechnung des tatbestandlichen Erfolges. Hier bei der »Verursachung« des Erfolges sollen nämlich nur die Fälle der einfachen Kausalität rausgefiltert werden. Was also ohne das pflichtwidrige Verhalten des Täters schon rein logisch nicht passiert wäre, kann demnach bereits beim ersten Prüfungspunkt gebügelt werden; alles darüber Hinausgehende – und das sind dann im Zweifel natürlich die Klausurfälle, wie wir gleich auch hier sehen werden – gehört in die objektive Zurechnung. Merken.

ZE.: Durch ein Verhalten des R – nämlich die Fahrt mit dem Auto – ist der tatbestandliche Erfolg des § 229 StGB in Form einer Körperverletzung bei M eingetreten.

2. Objektive Sorgfaltspflichtverletzung

Durchblick: Eine strafrechtliche Haftung besteht im Falle der Fahrlässigkeitsdelikte nur, wenn der Täter sich **objektiv sorgfaltswidrig** verhalten, er also die im Verkehr erforderliche Sorgfalt außer Acht gelassen hat. **Denn:** Wer alles richtigmacht und sich ordnungsgemäß verhält, kann und soll natürlich nicht strafrechtlich zur Verantwortung gezogen werden. Dem Täter muss folglich im Rahmen der Prüfung der Fahrlässigkeit stets ein entsprechender Vorwurf eines sogenannten »Verhaltensfehlers« gemacht werden können (BGH NStZ-RR **2020**, 143; *Wessels/Beulke/Satzger* Rz. 1114).

> Diese Verhaltensfehler können in unzähligen Spielarten auftreten: Eindeutig ist das zunächst, wenn jemand geschriebene **Rechtsvorschriften** (z.B. aus dem Bereich des Straßenverkehrs) verletzt. Wer also etwa an einer Kreuzung die Vorfahrt missachtet und dadurch einen Unfall verursacht, verstößt gegen die Straßenverkehrsordnung (→ § 8 Abs. 1 StVO) und verhält sich demnach objektiv sorgfaltswidrig. Denkbar sind zudem aber auch Verhaltensfehler außerhalb gesetzlicher Normen: Wer also zum Beispiel als behandelnder bzw. operierender Arzt bei einem Patienten aus Versehen eine Mull-Binde in der Wunde liegen lässt, verstößt mit diesem Fehler explizit zwar gegen keine geschriebene Rechtsvorschrift, handelt aber dennoch selbstverständlich objektiv ziemlich sorgfaltswidrig (er verletzt die – ungeschriebenen – Regeln der ärztlichen Kunst bzw. Heilbehandlung) und muss sich bei entsprechendem

Fortgang wegen fahrlässiger Körperverletzung oder sogar fahrlässiger Tötung verantworten. Oder wer als Handwerker beim Reparieren eines Elektroherdes unachtsam die Sicherungen beschädigt, verhält sich objektiv sorgfaltswidrig und muss mit einer Bestrafung wegen fahrlässiger Körperverletzung nach § 229 StGB rechnen, wenn der Eigentümer des Herdes später beim Anschalten einen Stromschlag bekommt und Verletzungen davonträgt. Ebenfalls sorgfaltswidrig handelt ein Fußballtrainer, der seinen 12- bis 14-jährigen Jugendspielern die Anweisung gibt, die 200 kg schweren Fußball-Tore nach dem Training wieder an die richtige Stelle zu bringen, dies aber nicht beaufsichtigt (sehr tragischer Fall, siehe: OLG Hamburg NStZ-RR **2015**, 209).

Die Auflistung der möglichen Fälle einer Sorgfaltspflichtverletzung ist selbstverständlich beliebig fortsetzbar. Grundsätzlich gilt folgender Rechts- bzw. Merksatz:

Der Täter handelt objektiv sorgfaltswidrig, wenn er diejenige Sorgfalt außer Acht lässt, die von einem besonnenen und gewissenhaften Menschen in der konkreten Situation und sozialen Rolle erwartet werden musste (BGH NStZ-RR **2020**, 143; BGH NJW **2016**, 176; OLG Hamburg NStZ-RR **2015**, 209; S/S/*Sternberg-Lieben*/*Schuster* § 15 StGB Rz. 135; MK/*Duttge* § 15 StGB Rz. 116).

Wie gesagt, eindeutig ist das immer, wenn der Täter eine geschriebene **Rechtsvorschrift**, also ein gesetzlichen Gebot bzw. Verbot verletzt hat; dann kann man sich langatmige Erörterungen an dieser Stelle sparen. Die Sorgfaltswidrigkeit ist durch die Verletzung der Rechtsnorm im Regelfall indiziert (BGH StV **2001**, 108). So wäre das eben in dem Fall mit der Vorfahrtmissachtung gewesen. Hier stellt man nur fest, dass die Straßenverkehrsordnung verletzt ist, und daraus ergibt sich zwingend die Sorgfaltspflichtverletzung. Liegt keine entsprechende geschriebene Norm vor (so wie in dem Arztbeispiel oder der Geschichte mit dem Herd), muss man sich die Mühe machen, unter die gerade genannte Formel zu subsumieren, was im Zweifel aber problemlos funktioniert. In Klausuren liegt an dieser Stelle in der Regel kein Schwerpunkt; man muss nur sauber und nachvollziehbar die konkrete Sorgfaltspflichtverletzung unter die Definition bzw. den Merksatz von eben subsumieren.

Zu unserem Fall: Die einzig erkennbare objektive Sorgfaltspflichtverletzung unseres R liegt augenscheinlich in der Geschwindigkeitsüberschreitung innerhalb der geschlossenen Ortschaft. Dass R in der konkreten Unfallsituation sorgfaltswidrig gehandelt hat, also zu schnell war oder ein sichtbar spielendes Kind nicht beachtet hat, steht nämlich nicht im Fall. Wir stellen demnach fest: Dadurch, dass R innerhalb der geschlossenen Ortschaft 70 km/h gefahren ist, hat er gegen das Gebot des **§ 3 Abs. 3 Nr. 1 StVO** verstoßen, wonach innerörtlich die zulässige Höchstgeschwindigkeit bei maximal 50 km/h liegt.

ZE.: Die objektive Sorgfaltspflichtverletzung des R liegt im Verstoß gegen den § 3 Abs. 3 Nr. 1 StVO.

3. Objektive Zurechnung und objektive Vorhersehbarkeit des eingetretenen Erfolges

Beachte: Die objektive Zurechnung eines Deliktserfolges haben wir weiter vorne bei den Vorsatzdelikten schon kennengelernt (vgl. die Fälle Nr. 1 und Nr. 2) und sie dort unter dem Aspekt der »Kausalität« behandelt. Es ging dabei um die Frage, ob der Täter mit dem (in der Regel ungewöhnlichen) Verlauf seiner Tat rechnen konnte und vor allem auch für atypische Kausalverläufe strafrechtlich einstehen muss. So hatten wir in Fall Nr. 1 oben etwa festgestellt, dass ein Täter, der sein Opfer in Tötungsabsicht niedersticht, nicht damit rechnen muss, dass das Opfer deshalb stirbt, weil der Krankenwagen von einem LKW gerammt wird und das Opfer sich dabei das Genick bricht. Hier fehlte es an der objektiven Zurechnung des Deliktserfolges, denn dieser Verlauf stellte sich als derart atypisch dar, dass er nicht mehr als das »**Werk**« des Täters zu qualifizieren war (siehe oben Fall Nr. 1).

Im Rahmen der **Fahrlässigkeitsdelikte** kommt der objektiven Zurechnung aus klausurtaktischer Sicht nun eine im Vergleich zur Vorsatztat noch größere Bedeutung zu, und hierbei dreht es sich hauptsächlich um den sogenannten »Schutzzweck der Norm«. Wir werden gleich sehen, was sich hinter dieser Begrifflichkeit verbirgt, wollen uns vorher aber bitte noch mal klar machen, an welcher Stelle der Prüfung wir jetzt eigentlich sind, **nämlich:** Im Gesetz (hier also konkret in § 229 StGB) steht, dass der Deliktserfolg (die Körperverletzung) »durch« die Fahrlässigkeit, also durch das Fehlverhalten in Form der Sorgfaltswidrigkeit seitens des Täters verursacht worden sein muss. Erforderlich ist demnach eine Kausalität zwischen der objektiven Sorgfaltspflichtverletzung und dem eingetretenen Erfolg. Und nachdem wir weiter oben im ersten Prüfungspunkt die einfache Kausalität im Sinne der Äquivalenzformel durch die Verbindung zwischen der Handlung des Täters und eingetretenem Erfolg bereits geprüft haben, kommt nun die Frage, ob dem Täter dieser Erfolg auch tatsächlich, also aus Rechtsgründen, **zurechenbar** ist. Dass dies trotz einfacher Ursächlichkeit zwischen Handlung und Erfolg durchaus problematisch sein kann, ist DAS Thema in den universitären Übungsarbeiten, wenn es um Fahrlässigkeitsdelikte geht. In 99 von 100 Fällen liegt an dieser Stelle ein oder sogar ***der*** Knackpunkt der Arbeit, so auch bei unserem kleinen Fällchen. Folgendes ist zu beachten:

Problem: Der »Schutzzweck der Norm«

Durchblick: Wir haben oben gelernt, dass der Täter zur Begründung einer objektiven Sorgfaltspflichtverletzung immer eine geschriebene oder ungeschriebene Rechtsnorm bzw. Verhaltensregel verletzen muss. **Bestimmte** Verhaltensregeln werden aber immer nur aufgestellt, um auch einen **bestimmten** Erfolg bzw. eine bestimmte Verletzungsgefahr zu verhindern. Und das hat zur Folge, dass der Täter auch nur dann für die Übertretung der Verhaltensregel strafrechtlich einzustehen hat, wenn sich genau die Gefahr realisiert, die mit der Verhaltensnorm gerade verhindert bzw. deren Eintritt vermieden werden sollte (BGH NJW **2003**, 1326; BGHSt **33**, 64; *Fischer* vor § 13 StGB Rz. 29; S/S/*Sternberg-Lieben/Schuster* § 15 StGB Rz. 154; *Wessels/Beulke/Satzger* Rz. 1127).

Zum Fall: Wir müssen also prüfen, ob die von R begangene Sorgfaltswidrigkeit tatsächlich den Erfolg herbeigeführt hat, der mit der verletzten Sorgfaltsnorm verhindert werden sollte (wichtiger Satz, bitte noch mal lesen). Die von R verletzte Sorgfaltsnorm war der **§ 3 Abs. 3 Nr. 1 StVO**, wonach man innerörtlich nur maximal 50 km/h fahren darf. Der R ist 70 km/h gefahren und hat damit objektiv sorgfaltswidrig gehandelt (siehe oben). Die Frage lautet nun aber, ob das Verbot, innerhalb einer Ortschaft über 50 km/h schnell zu fahren, auch verhindern soll, dass man außerhalb des Ortes dann zu einem späteren Zeitpunkt an einer bestimmten Stelle ankommt und so Unfälle vermeidet (MK/*Duttge* § 15 StGB Rz. 116).

Klar: Das ist natürlich Quatsch. Das Gebot, innerhalb einer geschlossenen Ortschaft nur maximal 50 km/h schnell zu fahren, ist deshalb aufgestellt, um **innerörtlich** dem erhöhten Gefahrenpotential gerecht zu werden und dort Unfälle mit Personenschaden zu verhindern (→ BGHSt **33**, 64; siehe auch: *Wessels/Beulke/Satzger* Rz. 265 und 1127). In einer Ortschaft wohnen nämlich in der Regel viele bzw. mehr Menschen als außerhalb, die eben auch häufiger über die Straße laufen und folglich ein erhöhtes Gefahrenpotential für Autofahrer darstellen. Und genau **deshalb** gibt es eine Geschwindigkeitsbeschränkung innerhalb geschlossener Ortschaften. Der Schutzzweck der von R übertretenen Norm liegt mithin darin, Unfälle innerhalb geschlossener Ortschaften zu vermeiden. Und er liegt vor allem nicht darin, das zeitlich spätere Erreichen einer Unfallstelle außerhalb des Ortes zu vermeiden. Ansonsten könnte man dem Unfallverursacher nämlich auch vorwerfen, dass er nicht noch schneller (!) gefahren ist, denn auch dann hätte er den Unfallort zu einer anderen Zeit erreicht (!?).

Also: Die Sorgfaltspflichtverletzung in Form der Geschwindigkeitsüberschreitung innerhalb der geschlossenen Ortschaft war zwar ursächlich im Sinne der Äquivalenztheorie, denn sie kann nicht hinweggedacht werden, ohne dass der konkrete Erfolg entfiele. Wäre R innerhalb der Ortschaft 50 km/h gefahren, wäre es nicht zum Zusammenstoß mit der M gekommen. Allerdings ist dieser eingetretene Erfolg nicht vom Schutzzweck der verletzten Norm des **§ 3 Abs. 3 Nr. 1 StVO** umfasst. Denn eine Geschwindigkeitsbeschränkung in der geschlossenen Ortschaft soll nur **innerörtlich** Unfälle aufgrund erhöhter Gefährlichkeit durch die Ansammlung von Menschen verhindern; nicht vom Schutzzweck dieser Regel umfasst ist hingegen, dass ein Fahrer außerhalb der Ortschaft einen Unfallort zu einem späteren oder früheren Zeitpunkt erreicht hätte (BGHSt **33**, 64). Der so eingetretene Erfolg ist dem Täter objektiv demnach nicht zurechenbar.

ZE.: Es fehlt an der objektiven Zurechnung des Deliktserfolges.

Ergebnis: Der R ist nicht wegen fahrlässiger Körperverletzung aus § 229 StGB zu bestrafen.

Nachtrag

Das war also jetzt der »Schutzzweck der Norm« innerhalb der Fahrlässigkeitsdelikte – und wir haben gesehen, wie man das Ganze prüfungstechnisch in einer Klausur aufbereitet. Wirklich schwierig war das nicht, nur muss man eben die Finte bzw. den dahintersteckenden Gedankengang schon mal gehört und verstanden haben, was soeben von uns erledigt worden ist. Wie oben erwähnt, hängt an dieser Stelle in der Regel bei den Übungsfällen und auch im Examen der Hammer, deshalb haben wir uns damit beschäftigt. Wer noch eine vertiefende Behandlung der Problematik (etwa bei einer Hausarbeit) betreiben möchte, kann nachlesen z.B. in dem umfangreichen Werk von *Wessels/Beulke/Satzger*, dort sind es die Randziffern 1126 ff.

Wir wollen uns jetzt hier im Anhang aber gerade noch ein zweites Problem innerhalb der Fahrlässigkeitsdelikte anschauen, das auch gerne abgefragt wird. Es dreht sich um den Fall des sogenannten »pflichtgemäßen Alternativverhaltens«, das unter dem Prüfungspunkt »Pflichtwidrigkeitszusammenhang« ebenfalls innerhalb der objektiven Zurechnung diskutiert wird (vgl. etwa *Wessels/Beulke/Satzger* Rz. 952 oder *Rolf Schmidt* Rz. 860). Es geht um folgende kleine Abwandlung zu unserem Ausgangsfall:

> Mal angenommen, der R rast innerhalb der Ortschaft schon wieder mit 70 km/h über die Straßen und fährt jetzt **innerhalb** der Ortschaft das urplötzlich zwischen mehreren geparkten Autos hervorspringende Kind K an. Dummerweise ergibt ein Sachverständigengutachten, dass der Unfall auch dann nicht hätte vermieden werden können, wenn R vorschriftsmäßig mit 50 km/h an der Unfallstelle vorbeigefahren wäre. **Strafbarkeit des R nach § 229 StGB?**

Man kann das Ergebnis schon erahnen, **nämlich:** Zwar liegen jetzt die Voraussetzungen des »Schutzzwecks der Norm«, die wir oben kennengelernt haben, vor. Denn genau das, was da mit dem armen Kind passiert ist, soll mit der Geschwindigkeitsbeschränkung innerhalb einer geschlossenen Ortschaft ja nun gerade verhindert werden (siehe unsere Erläuterungen oben). Angesichts dessen wäre eine objektive Zurechnung zu bejahen und der R entsprechend zu bestrafen.

Aber: Selbst wenn diese Voraussetzungen gegeben sind, entfällt die objektive Zurechnung, und zwar namentlich der sogenannte »Pflichtwidrigkeitszusammenhang«, wenn der Erfolg auch bei normgemäßem Verhalten mit an Sicherheit grenzender Wahrscheinlichkeit eingetreten wäre, er also objektiv für den Täter selbst bei regelgerechtem Verhalten unvermeidbar war (BGH NStZ **2013**, 88; BGHSt **49**; 1; S/S/*Sternberg-Lieben/Schuster* § 15 StGB Rz. 156; *Wessels/Beulke/Satzger* Rz. 1128). Der Täter hat sich zwar normwidrig verhalten und damit eigentlich auch pflichtwidrig zur Realisierung der Gefahr beigetragen, die gerade verhindert werden sollte. Allerdings ist diese Normüberschreitung nicht der Grund für den Erfolgseintritt, denn der Erfolg wäre ja auch bei normgemäßem Verhalten herbeigeführt worden. Eine Ursächlichkeit zwischen Normüberschreitung und **Erfolgseintritt** besteht somit nicht.

Wir merken uns bitte: Im konkreten Erfolg muss sich gerade die **Pflichtwidrigkeit** des Täterverhaltens, das heißt diejenige rechtlich missbilligte Gefahr verwirklicht haben, die der Täter durch sein (normwidriges) Verhalten geschaffen hat. Der Pflichtwidrigkeitszusammenhang und damit auch die objektive Zurechnung entfallen demzufolge, wenn der Erfolg ebenso bei **normgemäßem** Verhalten eingetreten wäre; denn dann realisiert sich im konkreten Erfolg nicht das sorgfaltswidrige Täterverhalten (*Wessels/Beulke/Satzger* Rz. 1135). Kapiert!?

Prima. Dann haben wir das auch verstanden und wissen nun, dass innerhalb der Fahrlässigkeitsdelikte die Probleme im Zweifel bei der objektiven Zurechnung zu suchen sind und dort immer ***zwei*** Punkte klausurtechnisch interessant werden können, **nämlich:** Zum einen ist das die Frage nach dem »**Schutzzweck der Norm**«, also die Überlegung, ob der Täter mit dem konkret eingetretenen Erfolg auch innerhalb des Schutzbereiches der verletzten Verhaltensregel liegt. Und wir haben anhand des Ausgangsfalles oben insoweit gesehen, dass die Regel, innerhalb einer geschlossenen Ortschaft nur maximal 50 km/h zu fahren, nicht deshalb besteht, um Unfälle ***außerhalb*** der Ortschaft zu verhindern. Und wir wissen deshalb jetzt auch, dass der Staatsanwalt nicht mit dem Argument durchkommt, der Unfall hätte vermieden werden können, wenn der Täter innerhalb der Ortschaft 50 km/h anstelle 70 km/h gefahren und demnach erst später am Unfallort gewesen wäre. Das mag zwar stimmen, ist strafrechtlich betrachtet aber Unsinn, siehe oben.

Und zum anderen haben wir gerade auch gelernt, dass trotz Regelüberschreitung und entsprechend normwidrigen Verhaltens auch innerhalb des »Schutzzwecks der Norm« eine Bestrafung dennoch entfallen kann, wenn der Erfolg auch bei **normgemäßem** Verhalten mit an Sicherheit grenzender Wahrscheinlichkeit nicht vermieden worden wäre. Denn dann ist der Erfolg nicht das Ergebnis der Regelüberschreitung; er wäre ja auch ohne diese eingetreten. Auch dann bleibt der Täter straflos.

So, und ganz zum Schluss wollen wir uns noch den folgenden kniffligen Fall anschauen, der sich nahtlos an den vorherigen Beispielsfall anschließt – und der geht so:

R fährt nachts mit 45 km/h durch eine geschlossene Ortschaft und hat 1,0 Promille Alkohol im Blut. Plötzlich läuft hinter einem Bus ein Mann hervor und wird von R angefahren. Ein Sachverständigengutachten ergibt, dass R den Mann auch dann angefahren hätte, wenn er (R) nüchtern gewesen wäre. Nur bei einer Geschwindigkeit von etwa 20 km/h hätte der Unfall vermieden werden können. **Strafbarkeit des R nach § 229 StGB?**

Diese Geschichte, über die der BGH am **6. Dezember 2012** (→ NStZ **2013**, 231) zu entscheiden hatte, gehört gut erkennbar auch zum Problemkreis rund um den Pflichtwidrigkeitszusammenhang – freilich jetzt mit erstaunlichem **Ausgang:** Der BGH verurteilte den R hier nämlich trotz des Sachverständigengutachtens gleichwohl wegen § 229 StGB. Nach Meinung der Richter spielt es insbesondere **keine** Rolle, dass R den Mann auch nüchtern angefahren hätte, demnach der Pflichtwidrigkeitszusammenhang also eigentlich entfallen war (siehe oben). Nach Ansicht des BGH hätte R die Geschwindigkeit hier zudem vielmehr *»seinem Alkoholkonsum anpassen«* und entsprechend langsamer fahren müssen. Da er dies nicht getan habe, sei die Pflichtwidrigkeit seines Handelns zu **bejahen**. Wörtlich heißt es:

> *»... Bei der Prüfung der Frage, ob ein Verkehrsunfall für einen alkoholbedingt fahruntüchtigen Kraftfahrer auf ein pflichtwidriges Verhalten zurückzuführen und vermeidbar war, ist **nicht** darauf abzustellen, ob der Fahrer in **nüchternem Zustand** den Unfall und die dabei eingetretenen Folgen bei Einhaltung derselben Geschwindigkeit hätte vermeiden können; vielmehr ist zu prüfen, bei welcher geringeren Geschwindigkeit er – abgesehen davon, dass er als Fahruntüchtiger überhaupt nicht am Verkehr teilnehmen durfte – noch seiner durch den Alkoholeinfluss herabgesetzten Wahrnehmungs- und Reaktionsfähigkeit bei Eintritt der kritischen Verkehrslage hätte Rechnung tragen können, und ob es auch bei **dieser Geschwindigkeit** zu dem Unfall und den dabei eingetretenen Folgen gekommen wäre (vgl. BGH, Beschluss vom 26. November 1970 – 4 StR 26/70, BGHSt **24**, 31; Urteil vom 2. Oktober **1964** – 4 StR 297/64, VM 1965 Nr. 41; BayObLG, NStZ **1997**, 388; OLG Celle, VRS 36, 276; OLG Hamm, BA **1978**, 294; OLG Koblenz, DAR **1974**, 25; OLG Zweibrücken, VRS **41**, 113, 114). Es **liegt nahe**, dass der Angeklagte bei einer seiner alkoholbedingt herabgesetzten Wahrnehmungs- und Reaktionsfähigkeit angepassten geringeren Geschwindigkeit selbst im Falle eines auch dann unvermeidbaren Anstoßes zumindest geringere Verletzungen des Nebenklägers bewirkt hätte ...«*

Fazit: Bei (Verkehrs-)Straftaten unter Alkoholeinfluss ist im Rahmen des Pflichtwidrigkeitszusammenhanges nicht nur danach zu fragen, ob der Täter den Unfall auch nüchtern verursacht hätte. Es kommt nach Meinung des BGH vielmehr darauf an, ob der Täter sein Verhalten in der konkreten Situation zudem dem Alkoholeinfluss angepasst hat (BGH NStZ **2013**, 231; BGHSt **24**, 31; streitig: andere Ansicht vgl. etwa *Fischer* vor § 13 StGB Rz. 34).

Gutachten

R könnte sich durch das Umfahren der M gemäß § 229 StGB wegen fahrlässiger Körperverletzung strafbar gemacht haben.

Tatbestand:

1. Der tatbestandliche Erfolg in Form einer Körperverletzung ist bei M eingetreten; sie hat einen Beinbruch erlitten. Dieser Erfolg ist auch von R im Sinne der Äquivalenzformel »verursacht«; das Verhalten des R kann nicht hinweggedacht werden, ohne dass der Erfolg in seiner konkreten Gestalt entfiele (»conditio sine qua non«). Wäre R nicht am Unfallort vorbeigefahren, wäre die M nicht verletzt worden.

2. Der Täter handelt objektiv sorgfaltswidrig, wenn er diejenige Sorgfalt außer Acht lässt, die von einem besonnenen und gewissenhaften Menschen in der konkreten Situation und sozialen Rolle erwartet werden musste. Die einzig erkennbare objektive Sorgfaltspflichtverletzung des R liegt in der Geschwindigkeitsüberschreitung innerhalb der geschlossenen Ortschaft. Dass R in der konkreten Unfallsituation sorgfaltswidrig gehandelt hat, also zu schnell war oder ein sichtbar spielendes Kind nicht beachtet hat, ist nicht der Fall. Dadurch, dass R innerhalb der geschlossenen Ortschaft 70 km/h gefahren ist, hat er gegen das Gebot des § 3 Abs. 3 Nr. 1 StVO verstoßen, wonach innerörtlich die zulässige Höchstgeschwindigkeit bei maximal 50 km/h liegt. Die objektive Sorgfaltspflichtverletzung des R liegt im Verstoß gegen den § 3 Abs. 3 Nr. 1 StVO.

3. Voraussetzungen sind des Weiteren die objektive Zurechnung und die objektive Vorhersehbarkeit des eingetretenen Erfolges. Erforderlich ist eine Kausalität zwischen der objektiven Sorgfaltspflichtverletzung und dem eingetretenen Erfolg. Es ist zu prüfen, ob die von R begangene Sorgfaltswidrigkeit tatsächlich den Erfolg herbeigeführt hat, der mit der verletzten Sorgfaltsnorm verhindert werden sollte. Die von R verletzte Sorgfaltsnorm war der § 3 Abs. 3 Nr. 1 StVO, wonach man innerörtlich nur maximal 50 km/h fahren darf. Der R ist 70 km/h gefahren und hat damit objektiv sorgfaltswidrig gehandelt (siehe oben). Zu klären ist nunmehr, ob das Verbot, innerhalb einer Ortschaft über 50 km/h schnell zu fahren, auch verhindern soll, dass man außerhalb des Ortes dann zu einem späteren Zeitpunkt an einer bestimmten Stelle ankommt und so Unfälle vermeidet. Dies jedoch ist zu verneinen. Das Gebot, innerhalb einer geschlossenen Ortschaft nur maximal 50 km/h schnell zu fahren, ist deshalb aufgestellt, um innerörtlich dem erhöhten Gefahrenpotential gerecht zu werden und dort Unfälle mit Personenschaden zu verhindern. In einer Ortschaft wohnen nämlich in der Regel viele bzw. mehr Menschen als außerhalb, die dann eben auch häufiger über die Straße laufen und folglich ein erhöhtes Gefahrenpotential für Autofahrer darstellen. Aus diesem Grunde gibt es eine Geschwindigkeitsbeschränkung innerhalb geschlossener Ortschaften. Der Schutzzweck der von R übertretenen Norm liegt mithin darin, Unfälle innerhalb geschlossener Ortschaften zu vermeiden. Und er liegt vor allem nicht darin, das zeitlich spätere Erreichen einer Unfallstelle außerhalb des Ortes zu vermeiden. Ansonsten könnte man dem Unfallverursacher auch vorwerfen, dass er nicht noch schneller (!) gefahren ist, denn auch dann hätte er den Unfallort zu einer anderen Zeit erreicht.

Die Sorgfaltspflichtverletzung in Form der Geschwindigkeitsüberschreitung innerhalb der geschlossenen Ortschaft war zwar ursächlich im Sinne der Äquivalenztheorie, denn sie kann nicht hinweggedacht werden, ohne dass der konkrete Erfolg entfiele. Wäre R innerhalb der Ortschaft 50 km/h gefahren, wäre es nicht zum Zusammenstoß mit der M gekommen. Allerdings ist dieser eingetretene Erfolg nicht vom Schutzzweck der verletzten Norm des § 3 Abs. 3 Nr. 1 StVO umfasst. Es fehlt an der objektiven Zurechnung des Deliktserfolges.

Ergebnis: R ist nicht wegen fahrlässiger Körperverletzung aus § 229 StGB zu bestrafen.

Fall 9

Hätte, wäre, täte …

Die beiden Freunde F und B haben sich in ihrer Stammkneipe verabredet und reichlich gebechert. Trotzdem kann B den F überreden, ihn spätabends noch mit dem Auto nach Hause zu fahren. Und dann nimmt das Drama seinen Lauf: Eine halbe Stunde später gerät F wegen übermäßigen Alkoholgenusses auf einer einsamen Landstraße auf die Gegenfahrbahn und stößt frontal mit dem ordnungsgemäß fahrenden Wagen des Rechtsstudenten R zusammen. Der nicht angeschnallte F fliegt durch die Windschutzscheibe und landet schwer verletzt auf dem Asphalt. B hingegen bleibt unverletzt, stürzt wutentbrannt aus dem Auto und läuft mit einem gezückten Messer in der Hand auf den R, der ebenfalls unverletzt geblieben war, los. R steigt langsam aus seinem Wagen, sieht dann erst B und kann dessen Messerstich nur noch dadurch entgehen, dass er die auf dem Beifahrersitz liegende gläserne Sprudelwasserflasche geistesgegenwärtig ergreift und sie B in Verteidigungsabsicht gegen den Kopf schlägt. Der B geht daraufhin am Kopf verletzt zu Boden. Als R die beiden Personen in den Blutlachen vor sich liegen sieht, bekommt er es mit der Angst zu tun. Er steigt in seinen Wagen und verschwindet. Hierbei nimmt R billigend in Kauf, dass sowohl F als auch B an ihren Verletzungen sterben könnten, wenn nicht rechtzeitig Hilfe geholt wird. Eine Stunde später sind F und B verblutet. Hätte R mit seinem Mobiltelefon einen Krankenwagen gerufen, wären beide gerettet worden.

Strafbarkeit des R? Der § 142 StGB (Unfallflucht) bleibt außer Betracht.

Schwerpunkte: Die Strafbarkeit wegen Unterlassens nach § 13 StGB; »echte« und »unechte« Unterlassungsdelikte; die Rechtspflicht zum Handeln; Beschützer- und Überwachungsgarant; die Garantenstellung nach der Rechtsprechung des BGH; Problem bei rechtmäßigem Vorverhalten; Autofahrer als Garanten im Straßenverkehr; Handeln in Notwehr; die unterlassene Hilfeleistung nach § 323c Abs. 1 StGB; die Aussetzung nach § 221 StGB.

Lösungsweg

Achtung: Das ist ein schwieriger Fall, es ist der bislang kniffligste und thematisch umfangreichste des Buches. Wir werden anhand der dramatischen Geschichte da oben jetzt die durchaus anspruchsvolle Problematik kennenlernen, ob und wie man sich durch Nichtstun bzw. Unterlassen strafbar machen kann. Bisher haben alle unsere Täter immer etwas getan, also **aktiv** die Verwirklichung eines Straftatbestandes betrieben. Das ist übrigens auch der Normalfall – man kann sich nämlich grundsätzlich nur durch **positives Tun** strafbar machen. Wer gar nichts tut, also keine (strafbare) Handlung vollzieht, verwirklicht auch kein Strafgesetz.

Von diesem Grundsatz gibt es allerdings auch Ausnahmen. Und das sind die sogenannten »Unterlassungsdelikte«. Gemeint sind die Situationen, in denen das Strafrecht dem Betroffenen eine Handlungspflicht auferlegt und der Täter dieser Pflicht schuldhaft nicht nachkommt (BGH NJW **2016**, 176; BGH NStZ **2016**, 95). Eine solche Handlungspflicht hat im Unglücksfall zunächst mal ***jeder***, sofern die Voraussetzungen des **§ 323c Abs. 1 StGB** vorliegen (aufschlagen!). Neben dieser allgemeinen Handlungspflicht sollte es nach Ansicht des Gesetzgebers unter besonderen Umständen aber auch noch andere Möglichkeiten geben, ein Unterlassen strafrechtlich zu würdigen. Und wie das funktioniert, steht in § 13 StGB, der die sogenannten »unechten« Unterlassungsdelikte normiert und dem § 323c Abs. 1 StGB (= »echtes« Unterlassungsdelikt) auf Konkurrenzebene im Wege der Subsidiarität vorgeht, in der Klausurprüfung also auch zwingend immer **zuerst** erörtert werden muss (BGHSt **14**, 284; S/S/*Sternberg-Lieben/Hecker* § 323c StGB Rz. 35).

Feinkostabteilung: Die Begrifflichkeiten »echtes« und »unechtes« Unterlassungsdelikt unterscheiden bzw. begründen sich wie folgt: Der § 323c Abs. 1 StGB ist deshalb ein »echtes« Unterlassungsdelikt, weil das Unterlassen hier explizit im gesetzlichen Tatbestand drinsteht (→ »nicht Hilfe leistet« = Unterlassen). Gleiches gilt etwa für § 123 Abs. 1, 2. Alt. StGB (→ »… sich nicht entfernt …«) oder § 138 Abs. 1 StGB (→ »… es unterlässt, der Behörde …«). Auch in diesen Normen gehört das Unterlassen bereits zum ausdrücklich geschriebenen Tatbestand; der Gesetzgeber hat hier also schon das einfache Unterlassen – ausnahmsweise und ohne weitere Voraussetzungen – unter Strafe gestellt. Demgegenüber stehen die »unechten« Unterlassungsdelikte, also Straftaten in Verbindung mit § 13 Abs. 1 StGB. Diese Unterlassungsdelikte sind deshalb »unecht«, weil jetzt nur unter den besonderen, zusätzlichen Voraussetzungen des § 13 Abs. 1 StGB eine Strafbarkeit wegen Unterlassens begründet werden kann (*Satzger* in Jura 2011, 423). Im jeweils in Betracht kommenden Tatbestand (also z.B. gleich bei uns § 212 Abs. 1 StGB) steht das Unterlassen nämlich – wie bei nahezu allen Tatbeständen – nicht drin. Die Vorschriften des StGB sind grundsätzlich für eine Begehung durch **aktives Tun** zugeschnitten, können nun aber in Verbindung mit § 13 Abs. 1 StGB ausnahmsweise zum Unterlassungsdelikt werden. Mithilfe des § 13 Abs. 1 StGB wird somit ermöglicht, aus jedem (Erfolgs-)Delikt des StGB eine Unterlassungstat zu konstruieren, sofern der Täter »rechtlich dafür einzustehen hat, dass der konkrete Erfolg nicht eintritt« (lies: § 13 Abs. 1 StGB). Und weil das im Vergleich zu den Delikten, bei denen das Unterlassen ausdrücklich im gesetzlichen Tatbestand drinsteht (siehe oben), eben nur eine – vom Gesetzgeber freilich gewollte – Konstruktion ist, heißen diese Dinger dann »unechte« Unterlassungsdelikte. Kapiert!?

Prima. Dann können wir weitermachen und müssen uns jetzt innerhalb des § 13 Abs. 1 StGB mal die Voraussetzungen im Einzelnen ansehen. Insbesondere stellt sich natürlich die Frage, wann und unter welchen Bedingungen ein Täter denn nun »rechtlich dafür einzustehen hat, dass der Erfolg nicht eintritt« (lies: § 13 Abs. 1 StGB). Das ist in der Regel übrigens auch der Knackpunkt in den Klausuren und

Hausarbeiten, die sich mit den Unterlassungstaten beschäftigen – und so wird das auch bei unserem kleinen Fällchen sein. Aber der Reihe nach, also:

I. Strafbarkeit des R im Hinblick auf den Tod des F (→ des Fahrers)

→ **§§ 212 Abs. 1, 13 Abs. 1 StGB** (Totschlag durch Unterlassen)

Vorab: Zum Tode des F hat der R ***aktiv*** im Sinne einer klassischen Tathandlung nichts beigetragen. F ist mit seinem Auto von der Fahrbahn abgekommen und dann frontal gegen das Fahrzeug des R geprallt. Eine zielgerichtete Tötungs***handlung*** des R ist somit nicht ersichtlich und kann folglich auch strafbegründend nicht herangezogen werden. Angesichts dessen kommt nur eine Tatbegehung durch **Unterlassen**, namentlich durch das Verschwinden vom Unfallort, ohne vorher einen Notarzt gerufen zu haben, in Betracht. Und da – wie schon erwähnt – der § 323c Abs. 1 StGB im Verhältnis zu § 13 StGB immer subsidiären Charakter hat (BGHSt **39**, 166; *Satzger* in Jura 2011, 749), beginnen wir die Prüfung mit dem Totschlag durch Unterlassen nach den §§ 212 Abs. 1, 13 Abs. 1 StGB. Der Deliktsaufbau eines vorsätzlichen unechten Unterlassungsdelikts sieht so aus:

Aufbau des vorsätzlichen unechten Unterlassungsdelikts (§ 13 StGB)

I. Tatbestand

A. Objektiv

1. Eintritt des tatbestandsmäßigen Erfolges

2. Nichtvornahme der gebotenen und dem Täter möglichen Handlung

3. Hypothetische Kausalität des Unterlassens für den Erfolg

4. Die Rechtspflicht zum Handeln (→ Garantenstellung des Täters)

5. Gleichstellung der unterlassenen Handlung zum aktiven Tun

B. Subjektiver Tatbestand

1. Vorsatz

2. Besondere deliktsspezifische Absichten

II. Rechtswidrigkeit

III. Schuld

1. Schuldfähigkeit

2. Unrechtsbewusstsein

3. Keine Entschuldigungsgründe

I. Tatbestand

A. Objektiv

1. Der in § 212 Abs. 1 StGB benannte Erfolg, der Tod eines Menschen, ist eingetreten.

2. Die gebotene Handlung wäre das Herbeirufen eines Notarztes gewesen, was R indessen nicht getan hat. Er hat folglich die gebotene und ihm mögliche Handlung nicht vorgenommen.

3. Hypothetische Kausalität

Beachte: An dieser Stelle kann man natürlich nicht die »normale« Kausalitätsprüfung im Sinne der uns inzwischen bekannten Äquivalenztheorie durchführen, denn diese ist nur zugeschnitten auf aktives Tun. Wir können und müssen hier beim Unterlassen demnach eine **Hypothese** aufstellen und somit fragen, ob beim Einschreiten des Täters der Erfolg ausgeblieben **wäre**. Es gilt folgende

Definition: Die sogenannte »hypothetische Kausalität« ist gegeben, wenn die unterlassene Handlung des Täters nicht hinzugedacht werden kann, ohne dass der Erfolg mit an Sicherheit grenzender Wahrscheinlichkeit entfiele (BGH NStZ **2018**, 34; BGH NJW **2016**, 176; *Wessels/Beulke/Satzger* Rz. 1171).

Und das ist hier dann auch kein Problem, denn in der Sachverhaltsschilderung steht, dass F und B gerettet worden wären, wenn R einen Krankenwagen gerufen hätte. Die hypothetische Kausalität ist mithin anzunehmen.

4. Die Rechtspflicht zum Handeln (→ »**Garantenstellung**« des Täters)

So, jetzt wird es interessant. Bei der Frage, ob der Täter »rechtlich dafür einzustehen hat, dass der Erfolg nicht eintritt«, sitzen – wie schon mal angedeutet – in den Klausuren, in denen es um § 13 StGB geht, in der Regel die Probleme. Geprüft werden muss an dieser Stelle nämlich die sogenannte »Garantenstellung« des Täters (BGH NJW »spezial« **2020**, 121; BGH NJW **2015**, 96; BGH NStZ **2011**, 31). Wir hatten das weiter oben im Vorspann ja schon mal gesagt: Grundsätzlich hat man bei Unglücksfällen nur innerhalb des § 323c Abs. 1 StGB eine Pflicht zum Handeln, die strafrechtlich relevant werden kann, wenn man ihr nicht nachkommt. Ausnahmsweise jedoch will das Gesetz mithilfe des § 13 StGB bestimmten Personen in bestimmten Situationen eine darüberhinausgehende Handlungspflicht mit entsprechenden Rechtsfolgen auferlegen. Sollten diese Personen dann nicht handeln, droht ihnen eine höhere Strafe, namentlich die, die das entsprechende Strafgesetz für aktives Tun vorsieht (lies: § 13 Abs. 1 StGB). Und unsere Aufgabe ist es nun, diesen Personenkreis und die entsprechenden Situationen exakt zu bestimmen. **Also:** Unter welchen Voraussetzungen ist man »Garant« im Hinblick auf die Abwendung eines tatbestandlichen Erfolges?

- Nach allgemeiner Ansicht in der Wissenschaft wird insoweit unterschieden zwischen dem sogenannten »Beschützergaranten» und dem sogenannten »Überwachungsgaranten« (*Rengier* AT § 50 Rz. 11 ff.; SK/*Stein* § 13 StGB Rz. 26; S/S/*Stree/Bosch* § 13 StGB Rz. 8; *Lackner/Kühl* § 13 StGB Rz. 7 ff.; *Wessels/Beulke/Satzger* Rz. 1179; St-K-*Joecks* § 13 StGB Rz. 23; *Gropp* § 11 Rz. 13). Beschützergaranten sind dabei die Personen, die eine umfassende Schutzpflicht für bestimmte Rechtsgüter haben; eine solche Rechtspflicht kann sich ergeben aus besonderen gesetzlichen Vorschriften, einer Lebens- oder Gefahrengemeinschaft, der freiwilligen Übernahme von Schutz- oder Beistandspflichten oder der Stellung als Amtsträger oder als Organ einer juristischen Person (S/S/*Stree/Bosch* § 13 StGB Rz. 8). Überwachungsgaranten sind demgegenüber die Personen, die eine Verantwortlichkeit für bestimmte **Gefahrenquellen** tragen. Diese Verantwortlichkeit kann sich ergeben aus Verkehrssicherungspflichten, aus der Pflicht zur Beaufsichtigung Dritter, einem pflichtwidrigen Vorverhalten (»Ingerenz«) oder dem Inverkehrbringen von Produkten (*Wessels/Beulke/Satzger* Rz. 1179 ff.). Die Wissenschaft stellt somit darauf ab, welches rechtliche Verhältnis der Unterlassende zum gefährdeten Rechtsgut bzw. zum schädigenden Ereignis hatte.

- Der BGH verzichtet demgegenüber regelmäßig auf die gerade erwähnte Benennung, teilt die Garantenstellungen seit Jahrzehnten vielmehr in **vier** mögliche Gruppen ein und unterscheidet – anders als die Literatur – im Hinblick auf die einzelnen **Entstehungsgründe** der Handlungspflicht (BGH NStZ-RR **2019**, 74; BGH NStZ **2018**, 34; BGH NJW **2017**, 418; BGH NStZ **2017**, 219): Nach Ansicht der Rechtsprechung kann sich eine Rechtspflicht zum Handeln im Sinne des § 13 StGB demnach ergeben aus:

  → Gesetz: Etwa für Ehegatten untereinander aus § 1353 BGB, vgl. BGH NStZ **2017**, 219; für Eltern gegenüber ihren Kindern aus §§ 1618a, 1631 BGB, vgl. instruktiv: BGH NStZ **2018**, 34; für Verwandte untereinander aus § 1601 BGB.

  → Vertrag bzw. tatsächlicher Obhutsübernahme: Z.B. Vertragliche Übernahme einer ärztlichen Behandlung; Kinderbeaufsichtigung im Kindergarten; auch etwa der Bergführer oder ein Reiseleiter; auch das Kindermädchen, das aus Gefälligkeit handelt; und sogar der Dienstgruppenleiter der Polizei – in Bezug auf vorläufig festgenomme Personen.

  → Vorangegangenem, gefährdendem Tun, sogenannte »**Ingerenz**«, zum Beispiel: Ausheben einer Baugrube; übermäßige Ausgabe von Alkohol durch einen Gastwirt an Kraftfahrer; Körperverletzung, die Lebensgefahr auslöst; unter Umständen sogar schon das Fahren des Täters zum Tatort (BGH NStZ-RR **2019**, 74); durch Ausgabe oder Zurverfügungstellen von harten Drogen, wobei der BGH in diesem Fall nicht von Ingerenz, sondern vom »Schaffen einer Gefahrenquelle« als Ursache für die Garantenstellung spricht, vgl. etwa BGH NJW »spezial« **2020**, 121; BGH NJW **2017**, 418; BGH NJW **2016**, 176. **Beachte**: Insbesondere beim Zurverfügungstellen von harten Drogen spielt eine mögliche Eigengefährdung (auch »Selbstgefährdung«) des Opfers eine wichtige Rolle und kann die Garantenstellung unter Umständen aufheben (vgl. dazu aktuell und instruktiv: BGH NJW »spezial« **2020**, 121)

→ Enger persönlicher Verbundenheit (auch »Gemeinschaft«), sofern aus dieser Verbundenheit eine Schutzfunktion gegenüber dem anderen entsteht: Etwa eheliche Lebensgemeinschaft; Gefahrengemeinschaft, zB bei einer gemeinsamen Bergbesteigung oder Bootsfahrt.

Tipp: Bitte nicht irritieren lassen. Dieser gerade dargestellte »Streit« um die Herleitung der Garantenstellung ist für die Klausurbearbeitung nur von sehr begrenzter Bedeutung, **denn:** Wer genau hinsieht, bemerkt, dass die vier Fallgruppen des BGH auch in der Unterteilung vorkommen, die von der Literatur vorgenommen wird. Zuweilen verschwimmen beim BGH auch die Begrifflichkeiten: So benennt der BGH in einer Entscheidung aus der September 2014 (Fall »Oury Jalloh«) den Dienstgruppenleiter einer Polizeiwache ausdrücklich als »Beschützergaranten« in Bezug auf eine vorläufig festgenomme Person, um ihn dann anschließend (auch) wegen der »Obhutsübernahme« und einem daraus folgenden Pflichtenkreis als Garanten zu qualifizieren (sehr instruktiv: BGH NJW **2015**, 96).

Der Vorzug der von der Wissenschaft vorgenommenen Unterteilung in **Beschützer-** und **Überwachungsgaranten** liegt fraglos darin, die ganze Thematik dogmatisch auf tragfähige Beine gestellt zu haben, konstruktiv und vor allem für die Klausurlösung ergeben sich daraus aber keine Änderungen oder fallrelevante Konsequenzen (vgl. dazu etwa *Wessels/Beulke/Satzger* Rz. 1174; *Rengier* AT § 50 Rz. 11 ff.). Es empfiehlt sich daher folgendes Vorgehen: Bei der Bestimmung bzw. Prüfung der Garantenstellung in der Klausur benennt man bitte zum einen die in Betracht kommende Fallgruppe aus den vier Unterteilungen des BGH (siehe oben). Hat man dies erledigt, sollte man dem Leser auch noch kurz mitteilen, ob es sich dabei um einen Beschützer- oder doch um einen Überwachungsgaranten handelt. Das reicht.

Und genau so wollen wir das jetzt auch machen, **also:** Im Hinblick auf eine Garantenstellung des R bezüglich des Todes des Fahrers F, der durch die Windschutzscheibe geflogen war und dann schwer verletzt am Boden lag, kommt lediglich ein vorangegangenes gefährdendes Tun seitens des R, die sogenannte »Ingerenz« (*ingerere* = lateinisch = *einmischen*) in Betracht. Der R wäre damit nach Meinung der Literatur ein **Überwachungsgarant** (bitte oben prüfen), wenn er in der konkreten Unfallsituation die in § 13 Abs. 1 StGB benannte Rechtspflicht zum Handeln gehabt hätte.

Merke: Die Rechtspflicht zum Handeln aus **Ingerenz** begründet sich damit, dass jeder, der durch ein objektiv pflichtwidriges Tun oder Unterlassen für Rechtsgüter Dritter die Gefahr eines Schadenseintritts geschaffen hat, zur Abwendung der drohenden Gefahr und damit konkret zu Rettungsmaßnahmen verpflichtet ist (BGH NJW »spezial« **2020**, 121; BGH NStZ-RR **2019**, 74; BGH NJW **2017**, 418; *Lackner/Kühl* § 13 StGB Rz. 11; S/S/*Stree/Bosch* § 13 StGB Rz. 27; *Wessels/Beulke/Satzger* Rz. 1195).

Und das leuchtet auch ein: Wer selbst die Ursache für einen drohenden Schaden setzt, muss den Eintritt dieses Schadens bzw. des Deliktserfolges natürlich **aktiv** verhindern. Tut er dies nicht, macht er sich wegen Unterlassens der Erfolgsabwendung nach § 13 StGB in Verbindung mit dem entsprechenden Delikt (hier: § 212 StGB) strafbar. Das waren gerade zwei wichtige Sätze, bitte mindestens noch einmal lesen.

Aber: Das Problem unseres Falles lauert an ungeahnter Stelle. Wer den eben im grauen Kasten niedergeschriebenen Merksatz sehr sorgfältig gelesen hat, wird es indessen schon bemerkt haben. Da steht nämlich, dass das vorangegangene Tun vor allem auch objektiv **pflichtwidrig** gewesen sein muss (prüfen, bitte). Und auch das leuchtet ein: Denn wer sich pflichtgemäß verhält, kann und soll keine über das Maß des § 323c Abs. 1 StGB hinausgehende Handlungspflicht im Sinne des § 13 StGB haben. Grundsätzlich gilt daher, dass rechtmäßiges oder sogenanntes »verkehrsgerechtes Vorverhalten« nach herrschender Meinung nicht zur Begründung einer Garantenstellung aus Ingerenz führt, selbst wenn dadurch eine drohende Gefahr für Rechtsgüter geschaffen worden ist (BGH NJW »spezial« **2020**, 121; BGHSt **34**, 82; *Fischer* § 13 StGB Rz. 52; *Wessels/Beulke/Satzger* Rz. 1195; LK/*Weigend* § 13 StGB Rz. 44; S/S/*Stree/Bosch* § 13 StGB Rz. 35; SK/*Stein* § 13 StGB Rz. 53; *Baumann/Weber/Mitsch* § 15 Rz. 66). Wer also bei seiner die Gefahr auslösenden Handlung die notwendigen und im konkreten Fall erforderlichen Sorgfaltsregeln eingehalten hat, kann im Hinblick auf dadurch drohende Schäden nicht mit einer Rechtspflicht zum Handeln im Sinne des § 13 StGB belastet werden. Und für unseren R hätte das zur Konsequenz, dass er nicht Garant aus Ingerenz sein könnte, denn er hat sich bei der Fahrt auf der Landstraße nach Schilderung des Sachverhaltes **ordnungsgemäß** verhalten.

> **Beachte bitte:** Diese gerade aufgestellte Regel ist freilich nicht ganz unstreitig. Insbesondere im Hinblick auf Unfälle im Straßenverkehr gibt es dazu auch eine andere Auffassung, die eine Garantenstellung trotz verkehrsgerechten Verhaltens bejahen will mit dem Argument, allein das Führen eines Fahrzeugs eröffne bereits eine Gefahrenquelle. Daraus lasse sich die Garantenstellung des Fahrers ableiten, unabhängig davon, ob der Betroffene nun schuldhaft am Unfall beteiligt war oder nicht (MK/*Freund* § 13 StGB Rz. 118; *Kindhäuser* LPK § 13 Rz. 51; *Sowada* in Jura 2003, 240; *Herzberg* in JZ 1986, 986; *Arzt* in JA 1980, 712). Und das wird man durchaus auch nachvollziehbar begründen können, etwa im Hinblick auf die Regeln der §§ 7 und 18 StVG, wonach zivilrechtlich der Fahrzeughalter **verschuldensunabhängig** und der Fahrzeugführer aus **vermutetem** Verschulden haften und somit allein für die Haltereigenschaft bzw. die Fahrereigenschaft einstehen müssen. Unter dem Aspekt der »Einheit der Rechtsordnung« ließe sich damit vertreten, dass aus den genannten Erwägungen auch im Strafrecht eine verschuldensunabhängige Einstandspflicht zu gelten habe. Und demnach wäre der Verkehrsteilnehmer immer Garant zur Erfolgsabwendung, wenn nämlich durch seine Beteiligung an einem Unfall eine andere Person in eine bedrohliche Lage gerät – und zwar unabhängig davon, ob er sich bei der Unfallentstehung pflichtwidrig oder nicht verhalten hat (ziemlich brauchbare Erläuterungen dazu bei MK/*Freund* § 13 StGB Rz. 118 ff.).

Wir wollen hier – ohne Wertung – dennoch mal der bislang herrschenden Meinung folgen und demnach für unseren Fall Folgendes feststellen: Der R hat sich in Ermangelung gegenteiliger Hinweise im Sachverhalt bei der Entstehung des Unfalls **verkehrsgerecht** verhalten. Es fehlt mithin an einem pflichtwidrigen Vorverhalten, das eine Ingerenz hätte begründen können.

<u>ZE.</u>: Eine Garantenstellung im Hinblick auf die Vermeidung des Todes des F bestand für R nicht.

Ergebnis: Der R ist demzufolge ***nicht*** nach den §§ 13, 212 StGB wegen Totschlages durch Unterlassen zu bestrafen.

→ **§ 323c Abs. 1 StGB** (Unterlassene Hilfeleistung)

Dieser Tatbestand liegt jetzt ohne Probleme vor: Unser R hat bei einem Unglücksfall keine Hilfe geleistet, obwohl dies erforderlich und ihm den Umständen nach zumutbar war. Vorsatz, Rechtswidrigkeit und Schuld begegnen keinen Bedenken.

Ergebnis: R ist im Hinblick auf den Tod des F zu bestrafen nach § 323c Abs. 1 StGB und bekommt demnach eine Geldstrafe oder eine Freiheitsstrafe bis zu einem Jahr.

→ **§ 221 Abs. 1 Nr. 2, Abs. 3 StGB** (Aussetzung mit Todesfolge)

Aber: Die in § 221 Abs. 1 Nr. 2 StGB genannte Variante, bei der der Täter das Opfer in hilfloser Lage im Stich lässt, erfordert auch, dass der Täter das Opfer »in seiner Obhut hat oder ihm sonst beizustehen verpflichtet ist« (Gesetz lesen). Dies setzt indessen nach allgemeiner Ansicht voraus, dass der Täter eine dem Garanten im Sinne des § 13 StGB identische Stellung innehaben muss (BGHSt **26**, 37; LG Kiel NStZ **2004**, 157; *Fischer* § 221 StGB Rz. 9; *Lackner/Kühl* § 221 StGB Rz. 4). Und das haben wir oben ja nun ausführlich abgelehnt.

Ergebnis: Eine Bestrafung des R im Hinblick auf den Tod des F nach § 221 Abs. 1 Nr. 2, Abs. 3 StGB scheitert bereits im Tatbestand.

II. Strafbarkeit des R im Hinblick auf den Tod des B (des Beifahrers)

→ **§ 227 Abs. 1 StGB** (Körperverletzung mit Todesfolge)

Achtung: Hier fangen wir jetzt nicht direkt mit dem Unterlassungsdelikt an, denn – im Unterschied zur vorherigen Prüfung bei F – hat unser R sehr wohl **aktiv** den Tötungsprozess in Gang gesetzt; er hat dem B ja die Wasserflasche gegen den Kopf geschlagen, woran B letztlich auch verstorben ist. Also müssen wir auch mit der Begehung der Tat durch **aktives Tun** anfangen. Und mangels sichtbaren Vorsatzes im Hinblick auf eine Tötung ist das hier dann die Körperverletzung mit Todesfolge aus § 227 StGB.

Aber: Nach Auskunft des Sachverhaltes war der Schlag mit der Sprudelwasserflasche die ***einzige*** Möglichkeit für R, dem Messerstich des B zu entkommen. Und da wir weiter vorne im Buch bei Fall Nr. 4 schon ausführlich gelernt haben, dass und wie man sich gegen gegenwärtige rechtswidrige Angriffe wehren darf, wollen und dürfen wir es hier jetzt kurz machen und feststellen, dass das Verhalten des R durch **Notwehr** gemäß § 32 StGB gerechtfertigt war: R hat sich gegen den gegenwärtigen rechtswidrigen Angriff auf sein Leben bzw. seine körperliche Unversehrtheit mit der gebotenen und erforderlichen Verteidigung gewehrt.

Ergebnis: Eine Bestrafung des R wegen des Schlages mit der Wasserflasche nach § 227 StGB scheitert an der Rechtswidrigkeit; R war durch Notwehr nach § 32 StGB gerechtfertigt.

→ **§§ 212 Abs. 1, 13 Abs. 1 StGB** (Totschlag durch Unterlassen)

I. Tatbestand

A. Objektiv

So. Das kennen wir jetzt schon, und deshalb konzentrieren wir uns auch nur noch auf die kniffligen Fragen, nämlich: Dass der Erfolg eingetreten ist, ist ebenso unproblematisch zu bejahen wie die Nichtvornahme des gebotenen Tuns und die hypothetische Kausalität. Das haben wir alles vorne bei F schon geprüft. Die Frage, die sich natürlich hier jetzt wieder stellt, ist die, ob R ein **Garant** im Hinblick auf den Tod des B gewesen ist. Und auch hier bei dieser Variante kommt selbstverständlich nur die **Ingerenz** in Betracht, also das pflichtwidrige vorangegangene Tun. Wir erinnern uns:

> Die Rechtspflicht zum Handeln aus **Ingerenz** begründet sich damit, dass jeder, der durch ein objektiv pflichtwidriges Tun oder Unterlassen für Rechtsgüter Dritter die Gefahr eines Schadenseintritts geschaffen hat, auch zur Abwendung der drohenden Gefahr und damit konkret zu Rettungsmaßnahmen verpflichtet ist (BGH NJW »spezial« **2020**, 121; BGH NJW **2017**, 418; S/S/*Stree/Bosch* § 13 StGB Rz. 27; *Roxin* AT II § 32 Rz. 143; *Wessels/Beulke/Satzger* Rz. 1195).

Problem: Anders als eben bei F hat der R dem B nun immerhin die Glasflasche über den Schädel gezogen und damit auf den ersten Blick ein ziemlich pflichtwidriges Tun vollzogen, was dann eigentlich auch zur Begründung einer Garantenstellung reichen müsste. Wer einen anderen aktiv und schuldhaft verletzt und damit in die Gefahr des Todes bringt, ist zur Abwendung dieser Todesgefahr verpflichtet und wird insbesondere zum Garanten im Sinne des § 13 StGB (*Fischer* § 13 StGB Rz. 52; S/S/*Stree/Bosch* § 13 StGB Rz. 32; LK/*Weigend* § 13 StGB Rz. 42; *Wessels/Beulke/Satzger* Rz. 1195).

Aber: Unser R handelte in Notwehr! Das haben wir eben ja festgestellt: Als R den B mit der Glasflasche niedergestreckt hat, lagen zu seinen Gunsten die Voraussetzungen des § 32 StGB vor. R handelte also eigentlich nicht – wie an sich gefordert – pflichtwidrig.

Frage: Wird man auch dann zum Garanten aus Ingerenz, wenn man den anderen in Notwehr verletzt und damit das eigene Verhalten gerechtfertigt ist?

Antwort: Das ist (ein kleines bisschen) streitig.

- Nach einer Auffassung soll auch dieser Täter zum Garanten im Sinne des § 13 StGB werden, da trotz erlaubten Vorverhaltens eine Verpflichtung bleibe, vermeidbare Rechtsgutsbeeinträchtigungen zu verhindern. Wer dies nicht tue, den treffe eine »Vermeideverantwortlichkeit« und mithin die strafrechtliche Haftung des Unterlassungstäters (so wörtlich *Kühl* in JA 2014, 507, 511; *Herzberg* in JuS 1986, 986 und in JZ 1971, 74; *Arzt* in JA 1980, 712; *Maurach/Gössel/Zipf* § 46 Rz. 99; *Welp* in JZ 1971, 433; *Vogt* in ZStrW 63, 403; *Heinitz* in JR 1954, 270).

- Nach anderer, und zwar ziemlich herrschender Ansicht kann der in Notwehr Handelnde **nicht** als Garant aus Ingerenz im Rahmen des § 13 StGB für den späteren Tod des Opfers zur Verantwortung gezogen werden; für ihn bleibt lediglich eine Einstandspflicht nach § 323c Abs. 1 StGB wegen unterlassener Hilfeleistung (BGHSt **34**, 82; BGHSt **23**, 327; BGH NStZ **2000**, 414; *Fischer* § 13 StGB Rz. 52; S/S/*Stree/Bosch* § 13 StGB Rz. 37; *Wessels/Beulke/Satzger* Rz. 1197; SK/*Stein* § 13 StGB Rz. 53; LK/*Rönnau/Hohn* § 32 StGB Rz. 288). Diese Meinung reklamiert für sich, dass ansonsten eine uferlose Ausweitung der strafrechtlichen Haftung für Unterlassen drohe und zudem der Gedanke des Notwehrrechts ausgehöhlt würde. Denn wenn das Gesetz dem Täter zwar Straffreiheit wegen Notwehr garantiere, ihn dann aber zur Erfolgsabwendung innerhalb des § 13 StGB zwinge, sei dies ein Widerspruch in sich. Im Übrigen könne derjenige, der sich durch einen rechtswidrigen Angriff selbst in Gefahr bringe, nachher nicht erwarten, dass die Rechtsordnung den Angegriffenen zu seinem Schutz als Garant in die Pflicht nehme (BGHSt **23**, 327; *Wessels/Beulke/Satzger* Rz. 1197).

Beachte: Das klingt nicht nur logisch, sondern das ist es zweifelsohne auch. Wir wollen deshalb der gerade zum Schluss benannten (herrschenden) Meinung mit den dargestellten Argumenten auch folgen und demnach grundsätzlich feststellen, dass derjenige, der in Notwehr einen anderen verletzt, nicht zum Garanten im Sinne des § 13 StGB im Hinblick auf den Tod des Verletzten werden kann. Denn dieser Täter handelt nicht pflichtwidrig, er war ja durch Notwehr bei seiner Handlung gerechtfertigt (zur Streitdarstellung in der Klausur vgl. das Gutachten im Anschluss).

Ergebnis: R ist auch im Hinblick auf den Tod des B nicht wegen Totschlags durch Unterlassen gemäß den §§ 13 Abs. 1, 212 Abs. 1 StGB strafrechtlich zu belangen.

→ **§ 323c Abs. 1 StGB** (Unterlassene Hilfeleistung)

Der bleibt natürlich übrig und ist – ebenso wie weiter oben im Hinblick auf den Tod des F – hier bei B problemlos erfüllt. R hat bei einem Unglücksfall keine Hilfe geleistet, obwohl dies erforderlich und ihm den Umständen nach zumutbar war. Vorsatz, Rechtswidrigkeit und Schuld begegnen keinen Bedenken.

Ergebnis: Der R ist im Hinblick auf den Tod des B zu bestrafen nach § 323c Abs. 1 StGB und bekommt demnach auch hier eine Geldstrafe oder eine Freiheitsstrafe bis zu einem Jahr.

→ § 221 Abs. 1 Nr. 2, Abs. 3 StGB (Aussetzung mit Todesfolge)

Hier gilt das Gleiche, was wir bereits oben zur Strafbarkeit im Hinblick auf den Tod des F gesagt haben: Eine Bestrafung aus § 221 StGB scheitert schon am Tatbestand, da das Opfer B nicht in der Obhut des R stand und R auch nicht verpflichtet war, dem B sonst beizustehen. Denn dies setzte ja nach allgemeiner Ansicht voraus, dass der Täter eine dem Garanten im Sinne des § 13 StGB identische Stellung innehaben muss (BGH JA **2018**, 230; BGHSt **26**, 37; LG Kiel NStZ **2004**, 157; *Fischer* § 221 StGB Rz. 9; *Lackner/Kühl* § 221 StGB Rz. 4), was freilich bei R nicht der Fall war (siehe oben).

Ergebnis: Eine Bestrafung des R im Hinblick auf den Tod des B nach § 221 Abs. 1 Nr. 2, Abs. 3 StGB scheitert schon im Tatbestand.

Gesamtergebnis: Unser R hat sich folglich nur strafbar gemacht wegen unterlassener Hilfeleistung nach § 323c Abs. 1 StGB in zwei Fällen. Eine Tötung durch Unterlassen im Sinne der §§ 13 Abs. 1, 212 Abs. 1 StGB scheitert indessen an der Garantenstellung des R.

Gutachten

I. Strafbarkeit des R im Hinblick auf den Tod des F (des Fahrers)

R könnte sich dadurch, dass er den Unfallort ohne weitere Hilfsmaßnahmen verlassen hat, wegen Totschlags durch Unterlassen gemäß den §§ 212 Abs. 1, 13 Abs. 1 StGB strafbar gemacht haben.

Objektiver Tatbestand:

1. Der in § 212 Abs. 1 StGB benannte Erfolg, der Tod eines Menschen, ist eingetreten.

2. Die gebotene Handlung wäre das Herbeirufen eines Notarztes gewesen, was R indessen nicht getan hat. Er hat folglich die gebotene und ihm mögliche Handlung nicht vorgenommen.

3. Voraussetzung ist des Weiteren die sogenannte hypothetische Kausalität. Diese hypothetische Kausalität ist dann gegeben, wenn die unterlassene Handlung des Täters nicht hinzugedacht werden kann, ohne dass der Erfolg mit an Sicherheit grenzender Wahrscheinlichkeit entfiele. F und B wären gerettet worden, wenn R einen Krankenwagen gerufen hätte. Die hypothetische Kausalität ist mithin anzunehmen.

4. Es müsste ferner eine Rechtspflicht zum Handeln (Garantenstellung) für R bestanden haben. Im Hinblick auf eine Garantenstellung des R bezüglich des Todes des Fahrers F, der durch die Windschutzscheibe geflogen war und dann schwer verletzt am Boden lag, kommt lediglich ein vorangegangenes gefährdendes Tun seitens des R, die sogenannte »Ingerenz«, in Betracht. Der R wäre damit ein Überwachungsgarant, wenn er in der konkreten Unfallsituation die in § 13 Abs. 1 StGB benannte Rechtspflicht zum Handeln gehabt hätte.

Die Rechtspflicht zum Handeln aus Ingerenz begründet sich damit, dass jeder, der durch ein objektiv pflichtwidriges Tun oder Unterlassen für Rechtsgüter Dritter die Gefahr eines Schadenseintritts geschaffen hat, dann auch zur Abwendung der drohenden Gefahr und damit konkret zu Rettungsmaßnahmen verpflichtet ist. Wer selbst die Ursache für einen drohenden Schaden setzt, muss den Eintritt dieses Schadens bzw. des Deliktserfolges aktiv verhindern. Tut er dies nicht, macht er sich wegen Unterlassens der Erfolgsabwendung nach § 13 StGB in Verbindung mit dem entsprechenden Delikt (hier: § 212 StGB) strafbar.

Das Problem des vorliegenden Falles liegt darin, dass sich R bei der Fahrt auf der Landstraße nach Schilderung des Sachverhaltes ordnungsgemäß verhalten hat. Dies aber kann eine Garantenstellung aus Ingerenz nicht begründen. Der R hat sich in Ermangelung gegenteiliger Hinweise im Sachverhalt bei der Entstehung des Unfalls verkehrsgerecht verhalten. Es fehlt mithin an einem pflichtwidrigen Vorverhalten, das eine Ingerenz hätte begründen können. Eine Garantenstellung im Hinblick auf die Vermeidung des Todes des F bestand für R nicht.

Ergebnis: Der R ist demzufolge nicht nach den §§ 13, 212 StGB wegen Totschlages durch Unterlassen zu bestrafen.

R könnte sich aber wegen unterlassener Hilfeleistung gemäß § 323c Abs. 1 StGB strafbar gemacht haben.

R hat bei einem Unglücksfall keine Hilfe geleistet, obwohl dies erforderlich und ihm den Umständen nach zumutbar war. Vorsatz, Rechtswidrigkeit und Schuld begegnen keinen Bedenken.

Ergebnis: R ist im Hinblick auf den Tod des F zu bestrafen nach § 323c Abs. 1 StGB.

R könnte sich des Weiteren auch noch strafbar gemacht haben wegen Aussetzung mit Todesfolge gemäß § 221 Abs. 1 Nr. 2, Abs. 3 StGB.

Objektiver Tatbestand:

Die in § 221 Abs. 1 Nr. 2 StGB genannte Variante, bei der der Täter das Opfer in hilfloser Lage im Stich lässt, erfordert jedoch auch, dass der Täter das Opfer »in seiner Obhut hat oder ihm sonst beizustehen verpflichtet ist«. Dies setzt indessen nach allgemeiner Ansicht voraus, dass der Täter eine dem Garanten im Sinne des § 13 StGB identische Stellung innehaben muss. Dies jedoch ist vorliegend abzulehnen.

Ergebnis: Eine Bestrafung des R im Hinblick auf den Tod des F nach § 221 Abs. 1 Nr. 2, Abs. 3 StGB scheitert bereits im Tatbestand.

II. Strafbarkeit des R im Hinblick auf den Tod des B (des Beifahrers)

R könnte sich im Hinblick auf den Tod des B wegen Körperverletzung mit Todesfolge gemäß § 227 Abs. 1 StGB strafbar gemacht haben.

Unabhängig vom Vorliegen der Tatbestandsmerkmale ist Folgendes zu beachten: Nach Auskunft des Sachverhaltes war der Schlag mit der Sprudelwasserflasche die einzige Möglichkeit für R, dem Messerstich des B zu entkommen. Das Verhalten des R war demnach durch Notwehr gemäß § 32 StGB gerechtfertigt. R hat sich gegen den gegenwärtigen rechtswidrigen Angriff auf sein Leben bzw. seine körperliche Unversehrtheit mit der gebotenen und erforderlichen Verteidigung gewehrt.

Ergebnis: Eine Bestrafung des R wegen des Schlages mit der Wasserflasche nach § 227 StGB scheitert an der Rechtswidrigkeit; R war durch Notwehr gerechtfertigt.

R könnte sich aber wegen Totschlages durch Unterlassen gemäß §§ 212 Abs. 1, 13 Abs. 1 StGB strafbar gemacht haben, als er, ohne Hilfe zu holen, den Unfallort verlassen hat.

Objektiver Tatbestand:

Fraglich ist insoweit allein die Garantenstellung des R. In Betracht kommt wieder die Ingerenz, also das eine Gefahr begründende Vorverhalten. Die Rechtspflicht zum Handeln aus Ingerenz begründet sich damit, dass jeder, der durch ein objektiv pflichtwidriges Tun oder Unterlassen für Rechtsgüter Dritter die Gefahr eines Schadenseintritts geschaffen hat, auch zur Abwendung der drohenden Gefahr und damit konkret zu Rettungsmaßnahmen verpflichtet ist.

Anders als bei F hat der R dem B hier die Glasflasche über den Schädel gezogen und an sich ein pflichtwidriges Tun vollzogen, was zur Begründung einer Garantenstellung ausreichen müsste. Wer einen anderen aktiv und schuldhaft verletzt und damit in die Gefahr des Todes bringt, ist zur Abwendung dieser Todesgefahr verpflichtet und wird insbesondere zum Garanten im Sinne des § 13 StGB. Allerdings handelte R in Notwehr und somit gerechtfertigt. Als R den B mit der Glasflasche niedergestreckt hat, lagen zu seinen Gunsten die Voraussetzungen des § 32 StGB vor. R handelte also eigentlich nicht – wie an sich gefordert – pflichtwidrig. Daran anschließend stellt sich die Frage, ob man auch dann zu einem Garanten aus Ingerenz werden kann, wenn man den anderen in Notwehr verletzt hat und damit das eigene Verhalten gerechtfertigt ist. Die Beantwortung dessen ist umstritten.

a) Nach einer Auffassung soll auch dieser Täter zum Garanten im Sinne des § 13 StGB werden, da trotz erlaubten Vorverhaltens eine Verpflichtung bleibe, vermeidbare Rechtsgutsbeeinträchtigungen zu verhindern. Wer dies nicht tue, den treffe eine sogenannte »Vermeideverantwortlichkeit« und mithin die strafrechtliche Haftung des Unterlassungstäters.

b) Dem kann jedoch nicht gefolgt werden. Der in Notwehr Handelnde kann nicht als Garant aus Ingerenz im Rahmen des § 13 StGB für den späteren Tod des Opfers zur Verantwortung gezogen werden; für ihn bleibt lediglich eine Einstandspflicht nach § 323c Abs. 1 StGB wegen unterlassener Hilfeleistung. Ansonsten käme es zu einer uferlosen Ausweitung der strafrechtlichen Haftung für Unterlassen und zudem würde der Grundgedanke des Notwehrrechts ausgehöhlt.

Denn wenn das Gesetz dem Täter zwar Straffreiheit wegen Notwehr garantiert, ihn dann aber zur Erfolgsabwendung innerhalb des § 13 StGB zwingt, ist dies ein Widerspruch in sich. Im Übrigen kann derjenige, der sich durch einen rechtswidrigen Angriff selbst in Gefahr bringt, nachher nicht erwarten, dass die Rechtsordnung den Angegriffenen zu seinem Schutz als Garant in die Pflicht nimmt. Es ist somit festzustellen, dass derjenige, der in Notwehr einen anderen verletzt, nicht zum Garanten im Sinne des § 13 StGB im Hinblick auf den Tod des Verletzten werden kann. Denn dieser Täter handelt nicht pflichtwidrig, er war ja durch Notwehr bei seiner Handlung gerechtfertigt.

Ergebnis: R ist auch im Hinblick auf den Tod des B nicht wegen Totschlags durch Unterlassen gemäß den §§ 13 Abs. 1, 212 Abs. 1 StGB strafrechtlich zu belangen.

R könnte sich dann aber wegen unterlassener Hilfeleistung gemäß § 323c ABs. 1 StGB strafbar gemacht haben.

R hat bei einem Unglücksfall keine Hilfe geleistet, obwohl dies erforderlich und ihm den Umständen nach zumutbar war. Vorsatz, Rechtswidrigkeit und Schuld begegnen keinen Bedenken.

Ergebnis: R ist im Hinblick auf den Tod des B zu bestrafen nach § 323c Abs. 1 StGB.

R könnte sich des Weiteren wegen Aussetzung mit Todesfolge gemäß § 221 Abs. 1 Nr. 2, Abs. 3 StGB strafbar gemacht haben.

Ebenso wie in Bezug auf F scheitert eine Bestrafung aus § 221 StGB schon am Tatbestand, da das Opfer B nicht in der Obhut des R stand und R auch nicht verpflichtet war, dem B sonst beizustehen. Denn dies setzte nach allgemeiner Ansicht voraus, dass der Täter eine dem Garanten im Sinne des § 13 StGB identische Stellung innehaben muss, was freilich bei R nicht der Fall war.

Ergebnis: Eine Bestrafung des R im Hinblick auf den Tod des B nach § 221 Abs. 1 Nr. 2, Abs. 3 StGB scheitert schon im Tatbestand.

Gesamtergebnis: R hat sich folglich nur strafbar gemacht wegen unterlassener Hilfeleistung nach § 323c Abs. 1 StGB in zwei Fällen. Eine Tötung durch Unterlassen im Sinne der §§ 13 Abs. 1, 212 Abs. 1 StGB scheitert indessen an der Garantenstellung des R.

5. Abschnitt

Täterschaft und Teilnahme (§§ 25 ff. StGB)

Fall 10

Body Pump

Rechtsstudent R ist durch das Staatsexamen gefallen und plant die Rache an seinem Prüfer, Professor P. Dazu bringt R die Adresse des P in Erfahrung und stellt bei einer »Ortsbesichtigung« fest, dass P in einem Haus am Stadtrand wohnt. Beim Blick durch die Fenster sieht R mehrere wertvolle Gemälde und beschließt, diese zu entwenden. Zur späteren Durchführung dieses Vorhabens macht R mit seiner Digitalkamera Fotos des Hauses und der Umgebung sowie der in Betracht kommenden Gemälde. Schließlich kann R der Sekretärin des P am nächsten Tag durch einen Trick entlocken, dass P mit seiner Frau in der folgenden Woche im Urlaub ist. Um nicht selbst in Verdacht zu geraten, weiht R einige Tage später seinen Freund F ein und bittet ihn um Hilfe. R und F verabreden folgenden Plan: F soll am ersten Urlaubstag des P in das Haus einsteigen und die von R fotografierten Gemälde entwenden. Hierfür erhält F von R die Fotos der Kunstwerke, entsprechendes Werkzeug zum Einsteigen, ein großräumiges Auto und die von R gemachten Aufnahmen des Hauses und der Umgebung, anhand derer R dem F erläutert, wie und wo er am besten einbrechen kann. Der F führt diesen Plan sodann exakt aus. Um sich ein Alibi zu verschaffen, nimmt R zur Tatzeit im Fitness-Studio an einem »Body Pump«-Kurs teil. Die Beute wird später – wie von Anfang an verabredet – hälftig zwischen F und R geteilt.

Strafbarkeit von F und R?

Schwerpunkte: Die Mittäterschaft nach § 25 Abs. 2 StGB; Abgrenzung zur Anstiftung und Beihilfe; die Voraussetzungen der Mittäterschaft; die Tatherrschaftslehre; Problem der Vorbereitungshandlung; funktionales Zusammenwirken; die Strafbarkeit des Bandenchefs; Fragen nach dem Erfordernis einer Beteiligung an der konkreten Ausführungshandlung. Im Anhang: Strafbarkeit wegen versuchter Tötung des Mittäters an einem Komplizen → BGHSt 11, 268.

Lösungsweg

Einstieg: Mit diesem Fall betreten wir Neuland, denn es geht um die Strafbarkeit bzw. Beteiligung **mehrerer** Personen im Hinblick auf die gleiche Tat. Konkret müssen wir uns überlegen, ***wer*** von den beiden Kandidaten da oben sich ***wie*** strafbar gemacht hat – und ob nicht sogar eine sogenannte »Mittäterschaft« im Sinne des § 25 Abs. 2 StGB zwischen beiden in Betracht kommt. Die Alternativen hierzu wären eine

Anstiftung seitens des R im Sinne des § 26 StGB oder sogar nur eine **Beihilfe** zur Tat des F gemäß § 27 StGB. Da sich Täterschaft und Teilnahme (Teilnahme = Anstiftung oder Beihilfe, vgl. § 28 Abs. 1 StGB) konstruktiv gegenseitig ausschließen und im Übrigen auch unterschiedliche Rechtsfolgen für den Betroffenen haben können, ist die Abgrenzung zwingend vonnöten. In der Klausur muss demnach stets festgestellt werden, welche Form der »**Beteiligung**« an einer Straftat vorliegt (Beteiligung = Täterschaft oder Teilnahme, vgl. § 28 Abs. 2 StGB), wobei man in problematischen Fällen immer mit einer möglichen Täterschaft beginnt und erst bei Ablehnung derer die Teilnahme zu prüfen hat (*Wessels/Beulke/Satzger* Rz. 1371; *Fischer* vor § 25 StGB Rz. 1; *Lorenz* in JA 2018, 34). Es gilt die Regel:

Die Täterschaft (→ § 25 StGB) geht der Teilnahme (→ §§ 26, 27 StGB) stets vor!

Und so wollen wir das bitte hier auch machen und demnach zunächst untersuchen, ob sich R und F wegen **Mittäterschaft** im Sinne des § 25 Abs. 2 StGB bezüglich des Einbruchs strafbar gemacht haben.

Durchblick: Das Problem unseres Falles liegt offensichtlich darin, dass die eigentliche Tathandlung in Form des Einbruchs und der Wegnahme der Bilder allein von F durchgeführt worden ist. Der R war beim Body Pump-Kurs und demnach auf den ersten Blick gar nicht beteiligt und bei der Ausführung der Tat insbesondere vor Ort auch nicht dabei. Man wird sich angesichts dessen fragen müssen, ob sein sonstiges Verhalten in Form der vorbereitenden Planung wirklich ausreicht, um ihn hier zum (Mit-)Täter im Sinne des § 25 Abs. 2 StGB zu machen – oder aber ob es sich lediglich um eine Form der **Anstiftung** oder der **Beihilfe** zur Tat des F handelt. Namentlich im Falle einer Beihilfe hätte dies beachtliche Konsequenzen für unseren R, denn gemäß § 27 Abs. 2 StGB wäre seine Strafe dann zwingend zu mildern.

Die aufbautechnische Darstellung der Fragen um (Mit-) Täterschaft und Teilnahme ist knifflig und nicht allgemeingültig zu beantworten: sie hängt leider zumeist am Einzelfall. Wir werden uns gleich die (drei) verschiedenen Möglichkeiten der Darstellung einer Mittäterschaft genauer anschauen, wollen uns für den Einstieg in diesen Fall hier aber schon mal Folgendes merken: Bei den Konstellationen, bei denen ein Täter **sämtliche** Tatbestandsmerkmale des in Betracht kommenden Delikts in seiner Person vereinigt, beginnt man stets mit der separaten Prüfung **dieser** Person, man nennt ihn den »**Tatnächsten**«. Erst im Anschluss daran muss und kann die Beteiligungsform der anderen Person geklärt werden. Und genau so wollen wir hier auch arbeiten und beginnen folglich mit der separaten Prüfung des F, denn der ist ja allein in das Haus eingestiegen und hat die Bilder auch allein entwendet. Haben wir festgestellt, wie F sich insoweit strafbar gemacht hat, können wir im zweiten Schritt die Beteiligungsform des R untersuchen. Also:

I. Strafbarkeit des F (durch das Entwenden der Bilder)

→ §§ 244 Abs. 1 Nr. 3, Abs. 4, 242 StGB (Wohnungseinbruchsdiebstahl)

I. Tatbestand

A. Objektiv

F ist in das Haus des P eingestiegen und hat dort mehrere wertvolle Gemälde entwendet. Damit liegt der objektive Tatbestand des § 244 Abs. 1 Nr. 3, Abs. 4 StGB ohne Probleme vor.

B. Subjektiv

F handelte diesbezüglich vorsätzlich und auch in der Absicht, sich oder einem Dritten die gestohlenen Sachen rechtswidrig zuzueignen (die Beute wurde später verabredungsgemäß geteilt!).

II. Rechtswidrigkeit

Kein Problem.

III. Schuld

Ebenso.

Ergebnis: Der F hat sich strafbar gemacht wegen Wohnungseinbruchsdiebstahls gemäß den §§ 244 Abs. 1 Nr. 3, Abs. 4, 242 StGB. Der ebenfalls verwirklichte Hausfriedensbruch nach § 123 StGB tritt als notwendige Begleittat hinter § 244 Abs. 1 Nr. 3, Abs. 4 StGB zurück (BGH NStZ **1998**, 91; S/S/*Eser/Bosch* § 244 StGB Rz. 59).

II. Strafbarkeit des R

→ **§§ 25 Abs. 2, 244 Abs. 1 Nr. 3, Abs. 4, 242 StGB** (Mittäterschaft)

Beachte: Der gutachtenmäßige Aufbau einer Prüfung des § 25 Abs. 2 StGB, also der sogenannten »Mittäterschaft«, hängt davon ab, in welcher Form die beiden (oder mehrere) Täter im konkreten Fall zusammen wirken. Es gibt drei verschiedene Varianten, von denen in den Prüfungen allerdings zumeist nur eine abgefragt wird (vgl. instruktiv *Rengier* AT § 44 Rz. 5 ff.). Im Einzelnen:

→ Verwirklichen beide (Mit-)Täter gemeinsam – also jeder auch für sich in seiner Person – sämtliche Tatbestandsmerkmale des in Betracht kommenden Delikts, ist die Prüfung kein Problem: Wenn also beispielsweise in unserem Fall oben R und F nach einem gemeinsamen Plan zusammen in das Haus eingestiegen wären, gemeinsam die Bilder an sich genommen hätten und dann auch noch zusammen im Fluchtauto abgedüst wären, um später die Beute brav zu teilen, hätte man in der Klausur Folgendes gemacht: Dann prüft man beide **zusammen** in einem Obersatz und subsumiert das gemeinsame Verhalten in **einer** einzigen Tatbestandsprüfung. Das ist deshalb zulässig und auch erwünscht (!), weil nämlich diese Prüfung unproblematisch auf beide (Mit-) Täter zutrifft. Trennt man in diesem Falle die Prüfung der beiden Täter, entstehen zwangsläufig ziemlich ärgerliche und vor allem »ermüdende Wiederholungen und Verweise«, die jeden Leser nerven (darauf verweisen etwa *Wessels/Beulke/Satzger* Rz. 1382 ff. und geben entsprechende Anleitungen).

→ Der in Klausuren und Hausarbeiten weitaus häufigste Fall ist indes der, dass – wie bei unserer Geschichte auch – nur **ein** Täter sämtliche Tatbestandsmerkmale des in Frage stehenden Delikts erfüllt, der andere auf Tatbestandsebene aber einen Mangel hat, sprich, nicht die oder alle Merkmale des gesetzlichen Tatbestandes in seiner Person verwirklicht, gleichwohl an der Tat partizipiert und auch entsprechend mitgewirkt hat. Hier kann man nun nicht gleich beide zusammen prüfen, denn diese Prüfung müsste umständlich unterteilt bzw. teilweise separat durchgeführt werden, was einem gut lesbaren Aufbau bzw. einer gut strukturierten Klausurlösung ziemlich abträglich ist. Deshalb geht man in Fällen dieser Art so vor, dass man – wie oben schon mal erwähnt – zunächst den sogenannten »**Tatnächsten**«, also die Person, die sämtliche Merkmale des Tatbestandes vollständig erfüllt, durchprüft. Sodann kommt die andere Person, bei der man festzustellen hat, in welcher Form sie an der Tat des anderen »beteiligt« ist, also entweder als (Mit-)Täter oder als Teilnehmer. Und bei dieser Frage beginnt man stets – auch das sagten wir bereits – mit der möglichen **Täterschaft**; nur bei Ablehnung derer kommt erst eine Teilnahme in Betracht. Die entscheidende Frage bei der Prüfung der Täterschaft lautet dann: Muss sich der eine Beteiligte die Verwirklichung des Tatbestandes durch den anderen vollständig zurechnen lassen und wird er dadurch insbesondere zum **Mittäter** im Sinne des § 25 Abs. 2 StGB (klären wir gleich)?

→ Als letzte Variante einer mittäterschaftlichen Prüfung im Sinne des § 25 Abs. 2 StGB kommt schließlich noch die Konstellation in Betracht, in der nur beide Täter **gemeinsam** alle Tatbestandsmerkmale erfüllen, jeder für sich allein betrachtet aber nicht. **Beispiel:** Bei einem Bankraub (§ 249 StGB) hält Täter T1 den Kassierer fest, während Täter T2 die Kasse leerräumt. Hier hat T1 zwar »Gewalt gegen eine Person« angewendet, aber nicht »weggenommen«. T2 hat hingegen »weggenommen«, aber keine »Gewalt gegen eine Person« angewendet. Die Lösung dessen ist unterschiedlich möglich: Der souveräne Kandidat prüft auch hier wieder beide zusammen in **einem** Tatbestand und rechnet so die Handlungen der beteiligten Personen einander zu (so empfiehlt es etwa das *Alpmann*-Skript oder auch Herr *Rengier* in seinem AT bei § 44 Rz. 8). Gangbar ist aber auch die etwas weniger souverän aussehende Variante, nämlich die Täter hier ebenfalls **getrennt** zu erörtern, um so die gemeinsame Tatbegehung aufzudröseln.

Zu unserem Fall:

Wir haben es hier eindeutig mit der zweiten gerade dargestellten Konstellation zu tun, also der Situation, dass ein Täter **alle** Tatbestandsmerkmale in seiner Person verwirklicht, während die andere Person einen (beachtlichen!) Mangel auf Tatbestandsebene zu verzeichnen hat. Unserem R fehlt sogar jede Erfüllung eines objektiven Tatbestandsmerkmals. Er war ja noch nicht mal am Tatort.

Frage: Muss sich R das Verhalten des F dennoch dergestalt zurechnen lassen, dass auch er als Täter (→ Mittäter) des Delikts zu qualifizieren ist? Oder hat der Beitrag des R an der Tat des F nur Teilnehmerqualität, ist also lediglich geeignet für eine Strafbarkeit wegen Anstiftung oder Beihilfe?

Antwort: Ob jemand als Täter oder Teilnehmer einer Tat zu bewerten ist, hängt grundsätzlich davon ab, inwieweit der Tat zum einen ein gemeinsamer Tatplan zugrunde liegt (gemeinsamer Tatentschluss) und ob die Tat zum anderen von den Beteiligten auch gemeinsam **funktional arbeitsteilig** ausgeführt worden ist (gemeinsame Tatausführung). Die Täter müssen bewusst und gewollt zusammengewirkt haben (BGH NStZ **2020**, 344; BGH NStZ **2020**, 22; *Wessels/Beulke/Satzger* Rz. 811). Liegen diese Voraussetzungen vor und ergänzen bzw. vervollständigen sich so die einzelnen Tatbeiträge zu einem einheitlichen Ganzen, muss sich jeder Beteiligte den Gesamterfolg als eigenen im Sinne des § 25 Abs. 2 StGB zurechnen und somit als Mittäter bestrafen lassen (BGH NStZ-RR **2019**, 73; BGH NStZ-RR **2018**, 40; *Wessels/Beulke/Satzger* Rz. 811; *Rengier* AT § 44 Rz. 2).

Durchblick: Das klingt nicht nur ziemlich abstrakt – das ist es auch. Die Probleme verbergen sich bei genauer Betrachtung leider hinter den Sätzen, wie wir gleich im Einzelnen sehen werden. Insbesondere die **gemeinsame Tatausführung** ist in unserem Fall – und im Übrigen auch in den klassischen Klausurfällen an der Uni und im Examen – im Zweifel nicht gegeben, was die Mittäterschaft nach der eben benannten Regel eigentlich von vorneherein ausschließen müsste. Dass das aber nicht zwingend so sein muss, werden wir uns jetzt mal in Ruhe anschauen und wollen uns dabei bitte an folgenden Prüfungsaufbau halten:

1. Gemeinsamer Tatplan (→ subjektive Seite der Mittäterschaft)

Damit R als Mittäter im Sinne des § 25 Abs. 2 StGB qualifiziert werden kann, muss er zunächst mit F einen **gemeinsamen Tatplan** bzw. Tatentschluss einschließlich des vom jeweiligen Delikt erforderlichen Vorsatzes und der besonderen Absichten gehabt haben (BGH NStZ-RR **2020**, 143; BGH NStZ-RR **2019**, 73). Und das ist hier auch kein Problem: R und F haben einen solchen gemeinsamen Tatplan im Hinblick auf das Entwenden der Bilder abgesprochen, den der F dann ja auch genau eingehalten hat. Zudem hatte R den Vorsatz auf die Wegnahme der fremden beweglichen Sachen und den Einbruch sowie auch die für § 242 StGB erforderliche Zueignungsabsicht.

ZE.: Ein gemeinsamer Tatplan sowie die erforderlichen subjektiven Tendenzen in Form des Vorsatzes und der Zueignungsabsicht liegen bei R vor.

2. Gemeinsame Tatausführung (→ objektive Seite der Mittäterschaft)

So, jetzt wird es interessant: Denn – wir haben es schon mehrfach gesagt – unser R hat bei der konkreten Tat objektiv in keiner Weise mitgewirkt. Er war beim Body Pump-

Kurs (= albernes »Ganzkörperworkout« mit Langhantel) im Fitness-Studio. Die Frage, die sich angesichts dessen nun stellt, ist natürlich die, ob man auch in solchen Fällen von einer **gemeinsamen** Tatausführung im benannten Sinne sprechen kann.

Grundsätzlich gilt: Die Mittäterschaft nach § 25 Abs. 2 StGB setzt voraus, dass jeder Beteiligte auf Grund und im Rahmen des gemeinsamen Tatplans einen für die Deliktsbegehung förderlichen Tatbeitrag leistet. Als objektiver Tatbeitrag kommt namentlich die Beteiligung an der deliktischen Ausführungshandlung in Betracht (BGH NStZ **2020**, 344; BGH NStZ-RR **2020**, 143; *Wessels/Beulke/Satzger* Rz. 811/819).

Aber: Die herrschende Meinung und insbesondere die Rechtsprechung lassen es auch genügen, wenn sich der Tatbeitrag einer Person in Erfüllung eines gemeinsamen Plans lediglich auf die Vornahme einer bloßen **Vorbereitungshandlung** oder die **Unterstützung** der Tat durch gezielte Planung im Vorfeld beschränkt (BGH NStZ **2020**, 22; BGH NStZ-RR **2019**, 73; S/S/*Heine/Weißer* § 25 StGB Rz. 66; SK/*Hoyer* § 25 StGB Rz. 120; *Wessels/Beulke/Satzger* Rz. 823; *Lorenz* in JA 2018, 34). Denn auch diese Handlungen weisen dem Täter im Rahmen des Gesamtplans eine sogenannte »funktionelle Tatherrschaft« zu, jedenfalls dann, wenn der im Vorfeld geleistete Beitrag in der späteren Tatausführung quasi »fortwirkt« und im Zweifel sogar als logische Bedingung für das Funktionieren der Deliktserfüllung sichtbar wird (BGH NStZ **2020**, 344; BGH NStZ **2020**, 22; BGH NStZ-RR **2019**, 73; SK/*Hoyer* § 25 StGB Rz. 120). Denn da die Tat ohne diese Planung im Vorfeld in der Regel nicht gelingt oder unter Umständen gar nicht ausgeführt worden wäre, muss auch die Person, die derart maßgeblich mitgewirkt hat, als Mittäter im Sinne des § 25 Abs. 2 StGB bestraft werden können. Denn auch dieser Person kommt eine »Tatherrschaft« im funktionalen Sinne zu. Bei der Prüfung dessen muss allerdings stets sehr sorgfältig darauf geachtet werden, ob das **Minus** bei der realen Ausführung der Tat durch ein entsprechendes **Plus** bei der vorbereitenden Deliktsgestaltung ausgeglichen wird (BGH NStZ **2020**, 22).

Durchblick: Gemeint sind hiermit die klassischen »Bandenchefs«, die nur im Vorfeld der Tat aktiv sind, diese aber dafür haargenau planen und so die reibungslose Durchführung garantieren. Zum Tatzeitpunkt gehen sie dann aber lieber in die Kneipe (oder ins Fitness-Studio!), um bei der Polizei später gleich eine ganze Latte von Zeugen für ein Alibi aufbieten zu können. In diesem Fall verwirklichen sie zwar kein einziges Tatbestandsmerkmal des entsprechenden Delikts, denn die Tat ist natürlich von anderen ausgeführt worden; gleichwohl erscheint die begangene Tat auch und vor allem als »ihr Werk«. Insbesondere haben sie nicht nur eine **fremde** Tat gefördert, was für eine Beihilfe nach § 27 StGB sprechen könnte.

Und deshalb bestraft die herrschende Meinung und die Rechtsprechung des BGH in diesen Konstellationen wegen **Mittäterschaft** nach § 25 Abs. 2 StGB – obwohl es eigentlich am Merkmal der »gemeinsamen Tatausführung« fehlt (BGH NStZ-RR **2019**, 73; BGH JuS **2019**, 77; BGH JuS **2013**, 177; *Jescheck/Weigend* § 63 III 1; MK/*Joecks* § 25 StGB Rz. 195; SK/*Hoyer* § 25 StGB Rz. 120; *Wessels/Beulke/Satzger* Rz. 823). Merken.

Zum Fall: Wir müssen jetzt gerade noch unseren Sachverhalt subsumieren, denn erforderlich war ja nach dem eben Gesagten, dass das **Minus** bei der realen Ausführung der Tat durch ein entsprechendes **Plus** bei der vorbereitenden Deliktsgestaltung ausgeglichen wird. Und hierbei kommt es dann zum einen auf den Grad des eigenen Interesses an der Durchführung der Tat an; zum anderen ist wichtig, inwieweit die vorbereitende Gestaltung objektiv zum Gelingen der Tat beigetragen hat; und schließlich muss der Wille des Beteiligten, eine zentrale, die Tat beherrschende Rolle zu spielen, vorhanden sein (BGH NStZ-RR **2019**, 73; BGH JA **2018**, 472; BGH NStZ **2016**, 136; S/S/*Heine/Weißer* § 25 StGB Rz. 66; *Lorenz* in JA 2018, 34).

Hier: Und das ist tatsächlich bei unserem Fall kein Problem. Denn R hatte den ganzen Plan zunächst allein ausgeheckt. Er wollte die Tat als Rache für ***sein*** Examen. Seine Vorbereitungshandlungen waren detailliert und für F auch zwingend notwendig, um die Tat später überhaupt begehen zu können (R hatte die Fotos gemacht, die Umgebung ausgekundschaftet, dem F zudem Werkzeug und ein Fluchtauto verschafft). R hatte folglich auch eine die Tat beherrschende, funktional erhebliche Rolle, selbst wenn er nicht am Tatort zugegen war. Schließlich spricht auch das hälftige Teilen der Beute für eine gleichberechtigte Zusammenarbeit der beiden Beteiligten. Das **Minus** bei der konkreten Tatausführung war damit durch ein **Plus** bei der vorbereitenden Deliktsplanung ausgeglichen. R hatte namentlich eine funktionale »Tatherrschaft«.

ZE.: Die tatbestandlichen Voraussetzungen einer Mittäterschaft im Sinne des § 25 Abs. 2 StGB liegen auf Seiten des R vor.

> **Feinkostabteilung:** Das, was wir da gerade gelernt haben, ist die sogenannte »Tatherrschaftslehre«, wonach jeder Täter bzw. Mittäter ist, dem eine Tatherrschaft, auch eine nur funktionale im Vorfeld der jeweiligen Tat, zukommt (vgl. BGH NStZ **2020**, 344; BGH NStZ **2020**, 22; BGH NStZ-RR **2019**, 73; S/S/*Heine/Weißer* § 25 StGB Rz. 66; *Gropp* AT § 10 Rz. 85; *Jescheck/Weigend* § 63 III 1; *Lackner/Kühl* § 25 StGB Rz. 11). Damit begründet die herrschende Meinung – wie gesehen – die Strafbarkeit des Bandenchefs als Mittäter im Sinne des § 25 Abs. 2 StGB, auch wenn der Bandenchef zum Tatzeitpunkt am Body-Pump Kurs teilnimmt. Es gibt hierzu bis heute aber noch eine Gegenmeinung, die verlangt, dass jeder Mittäter auch an der konkreten Ausführungshandlung **aktiv** beteiligt sein müsse (vgl. LK/*Schünemann* § 25 StGB Rz. 182; NK/*Schild* § 25 StGB Rz. 93; *Bloy* in GA 1996, 424; *Zieschang* in ZStW 107, 361; *Herzberg* in ZStW 99, 49; *Rotsch* in JuS 1995, 1101; *Köhler* AT Seite 510; *Kühl* AT § 20 Rz. 108). Wer keinerlei Beitrag zur Tat während des Ausführungsstadiums leiste, könne auch nicht Mittäter sein; dies gehe nämlich über den Wortsinn des § 25 Abs. 2 StGB hinaus. Freilich soll für eine solche Mitwirkungshandlung nach dieser Auffassung durchaus schon genügen können, wenn der Täter mit den übrigen Mittätern zumindest telefonisch oder per Funk in Verbindung steht und so den Tatverlauf quasi kontrollieren und leiten kann (LK/*Schünemann* § 25 StGB Rz. 182; *Roxin* in JA 1979, 519; *Puppe* in NStZ 1991, 571).

Tipp: Diese Gegenmeinung muss man – zumindest in der Klausur – nicht kennen bzw. erwähnen. Die Prüfer sind zumeist schon sehr glücklich, wenn man die herrschende Ansicht mit der **Tatherrschaftslehre** aufsagen und vor allem niederschreiben kann. Das reicht auf jeden Fall für eine vernünftige Note. Wer indessen richtig abkassieren will oder aber eine Hausarbeit über das Thema zu schreiben hat, kann und sollte sich die Mühe machen, auch die Gegenmeinung argumentativ zu bearbeiten (vgl. im Bedarfsfall dann bei LK/*Schünemann* § 25 StGB Rz. 180 ff. oder auch *Wessels/Beulke/Satzger* Rz. 819 ff.).

Zurück zum Fall:

II. Rechtswidrigkeit

Es sind keine Gründe ersichtlich, die das Verhalten des R rechtfertigen könnten.

III. Schuld

Anhaltspunkte für den Ausschluss der Schuld bestehen ebenfalls nicht.

Ergebnis: Unser R hat sich strafbar gemacht wegen mittäterschaftlicher Begehung eines Einbruchsdiebstahls nach den §§ 25 Abs. 2, 244 Abs. 1 Nr. 3, Abs. 4, 242 StGB.

Noch ein prüfungsverdächtigter Nachtrag

Wir haben gerade gesehen, dass unser R, obwohl er beim eigentlichen Tatvorgang bzw. der eigentlichen Tathandlung gar nicht zugegen war, gleichwohl als Mittäter gemäß § 25 Abs. 2 StGB zu bestrafen ist. Zurückzuführen war das Ganze auf die insbesondere vom BGH favorisierte subjektive Lehre, wonach jeder Beteiligte, dem »funktionelle Tatherrschaft« zukommt, als (Mit-)Täter bestraft werden kann, demnach unter anderem auch derjenige, der im **Vorfeld** der Tat maßgeblich fördernd und/oder unterstützend agiert, an der eigentlichen Tatausführung selbst zwar nicht beteiligt ist, die Tat aber gleichwohl auch als eigene will (siehe oben). Der BGH hat diese Rechtsprechung jüngst bestätigt und einen Mann wegen mittäterschaftlich begangenen Raubes verurteilt, der seine drei Mittäter nach vorherigem Plan zum Tatort gefahren und nach Begehung der Tat, deren Erlös später anteilig aufgeteilt wurde, wieder weggefahren hatte (→ BGH NStZ **2020**, 22; BGH NStZ-RR **2020**, 143).

Aber, Achtung: Auch insoweit gibt es Grenzen, wie ein anderer Fall des BGH aus dem Oktober 2015 (→ NStZ-RR **2016**, 6) anschaulich dokumentiert: Täter T hatte seinem Bekannten B erzählt, dass er am Folgetag spätabends in einen Baumarkt einbrechen und dort Werkzeuge entwenden wolle. B fand die Idee prima, nahm die Tat des T auch gleich als »gemeinsame« Tat in seinen Vorsatz auf und erklärte sich zudem bereit, die Beute in seiner Wohnung, zu der T jederzeit Zutritt hatte, aufzubewahren und gegebenenfalls bei der Verwertung zu helfen. Dieses Zureden bestärkte T erheblich in seinem Tatentschluss. Sodann brach T wie angekündigt am Folgetag abends ein Rolltor des Baumarktes auf und entwendete Werkzeug im Wert von mehr als 4.000 Euro, das er anschließend verabredungsgemäß bei B lagerte. Zu einer Verwertung kam es nicht mehr. **Strafbarkeit des B?**

Lösung: Der BGH lehnte eine Mittäterschaft des B ab und verurteilte ihn wegen Beihilfe zum Einbruchsdiebstahl des T. Zur Begründung heißt es:

> *»… Bei der Beteiligung mehrerer Personen, von denen nicht jede Person sämtliche Tatbestandsmerkmale verwirklicht, ist nur derjenige Mittäter im Sinne des § 25 Abs. 2 StGB, der seinen eigenen Tatbeitrag so in die Tat einfügt, dass er als Teil der Handlung eines anderen Beteiligten und umgekehrt dessen Handeln als Ergänzung des eigenen Tatanteils erscheint … Mittäerschaft erfordert dabei zwar nicht zwingend eine Mitwirkung am Kerngeschehen; ausreichend kann auch ein die Tatbestandsverwirklichung fördernder Beitrag sein, der sich auf die* ***Vorbereitung*** *oder* ***Unterstützung*** *der Tat bezieht. Stets muss sich diese Mitwirkung aber nach der Willensrichtung des sich Beteiligenden als Teil der Tätigkeit* ***aller*** *darstellen. Hierbei kommt es auf die Gesamtbetrachtung aller Umstände des Einzelfalles an. Maßgebliche Kriterien sind insoweit der Grad des eigenen Interesses an der Tat, der Umfang der Tatbeteiligung und die Tatherrschaft oder wenigstens der Wille dazu, so dass die Durchführung und der Ausgang der Tat maßgeblich auch vom Willen des Betroffenen abhängen … Für den vorliegenden Fall gilt daher* ***Folgendes****: Allein die Kenntnis des B von den Taten des T und sein Wille, diese Taten als ›gemeinsame‹ Taten anzusehen, genügt für eine mittäterschaftliche Zurechnung nicht. Die Tatbeiträge des B, wie etwa die Zusage, die Beute in seiner Wohnung zu lagern und später bei der Verwertung zu helfen, waren nach ihrem äußeren Erscheinungsbild in Bezug zu den Tatbeiträgen des T allenfalls* ***Beteiligungshandlungen*** *im Sinne des § 27 StGB, die für sich alleine weder auf eine Tatherrschaft noch auf einen Täterwillen schließen lassen. Die Tat beging unstreitig allein T; deren konkrete Ausführung und deren Erfolg waren in jeder Form dem Einfluss und der Kontrolle des B entzogen. Das Interesse des B am Gelingen des Diebstahls des T und die Absprache, das Diebesgut in seiner Wohnung zu lagern und unter Umständen bei der Verwertung zu helfen, begründen für sich betrachtet noch keine mittäterschaftliche Zurechnung im Sinne des § 25 Abs. 2 StGB, selbst dann nicht, wenn B die Tat des T nach eigenem Bekunden in seinen Vorsatz bzw. seinen Willen mit aufgenommen hatte … Erforderlich wäre ein Tatbeitrag dergestalt gewesen, dass dieser Beitrag in irgendeiner Form in die später von T allein begangene Ausführungshandlung fortwirkt. Ein solcher Beitrag des B ist vorliegend aber nicht erkennbar …«*

Also: Zwar kann man auch ohne Beteiligung an der eigentlichen Ausführungshandlung ein Mittäter im Sinne des § 25 Abs. 2 StGB sein; allerdings bedarf es dazu mehr als der bloßen Kenntnis von der Tat eines anderen, selbst wenn man diese Tat als »gemeinsame« will und etwa auch die Beute einlagert. Erforderlich ist in jedem Falle ein die Tat selbst fördernder Beitrag im Vorfeld (siehe insoweit unseren Ausgangsfall!) oder eine anderweitige Handlung, die in der später von einem Anderen begangene Tat fortwirkt oder diese jedenfalls unterstützt (vgl. insoweit den interessanten Fall des BGH aus der NStZ-RR **2019**, 73, wo der BGH einen »Kurierfahrer« (K) vom Vorwurf des mittäterschaftlich begangenen Diebstahls freispricht: K hatte ein von seinem Freund gestohlenes Auto verabredungsgemäß (für 500 Euro) nach Prag gefahren, damit es dort verkauft wird. Der BGH verneinte § 25 Abs. 2 StGB mit dem Argument, K habe keinerlei Einfluss auf das konkrete Diebstahlsgeschehen gehabt und könne daher trotz Unterstützungshandlung nicht als Mittäter bestraft werden).

In diesen Zusammenhang passt auch noch eine interessante BGH-Entscheidung aus dem September 2017: Zwei Personen (T und O) waren auf einem Spielplatz in Streit geraten, woraufhin der T seinen Bruder B anrief, der ihm seinen (des T) Baseball-schläger bringen sollte, damit er »einen anderen« niederschlagen könne. B tat wie geheißen und brachte T den Baseballschläger, woraufhin T damit seinem Gegenüber umgehend gegen den Kopf schlug. O verlor dadurch ein Auge. Das Landgericht verurteilte T und B anschließend wegen gemeinschaftlicher begangener, schwerer Körperverletzung gemäß den §§ 25 Abs. 2, 224, 226 StGB. **Irrtum**! Der BGH (→ NStZ-RR **2018**, 40) hob die Verurteilung des B auf und stellte Folgendes fest:

*»... Mittäterschaft im Sinne des § 25 Abs. 2 StGB setzt einen **gemeinsamen Tatentschluss** voraus, auf dessen Grundlage jeder Mittäter einen **objektiven Tatbeitrag** leisten muss. Bei der Beteiligung mehrerer Personen, von denen nicht jede Person sämtliche Tatbestandsmerkmale verwirklicht, ist Mittäter, wer seinen eigenen Tatbeitrag so in die Tat einfügt, dass dieser als Teil der Handlung eines anderen Beteiligten und umgekehrt dessen Handeln als Ergänzung des eigenen Tatanteils erscheint. Mittäterschaft erfordert dabei zwar nicht zwingend eine Mitwirkung am Kerngeschehen selbst; ausreichen kann auch ein die Tatbestandsverwirklichung fördernder Beitrag, der sich auf eine **Vorbereitungs- oder Unterstützungshandlung** beschränkt. Stets muss sich diese Mitwirkung aber nach der Willensrichtung des sich Beteiligenden als Teil der Tätigkeit aller darstellen. Ob ein Beteiligter ein so enges Verhältnis zur Tat hat, hat der Tatrichter aufgrund einer wertenden Gesamtbetrachtung aller festgestellten Umstände zu prüfen. Wesentliche Anhaltspunkte können dabei der Grad des eigenen Interesses am Taterfolg, der Umfang der Tatbeteiligung und die Tatherrschaft oder wenigstens der Wille zur Tatherrschaft sein, so dass die Durchführung und der Ausgang der Tat maßgeblich auch vom Willen des Betroffenen abhängt ... Gemessen hieran begegnet die Annahme mittäterschaftlichen Handelns des Angeklagten durchgreifenden rechtlichen Bedenken. Zwar weist das Landgericht zutreffend darauf hin, dass in dem Überbringen und der Übergabe des als Tatwerkzeug verwendeten Baseballschlägers durch den Angeklagten ein wesentlicher Tatbeitrag zu sehen ist, der die anschließende Tatausführung überhaupt erst ermöglichte und maßgeblich prägte. Zudem war der Angeklagte am Tatort anwesend. Beides vermag aber die Annahme von Mittäterschaft **nicht** zu rechtfertigen. Denn der Angeklagte hat weder die Tat initiiert, noch hat er an der unmittelbaren Tatausführung mitgewirkt. Auf die Auswahl des Tatopfers bzw. die Art der Tatausführung hatte er keinen Einfluss ... Die Annahme der Kammer ein weiterer, die bisherige Tathandlung ergänzender, mittäterschaftlicher Tatbeitrag des Angeklagten habe darin gelegen, seinen Bruder am Tatort **psychisch** zu unterstützen, wird durch die Feststellungen ebenfalls nicht getragen. Die psychische Unterstützung eines Tatgenossen setzt voraus, dass die Tatbegehung objektiv **gefördert** oder **erleichtert** wird und dass dies dem unterstützenden Tatgenossen bewusst ist (vgl. BGH NStZ 2014, 351, 352). Zum Beleg einer psychischen Unterstützung bedarf es genauer Feststellungen, insbesondere zur objektiv fördernden Funktion der Handlung sowie zu der entsprechenden Willensrichtung des Tatgenossen. Den Feststellungen ist weder zu entnehmen, dass die Anwesenheit des Angeklagten am Tatort die Tathandlung seines Bruders psychisch förderte, noch, dass der Angeklagte mit einer entsprechenden Willensrichtung am Tatort verblieb. Es versteht sich keineswegs von selbst, dass der Täter von seinem jüngeren Bruder jenseits der Übergabe des Baseballschlägers eine weitere Unterstützung erbeten hätte. Denn der mit einem Baseballschläger bewaffnete Täter brauchte erkennbar keine weitergehende Unterstützung ... Die Verurteilung wegen Mittäterschaft war daher aufzuheben, es kommt für B allenfalls eine Beihilfe zur Tat des T in Betracht ...«* (BGH NStZ-RR **2018**, 40).

Sehr Erstaunliches zum Abschluss

So. Damit haben wir jetzt die Mittäterschaft im Sinne des § 25 Abs. 2 StGB kennengelernt und weiter oben den am häufigsten in den universitären Übungsarbeiten abgefragten Fall beackert. Hängen bleiben sollte insoweit bitte das Prinzip, dass man auch Mittäter sein kann, wenn man an der Tatausführung selbst gar nicht mehr beteiligt war, dafür aber im Vorfeld einen maßgeblichen und unterstützenden Beitrag zum Gelingen dieser Tat geleistet hat und dass die reine Kenntnis von der Tat im Zweifel selbst dann nicht ausreicht, wenn man die Tat als »gemeinsame« Tat will (→ BGH NStZ-RR **2016**, 6). Diese Regeln basieren auf der sogenannten »funktionalen Tatherrschaft« und werden damit begründet, dass ein **Minus** bei der konkreten Ausführung in diesen Konstellationen durch ein **Plus** bei der planenden Vorbereitungshandlung ausgeglichen werden kann. Und wie man das im Einzelnen zu prüfen hat, steht weiter oben in der Lösung (vgl. insoweit dann gleich auch das Gutachten mit der komplett ausformulierten Fassung).

Im Zusammenhang mit den Problemen rund um die Mittäterschaft kommt hier zum Abschluss noch ein ziemlich verblüffendes Fällchen, das zwar schon uralt ist, genau genommen aus dem Januar 1958 (!) stammt, gleichwohl aber bis heute wie kaum eine andere Geschichte zum Reinfallen einlädt und aus diesem Grund bis heute in den universitären Prüfungen (gerne auch im mündlichen Examen) auftaucht – und dort von den Kandidaten zumeist leider gnadenlos versemmelt wird. Wirklich verwunderlich ist das Scheitern der Studenten nicht, denn es ging vor dem Bundesgerichtshof am 23. Januar 1958 (BGHSt **11**, 268) um den folgenden sonderbaren Fall:

> Die beiden Verbrecher V1 und V2 hatten beschlossen, in ein Lebensmittelgeschäft einzubrechen und dort die Kasse zu plündern. Dazu hatten sie Pistolen eingesteckt und zudem verabredet, notfalls bei der Flucht auf Verfolger zu schießen, um in jedem Falle mit der Beute entkommen zu können. Als V1 dann Stunden später kurz vor Mitternacht an dem Geschäft ein Fenster eingeschlagen hatte, um einzusteigen, dieses Fenster aber blöderweise nicht zum Lebensmittelgeschäft, sondern zu einer nebenan liegenden Wohnung gehörte, stürmte der Wohnungsinhaber W ans Fenster und schrie den V1 wütend an. Der völlig überraschte V1 lief daraufhin weg, spürte aber alsbald einen Verfolger hinter sich kommen. Im Glauben, es handele sich um W, drehte sich V1 kurz um und schoss mit seiner Pistole in der Dunkelheit mit Tötungsvorsatz auf die ihm folgende Person. Das war aber dummerweise sein Kumpel V2, der ihm nämlich in Panik gefolgt war. V2 überlebte, da er von V1 versehentlich nur am Arm getroffen wurde. **Strafbarkeit der Beteiligten?**

1. Dass der V1 wegen versuchten Mordes zu bestrafen war, stellte kein echtes Problem dar, denn sein Irrtum über die Identität der angeschossenen Person bleibt nach den Grundsätzen des sogenannten »**error in objecto vel persona**«, den wir zu einem späteren Zeitpunkt (Fall Nr. 18) noch in den Einzelheiten kennenlernen werden, unbeachtlich. V1 hat auf einen Menschen geschossen und wollte dies auch – dass dieser Mensch jemand anders war, als von ihm angenommen, spielt für seine Strafbarkeit bzw. seinen Vorsatz keine Rolle (→ BGHSt **11**, 268).

2. Die deutlich interessantere Frage war indessen, wie der V2 an dieser Tat, also an dem versuchten Mord an sich selbst (!), beteiligt gewesen ist. Und erstaunlicherweise hat der BGH hier festgestellt, dass V2 aufgrund der vorherigen Absprache zwischen V1 und V2 in jedem Falle ein **Mittäter** nach § 25 Abs. 2 StGB sein und sich demnach auch das Verhalten des V1 – und auch den Irrtum des V1 – zurechnen lassen musste. Denn V1 und V2 hatten verabredet, die Tat gemeinsam zu begehen und notfalls auch auf Verfolger zu schießen. Demzufolge war das in diesem Tatplan vorgesehene Verhalten des jeweils einen dem jeweils anderen auch über § 25 Abs. 2 StGB zuzurechnen (anders aber: LK/*Schünemann* § 25 StGB Rz. 177). Die Tatsache, dass das Strafgesetzbuch bzw. unsere Rechtsordnung nur die Tötung einer **fremden** Person sanktioniert (Selbstmord, auch ein versuchter, ist nicht strafbar!), stehe dem nicht entgegen. Zwar werde V2 für die versuchte Tötung an sich selbst bestraft. Insoweit sei indes beachtlich, dass V2 sich das Verhalten aus der Sicht des V1 zurechnen lassen müsse. Und für V1 war V2 eine andere Person, deren (versuchte) Tötung strafrechtlich relevant war (BGHSt **11**, 268). Für V2 stelle das Verhalten aus seiner Sicht nur einen untauglichen Versuch dar, der aber an der Strafbarkeit nichts ändere (vgl. umfassend zum Ganzen MüKo/*Joecks* § 25 StGB Rz. 248/249).

Ergebnis: Auch V2 geht in den Knast wegen versuchter Tötung in Mittäterschaft. Und zwar begangen an sich selbst. Hat man Worte!?

Achtung! Diese Rechtsprechung aus dem Januar 1958, wonach ein »error in persona« des einen (Mit-)Täters auch für den anderen Mittäter unbeachtlich bleibt, hat der BGH im **August 2018** – also ziemlich genau 60 Jahre später (!) – erstmals ausdrücklich und umfassend bestätigt, was die ganze Geschichte abermals interessant und jedenfalls für Fortgeschrittene und Examenskandidaten wieder maximal prüfungstauglich macht (BGH NStZ **2019**, 511). Es ging um den folgenden Fall:

> Zwei Freunde (A und B) hatten beschlossen, einen ihnen bislang persönlich unbekannten Dealer (D) in einen Hinterhalt zu locken und unter Gewaltanwendung Ecstasy-Pillen zu entwenden. A bestellte daher D unter dem Vorwand, für eine Party Drogen kaufen zu wollen, per Telefon in einen Innenhof. Nach dem gemeinsamen Tatplan sollte A den D dort empfangen und in das Haus schicken, wo die Party stattfand. Hinter der Eingangstür wartete B, der D beim Eintreten sofort niederschlagen und ihm die Pillen wegnehmen sollte. Tatsächlich erschien im Innenhof aber zunächst der F, ein Freund des A, den A arglos ins Haus zur Party schickte. B kannte den F dummerweise nicht und schlug ihn im Glauben, den D vor sich zu haben, mit einem Faustschlag nieder. **Strafbarkeit des A?**

Lösung: Der BGH verurteilte auch A wegen versuchter räuberischer Erpressung in Mittäterschaft (→ §§ 253, 255, 12, 22, 23, 25 Abs. 2 StGB) und stellte fest, dass der für B unbeachtliche »error in persona« auch dem A zuzurechnen sei. Wörtlich heißt es:

»… Der Irrtum des Handelnden über die Person des Angegriffenen ist nach der Rechtsprechung des Senats aus dem Jahre 1958 auch für den Mittäter unbeachtlich (BGHSt ***11****, 268). Abweichend von dieser höchstrichterlichen Rechtsprechung hält zwar eine Meinung im Schrifttum die Personenverwechslung durch den handelnden Mittäter für beachtlich und will eine Zurechnung ausschließen (siehe LK/Schünemann § 25 StGB Rz. 177 mwN). Für den im Hintergrund bleibenden Mittäter käme eine Strafbarkeit allein wegen* ***Verbrechensverabredung*** *(§ 30 Abs. 2 StGB) in Betracht. Gegen die Rechtsprechung wird vor allem eingewandt: Weiche der die tatbestandsmäßige Handlung vornehmende Mittäter absichtlich vom Tatplan ab, sei dies unstreitig ein vorsätzlicher Exzess, der dem anderen nicht zugerechnet werde. Ob aber absichtlich oder nur* ***fahrlässig*** *vom Tatplan abgewichen werde, könne nicht ausschlaggebend sein. Entscheidend sei, dass der Mittäter objektiv den Tatplan nicht einhalte; eine ›eingebildete Zurechnungsgrundlage‹ könne* ***keine*** *Zurechnung bewirken. Tatsächlich sei die Tatplanfassung im Versuchsstadium steckengeblieben: Der Mittäter habe sich – anders als der Handelnde – bei Fassung des gemeinsamen Tatplans über die in Gang gesetzte Kausalreihe geirrt; damit fehle es an einer Willensübereinstimmung. Für den Mittäter im Hintergrund stelle sich damit der Irrtum beim Vordermann als* ***wesentliche Abweichung*** *vom Tatverlauf dar, die als ›aberratio ictus‹ zu werten sei. Die Rechtsprechung müsse neben der Vollendung noch einen Versuch annehmen, nämlich einen an dem im Tatplan vorgesehenen Opfer …*

> *… Entgegen dieser Meinung ist an den Grundsätzen des Urteils vom 23. Januar 1958 (BGHSt* ***11****, 268)* ***festzuhalten****: Nur die Unbeachtlichkeit des Irrtums auch für den anderen Mittäter wird dem Grundsatz gerecht, dass das Eintreten eines Mittäters ins Versuchsstadium für alle Mittäter den Versuchsbeginn darstellt (§ 22 StGB): Eine Straftat versucht, wer nach seiner Vorstellung von der Tat zur Verwirklichung des Tatbestandes unmittelbar ansetzt (§ 22 StGB). Dies ist der Fall, wenn Handlungen vorgenommen werden, die nach dem Tatplan im ungestörten Fortgang unmittelbar zur Tatbestandserfüllung führen sollen oder die im unmittelbaren räumlichen und zeitlichen Zusammenhang mit ihr stehen. Bei der Mittäterschaft treten alle Mittäter einheitlich in das Versuchsstadium, sobald einer von ihnen zur Verwirklichung des Tatbestandes unmittelbar ansetzt, und zwar unabhängig davon, ob einzelne von ihnen ihren Tatbeitrag bereits im Vorbereitungsstadium erbracht haben. Diese Kriterien gelten auch für den untauglichen Versuch. Entscheidend ist die Vorstellung des Täters von der Tauglichkeit der Handlung, die als unmittelbares Ansetzen zur Tatbestandsverwirklichung im Sinne des § 22 StGB anzusehen ist. Die nach dem Täterplan maßgebliche Handlung, die zur unmittelbaren Tatbestandserfüllung führen soll und die nach natürlicher Auffassung auch zur Tatbestandserfüllung führen könnte, wenn sie geeignet wäre, ist hier so zu betrachten, als wäre sie tauglich (BGHSt* ***40****, 299, 302). Hier kommt zudem dem Umstand Bedeutung zu, dass die Angeklagten die Drogenhändler nicht kannten. Notwendiger Bestandteil des Tatplans war daher deren Identifizierung; damit war das* ***Risiko*** *einer* ***Personenverwechslung*** *im Tatplan angelegt. Der Tatplan bestand ebenso wie der Vorsatz des Angeklagten fort und gibt den ›normativen Grund‹ für die Zurechnung; einer Erneuerung oder bestätigenden Aktualisierung des Vorsatzes zum Zeitpunkt des Schlages bedurfte es nicht. Die eher auf eine tatsächliche Betrachtung zugeschnittene ›aberratio ictus‹ passt bei dieser Wertung nicht. Der Angeklagte überließ dem Mitangeklagten den unmittelbaren Angriff; dann entlastete ihn dessen Identifizierungsfehler indes nicht. Nach § 16 Abs. 1 Satz 1, § 224 Abs. 1 StGB muss sich der Vorsatz auf* ***›einen anderen‹*** *beziehen; weiterer Konkretisierungen zur Tatbestandserfüllung bedarf es weder beim Handelnden noch bei einem anderen Mittäter, der aufgrund des gemeinsamen und umzusetzenden Tatplans strafbar ist. Weil Zurechnungsgrundlage der* ***Tatplan*** *ist, ist das Vorhersehbarkeitskriterium nicht heran-*

zuziehen, das in Fällen eines Irrtums des Angestifteten zu beachten ist (BGHSt ***37****, 214). Der Angeklagte war daher wegen versuchter räuberischer Erpressung in Mittäterschaft zu verurteilen, obwohl der tatsächliche Angriff des anderen Mittäters der ›falschen Person‹ galt und vom Angeklagten mutmaßlich so sicher nicht gewünscht war …«* (BGH NStZ **2019**, 511).

Gutachten

I. Strafbarkeit des F

F könnte sich durch das Entwenden der Bilder wegen Wohnungseinbruchsdiebstahls gemäß den §§ 244 Abs. 1 Nr. 3, Abs. 4, 242 StGB strafbar gemacht haben.

Objektiver Tatbestand:

F ist in das Haus des P eingestiegen und hat dort mehrere wertvolle Gemälde entwendet. Damit liegt der objektive Tatbestand des § 244 Abs. 1 Nr. 3, Abs. 4 StGB vor.

Subjektiver Tatbestand:

F handelte diesbezüglich vorsätzlich und auch in der Absicht, sich oder einem Dritten die gestohlenen Sachen rechtswidrig zuzueignen; die Beute wurde später geteilt.

Rechtswidrigkeit:

Es sind keine Rechtfertigungsgründe ersichtlich.

Schuld:

Es sind des Weiteren keine Gründe erkennbar, die die Schuld des F ausschließen könnten.

Ergebnis: F hat sich strafbar gemacht wegen Wohnungseinbruchsdiebstahls gemäß den §§ 244 Abs. 1 Nr. 3, Abs. 4, 242 StGB. Der ebenfalls verwirklichte Hausfriedensbruch nach § 123 StGB tritt als notwendige Begleittat hinter § 244 Abs. 1 Nr. 3 StGB zurück.

II. Strafbarkeit des R

R könnte sich durch seine Mitwirkung an der Tat des F wegen mittäterschaftlicher Begehung in Bezug auf den Wohnungseinbruchsdiebstahl gemäß den §§ 25 Abs. 2, 244 Abs. 1 Nr. 3, Abs. 4, 242 StGB strafbar gemacht haben.

Tatbestand:

1. Damit R als Mittäter im Sinne des § 25 Abs. 2 StGB qualifiziert werden kann, muss er zunächst mit F einen gemeinsamen Tatplan bzw. Tatentschluss einschließlich des vom jeweiligen Delikt erforderlichen Vorsatzes und der besonderen Absichten gehabt haben. R und F haben einen solchen gemeinsamen Tatplan im Hinblick auf das Entwenden der Bilder abgesprochen, den der F dann auch genau eingehalten hat. Zudem hatte R den Vorsatz auf die Wegnahme der fremden beweglichen Sachen und den Einbruch sowie auch die für § 242 StGB erforderliche Zueignungsabsicht. Ein gemeinsamer Tatplan zwischen den beiden Beteiligten sowie die erforderlichen subjektiven Tendenzen in Form des Vorsatzes und der Zueignungsabsicht liegen bei R vor.

2. Erforderlich ist des Weiteren eine gemeinsame Tatausführung. Die Mittäterschaft nach § 25 Abs. 2 StGB setzt voraus, dass jeder Beteiligte auf Grund und im Rahmen des gemeinsamen Tatplans einen für die Deliktsbegehung förderlichen Tatbeitrag leistet. Als objektiver Tatbeitrag kommt dabei insbesondere die Beteiligung an der deliktischen Ausführungshandlung selbst in Betracht. Die herrschende Meinung und die Rechtsprechung lassen es indes auch genügen, wenn sich der Tatbeitrag einer Person in Erfüllung eines gemeinsamen Plans lediglich auf die Vornahme einer bloßen Vorbereitungshandlung oder die Unterstützung der Tat durch gezielte Planung im Vorfeld beschränkt. Denn auch diese Handlungen weisen dem Täter im Rahmen des Gesamtplans eine sogenannte »funktionelle Tatherrschaft« zu, jedenfalls dann, wenn der im Vorfeld geleistete Beitrag in der späteren Tatausführung quasi »fortwirkt« und im Zweifel sogar als logische Bedingung für das Funktionieren der Deliktserfüllung sichtbar wird. Da die Tat ohne diese Planung im Vorfeld in der Regel nicht gelingt oder unter Umständen gar nicht ausgeführt worden wäre, muss auch die Person, die derart maßgeblich mitgewirkt hat, als Mittäter im Sinne des § 25 Abs. 2 StGB bestraft werden können. Es muss geprüft werden, ob das Minus bei der realen Ausführung der Tat durch ein entsprechendes Plus bei der vorbereitenden Deliktsgestaltung ausgeglichen wird. Der hier zu prüfende R hat an der eigentlichen Tathandlung nicht mitgewirkt. Allerdings hatte er sich den gesamten Plan für die Tat zunächst allein ausgedacht. Er wollte die Tat als Rache für sein nicht bestandenes Examen. Seine Vorbereitungshandlungen waren detailliert und für F auch zwingend notwendig, um die Tat später überhaupt begehen zu können. R hatte die Fotos gemacht, die Umgebung ausgekundschaftet, dem F zudem Werkzeug und ein Fluchtauto verschafft. R hatte folglich auch eine die Tat beherrschende, funktional erhebliche Rolle, selbst wenn er nicht am Tatort zugegen war. Schließlich spricht auch das hälftige Teilen der Beute für eine gleichberechtigte Zusammenarbeit der beiden Beteiligten. Das Minus bei der konkreten Tatausführung war damit durch ein Plus bei der vorbereitenden Deliktsplanung ausgeglichen. R hatte namentlich eine funktionale »Tatherrschaft«. Die tatbestandlichen Voraussetzungen einer Mittäterschaft im Sinne des § 25 Abs. 2 StGB liegen auf Seiten des R vor.

Rechtswidrigkeit:

Es sind keine Gründe ersichtlich, die das Verhalten des R rechtfertigen könnten.

Schuld:

Anhaltspunkte für den Ausschluss der Schuld bestehen ebenfalls nicht.

Ergebnis: R hat sich strafbar gemacht wegen mittäterschaftlicher Begehung eines Einbruchsdiebstahls nach den §§ 25 Abs. 2, 244 Abs. 1 Nr. 3, Abs. 4, 242 StGB.

Fall 11

Bier und Lederjacken

Rechtsstudent R und sein Kommilitone K stehen an der Theke ihrer Stammkneipe, um sich vom harten Studienalltag zu erholen. Als R und K später bezahlt haben und gehen wollen, meint R zu K, er müsse vorher noch auf die Toilette; K könne ja schon mal die Jacken holen, und man werde sich dann draußen treffen. Dabei zeigt R auf eine schwarze Lederjacke, die direkt neben dem Mantel des K an der Garderobe hängt. K ist einverstanden, nimmt einige Augenblicke später die Jacke und seinen Mantel an sich, verlässt das Lokal und übergibt draußen dem R die Lederjacke. Der R bedankt sich, fährt nach Hause und freut sich dort über eine nagelneue schwarze Lederjacke, die nämlich nicht ihm, sondern dem Kneipengast G gehörte, was zwar R, aber nicht K wusste. R war am Abend – kurz vor dem Eintreffen des K – ohne Jacke ins Lokal gekommen und hatte zufällig gesehen, wie G seine schwarze Lederjacke an der Garderobe aufgehängt hatte.

Strafbarkeit von K und R?

Schwerpunkte: Die mittelbare Täterschaft nach § 25 Abs. 1, 2. Alt. StGB; der Standard-Fall; die einzelnen Tatbestandsvoraussetzungen; das vorsatzlose Werkzeug; Fragen der Tatherrschaft; überlegenes Wissen zur Begründung der Tatherrschaft; der Strafbarkeitsmangel des Werkzeugs; das »Verantwortungsprinzip«.

Lösungsweg

Einstieg: Also, die Lösung des Fällchens da oben ist natürlich nicht so wirklich kompliziert. Denn dass sich unser R strafbar gemacht hat, darüber brauchen wir jedenfalls im Ergebnis eigentlich nicht zu reden. Freilich ist im (juristischen) Leben der Weg meistens das Ziel, und so soll das auch hier sein, denn wir werden anhand der Geschichte um die geklaute Lederjacke jetzt die **mittelbare Täterschaft** im Sinne des § 25 Abs. 1, 2. Alt. StGB kennen und vor allen Dingen in der Klausur auch zu prüfen lernen. Und um das zu erreichen, eignet sich der Fall hervorragend, denn wir haben aufgrund der vergleichsweise einfachen Lösung nun die Möglichkeit, den Aufbau und vor allem die Struktur dieser Konstruktion der mittelbaren Täterschaft in aller Ruhe und Sorgfalt zu betrachten. Das müssen wir übrigens auch, denn dummerweise tauchen die Fragen um die mittelbare Täterschaft gnadenlos häufig in den universitären Übungen auf und werden dann zumeist vergeigt, weil die Kandidaten das dahintersteckende Prinzip nicht verstanden haben. Und genau das wollen wir jetzt mal ändern.

Also: Die mittelbare Täterschaft soll – bildlich gesprochen – die Fälle erfassen, in denen der Täter sich zur Begehung seiner eigenen Tat im Hinblick auf die Ausführung der Tathandlung **fremder Hände** bedient und den anderen quasi als eine »**Marionette**« einsetzt (*Wessels/Beulke/Satzger* Rz. 840). Der Täter begeht die Straftat bzw. die Tathandlung nicht selbst, sondern »durch einen anderen« (bitte lies: § 25 Abs. 1 StGB), was ihn im Ergebnis aber auch zum (mittelbaren) **Täter** mit den entsprechenden Rechtsfolgen macht.

Im Fallaufbau in der Klausur hat man in der Regel die Strafbarkeit **beider** an der Tat beteiligter Personen zu untersuchen: Das ist dann zum einen diejenige Person, die die Tathandlung ausgeführt hat, der sogenannte »Tatmittler« (auch »Werkzeug«). Zum anderen ist das dann natürlich auch die Person, die hinter diesem Tatmittler steht, der sogenannte »**mittelbare Täter**« (häufig auch »Hintermann« genannt). Das Bild für die Konstruktion des § 25 Abs. 1, 2. Alt. StGB sieht demnach so aus:

Mittelbarer Täter (»Hintermann«) → Tatmittler (»Werkzeug«) → Tathandlung

Da der Tatmittler die eigentliche Tathandlung des entsprechenden Delikts ausführt, beginnt man die Prüfung der ganzen Sache im Regelfall dann auch mit der Strafbarkeitsuntersuchung dieser Person des **Tatmittlers**. Die eigentliche Schwierigkeit der mittelbaren Täterschaft liegt indessen nicht in dieser Prüfung: Interessant und knifflig ist vielmehr der zweite Schritt, in dem nämlich die Verbindung zwischen dem mittelbaren Täter und dem Tatmittler geprüft werden muss (oben im Bild also die Verbindungslinie dieser beiden Personen). Denn im Gesetz steht ja nur, dass der mittelbare Täter die Tat »**durch einen anderen**« begehen kann. Was das aber genau heißen soll, bleibt offen – und genau da sitzen die wichtigen Fragen. Konkret stellt sich das Problem, ob sich der Hintermann die vom Tatmittler ausgeführte Tathandlung als eigene Handlung im Sinne des § 25 Abs. 1, 2. Alt. StGB **zurechnen** lassen muss. Als Grundregel wollen wir uns insoweit zunächst – und danach fangen wir dann auch mit der Fall-Lösung an – mal Folgendes merken:

Im Idealfall führt der Tatmittler zwar die Tathandlung des in Betracht kommenden Delikts aus; ihm fehlt für die eigene Strafbarkeit jedoch ein Merkmal des uns inzwischen bekannten dreistufigen Deliktsaufbaus (= Tatbestandsmäßigkeit, Rechtswidrigkeit und Schuld). Er handelt also entweder selbst nicht tatbestandsmäßig, nicht rechtswidrig oder nicht schuldhaft. Demgegenüber führt der mittelbare Täter zwar nicht die Tathandlung aus; er vereinigt dafür aber in seiner Person alle sonstigen Voraussetzungen der Strafbarkeit. Seine Bestrafung als mittelbarer Täter ist nun trotz fehlender Ausführung der Tathandlung darin begründet, dass er »**kraft überlegenen Wissens**« das Gesamtgeschehen in der eigenen Hand hält und planvoll steuert; unter diesen Voraussetzungen muss er sich dann die Handlung des Tatmittlers als eigene zurechnen lassen, denn er übt die eigentliche **Tatherrschaft** aus (*Wessels/Beulke/Satzger* Rz. 840; *Lorenz* in JA 2018, 34).

Beachte noch: Im Unterschied zur Mittäterschaft nach § 25 Abs. 2 StGB, die wir im letzten Fall kennengelernt haben, handeln der mittelbare Täter und der Tatmittler hier jetzt ***nicht*** nach einem gemeinsamen Tatplan; in den Fällen des § 25 Abs. 1, 2. Alt. StGB beherrscht vielmehr nur der **mittelbare Täter** den gesamten Vorgang. Der Tatmittler indessen ist lediglich ein »menschliches Werkzeug« zur Durchführung der Tat des anderen und zumeist dabei auch noch vollkommen ahnungslos, weiß also nicht, dass er als Werkzeug benutzt wird (St.-K-*Joecks* § 25 StGB Rz. 17). Merken.

Und jetzt zu unserem Fall. Wir beginnen – wie angekündigt – mit dem Tatmittler, und das ist bei uns ja der K, also:

I. Strafbarkeit des K

→ **§ 242 Abs. 1 StGB** (Diebstahl an der Jacke)

I. Tatbestand

A. Objektiv

Unser K müsste zunächst mal eine fremde bewegliche Sache weggenommen haben (lies: § 242 Abs. 1 StGB). Und das ist dann auch tatsächlich kein Problem, denn die Jacke war ohne Frage für K fremd (sie gehörte dem Gast G) und beweglich. Zudem hat K mit dem Ansichnehmen der Jacke den Gewahrsam des G gebrochen und spätestens mit dem Verlassen der Kneipe und der Übergabe an R neuen Gewahrsam bei R begründet. Damit ist die Definition der **Wegnahme** im Sinne des § 242 Abs. 1 StGB erfüllt (RGSt **48**, 58; *Fischer* § 242 StGB Rz. 10; S/S/*Eser/Bosch* § 242 StGB Rz. 22; *Lackner/Kühl* § 242 StGB Rz. 8).

ZE.: Der objektive Tatbestand des § 242 Abs. 1 StGB wurde von K verwirklicht.

B. Subjektiver Tatbestand

Im Hinblick auf die Merkmale des objektiven Tatbestandes müsste K nun aber auch vorsätzlich (→ § 15 StGB) und zudem auch noch mit **Zueignungsabsicht** gehandelt haben (bitte lies § 242 Abs. 1 StGB).

Problem: Unser K dachte, die Jacke gehört dem R. Damit bliebe sie zwar aus seiner Sicht immer noch beweglich und fremd. Indessen hat K dann aber nach seiner Vorstellung nicht den Gewahrsam des G gebrochen, denn von dessen Gewahrsam wusste er ja gar nichts. Aus seiner Sicht handelte er vielmehr mit **Einverständnis** des Gewahrsamsinhabers R. Demzufolge konnte er nach seiner Vorstellung auch gar keinen Gewahrsam brechen. Denn der Bruch fremden Gewahrsams setzt stets ein Handeln gegen bzw. ohne den Willen des Gewahrsamsinhabers voraus (S/S/*Eser/Bosch* § 242 StGB Rz. 35; *Fischer* § 242 StGB Rz. 17). Gewahrsamsinhaber war aber aus Sicht des K der R, dessen Gewahrsam K wegen des scheinbaren Einverständnisses der R nicht brechen konnte. Folglich fehlte dem K der entsprechende Vorsatz auf einen zum Wegnahmebegriff gehörenden Gewahrsamsbruch.

ZE.: Der K handelte nicht vorsätzlich in Bezug auf den objektiven Tatbestand des § 242 Abs. 1 StGB.

Ergebnis: K ist mangels Vorsatzes nicht nach § 242 Abs. 1 StGB zu bestrafen und bleibt, da andere Straftatbestände nicht in Betracht kommen, insgesamt **straflos**.

II. Strafbarkeit des R

→ **§§ 25 Abs. 1, 2. Alt., 242 Abs. 1 StGB** (Diebstahl in mittelbarer Täterschaft)

I. Tatbestand

A. Objektiv

1. Zunächst ist insoweit festzustellen, dass R selbst die erforderliche Tathandlung nicht in eigener Person begangen bzw. ausgeführt hat.

2. Und angesichts dessen stellt sich nun im zweiten Schritt die Frage, inwieweit er sich die Handlung des K als eigene über § 25 Abs. 1, 2. Alt. StGB **zurechnen** lassen muss.

Achtung: An dieser Stelle wird es jetzt interessant. Die Begründung der mittelbaren Täterschaft setzt im Normalfall nämlich zweierlei (kumulativ) voraus:

a) Zum einen muss beim **Tatmittler** (dem Werkzeug) ein sogenannter »Strafbarkeitsmangel« vorliegen, ihm muss also – wie weiter oben schon mal angesprochen – ein Merkmal aus dem dreistufigen Deliktsaufbau fehlen (vgl. S/S/*Heine/Weißer* § 25 StGB Rz. 8 ff.).

Der Tatmittler muss also entweder

→ objektiv tatbestandslos (→ erfüllt also selbst nicht alle objektiven Merkmale),

→ subjektiv tatbestandslos (→ ohne Vorsatz oder entsprechende Deliktsabsicht),

→ gerechtfertigt (→ im Rahmen eines Rechtfertigungsgrundes) oder

→ nicht schuldhaft (→ schuldunfähig oder mit Entschuldigungsgrund)

handeln. Er darf folglich selbst nicht voll verantwortlich für die begangene Straftat sein; denn im Regelfall endet die Möglichkeit mittelbarer Täterschaft dort, wo das Werkzeug selbst bereits voll verantwortlich handelt (sogenanntes »Verantwortungsprinzip«, vgl. BGHSt **35**, 347; BGHSt **40**, 218, 233).

b) Liegt eine dieser gerade genannten Voraussetzungen vor, bedarf es des Weiteren einer überlegenen **Wissens- oder Willensherrschaft** des Hintermanns. Das heißt, der Hintermann ist in Kenntnis dieses Umstandes, kennt also den Strafbarkeitsmangel des Tatmittlers und nutzt diesen für sich und seine Zwecke bzw. zur Durchführung der Straftat aus (BGHSt **32**, 38; *Roxin* AT II § 25 Rz. 45; *Wessels/Beulke/Satzger* Rz. 847). Unter diesen Umständen muss er sich dann die Handlung des Tatmittlers als eigene zurechnen lassen und wird mithin nach § 25 Abs. 1, 2. Alt. StGB wegen mittelbarer Täterschaft bestraft. Denn er ist das steuernde Element und beherrscht damit den Geschehensablauf kraft überlegenen Wissens oder Willens (St-K-*Joecks* § 25 StGB Rz. 17; *Rengier* AT § 43 Rz. 2). Ihm kommt dadurch die eigentliche Tatherrschaft zu (S/S/*Heine/Weißer* § 25 StGB Rz. 6a).

Prüfen wir mal:

aa) Der Strafbarkeitsmangel beim Tatmittler

In unserem Fall führt K zwar die Tathandlung der Wegnahme im Sinne des § 242 Abs. 1 StGB aus, ihm fehlt jedoch der subjektive Tatbestand, namentlich der Vorsatz (siehe insoweit unsere Prüfung oben). Der K handelt mithin subjektiv tatbestandslos. Er ist ein sogenanntes »undoloses Werkzeug« und damit für die begangene Tat selbst nicht voll verantwortlich (»Verantwortungsprinzip«).

<u>ZE.</u>: Die erste Voraussetzung einer mittelbaren Täterschaft auf Seiten des R liegt damit vor.

bb) Die Tatherrschaft kraft überlegenen Wissens und Wollens

Zur Erlangung der notwendigen Tatherrschaft muss der R diesen Umstand des Strafbarkeitsmangels bei K des Weiteren gekannt und zur Durchführung seiner Tat auch wissent- und willentlich ausgenutzt haben. Und auch das ist in unserem Fall kein Problem, denn genau so ist es ja abgelaufen: Der R hat den ahnungslosen K dazu benutzt, die Jacke des G von der Garderobe wegzunehmen und in seinen Besitz zu bringen. Der K hat die Tat nach dem Willen des R exakt so ausgeführt und ist von R demnach als klassisches ***undoloses*** Werkzeug zur Durchführung dieser Tat eingesetzt worden. R hatte aufgrund seines überlegenen Wissens die Tatherrschaft.

<u>ZE.</u>: Auch die zweite Voraussetzung der mittelbaren Täterschaft ist auf Seiten des R erfüllt.

<u>ZE.</u>: Damit liegt der objektive (!) Tatbestand der mittelbaren Täterschaft im Sinne des § 25 Abs. 1, 2. Alt. StGB vor.

B. Subjektiver Tatbestand

Innerhalb des subjektiven Tatbestandes muss der mittelbare Täter natürlich sämtliche subjektiven Merkmale der vom Tatmittler ausgeführten Tat erfüllen. Denn diese Tat ist ja – wie wir soeben geprüft haben – bei genauer Betrachtung **seine** Tat; also muss er auch alle subjektiven Voraussetzungen des verwirklichten Tatbestandes in seiner Person erfüllen. Die konkrete Tat ist hier der Diebstahl nach § 242 Abs. 1 StGB (steht ja auch im Obersatz!), der wie üblich nach § 15 StGB den Vorsatz auf sämtliche objektiven Merkmale sowie des Weiteren auch noch eine Zueignungsabsicht erfordert.

Hier: Kein Problem, denn der R wusste um die Fremdheit und Beweglichkeit der Sache und auch, dass mit dem Entwenden durch K der Gewahrsam des G gebrochen und wenig später neuer Gewahrsam bei ihm selbst begründet wurde. Schließlich wollte R die Sache dem G auch enteignen und sie sich selbst aneignen, was den Begriff der Zueignungsabsicht im Sinne des § 242 Abs. 1 StGB erfüllt (BGHSt **4**, 238; BGHSt **16**, 192; S/S/*Eser/Bosch* § 242 StGB Rz. 47).

ZE.: Die subjektiven Merkmale der mittelbaren Täterschaft, bezogen auf den Diebstahl, liegen ebenfalls vor.

II. Rechtswidrigkeit

Es sind keine Rechtfertigungsgründe zugunsten des R ersichtlich.

III. Schuld

Anhaltspunkte für ein Entfallen der Schuld, etwa eine Schuldunfähigkeit oder ein Entschuldigungsgrund, sind ebenfalls nicht erkennbar.

Ergebnis: Der R hat sich durch sein Verhalten strafbar gemacht wegen Diebstahls in mittelbarer Täterschaft nach den §§ 25 Abs. 1, 2. Alt., 242 Abs. 1 StGB.

Kurze Wiederholung

Das war also jetzt das Grundprinzip der mittelbaren Täterschaft, das unbedingt verstanden und im günstigsten Falle auch behalten werden sollte: Der Tatmittler führt zwar die eigentliche Tathandlung des entsprechenden Delikts aus, kann aber selbst deshalb nicht bestraft werden, weil bei ihm ein sonstiges Merkmal des dreistufigen Deliktsaufbaus fehlt – klassischerweise der Vorsatz, so wie auch in unserem Fall. Der mittelbare Täter (der »Hintermann«) weiß um diesen Umstand und nutzt genau dies zur Begehung einer **eigenen** Tat durch die **fremden Hände** des Tatmittlers nun aus. Er hat überlegenes Wissen und Wollen und aus diesem Grund auch die notwendige Tatherrschaft im Hinblick auf das erfüllte Delikt. Er steuert quasi den Tatmittler und wird somit selbst zum (mittelbaren) Täter.

Im Hinblick auf den Prüfungsaufbau haben wir oben gesehen, dass die Konstruktion der mittelbaren Täterschaft es erfordert, zunächst den **Tatmittler** sauber nach dem uns inzwischen bekannten Schema (Tatbestandsmäßigkeit, Rechtswidrigkeit und Schuld) durchzuprüfen und dort den konkreten Strafbarkeitsmangel zu lokalisieren. Er liegt – wie jetzt schon mehrfach gesagt – in den meisten Fällen bereits beim subjektiven Tatbestand, also im Bereich des Vorsatzes oder der besonderen deliktsspezifischen Absichten. Hat man dies erledigt (und erst dann!), muss der Hintermann im

Hinblick auf seine Strafbarkeit untersucht werden. Und dort ersetzt man dann im objektiven Tatbestand die fehlende Ausführung der Tathandlung (das hat ja der andere gemacht!) durch die Beantwortung der Frage, ob sich der Hintermann das Handeln des Tatmittlers wie eigenes Handeln nach § 25 Abs. 1, 2. Alt. StGB **zurechnen** lassen muss. Das ist dann der Fall, wenn er zum einen von dem Strafbarkeitsmangel weiß und zum anderen dieses überlegene Wissen zur Begehung der Tat durch den Tatmittler ausnutzt. Die restlichen Prüfungspunkte – subjektiver Tatbestand, Rechtswidrigkeit und Schuld – beziehen sich dann wieder ausschließlich auf den mittelbaren Täter in ***seiner*** Person, denn die Tat ist ja seine **eigene**. Kapiert!?

Gut. Dann prägen wir uns das Ganze bitte noch mal anhand dieses Schemas ein:

Prüfungsaufbau der mittelbaren Täterschaft nach § 25 Abs.1, 2. Alt. StGB

1. Strafbarkeit des Tatmittlers (»Werkzeug«)

→ Wie bekannt: Tatbestandsmäßigkeit, Rechtswidrigkeit und Schuld

→ **Aber:** Im Normalfall scheitert diese Prüfung bereits an einem (frühen) Merkmal des dreistufigen Deliktsaufbaus, im Zweifel beim ***Vorsatz*** oder einer deliktsspezifischen ***Absicht*** (siehe etwa oben unser Fall). Dann:

2. Strafbarkeit des mittelbaren Täters (»Hintermann«)

I. Tatbestand

A. Objektiv

1. Feststellung, dass die Tathandlung nicht vom Hintermann, sondern vom Tatmittler ausgeführt wurde.

2. Prüfung, ob der Hintermann sich diese Handlung des Tatmittlers über § 25 Abs.1, 2. Alt. StGB ***zurechnen*** lassen muss. Das setzt voraus:

a) Vorliegen eines Strafbarkeitsmangels des Tatmittlers

b) Tatherrschaft durch überlegenes Wissen und Wollen des Hintermanns

B. Subjektiver Tatbestand

→ Vorsatz und deliktsspezifische Absichten (beim Hintermann!)

II. Rechtswidrigkeit

→ Rechtfertigungsgründe für den Hintermann?

III. Schuld

→ Schuldunfähigkeit oder andere Entschuldigungsgründe für den Hintermann?

Also: Das ist das Prinzip der mittelbaren Täterschaft – und das sollte bitte verstanden sein, um es im Ernstfall (→ Klausur oder Hausarbeit) dann abrufen zu können. Gleich im nächsten Fall (Nr. 12) werden wir das Erlernte zur mittelbaren Täterschaft an einer deutlich kniffligeren Geschichte vertiefen und dabei die jetzt gewonnenen Erkenntnisse selbstverständlich verwerten.

Gutachten

I. Strafbarkeit des K

K könnte sich durch das Ansichnehmen der Jacke wegen Diebstahls gemäß § 242 Abs. 1 StGB strafbar gemacht haben.

Objektiver Tatbestand:

K müsste eine fremde bewegliche Sache weggenommen haben. Wegnahme ist der Bruch fremden und die Begründung neuen, nicht notwendig tätereigenen Gewahrsams. Die Jacke war ohne Frage für K fremd – sie gehörte dem Gast G – und beweglich. Zudem hat K mit dem Ansichnehmen der Jacke den Gewahrsam des G gebrochen und spätestens mit dem Verlassen der Kneipe und der Übergabe an R neuen Gewahrsam bei R begründet. Damit ist die Definition der Wegnahme im Sinne des § 242 Abs. 1 StGB erfüllt. Der objektive Tatbestand des § 242 Abs. 1 StGB wurde von K verwirklicht.

Subjektiver Tatbestand:

Im Hinblick auf die Merkmale des objektiven Tatbestandes müsste K vorsätzlich und zudem auch mit Zueignungsabsicht gehandelt haben. K dachte jedoch, die Jacke gehört dem R. Damit bliebe sie zwar aus seiner Sicht immer noch beweglich und fremd. Indessen hat K dann aber nach seiner Vorstellung nicht den Gewahrsam des G gebrochen, denn von dessen Gewahrsam wusste er ja gar nichts. Aus seiner Sicht handelte er vielmehr mit Einverständnis des Gewahrsamsinhabers R. Demzufolge konnte er nach seiner Vorstellung auch keinen Gewahrsam brechen. Der Bruch fremden Gewahrsams setzt stets ein Handeln gegen bzw. ohne den Willen des Gewahrsamsinhabers voraus. Gewahrsamsinhaber war aber aus Sicht des K der R, dessen Gewahrsam K wegen des scheinbaren Einverständnisses des K nicht brechen konnte. Folglich fehlte dem K der entsprechende Vorsatz auf einen zum Wegnahmebegriff gehörenden Gewahrsamsbruch. Der K handelte nicht vorsätzlich in Bezug auf den objektiven Tatbestand des § 242 Abs. 1 StGB.

Ergebnis: K ist mangels Vorsatzes nicht nach § 242 Abs. 1 StGB zu bestrafen und bleibt, da andere Straftatbestände nicht in Betracht kommen, insgesamt straflos.

II. Strafbarkeit des R

R könnte sich indessen wegen Diebstahls in mittelbarer Täterschaft gemäß den §§ 25 Abs. 1, 2. Alt., 242 Abs. 1 StGB strafbar gemacht haben.

Objektiver Tatbestand:

1. Zunächst ist insoweit festzustellen, dass R selbst die erforderliche Tathandlung nicht in eigener Person begangen bzw. ausgeführt hat. Die Tathandlung wurde von K ausgeführt.

2. Angesichts dessen stellt sich die Frage, inwieweit R sich die Handlung des K als eigene über § 25 Abs. 1, 2. Alt. StGB zurechnen lassen muss.

a) Dies setzt zunächst einen Strafbarkeitsmangel beim Tatmittler voraus. Im vorliegenden Fall führt K zwar die Tathandlung der Wegnahme im Sinne des § 242 Abs. 1 StGB aus, ihm fehlt jedoch der subjektive Tatbestand, namentlich der Vorsatz. Der K handelt mithin subjektiv tatbestandslos. Er ist ein sogenanntes »undoloses Werkzeug« und damit für die begangene Tat selbst nicht voll verantwortlich. Die erste Voraussetzung einer mittelbaren Täterschaft auf Seiten des R liegt damit vor.

b) Erforderlich ist des Weiteren eine Tatherrschaft kraft überlegenen Wissens und Wollens. Zur Erlangung der notwendigen Tatherrschaft muss der R diesen Umstand des Strafbarkeitsmangels bei K des Weiteren gekannt und zur Durchführung seiner Tat auch wissent- und willentlich ausgenutzt haben. Der R hat den ahnungslosen K dazu benutzt, die Jacke des G von der Garderobe wegzunehmen und in seinen Besitz zu bringen. Der K hat die Tat nach dem Willen des R exakt so ausgeführt und ist von R demnach als klassisches undoloses Werkzeug zur Durchführung dieser Tat eingesetzt worden. R hatte aufgrund seines überlegenen Wissens die Tatherrschaft. Auch die zweite Voraussetzung der mittelbaren Täterschaft ist auf Seiten des R erfüllt. Damit liegt der objektive Tatbestand der mittelbaren Täterschaft im Sinne des § 25 Abs. 1, 2. Alt. StGB insgesamt vor.

Subjektiver Tatbestand:

R wusste um die Fremdheit und Beweglichkeit der Sache und auch, dass mit dem Entwenden durch K der Gewahrsam des G gebrochen und wenig später neuer Gewahrsam bei ihm selbst begründet wurde. Schließlich wollte R die Sache dem G auch enteignen und sie sich selbst aneignen, was den Begriff der Zueignungsabsicht im Sinne des § 242 Abs. 1 StGB erfüllt. Die subjektiven Merkmale der mittelbaren Täterschaft, bezogen auf den Diebstahl, liegen ebenfalls vor.

Rechtswidrigkeit:

Es sind keine Rechtfertigungsgründe zugunsten des R ersichtlich.

Schuld:

Anhaltspunkte für ein Entfallen der Schuld, etwa eine Schuldunfähigkeit oder ein Entschuldigungsgrund, sind ebenso nicht erkennbar.

Ergebnis: Der R hat sich durch sein Verhalten strafbar gemacht wegen Diebstahls in mittelbarer Täterschaft nach den §§ 25 Abs. 1, 2. Alt., 242 Abs. 1 StGB.

Fall 12

Die heimliche Helferin

Doktor D ist Stationsarzt und behandelt im Krankenhaus seit vielen Monaten die an Gedächtnisverlust und Altersschwäche leidende 94-jährige Oma O. Da O keine Verwandten, dafür aber ein beachtliches Vermögen hat, hat sie D aus Dankbarkeit in ihrem Testament als Alleinerben eingesetzt und ihm dies auch erzählt. Doktor D ist nun aber blöderweise ziemlich gierig und fürchtet, O könne es sich irgendwann noch anders überlegen. Daher übergibt er eines Abends der Krankenschwester K eine Ampulle mit einer giftigen Substanz und erklärt K, sie solle O vor dem Schlafengehen diese Flüssigkeit spritzen, es handele sich um ein Beruhigungsmittel, um das O wegen ihrer Schlafprobleme gebeten habe. K ist indes keinesfalls ahnungslos. Sie hat den D heimlich beim Befüllen der Ampulle beobachtet und weiß daher, dass es sich um eine tödliche Injektion handelt. Sie lässt sich jedoch nichts anmerken, da sie D insgeheim liebt und ihm die Erbschaft, von der D ihr beiläufig erzählt hatte, verschaffen will. Zwei Stunden später ist O an der von K verabreichten Injektion gestorben.

Strafbarkeit der Beteiligten? Der § 211 StGB bleibt außer Betracht.

Schwerpunkte: Die mittelbare Täterschaft; Vertiefungsfall; Problem der Bösgläubigkeit des Werkzeugs; versuchte Tatbegehung in mittelbarer Täterschaft; das »Verantwortungsprinzip«; vollendete Anstiftung trotz fehlenden Anstiftervorsatzes. Im Anhang: Der Tatmittler als Opfer; Personenidentität zwischen beiden; die Rechtsfigur »Täter hinter dem Täter«.

Lösungsweg

Einstieg: So, jetzt geht's ans Eingemachte, der Fall da oben, der sich natürlich auch mit der mittelbaren Täterschaft befasst, ist **DER** Klausurklassiker im Rahmen des § 25 Abs. 1, 2. Alt. StGB. Er steht in nahezu jedem Lehrbuch und Kommentar (vgl. etwa *Wessels/Beulke/Satzger* Rz. 860; *Rolf Schmidt* Rz. 994; *Jescheck/Weigend* § 62 III 1; *Gropp* § 10 Rz. 77; S/S/*Heine/Weißer* vor § 25 StGB Rz. 79; *Lackner/Kühl* § 25 StGB Rz. 5) und quält seit Generationen die Jurastudenten unserer Republik. Wir werden uns diesen kniffligen Fall deshalb jetzt mal in Ruhe anschauen und ihn doch vergleichsweise entspannt zur Lösung bringen, weil wir nämlich im vorherigen Fall – das war die Geschichte mit der Lederjacke in der Kneipe – die notwendige Vorarbeit bereits geleistet haben.

Noch mal zur **Wiederholung:** Die mittelbare Täterschaft im Sinne des § 25 Abs. 1, 2. Alt. StGB zeichnet sich grundsätzlich dadurch aus, dass der Hintermann kraft überlegenen Wissens und Wollens die **Tatherrschaft** über die von einer anderen Person tatsächlich ausgeführte Tat hat. Diese andere Person (der »Tatmittler«) vollzieht zwar die objektive Tathandlung des entsprechenden Delikts, kann jedoch in der Regel trotzdem nicht bestraft werden, weil ihr eine andere Strafbarkeitsvoraussetzung fehlt (→ sogenannter »Strafbarkeitsmangel«). Der Hintermann wird demgegenüber deshalb wegen mittelbarer Täterschaft bestraft, weil er sich das Handeln der anderen Person aufgrund seines überlegenen Wissens und Wollens zurechnen lassen muss; er hat nämlich die notwendige **Tatherrschaft**. Und so war das ja auch im vorigen Fall, wo der clevere Rechtsstudent R seinen ahnungslosen Kommilitonen K dazu gebracht hatte, ihm die Lederjacke des Gastes G von der Garderobe wegzustehlen. K hatte das Ganze nicht durchschaut und daher gutgläubig die Jacke aus dem Lokal getragen. Dem K fehlte dann für eine Bestrafung wegen Diebstahls der nötige Vorsatz; der R indessen musste sich wegen Diebstahls in mittelbarer Täterschaft nach den §§ 25 Abs. 1, 2. Alt., 242 Abs. 1 StGB verantworten, denn er hatte die ganze Sache kraft überlegenen Wissens gesteuert und damit die notwendige Tatherrschaft ausgeübt (siehe im Einzelnen den vorherigen Fall).

So, und mit diesem Wissen im Hinterkopf können wir das Problem der Geschichte mit Doktor D und der Krankenschwester K auch schon lokalisieren, **nämlich:** Anders als im vorherigen Fall ist der vermeintliche »Tatmittler« hier alles andere als ahnungslos, die gute K hat die Geschichte vielmehr durchschaut und handelt damit selbst ***vorsätzlich***. Der Hintermann D indessen hält die K für gutgläubig und damit bei genauer Betrachtung für sein »undoloses Werkzeug«, das er einsetzen möchte, um die O zur Sicherung seiner Erbschaft um die Ecke zu bringen. Und es fragt sich natürlich, ob auch angesichts dieser Umstände noch die Rechtsfigur der mittelbaren Täterschaft eingreifen kann. Denn wir haben es ja gesagt: Das geht eigentlich nur, wenn das Werkzeug selber **nicht** strafbar bzw. voll verantwortlich ist (»Verantwortungsprinzip«) – und der Hintermann diesen Umstand kraft überlegenen Wissens für seine Zwecke ausnutzt. **Also:** Welche rechtlichen Konsequenzen hat es, wenn der Hintermann das »Werkzeug« nur irrtümlich für vorsatzlos bzw. ahnungslos hält? Kann es unter Durchbrechung des »Verantwortungsprinzips«, wonach die Anwendung der mittelbaren Täterschaft endet, wenn der Tatmittler selbst voll verantwortlich handelt (BGHSt **35**, 347; BGHSt **40**, 218), dennoch eine Bestrafung wegen mittelbarer Täterschaft geben?

Zur richtigen Lösung kommen wir auch bei dieser Konstellation nur dann, wenn wir uns an das im letzten Fall gelernte Aufbaumuster halten und die Prüfung demnach mit dem (vermeintlichen) Tatmittler, hier konkret der K, beginnen, also:

I. Strafbarkeit der K durch das Verabreichen der Giftampulle

→ **§ 212 Abs. 1 StGB** (Totschlag)

I. Tatbestand

A. Objektiv

Die K hat die O mithilfe der Giftampulle getötet.

ZE.: Der objektive Tatbestand des § 212 Abs. 1 StGB liegt vor.

B. Subjektiver Tatbestand

Die K handelte ohne Probleme ***vorsätzlich***, sie wusste, dass sich in der Ampulle Gift befand und wollte die O auch töten, um dem D die Erbschaft zu verschaffen.

ZE.: Der subjektive Tatbestand des § 212 Abs. 1 StGB ist ebenfalls erfüllt.

II. Rechtswidrigkeit

Kein Problem, K handelte rechtswidrig.

III. Schuld

Auch hier: Kein Problem.

Ergebnis: K hat sich durch das Verabreichen der Giftampulle strafbar gemacht wegen Totschlags nach § 212 Abs. 1 StGB.

II. Strafbarkeit des D

→ **§ 25 Abs. 1, 2. Alt., 212 Abs. 1 StGB** (Totschlag in mittelbarer Täterschaft)

I. Tatbestand

A. Objektiv

1. Zunächst ist insoweit wieder festzustellen, dass D selbst die erforderliche Tathandlung nicht in eigener Person begangen bzw. ausgeführt hat. Das hat ja die K getan.

2. Angesichts dessen stellt sich nun wieder die Frage, inwieweit er sich die Handlung der K als ***eigene*** über § 25 Abs. 1, 2. Alt. StGB zurechnen lassen muss.

Wiederholung: Die Begründung der mittelbaren Täterschaft setzt im Normalfall zweierlei (kumulativ) voraus:

a) Zum einen muss beim Tatmittler ein sogenannter »**Strafbarkeitsmangel**« vorliegen, ihm muss ein Merkmal aus dem dreistufigen Deliktsaufbau fehlen (vgl. S/S/*Heine/Weißer* § 25 StGB Rz. 8 ff.). Ist er selbst voll verantwortlich, scheidet die mittelbare Täterschaft grundsätzlich aus, es gilt das »Verantwortungsprinzip« (BGHSt **35**, 347; BGHSt **40**, 218).

Der Tatmittler muss also entweder

→ objektiv tatbestandslos (→ erfüllt also selbst nicht alle objektiven Merkmale),

→ subjektiv tatbestandslos (→ ohne Vorsatz oder entsprechende Deliktsabsicht),

→ gerechtfertigt (→ im Rahmen eines Rechtfertigungsgrundes) oder

→ nicht schuldhaft (→ schuldunfähig oder mit Entschuldigungsgrund)

gehandelt haben.

b) Liegt eine dieser gerade genannten Voraussetzungen vor, bedarf es zur Begründung der Tatherrschaft des Weiteren einer überlegenen **Wissens- oder Willensherrschaft** des Hintermanns. Das heißt, der Hintermann ist in Kenntnis dieses Umstandes, kennt also den Strafbarkeitsmangel des Tatmittlers und nutzt diesen für sich und seine Zwecke bzw. zur Durchführung der Straftat aus (BGHSt **32**, 38; *Roxin* AT II § 25 Rz. 45; *Wessels/Beulke/Satzger* Rz. 840).

Problem: In unserem Fall fehlt es schon an der ersten Voraussetzung, nämlich dem Strafbarkeitsmangel beim vermeintlichen Tatmittler. Die K handelt nämlich selbst **voll verantwortlich**, also in Kenntnis aller Umstände – und verwirklicht auch sämtliche Merkmale des gesetzlichen Tatbestandes. Und daraus folgt des Weiteren, dass der Hintermann D eigentlich nicht mehr mittelbarer Täter sein kann, ihm fehlt die Tatherrschaft. Diese liegt bei genauer Betrachtung auf Seiten der K. Und damit stellt sich die Frage, wie der D angesichts dieses Umstandes noch zu bestrafen ist.

Antwort: Umstritten.

- Nach einer Meinung soll es sich in diesen Konstellationen um einen Fall der **versuchten** Tatbegehung in **mittelbarer Täterschaft** handeln (*Rengier* AT § 43 Rz. 82; MK/*Joecks* § 25 StGB Rz. 156; *Baumann/Weber/Mitsch/Eisele* AT § 25 Rz. 163; SK/*Hoyer* § 25 StGB Rz. 145; *Gropp* § 10 Rz. 77; *Kudlich* in JuS 2003, 755; *Seier* in JuS 2000, L85; *Maurach/Gössel/Zipf* AT/2 § 48 Rz. 39). Denn der Hintermann habe sich den Eintritt eines bestimmten Kausalverlaufs vorgestellt, der aber aufgrund eines Irrtums von der Realität abweicht. Dies entspreche der Konstruktion einer Versuchsstrafbarkeit nach den §§ 22 ff. StGB und sei daher auch entsprechend zu ahnden. Der Täter werde demnach trotz tatsächlich eingetretenen Erfolges nur wegen ***Versuchs*** bestraft, denn der Erfolg ist anders eingetreten als es der Hintermann beabsichtigt hatte. Es handele sich um einen beachtlichen Irrtum über den Kausalverlauf.

- Nach anderer Auffassung ist der Hintermann demgegenüber hier nicht wegen versuchter mittelbarer Täterschaft, sondern wegen **vollendeter Anstiftung** nach § 26 StGB zu bestrafen, denn der Hintermann habe die letztlich begangene Tat veranlasst und sei daher auch für den eingetretenen Erfolg als Anstifter verantwortlich (*Wessels/Beulke/Satzger* Rz. 860; S/S/*Heine/Weißer* vor § 25 StGB Rz. 79; *Jescheck/Weigend* § 62 III 1; LK/*Schünemann* § 25 StGB Rz. 147; *Lackner/Kühl* § 25 StGB Rz. 5; *Kühl* AT § 20 Rz. 87; S/S/W/*Murmann* § 25 StGB Rz. 29). Die Tatsache, dass der Hintermann keinen von § 26 StGB geforderten Vorsatz auf die vorsätzliche Begehung durch den Vordermann habe (sogenannter »Anstiftervorsatz«)

hindere die Bestrafung nicht: Denn der Hintermann habe sogar den Willen bzw. Vorsatz zur **Täterschaft** gehabt, der qualitativ noch über dem Anstiftervorsatz liege und demnach auch für eine Bestrafung nach § 26 StGB ausreiche (*Wessels/Beulke/Satzger* Rz. 860). Wer den gesetzlichen Tatbestand durch ein von ihm gesteuertes Werkzeug verwirklichen, also selbst Täter sein will, ist nicht beschwert, wenn ihm nur die minder schwere Beteiligungsform, das heißt Anstiftung statt mittelbarer Täterschaft, zur Last gelegt wird. Aus diesem Grund sei eine Strafbarkeit wegen vollendeter Anstiftung die angemessene Rechtsfolge.

Tipp: Das ist – gerade für Anfänger – durchaus schwere Kost, zumal wir bislang in diesem Buch weder über eine Versuchsstrafbarkeit gemäß den §§ 22 ff. StGB noch über die Anstiftung nach § 26 StGB im Einzelnen gesprochen haben. Aber darauf kommt es auch nicht an: Für uns ist an dieser Stelle erst mal wichtig, das Problem des nur vermeintlich gutgläubigen Werkzeugs überhaupt zu erkennen und innerhalb der mittelbaren Täterschaft einordnen zu können. Damit haben wir die entscheidende Hürde übersprungen und uns ein Bewusstsein für die Problematik erarbeitet. Wie man den Streit dann entscheidet, ist letztlich »gleichgültig« im besten Sinne des Wortes. Weiter unten im Gutachten zum Fall steht, wie man eine solche Streitdarstellung in der Klausur dann am souveränsten hinbekommt. Das Nachlesen schadet vermutlich nicht, ist auch nur geringer Aufwand.

Feinkostabteilung: Wer sich tatsächlich jetzt schon inhaltlich mit der Streitfrage von eben auseinandersetzen möchte (Respekt!), wird Folgendes zu beachten haben: Sowohl die Bestrafung wegen versuchter Tatbegehung in mittelbarer Täterschaft als auch die Bestrafung wegen vollendeter Anstiftung haben gute Argumente auf ihrer Seite bzw. gegen sich. So wird man sagen können, dass eine versuchte mittelbare Täterschaft völlig außer Acht lässt, dass der Hintermann für den Erfolg durchaus ursächlich war, diesen auch wollte und demnach eine Strafbarkeit wegen Versuchs – mit der möglichen Strafmilderung nach § 23 Abs. 2 StGB – eigentlich nicht gerechtfertigt oder verdient ist. Andererseits fehlt für eine Bestrafung wegen vollendeter Anstiftung unzweifelhaft der entsprechende Vorsatz des Hintermanns, der aber vom Wortlaut des Gesetzes in § 26 StGB bzw. § 15 StGB gefordert wird. Eine Bestrafung wegen vollendeter Anstiftung verstieße demnach gegen den geschriebenen Gesetzestext, was zulasten des Täters grundgesetzwidrig wäre (Art. 103 Abs. 2 GG → Bestimmtheitsgebot). Die Oberinteressierten wollen in diesem Zusammenhang schließlich noch beachten, dass bei unserem Fall sogar eine Strafbarkeit wegen **vollendeter mittelbarer Täterschaft** möglich wäre, wenn man sich nämlich auf den Standpunkt stellt, es genüge allein der Wille des D zur Tatherrschaft, ungeachtet des objektiven Mangels (so etwa: *Baumann/Weber/Mitsch/Eisele* § 30 Rz. 28). Diese Ansicht freilich, die allein auf die subjektive Seite des Hintermanns abstellt, wird heute im Übrigen bei Fallgestaltungen der vorliegenden Art allgemein abgelehnt, weil sie nämlich jedwede fehlende objektive Tatbeherrschung ausblendet, demzufolge die Strafbarkeit einzig vom Täterwillen abhängig macht und damit den objektiven Beitrag des Täters zur Rechtsgutsverletzung komplett negiert (*Wessels/Beulke/Satzger* Rz. 860).

ZE.: Wir wollen hier in unserem Fall – ohne Wertung – der Ansicht folgen, die den Hintermann wegen vollendeter Anstiftung nach § 26 StGB bestraft und dies damit begründen, dass dem D zwar der entsprechende Anstiftervorsatz fehlt, er dies aber durch seinen qualitativ höheren Tätervorsatz ausgleicht (ausführliche Streitdarstellung dann unten im Gutachten).

Ergebnis: Doktor D ist nicht wegen Tötung in mittelbarer Täterschaft, sondern wegen vollendeter Anstiftung zur von K begangenen Tötung gemäß den §§ 26, 212 Abs. 1 StGB zu bestrafen.

Noch ein Nachschlag zur mittelbaren Täterschaft

Bevor wir uns jetzt endgültig aus diesem Themenbereich verabschieden und zur Teilnahme an einer Straftat (= Anstiftung und Beihilfe) übergehen, wollen wir gerade noch einen kurzen Blick auf zwei beliebte Prüfungsfragen werfen, die dementsprechend häufig auch in universitären Übungen auftauchen. Es geht zum einen um den sogenannten »Täter hinter dem Täter« und zum anderen – und damit wollen wir anfangen – um die sonderbare Konstruktion, dass der vom Hintermann eingesetzte Tatmittler (also das »Werkzeug«) sein eigenes Opfer ist.

1. Folgendes Fällchen lag dem BGH am 12. August 1997 – leicht abgewandelt – zur Entscheidung vor (→ BGHSt **43**, 177):

> In das Wochenendhaus des Apothekers A war innerhalb kurzer Zeit mehrfach eingebrochen geworden, wobei die Täter nichts entwendeten, sondern vielmehr nur Lebensmittel verzehrten und die Alkoholvorräte austranken. Daraufhin präparierte A eines Tages eine Bierflasche mit einer giftigen Substanz und platzierte sie gut sichtbar im Küchenbereich der Wohnung in der Hoffnung, der oder die Einbrecher würden beim Genuss zu Tode kommen. Und so geschah es, der Einbrecher E starb nach dem Trinken aus der Bierflasche. **Strafbarkeit des A?**

Dieser Fall, der im Original übrigens für E nicht tödlich endete und daher auch noch sehr schwierige Fragen zum Versuchsbeginn bei der mittelbaren Täterschaft zu lösen aufgab, hat sein Problem in dem Umstand, dass der Hintermann A hier sein Opfer E selbst als Tatmittler einsetzt. Denn ohne die selbstständige und vor allem **selbstschädigende** Handlung des ahnungslosen Einbrechers E wäre es nicht zu dessen Tod gekommen. Und damit stellt sich die Frage, ob man auch dann mittelbarer Täter im Sinne des § 25 Abs. 1, 2. Alt. StGB sein kann, wenn man seinen Tatmittler gleichzeitig als Opfer auserkoren hat. Es fehlt in diesen Fällen nämlich logischerweise an der klassischen, für die mittelbare Täterschaft charakteristischen Dreipersonenkonstellation: **Hintermann → Tatmittler → Opfer**.

Der BGH hat diese Frage im Ergebnis bejaht, wenngleich die Ausführungen sich im Urteil auf die Feststellung beschränken, gegen den Einsatz des Opfers »**als Tatmittler gegen sich selbst**« bestünden keine Bedenken (BGHSt **43**, 177). Denn die Bestrafung nach § 25 Abs. 1, 2. Alt. StGB sei nicht auf drei Personen und eine Personenverschiedenheit von Tatmittler und Opfer beschränkt (so auch: *Mitsch* BT 2/2 § 1 Rz. 33; *Wessels/Beulke/Satzger* Rz. 851; MK/*Joecks* § 25 StGB Rz. 55; *Jahn* in JA 2002, 560; *Kudlich* in JuS 1998, 596; **anders** aber NK/*Schild* § 25 StGB Rz. 47 oder *Rolf Schmidt* Rz. 987). Der Hintermann ist somit auch dann mittelbarer Täter, wenn er dem ahnungslosen Opfer den letzten Akt der Selbstschädigung überlässt und ihn damit auch zum Tatmittler gegen sich selbst macht (BGHSt **43**, 177). Merken.

2. Und zum Schluss schauen wir uns noch die sonderbare Rechtsfigur des »Täters hinter dem Täter« an. Es geht um Folgendes:

> Der BGH hatte am **26. Juli 1994** (→ BGHSt **40**, 218) darüber zu entscheiden, wie die Mitglieder des »Nationalen Verteidigungsrates« der ehemaligen DDR im Hinblick auf die Erschießung von Flüchtlingen bzw. die Tötung mithilfe von Minen im innerdeutschen Grenzbereich in der Zeit bis zum Mauerfall am 9. November 1989 strafrechtlich zu belangen seien. Bekanntlich hatten Grenzsoldaten (sogenannte »**Mauerschützen**«) über viele Jahre hinweg Personen, die über die Grenze flüchten wollten, vorsätzlich und vor allem in Ausführung erteilter Befehle bzw. Beschlüsse des »Nationalen Verteidigungsrates« bei ihren Fluchtversuchen erschossen bzw. sie durch Landminen zu Tode gebracht.

Lösung: Wir haben inzwischen gelernt, dass eine mittelbare Täterschaft aufgrund des »Verantwortungsprinzips« nur angenommen werden kann, wenn der vom Hintermann eingesetzte Tatmittler einen »Strafbarkeitsmangel« aufweist, also entweder nicht tatbestandsmäßig, nicht rechtswidrig oder nicht schuldhaft handelt – und der Hintermann diesen Umstand kraft überlegenen Wissens ausnutzt und so die **Tatherrschaft** ausübt (BGHSt **40**, 218; *Wessels/Beulke/Satzger* Rz. 851). Nach diesen Regeln hätten die Mitglieder des Nationalen Verteidigungsrates der ehemaligen DDR nicht wegen (mittelbarer) Täterschaft verurteilt werden können, denn die Grenzsoldaten handelten nach dem Verständnis auch des Strafrechts der ehemaligen DDR ohne Strafbarkeitsmangel, insbesondere vorsätzlich und nicht gerechtfertigt. Das Landgericht Berlin hatte die Angeklagten in der Vorinstanz daher nach DDR-Recht auch nur wegen **Anstiftung** zur Tötung durch die Grenzsoldaten verurteilt. Der BGH hat in seiner Entscheidung vom Juli 1994 indes klargestellt, dass es von dem grundsätzlich geltenden Verantwortungsprinzip, wonach die mittelbare Täterschaft ausscheidet, sobald der Tatmittler selbst voll verantwortlich handelt, auch Ausnahmen gibt. Konkret sei mittelbare Täterschaft im Sinne des § 25 Abs. 1, 2. Alt. StGB auch möglich, wenn der Tatmittler zwar selbst strafrechtlich relevant handele, aber innerhalb einer derart straffen und militärähnlichen **Organisationsstruktur** tätig geworden sei, dass der eigentliche Täter der Hintermann sei. Ihm komme aufgrund der absoluten Befehlsherrschaft die Tatherrschaft im strafrechtlichen Sinne zu. Er sei der »Täter hinter dem Täter« und damit über § 25 Abs. 1, 2. Alt StGB zu bestrafen (BGHSt **40**, 218).

Beachte: Dahinter steckt der Gedanke, dass in der ehemaligen DDR die Grenzsoldaten unter gewaltigem, uns Unbeteiligten vermutlich nicht nachvollziehbarem Druck standen und daher zwar bei der Erschießung der Flüchtenden **vorsätzlich** im strafrechtlichen Sinne handelten, gleichwohl derart unter Zwang und militärischer Struktur litten und davon beeiflusst waren, dass als eigentliche »**Täter**« die Befehlsinhaber zu qualifizieren waren. Ansatzweise verstehen kann man das übrigens bei der Lektüre der BGH-Entscheidung, die schwarz auf weiß in justiziabler Form offenbarte, was für ungeheuerliche und menschenverachtende Zustände damals an den Grenzstationen bzw. in den Köpfen der Entscheidungsträger geherrscht haben müssen. Diese militärähnliche Organisationsstruktur, der die Grenzsoldaten unterlagen, rechtfertigte nach Meinung des BGH die Bestrafung der Mitglieder des Nationalen Verteidigungsrates als (mittelbare) **Täter** – und nicht bloß als Anstifter. Wie gesagt, so richtig begreifen kann man das erst, wenn man sich die Mühe macht, die freilich umfangreiche, dafür aber ziemlich interessante Entscheidung des BGH nachzulesen (→ BGHSt **40**, 218). Das Urteil ist übrigens nix für schwache Gemüter, manche Passagen muten an wie aus einem schlechten Agentenfilm, gepaart mit ungeheuerlicher Brutalität und kaum fassbarer Menschenverachtung durch das DDR-Regime.

Zurück zur Lösung: Wir wollen uns bitte merken, dass es in Ausnahmefällen möglich ist, eine mittelbare Täterschaft zu bejahen, obwohl der Tatmittler selbst voll verantwortlich handelt. Allerdings müssen für diese Durchbrechung des Verantwortungsprinzips schon sehr besondere Umstände (→ DDR-Unrecht) vorliegen; in der BGH-Entscheidung werden insoweit noch eine »mafiaähnliche Struktur« oder sogar »unternehmerische Organisationsstrukturen« als weitere Beispiele angeboten. Es gibt zu dieser Entscheidung des BGH, der übrigens noch eine ganze Reihe Urteile mit ähnlichem Inhalt folgen sollten (BGHSt **45**, 270; BGHSt **48**, 77; BGH NStZ **2001**, 364; BGH NJW **2001**, 3060), eine sehr umfangreiche kritische Literatur, deren Lektüre sich indessen nur für die Oberinteressierten oder die Hausarbeitsschreiber zu diesem Thema lohnen dürfte (LK/*Schünemann* § 25 StGB Rz. 128 mwN). Für unsere Zwecke hier reicht es aber erst mal zu wissen, dass die mittelbare Täterschaft in Ausnahmefällen auch bei voll verantwortlich handelndem Werkzeug möglich ist; freilich nur unter den eben geschilderten besonderen Umständen. Und wer sich schließlich ausführlich über noch weitere Ausnahmen des Verantwortungsprinzips informieren möchte, kann nachlesen etwa bei *Wessels/Beulke/Satzger* Rz. 851 ff.; insbesondere der berühmte »Katzenkönig-Fall« des BGH aus dem September 1988 (→ BGHSt **35**, 347) hat beachtlichen Lern- und vor allem Unterhaltungswert. **Kurzfassung:** Zwei Angeklagte hatten einem »leicht beeinflussbaren« Polizeibeamten (!) vorgegaukelt, ein mystischer »Katzenkönig« bedrohe die Welt, daher müsse dieser Katzenkönig mit einem Menschenopfer beschwichtigt werden. Der leicht beeinflussbare Polizist beging daraufhin einen versuchten Mord an einer Frau. Und die Frage war, ob im Hinblick auf diesen versuchten Mord die beiden Hintermänner (einer davon übrigens weiblich) wegen mittelbarer Täterschaft bestraft werden können. Wen es interessiert: BGHSt **35**, 347; ziemlich abgedrehter Fall und knifflige Lösung, aber es lohnt sich. Versprochen.

Das Allerletzte: Ziemlich knifflig und damit ebenfalls sehr prüfungsverdächtig kommt schließlich ein Fall des OLG Stuttgart daher, dem folgender, zudem auch noch enorm praxisrelevanter Sachverhalt – hier leicht vereinfacht – zugrunde lag

(→ NStZ **2016**, 155): Der H war in seinem PKW mit 75 km/h in der Stadt geblitzt worden. Als zwei Wochen später das Schreiben der Ordnungsbehörde kam, überredete H seinen Freund F dazu, der Behörde anzugeben, dass er (F) gefahren sei. F füllte den behördlichen Zeugenbefragungsbogen entsprechend aus und erhielt wenig später einen Bußgeldbescheid sowie den Hinweis auf drei Punkte in seinem Fahreignungsregister. Gegen diesen Bescheid legte der Anwalt des F mit dessen Einverständnis fristgerecht Widerspruch ein und erklärte anschließend vor Gericht, anhand des Fotos habe man inzwischen Zweifel an der Täterschaft des F bekommen. Das Verfahren gegen F wurde nach Abgleich des Fotos, auf dem ja der H zu sehen war, eingestellt. Der (durchaus beabsichtigte) **Clou**: Dieses Verfahren gegen F dauerte mehrere Monate mit der Konsequenz, dass ein Verfahren gegen den eigentlichen Täter (also den H) wegen Verfolgungsverjährung jetzt nicht mehr möglich war – die Behörde muss unter anderem bei Geschwindigkeitsüberschreitungen innerhalb von **drei Monaten** gegen den »richtigen« Täter das (Bußgeld-)Verfahren einleiten (lies: § 26 Abs. 3 StVG). Tut sie dies nicht oder stellt sie das Verfahren gegen ihn ein, etwa weil sie – wie hier – in die Irre bzw. auf die falsche Fährte gelockt wird, ist eine Verfolgung des »richtigen« Täters wegen § 26 Abs. 3 StVG nach Ablauf von drei Monaten nicht mehr möglich. **Frage:** Hat H sich durch sein Verhalten strafbar gemacht?

Problem: Da der F durch die geflunkerte Selbstbezichtigung persönlich keinen Straftatbestand verwirklicht hatte und daher eine Anstiftung seitens des H zu einer entsprechenden Tat demnach nicht in Frage kam, kam für H nur eine Falschverdächtigung des F gemäß **§ 164 Abs. 2 StGB** (aufschlagen!) in mittelbarer Täterschaft in Betracht, wobei der sich selbst anzeigende F bei genauem Hinsehen sowohl der Tatmittler als auch das Opfer in einer Person war. Hinzu kam, dass der F dabei unstreitig selbst auch noch **vorsätzlich**, wenn auch nicht objektiv tatbestandsmäßig handelte: Der F hatte sich ja selbst bezichtigt, während der § 164 StGB stets die Verdächtigung/Bezichtigung »eines anderen« fordert. F war damit in der Gesamtbetrachtung ein sogenanntes »tatbestandslos-doloses Werkzeug« und sowohl Tatmittler als auch Opfer der von H begangenen Tat Falschverdächtigung.

Ansatz: Die entscheidende Frage war somit, ob H als Hintermann trotz all dieser Umstände tatsächlich (mittelbarer) **Täter** sein konnte oder ob es bei seinem – in diesem Fall in Ermangelung einer Haupttat straflosen – Anstifterbeitrag blieb. Das OLG Stuttgart bejahte im Ergebnis die Täterschaft des H und begründete wie folgt:

> »... *Entscheidend ist zunächst das im Strafrecht geltende* ***Verantwortungsprinzip*** *zu berücksichtigen. F ist als Täter nach § 164 Abs. 2 StGB jedenfalls nicht verantwortlich, da er nicht einen anderen, sondern sich selbst bezichtigt hat. Der H demgegenüber ist bei wertender Betrachtung als mittelbarer und verantwortlicher* ***Täter*** *zu sehen. Er hatte insbesondere Tatherrschaft und auch den Willen zur Tat, die nämlich allein in seinem Interesse begangen wurde. Obwohl der F die Schriftstücke der Behörde alleine ausfüllte und auch an die Behörde übersandte, hielt der H die Geschehnisse jederzeit in der eigenen Hand, namentlich und vor allem deshalb, weil er das gesamte Vorgehen durch eine schlichte Meldung bei der Behörde auch jederzeit hätte abbrechen können. Da die Tat allein* ***seinen Interessen*** *diente, beherrschte er auch das Handeln des F bzw. dessen Rechtsanwalts. Hierbei spielt keine Rolle, dass der F*

jederzeit im Einverständnis mit dem H handelte und selbst gar kein tauglicher Täter sein konnte, da die Falschverdächtigung immer die Bezichtigung eines anderen verlangt. Bei wertender Betrachtung weist der vorliegende Fall Ähnlichkeiten zur mittelbaren Täterschaft bei Sonderdelikten wie etwa der Untreue gemäß § 266 StGB auf. Auch dort verwirklicht der unmittelbar Handelnde den Tatbestand nicht selbst, weil ihm eine persönliche Eigenschaft fehlt, die der Straftatbestand voraussetzt. Der Hintermann, der über diese Eigenschaft verfügt und den Tatmittler zur Tat veranlasst, ist dann nach allgemeiner Meinung in Wissenschaft und Rechtsprechung gleichwohl als mittelbarer Täter verantwortlich, da es nur auf seine Person ankommt … Aus den vorstehenden Erwägung ergibt sich daher, dass vorliegend der H mittelbarer Täter der Falschverdächtigung des F ist, obwohl der F selbst Tatmittler und Opfer in einer Person ist und zudem dolos, wenn auch nicht objektiv tatbestandsmäßig handelte und für die Begehung der Tat selbst auch gar nicht tauglicher Täter war … All diese Umstände hindern eine Täterschaft des H nicht …« (→ OLG Stuttgart NStZ **2016**, 155)

Aber: Mit Urteil vom **7. April 2017** hat ein anderer Senat des OLG Stuttgart dieser Entscheidung ausdrücklich widersprochen, den »Täter« (also unseren H oben) freigesprochen und festgestellt, dass in Fällen der vorliegenden Art grundsätzlich nur eine ***Anstiftung*** in Frage komme, es vorliegend aber an einer teilnahmefähigen Haupttat fehle (→ NJW **2017**, 1971). Wörtlich heißt es: »*… Nach Auffassung des hier entscheidenden 1. Senats erscheint angesichts des Umstands, dass der Vordermann die Sachlage voll überblickt und eigenverantwortlich gehandelt hat, also keinen Defekt aufweist, die Verneinung einer Tatherrschaft des Hintermanns und das Vorliegen einer* ***Anstiftungssituation*** *als überzeugender … Mangels teilnahmefähiger Haupttat kann eine Strafbarkeit des in Frage stehenden Verhaltens – anders als vom 2. Senat des OLG Stuttgart entschieden (vgl. NStZ* ***2016****, 155) – dann allerdings nicht festgestellt werden …«* (so auch: LG Heilbronn StraFo **2017**, 118 sowie *Hecker* in JuS 2016, 82 und *Dehne-Niemann* in HRRS 2016, 453)

Gutachten

I. Strafbarkeit der K

K könnte sich durch das Verabreichen der Giftampulle wegen Totschlags gemäß § 212 Abs. 1 StGB strafbar gemacht haben.

Objektiver Tatbestand:

K hat O mithilfe der Giftampulle getötet. Der objektive Tatbestand des § 212 Abs. 1 StGB liegt vor.

Subjektiver Tatbestand:

Die K handelte vorsätzlich, sie wusste, dass sich in der Ampulle Gift befand und wollte die O auch töten, um dem D die Erbschaft zu verschaffen. Der subjektive Tatbestand des § 212 Abs. 1 StGB ist ebenfalls erfüllt.

Rechtswidrigkeit und Schuld:

K handelte ohne Rechtfertigung und auch schuldhaft.

Ergebnis: K hat sich strafbar gemacht wegen Totschlags nach § 212 Abs. 1 StGB.

II. Strafbarkeit des D

D könnte sich wegen Totschlags in mittelbarer Täterschaft strafbar gemacht haben gemäß den §§ 25 Abs. 1, 2. Alt., 212 Abs. 1 StGB.

Objektiver Tatbestand:

1. Zunächst ist insoweit festzustellen, dass D selbst die erforderliche Tathandlung nicht in eigener Person begangen bzw. ausgeführt hat. K hat den Tötungsvorgang in Gang gesetzt.

2. Angesichts dessen stellt sich die Frage, inwieweit D sich die Handlung der K als eigene über § 25 Abs. 1, 2. Alt. StGB zurechnen lassen muss.

a) Dafür müsste zum einen beim Tatmittler ein sogenannter »Strafbarkeitsmangel« vorliegen, ihm muss ein Merkmal aus dem dreistufigen Deliktsaufbau fehlen. Ist er selbst voll verantwortlich, scheidet die mittelbare Täterschaft grundsätzlich aus, es gilt das »Verantwortungsprinzip«. Im vorliegenden Fall fehlt es jedoch schon an dieser Voraussetzung. Die K handelte nämlich selbst voll verantwortlich, also in Kenntnis aller Umstände – und verwirklicht auch sämtliche Merkmale des gesetzlichen Tatbestandes. Daraus folgt, dass der Hintermann D an sich nicht mehr mittelbarer Täter sein kann, ihm fehlt die Tatherrschaft. Diese liegt bei genauer Betrachtung auf Seiten der K. Es stellt sich die Frage, wie der D angesichts dieses Umstandes noch zu bestrafen ist. Die Beantwortung dessen ist umstritten:

aa) Nach einer Meinung soll es sich in diesen Konstellationen um einen Fall der versuchten Tatbegehung in mittelbarer Täterschaft handeln. Denn der Hintermann habe sich den Eintritt eines bestimmten Kausalverlaufs vorgestellt, der aber aufgrund eines Irrtums von der Realität abweicht. Dies entspreche der Konstruktion einer Versuchsstrafbarkeit nach den §§ 22 ff. StGB und sei daher auch entsprechend zu ahnden. Der Täter werde demnach trotz tatsächlich eingetretenen Erfolges nur wegen Versuchs bestraft, denn der Erfolg ist anders eingetreten als es der Hintermann beabsichtigt hatte. Es handele sich um einen beachtlichen Irrtum über den Kausalverlauf.

bb) Dieser Betrachtung kann jedoch nicht gefolgt werden. Der Hintermann ist hier nicht wegen versuchter mittelbarer Täterschaft, sondern vielmehr wegen vollendeter Anstiftung nach § 26 StGB zu bestrafen. Der Hintermann hat nämlich die letztlich begangene Tat veranlasst und ist daher auch für den eingetretenen Erfolg als Anstifter voll verantwortlich. Die Tatsache, dass der Hintermann keinen von § 26 StGB geforderten Vorsatz auf die vorsätzliche Begehung durch den Vordermann hat, hindert die Bestrafung nicht. Der Hintermann hatte sogar den Willen bzw. Vorsatz zur Täterschaft, der qualitativ noch über dem Anstiftervorsatz liegt und demnach auch für eine Bestrafung nach § 26 StGB ausreicht. Wer den gesetzlichen Tatbestand durch ein von ihm gesteuertes Werkzeug verwirklichen, also selbst Täter sein will, ist nicht beschwert, wenn ihm nur die minder schwere Beteiligungsform, das heißt Anstiftung statt mittelbarer Täterschaft, zur Last gelegt wird. Aus diesem Grund ist eine Strafbarkeit wegen vollendeter Anstiftung die angemessene Rechtsfolge. Es ist aus den gerade genannten Erwägungen der Ansicht zu folgen, die den Hintermann wegen vollendeter Anstiftung nach § 26 StGB bestraft.

Ergebnis: Doktor D ist demnach nicht wegen Tötung in mittelbarer Täterschaft, sondern wegen vollendeter Anstiftung zur von K begangenen Tötung gemäß den §§ 26, 212 Abs. 1 StGB zu bestrafen.

Fall 13

Besser den Mund gehalten!

Rechtsstudent R ist pleite und plant daher einen nächtlichen Einbruch in einen Kiosk, um dort die Kasse zu plündern. Am Abend vor der Tat erzählt er seiner Freundin F von dem Vorhaben, woraufhin F meint, R solle sicherheitshalber lieber noch einen Baseball-Schläger einstecken. Dann könne er im Ernstfall mögliche »Störer« einschüchtern und die Beute sichern. Diese Idee findet R prima, besorgt sich einen Baseball-Schläger und steigt einige Stunden später durch ein aufgebrochenes Seitenfenster in den Kiosk ein. Dort muss er allerdings feststellen, dass sich in der Kasse nur ganze 13 Euro in bar befinden, die er gleichwohl einsteckt. Aus Frust über diese Schlappe beschließt er kurzerhand, die Inneneinrichtung des Kiosks mit dem mitgebrachten Baseball-Schläger zu zerkleinern. Nachdem auch das erledigt ist (Sachschaden: 5.000 Euro), sucht R das Weite.

Strafbarkeit von R und F?

Schwerpunkte: Die Anstiftung nach § 26 StGB; Abgrenzung zur Beihilfe gemäß § 27 StGB; der Grundsatz der »limitierten Akzessorietät«; der Prüfungsaufbau einer Teilnahmekonstellation; das Problem der sogenannten »Aufstiftung«; das »Bestimmen« im Sinne des § 26 StGB; der doppelte Anstiftervorsatz; Fragen der Zurechnung beim Anstifter.

Lösungsweg

Einstieg: Dieses Fällchen bringt uns zur Problematik um die Teilnahme an einer Straftat. Unter Teilnahme versteht das Gesetz sowohl die **Anstiftung** als auch die ***Beihilfe*** (bitte lies: § 28 Abs. 1 StGB). Eine solche Teilnahme kommt immer dann in Betracht, wenn der **Beteiligte** (Definition dieses Wortes in § 28 Abs. 2 StGB) als Täter in der konkreten Situation mangels Tatherrschaft ausscheidet, gleichwohl an der Straftat in irgendeiner Form mitgewirkt hat. Und aus dem letzten Satz folgt dann auch schon die erste wichtige Regel, die wir uns merken wollen:

Regel Nr. 1: Die Täterschaft geht der Teilnahme stets vor. Ist jemand bereits Täter – also entweder unmittelbarer, mittelbarer oder Mittäter –, kommt eine Teilnahme durch die gleiche Person nicht mehr in Betracht. Diese Teilnahme tritt dann hinter der Täterschaft als mildere Beteiligungsform zurück und braucht bzw. darf in der Fall-Lösung demnach auch nicht mehr geprüft werden (BGHSt **30**, 28; BGHSt **47**, 188; SK/*Hoyer* vor § 26 StGB Rz. 29; *Lackner/Kühl* vor § 25 StGB Rz. 13).

Im Hinblick auf den Aufbau und die Durchführung einer Teilnahmeprüfung liegen die Schwierigkeiten an unterschiedlichen Stellen verborgen. Zunächst gilt es aber, die verschiedenen Personen in der richtigen Reihenfolge zu untersuchen, **denn:** Eine Teilnahmeprüfung setzt stets und zwingend einen **Haupttäter** voraus, an dessen Tat der Teilnehmer sich beteiligt haben kann. Und die Strafbarkeit des Haupttäters muss natürlich auch in der Fall-Lösung geprüft werden, denn ansonsten gibt es keine für § 26 StGB oder § 27 StGB notwendige »vorsätzlich begangene rechtswidrige Tat«, zu der der Teilnehmer entweder angestiftet oder Beihilfe geleistet haben kann (bitte lies: § 26 StGB **und** § 27 Abs. 1 StGB). Die Teilnahme ist von dieser Haupttat abhängig, sie ist zu ihr **akzessorisch** (Akzessorietät = Abhängigkeit). Und weil der Haupttäter zwar vorsätzlich und rechtswidrig (§ 26 und § 27 StGB gelesen?), nicht aber schuldhaft gehandelt haben muss, nennt man diese Abhängigkeit »limitiert«, also begrenzt. Eine Teilnahme ist somit auch möglich, wenn der Haupttäter zwar vorsätzlich und rechtswidrig, aber nicht schuldhaft handelt. Im deutschen Strafrecht gilt bei den Fragen der Täterschaft und Teilnahme daher die sogenannte »limitierte Akzessorietät« (BayObLG NStZ **2003**, 276; S/S/*Heine/Weißer* vor § 25 StGB Rz. 22; *Wessels/Beulke/Satzger* Rz. 864).

Regel Nr. 2: Die Teilnahme an einer Straftat setzt stets das Vorliegen einer wenigstens vorsätzlich und rechtswidrig begangenen Haupttat eines anderen voraus. Dieses Prinzip nennt man »limitierte Akzessorietät« der Teilnahme von der Haupttat (*Wessels/Beulke/Satzger* Rz. 864; *Lackner/Kühl* vor § 25 StGB Rz. 9). Im Prüfungsaufbau muss die Strafbarkeit des Haupttäters deshalb immer ***zuerst*** untersucht werden. Erst wenn feststeht, dass der Haupttäter eine wenigstens vorsätzliche und rechtswidrige Haupttat begangen hat, kann im zweiten Schritt die Teilnahme an ***dieser*** Tat geprüft werden. Merken.

Und genau so wollen wir das hier dann auch machen, also:

I. Strafbarkeit des R durch das Einbrechen in den Kiosk

→ **§ 244 Abs. 1 Nr. 1 a, 242 Abs. 1 StGB** (Diebstahl mit Waffen)

I. Tatbestand

A. Objektiv

Unser Sportskamerad R ist nachts in den Kiosk eingestiegen, hat dabei einen Baseball-Schläger mit sich geführt und dann 13 Euro aus der Kasse genommen, mit denen er später abgehauen ist. Ein »**gefährliches Werkzeug**« im Sinne des § 244 Abs. 1 Nr. 1a StGB ist jeder Gegenstand, der als Angriffs- oder Verteidigungsmittel nach seiner objektiven Beschaffenheit und der Art seiner Benutzung im konkreten Fall erhebliche Verletzungen hervorrufen kann (vgl. *Fischer* § 244 StGB Rz. 13). Mit der Entwendung des Geldes unter Beisichführen des Baseballschlägers erfüllt R demzufolge problemlos die objektiven Voraussetzungen der §§ 244 Abs. 1 Nr. 1 a, 242 StGB.

Beachte: Der § 244 StGB ist eine sogenannte »**Qualifikation**« zum Grundtatbestand des einfachen Diebstahls aus § 242 StGB. Er stellt einen eigenständigen **Tatbestand** dar, der auf den Voraussetzungen des § 242 StGB aufbaut und diesen einfachen Diebstahl als sozusagen »schlimmere Tat« mit erhöhtem kriminellen Einsatz seitens des Täters qualifiziert und auch mit deutlich höherer Strafe sanktioniert (prüfen, bitte). Der hier ebenfalls verwirklichte § 243 Abs. 1 Satz 2 Nr. 1 StGB ist demgegenüber nur ein sogenanntes »Regelbeispiel«, das allein für die **Strafzumessung** von Bedeutung ist und keinen eigenständigen Straftatbestand darstellt. Sofern der § 244 StGB erfüllt ist, tritt der § 243 StGB daher, wenn gleichzeitig auch dessen Voraussetzungen gegeben sind, hinter § 244 StGB zurück, braucht also nicht mehr – oder maximal mit **einem** Satz – erwähnt zu werden (BGHSt **33**, 50; BGH NStZ **2003**, 186; vgl. auch *Schwabe*, Lernen mit Fällen, Strafrecht BT 2, Fall Nr. 3). Die Bestrafung des Täters erfolgt in diesen Fällen ausschließlich aus dem Strafmaß des § 244 StGB. Beachte bei § 243 StGB im Übrigen bitte immer auch den sehr häufig übersehenen Abs. 2 der Norm (der etwa auch in unserem Fall einschlägig wäre).

ZE.: Der R hat dadurch, dass er mit dem Baseball-Schläger bewaffnet die Kasse des Kiosks ausgeräumt hat, den objektiven Tatbestand der §§ 244 Abs. 1 Nr. 1 a, 242 Abs. 1 StGB erfüllt.

B. Subjektiver Tatbestand

Der R handelte ohne Frage vorsätzlich sowie mit der für die §§ 244, 242 StGB erforderlichen Zueignungsabsicht.

ZE.: R hat auch den subjektiven Tatbestand der benannten Normen erfüllt.

II. Rechtswidrigkeit

Es sind keine Anhaltspunkte bzw. Rechtfertigungsgründe ersichtlich, die das Verhalten des R rechtfertigen könnten.

ZE.: R handelte rechtswidrig.

III. Schuld

Es sind schließlich auch keine Anhaltspunkte ersichtlich, die die Schuld des R ausschließen könnten.

ZE.: R handelte auch schuldhaft.

Ergebnis: R hat sich strafbar gemacht wegen Diebstahls mit Waffen nach den §§ 244 Abs. 1 Nr. 1 a, 242 Abs. 1 StGB.

II. Strafbarkeit durch das Zertrümmern der Inneneinrichtung des Kiosks

→ **§ 303 Abs. 1 StGB** (Sachbeschädigung)

Da machen wir es kurz: Durch das Zerdeppern der Inneneinrichtung des Kiosks hat R vorsätzlich, rechtswidrig und schuldhaft den § 303 Abs. 1 StGB erfüllt.

Ergebnis: R ist somit auch zu bestrafen wegen Sachbeschädigung nach § 303 Abs. 1 StGB.

III. Strafbarkeit der F

So. Nachdem wir die Strafbarkeit des R festgestellt haben (und erst jetzt!), können wir uns mit der Strafbarkeit der F, genau genommen mit ihrer Beteiligung bzw. Teilnahme an den Taten des R beschäftigen. Denn das hatten wir oben im Vorspann ja gesagt: Die Teilnahme ist **abhängig** von der Haupttat. Man kann grundsätzlich nur an dem teilnehmen, was der Haupttäter zumindest vorsätzlich und rechtswidrig verwirklicht hat (→ »**limitierte Akzessorietät**«). Und hier in unserem Fall waren die Haupttaten nun zum einen der Diebstahl mit Waffen und zum anderen die Sachbeschädigung an der Inneneinrichtung des Kiosks. Eine Beteiligung kann also nur an **diesen** Taten in Betracht kommen. Und im Hinblick auf diese Beteiligung der F können wir als Erstes eine **Täterschaft** im Sinne des § 25 Abs. 1 oder Abs. 2 StGB schon mal von vorneherein rausschmeißen. Denn die Tat hat allein der R geplant und auch ausgeführt. F hatte weder Tatherrschaft noch hat sie im Vorfeld derart Entscheidungserhebliches geleistet, dass man ihr nach den Grundsätzen der Tatherrschaftslehre eine Täterschaft hätte zusprechen können (vgl. insoweit die Einzelheiten weiter vorne bei Fall 11). Die F hat dem R lediglich vorgeschlagen bzw. geraten, zu dem Einbruch einen Baseball-Schläger mitzunehmen, um mögliche Störer auszuschalten und die Beute zu sichern. Das war alles.

Damit bleibt also nur eine Form der Teilnahme, demnach entweder die **Anstiftung** oder die **Beihilfe**. Und hier kommen wir dann zur nächsten Regel, die wir uns bitte merken wollen:

> **Regel Nr. 3:** Im Verhältnis der Teilnahmeformen zueinander geht die Anstiftung der Beihilfe als schwerere Beteiligung an der Straftat stets vor (RGSt **62**, 74; *Fischer* § 26 StGB Rz. 19; S/S/*Heine/Weißer* vor § 25 StGB Rz. 49). Kommen im Hinblick auf die Strafbarkeit einer Person beide Teilnahmeformen im konkreten Fall in Betracht, hat man daher immer zuerst die **Anstiftung** zu prüfen. Ist sie erfüllt, scheidet eine Bestrafung wegen Beihilfe aus.

Übrigens: Dass die Anstiftung die schwerere Form der Beteiligung ist, sieht man schon an dem vom Gesetzgeber gewählten Strafmaß: Während der Anstifter gemäß § 26 StGB zwingend (!) »**gleich dem Täter**« bestraft wird, ist die Strafe des Gehilfen – ebenfalls zwingend – gemäß § 27 Abs. 2 Satz 2 StGB zu mildern.

Zum Fall: Da die F als Täterin nicht in Frage kommt, müssen wir demzufolge mit der Teilnahme weitermachen und dort dann eben die **Anstiftung** als Erstes prüfen. Der Aufbau einer Teilnahmeprüfung ist nun erstaunlicherweise – entgegen landläufiger Studentenangst – gnadenlos einfach. Allerdings nur dann, wenn man sich an den Wortlaut des Gesetzes hält, und zwar:

→ **§§ 26, 244 Abs. 1 Nr. 1 a, 242 Abs. 1 StGB** (Anstiftung zum Diebstahl mit Waffen)

I. Tatbestand

A. Objektiv

1. Erforderlich für eine Strafbarkeit wegen Anstiftung ist zunächst eine **vorsätzlich** und **rechtswidrig** begangene Haupttat (das steht genau so in § 26 StGB drin).

Hier: Kein Problem, haben wir eben ja festgestellt. Die vorsätzliche rechtswidrige Haupttat ist der Diebstahl mit Waffen nach den §§ 244 Abs. 1 Nr. 1 a, 242 Abs. 1 StGB.

2. Die F müsste den R zu dieser Tat »bestimmt« haben (steht auch drin in § 26 StGB).

> **Durchblick:** Dieses »Bestimmen« ist die eigentliche Tathandlung der Anstiftung. Das Gesetz bestraft mit der Anstiftung nämlich den Umstand, dass der Anstifter den Haupttäter zu der letztlich begangenen Tat veranlasst und diese damit als »**geistiger Miturheber**« erst ermöglicht hat (*Roxin* AT II § 26 Rz. 11). Ohne den Anstifter wäre es nicht zur Straftat gekommen; der Anstifter hat durch sein Verhalten den an sich rechtstreuen Haupttäter demnach mit seiner eigenen kriminellen Energie »infiziert«. Und aus genau diesem Grund wird der Anstifter dann **gleich** dem Haupttäter bestraft – und zwar ohne jede Milderungsmöglichkeit (lies nochmals: § 26 StGB).

Was nun genau hinter diesem in § 26 StGB gewählten Begriff »**Bestimmen**« steckt, ist einer der Knackpunkte bei der Prüfung der Anstiftung. Um dahinter zu kommen, wollen wir uns zunächst mal die herkömmliche Definition anschauen, sie bringt uns auf den richtigen Weg:

> **Definition:** *Bestimmen* im Sinne des § 26 StGB bedeutet das Hervorrufen des Tatentschlusses (BGH NStZ **2008**, 42; BGH NStZ **1994**, 30; KG NStZ-RR **2002**, 10; *Fischer* § 26 StGB Rz. 3; *Wessels/Beulke/Satzger* Rz. 881).

Beachte: Der Anstifter muss demnach nicht nur irgendwie ursächlich im klassischen Sinne für die Haupttat sein. Angesichts des Umstandes, dass er gemäß § 26 StGB gleich dem Täter bestraft wird, fordert die herrschende Meinung – wie bereits erwähnt – ihn als geistigen »Miturheber« der Tat und demzufolge auch seinerseits eine geistige Willensbeeinflussung, die dem Haupttäter den Anlass gibt, die entsprechende Tat auszuführen (S/S/*Heine/Weißer* § 26 StGB Rz. 4; *Wessels/Beulke/Satzger* Rz. 880 ff.). Es muss namentlich zu einem (kommunikativen) Kontakt zwischen Anstifter und Haupttäter kommen, bei dem der Anstifter über eine schlichte Ursächlichkeit hinaus den Impuls für den Tatentschluss des Haupttäters setzt und ihn damit zur Begehung der Tat motiviert (*Lackner/Kühl* § 26 StGB Rz. 5; S/S/*Heine/Weißer* § 26 StGB Rz. 4; LK/*Schünemann* § 26 StGB Rz. 15). Als geeignete Mittel zur Anstiftung bieten sich unter diesen Umständen vielschichtige Handlungen an, etwa das Überreden, ein Rat, eine »Anregung«, ein für die Ausführung der Tat in Aussicht gestelltes Geschenk, eine Bitte oder auch eine Beauftragung (z.B. beim berühmten »Auftragsmord«).

Zum Fall: Unsere F hat gegenüber R erklärt, er solle doch lieber noch einen Baseball-Schläger mitnehmen, damit er sich mögliche »Störer« bei dem Einbruch vom Hals halten und die Beute sichern könne. Das ist als »Rat« im eben benannten Sinne zu verstehen – und der R nimmt ja aufgrund dieses Rates dann tatsächlich den Baseball-Schläger mit, was er sonst offenbar nicht getan hätte. Der Rat der F ist damit nicht nur ***ursächlich*** im klassischen Sinne, sondern bewirkt vielmehr beim Haupttäter R auch aufgrund geistiger Beeinflussung seitens der F den dann von ihm mitgetragenen Entschluss zur Mitnahme des Schlägers. Auf der Grundlage des von F gesetzten Impulses entschließt sich R, den Baseball-Schläger mitzunehmen und die Tat damit auszuführen.

<u>ZE.</u>: Somit lägen die Voraussetzungen des § 26 StGB eigentlich vor.

Problem: Dabei haben wir bislang noch gar nicht berücksichtigt, dass der R zum Einbruch in den Kiosk längst entschlossen war, als ihm die F den Rat mit dem Baseball-Schläger gab. Und wenn jemand zur Tat bereits entschlossen ist, kann man ihn eigentlich nicht mehr anstiften. Denn dazu ist ja erforderlich, dass man bei dem anderen den geistigen Impuls zur Tat setzt und so dann seinen Tatentschluss hervorruft (siehe oben). Einen zur Tat schon entschlossenen Täter – sogenannter »**omnimodo facturus**« – kann man demnach nicht mehr anstiften im benannten Sinne (RGSt **72**, 373; BGHSt **45**, 373; BGH NJW **2005**, 2867). Angesichts dessen müsste man die Anstiftung hier verneinen.

Aber: Jetzt erst wird es richtig interessant, Folgendes muss man sehen: Der R war zwar schon zur Tat entschlossen. Allerdings bezog sich sein Entschluss zunächst nur auf einen einfachen Diebstahl nach § 242 Abs. 1 StGB bzw. nach den §§ 242, 243 Abs. 1 Nr. 1 StGB. Denn er hatte ja – bis dahin ohne die F – schon geplant, in den Kiosk einzubrechen und dort die Kasse zu plündern, was den Tatbestand der beiden gerade genannten Normen erfüllt und demnach einen Diebstahl in einem besonders schweren Fall dargestellt hätte. Die F hat ihn nun aber mit ihrem »Rat« dazu bewogen, aus diesem Diebstahl einen **qualifizierten** Diebstahl mit Waffen nach den §§ 242, 244 StGB – mit deutlich höherem Strafmaß! – zu machen. Denn erst durch das

Beisichführen des Baseball-Schlägers wird der qualifizierende Tatbestand des § 244 Abs. 1 Nr. 1 a StGB erfüllt. Und damit stellt sich die klassische Klausurfrage: Kann ein Täter, der bereits zum Grunddelikt entschlossen ist, noch zur Begehung einer Qualifizierung dieses Grunddelikts angestiftet werden (sogenannte »Aufstiftung« oder auch »Hochstiftung«)? Oder handelt es sich hierbei – wegen des bereits vorhandenen Tatentschlusses – lediglich um eine psychische Beihilfe im Sinne des § 27 StGB?

Antwort: Sehr umstritten.

- Nach einer Auffassung scheidet die Anstiftung bzw. Aufstiftung des schon zum Grunddelikt entschlossenen Täters zur entsprechenden Qualifikation grundsätzlich aus (SK/*Hoyer* § 26 StGB Rz. 19; *Lackner/Kühl* § 26 StGB Rz. 2a; S/S/*Heine/Weißer* § 26 StGB Rz. 9; MK/*Joecks* § 26 StGB Rz. 41; *Kühl* AT § 20 Rz. 183; *Kindhäuser* AT § 41 Rz. 14; *Küpper* in JuS 1996, 23; *Puppe* in ZStW 92, 887). Diese Ansicht argumentiert, dass der Anstifter unter diesen Umständen keinen **Tatentschluss** mehr beim Täter hervorrufen könne und folglich auch nicht die hohe Strafe des § 26 StGB verdiene. Ihm könne man insbesondere nicht das zur Qualifikation immer dazugehörende Grunddelikt anlasten, denn zu diesem war der Haupttäter ohne Zutun des Anstifters bereits entschlossen. Der Anstifter habe keine entscheidende kriminelle Energie beim Täter geweckt. Sein Verhalten sei demnach lediglich als geistige bzw. psychische **Beihilfe** im Sinne des § 27 StGB zur später begangenen qualifizierten Tat zu verstehen und entsprechend zu ahnden.

- Die herrschende Meinung sieht das allerdings anders und will trotz bereits vorhandenen Entschlusses zum Grunddelikt den anderen wegen Anstiftung zur **gesamten** Tat verurteilen (BGHSt **19**, 339; LK/*Schünemann* § 26 StGB Rz. 31; *Rengier* AT § 45 Rz. 38; *Roxin* AT II § 26 Rz. 105; *Fischer* § 26 StGB Rz. 12; *Wessels/Beulke/Satzger* Rz. 885; *Satzger* in Jura 2017, 1176; *Berz/Saal* in Jura 2003, 208). Zur Begründung beruft sich diese Ansicht auf den durch die Anstiftung erreichten »übersteigerten Tatentschluss« beim Haupttäter. Der Haupttäter sei nämlich bislang nur zum Grunddelikt entschlossen gewesen, was aber in der Regel einen deutlich niedrigeren Unwertgehalt aufweise als die Qualifikation. Eine Bestrafung nur wegen Beihilfe – so wie von der Gegenansicht vertreten – werde dem nun verwirklichten Unrecht des Haupttäters nicht gerecht. Der Anstifter habe daher für die gesamte Tat des Haupttäters einzustehen (BGHSt **19**, 339), auch wenn dieser zu einem Teil der Tat bereits entschlossen war.

Merke: Diesen Klausurklassiker kann man nach wie vor in beide Richtungen entscheiden. Denn die Auffassungen haben jeweils gute Argumente für und gegen sich (siehe oben). Was allerdings nicht passieren darf, ist, die Streitfrage komplett zu übersehen, denn – wie gesagt – das ist ein echter Klassiker, der sich nach wie vor größter Beliebtheit in universitären Übungsarbeiten und auch im Examen erfreut.

ZE.: Wir wollen hier – ohne Wertung – mal der zuletzt benannten Meinung folgen und demnach festhalten, dass F durch den Rat, einen Baseball-Schläger mitzunehmen, bei R den Tatentschluss zur Begehung des Diebstahls mit Waffen hervorgerufen hat (zur Streitdarstellung in der Klausur vgl. weiter unten das Gutachten).

ZE.: Damit liegt der objektive Tatbestand der Anstiftung vor.

B. Subjektiver Tatbestand

→ **Vorsatz** auf den objektiven Tatbestand (§ 15 StGB!), also:

1. F müsste **Vorsatz** auf die von R begangene vorsätzliche rechtswidrige Haupttat gehabt haben (das war oben das ***erste*** Merkmal des objektiven Tatbestandes).

Hier: F wusste, dass R mit dem Baseball-Schläger in den Kiosk einsteigt und dort die Kasse plündert. Damit hatte sie Vorsatz auf das erste Merkmal des objektiven Tatbestandes, nämlich die vorsätzlich und rechtswidrig begangene Haupttat.

2. Des Weiteren erforderlich ist der Vorsatz auf die **Tathandlung** der Anstiftung, also das »**Bestimmen**« zur Tat, demnach das Hervorrufen des Tatentschlusses (das war oben das ***zweite*** Merkmal des objektiven Tatbestandes).

Hier: F hat dem R den »Rat« im Hinblick auf das Mitnehmen des Baseball-Schlägers wissentlich gegeben. Damit hatte die F auch den Vorsatz auf das zweite Merkmal des objektiven Tatbestandes der Anstiftung, nämlich ihre eigene Tathandlung.

> **Durchblick:** Die ganze Geschichte ist zumindest aufbautechnisch demnach viel einfacher als die meisten Studenten denken. Wir haben gesehen, dass der **objektive** Tatbestand der Anstiftung aus **zwei** Merkmalen besteht, die beide auch noch im Gesetz stehen (siehe oben). Und hat man die untersucht und bejaht, erschöpft sich die Prüfung des subjektiven Tatbestandes der Anstiftung dann darin, im Hinblick auf diese ***beiden*** objektiven Merkmale den Vorsatz des Anstifters zu untersuchen. Den nennt man dann »doppelten Anstiftervorsatz« und wir wissen jetzt auch warum: Man hat ja eben nur schön brav gemäß § 15 StGB den Vorsatz auf die Merkmale des objektiven Tatbestandes zu prüfen: Hier bei der Anstiftung sind das wie gesehen zwei Merkmale, also eine doppelte Vorsatzprüfung – deshalb auch »**doppelter** Anstiftervorsatz« (BGHSt **6**, 359; BGHSt **15**, 276; *Lackner/Kühl* § 26 StGB Rz. 4; *Wessels/Beulke/Satzger* Rz. 888). War das schwer?

Würde ich auch sagen. Deshalb bitte in Zukunft nicht mehr gar so ängstlich an Teilnahmeprüfungen drangehen, es lohnt sich – wie wir jetzt wissen – nämlich nicht, wenn man nur den Wortlaut des Gesetzes beachtet.

Zum Fall: Hier bei uns liegt dieser benannte doppelte Anstiftervorsatz vor mit der Konsequenz, dass die Merkmale des objektiven und des subjektiven Tatbestandes der Anstiftung zum Diebstahl mit Waffen auf Seiten der F erfüllt sind.

II. Rechtswidrigkeit

Es ist nicht erkennbar, dass die F bei ihrer Anstiftung durch einen Rechtfertigungsgrund gerechtfertigt war.

III. Schuld

Hier gilt das Gleiche. Das Verhalten der F war schuldhaft.

Ergebnis: F hat sich strafbar gemacht wegen Anstiftung zum Diebstahl mit Waffen gemäß den §§ 26, 244 Abs. 1 Nr. 1 a, 242 Abs. 1 StGB. Und geht dafür mindestens **sechs Monate** in den Knast, denn sie wird ja »**gleich dem Täter**« bestraft. Und der bekommt gemäß § 244 StGB Freiheitsstrafe von sechs Monaten bis zu zehn Jahren. Beachtlich, oder!?

Und das war noch nicht mal alles. Denn wir haben ja auch noch die Sachbeschädigung des R mithilfe des Baseball-Schlägers. Es fragt sich, ob die F auch dafür als Anstifterin einstehen muss. Wir prüfen es gerade mal schulmäßig durch und verwerten jetzt vor allem das, was wir soeben gelernt haben, also:

→ **§§ 26, 303 Abs. 1 StGB** (Anstiftung zur Sachbeschädigung)

I. Tatbestand

A. Objektiv

1. Wir brauchen zunächst wieder: Eine vorsätzlich und rechtswidrig begangene Haupttat (steht ja so drin in § 26 StGB).

Hier: Keine Aktion, der R hat mit dem Baseball-Schläger die Inneneinrichtung des Kiosks zerkleinert. Das ist – wie oben geprüft – eine Sachbeschädigung nach § 303 Abs. 1 StGB gewesen.

2. Die F müsste den R auch zu dieser Tat »bestimmt« haben (lies: § 26 StGB).

> **Definition:** Bestimmen im Sinne des § 26 StGB bedeutet das Hervorrufen des Tatentschlusses (BGH NStZ-RR **2018**, 80; BGH NStZ **2008**, 42; KG NStZ-RR **2002**, 10; *Wessels/Beulke/Satzger* Rz. 881; *Rengier* AT § 45 Rz. 24).

Problem: Die F bzw. der »Rat« der F war zwar **ursächlich** für diese Tat, denn ohne die von F angeregte Mitnahme des Baseball-Schlägers hätte R die Inneneinrichtung nicht zerkleinert. Es stellt sich jedoch die Frage, ob im Hinblick auf die Sachbeschädigung die F wirklich auch als geistige Miturheberin und Veranlasserin im Sinne des § 26 StGB betrachtet werden kann. Wir erinnern uns bitte:

Der Anstifter muss nicht nur irgendwie ursächlich im klassischen Sinne für die Haupttat sein. Angesichts des Umstandes, dass er gemäß § 26 StGB gleich dem Täter bestraft wird, fordert die herrschende Meinung ihn als geistigen »Miturheber« der Tat und demzufolge auch seinerseits eine **geistige Willensbeeinflussung**, die dem Haupttäter den Anlass gibt, die entsprechende Tat auszuführen (S/S/*Heine/Weißer* § 26 StGB Rz. 4; *Wessels/Beulke/Satzger* Rz. 881). Es muss insbesondere zu einem (kommunikativen) Kontakt zwischen Anstifter und Haupttäter kommen, bei dem der Anstifter über eine schlichte Ursächlichkeit hinaus den Impuls für den Tatentschluss des Haupttäters setzt und ihn damit zur Begehung der entsprechenden Tat motiviert (S/S/*Heine* § 26 StGB Rz. 4; LK/*Schünemann* § 26 StGB Rz. 15; *Rengier* AT § 45 Rz. 30).

Und im Ergebnis wird man dies – anders als bei dem Diebstahl oben – hier jetzt verneinen müssen, **denn:** Der »Rat« der F beschränkte sich allein auf die Ausführung des Diebstahls. Die F hatte dem R hierzu geraten, damit R mögliche Störer einschüchtern und die Beute bessern sichern könne. Eine mögliche Sachbeschädigung des R mithilfe des Baseball-Schlägers stand zu diesem Zeitpunkt indes nicht zur Debatte. Den Entschluss, die Inneneinrichtung des Kiosks zu zertrümmern, hatte R vielmehr spontan und allein gefasst. Die F hat durch ihr Verhalten keinen geistigen Impuls zur Begehung dieser Tat gesetzt. Sie ist mithin auch nicht die geistige Miturheberin der Tat.

ZE.: Durch den Rat, den Baseball-Schläger mitzunehmen, hat F in R nicht den Tatentschluss zur Begehung der Sachbeschädigung im Sinne des § 26 StGB hervorgerufen.

Zugabe: Selbst wer dies anders sehen und die F objektiv als Anstifterin qualifizieren wollte, musste dann aber spätestens im **subjektiven** Tatbestand der Anstiftung den ***Vorsatz*** der F auf die von R begangene vorsätzliche rechtswidrige Haupttat verneinen. Denn dass R später mit dem Baseball-Schläger die Inneneinrichtung zerkleinert, war nicht vom Willen oder Wissen der F umfasst. F wollte ja nur, dass R den Baseball-Schläger zur Verteidigung gegen mögliche Störer und zur Sicherung der Beute mitnimmt. Der Anstiftervorsatz muss sich aber immer auf eine **bestimmte** Tat beziehen (BGHSt **34**, 65; *Rengier* § 45 Rz. 49); und diese Tat war der Diebstahl, nicht aber eine mögliche Sachbeschädigung aus Frust über die geringe Beute.

Ergebnis: Im Hinblick auf die Sachbeschädigung an der Inneneinrichtung des Kiosks hat F sich nicht strafbar gemacht.

Aufbaumuster für die Anstifterprüfung gemäß § 26 StGB

1. Prüfung des Haupttäters

→ Voraussetzung ist eine mindestens ***vorsätzlich*** und ***rechtswidrig*** begangene Haupttat (»**limitierte Akzessorietät**«), vgl. § 26 StGB.

2. Prüfung des Anstifters

I. Tatbestand

A. Objektiv

1. Vorsätzliche rechtswidrige Haupttat (siehe oben)

2. Zur Tat »bestimmt« (= Hervorrufen des Tatentschlusses = Tathandlung)

B. Subjektiv (doppelter Anstiftervorsatz)

1. Vorsatz auf die vorsätzliche rechtswidrige Haupttat

2. Vorsatz auf das Bestimmen (also auf das Hervorrufen des Tatentschlusses)

II. Rechtswidrigkeit

III. Schuld

Gutachten

I. Strafbarkeit des R durch das Einbrechen in den Kiosk

R könnte sich durch das Einbrechen in den Kiosk wegen Diebstahls mit Waffen gemäß den § 244 Abs. 1 Nr. 1 a, 242 Abs. 1 StGB strafbar gemacht haben.

Objektiver Tatbestand:

R ist nachts in den Kiosk eingestiegen, hat dabei einen Baseball-Schläger mit sich geführt und dann 13 Euro aus der Kasse genommen, mit denen er später geflohen ist. Ein gefährliches Werkzeug im Sinne des § 244 Abs. 1 Nr. 1 a StGB ist jeder Gegenstand, der als Angriffs- oder Verteidigungsmittel nach seiner objektiven Beschaffenheit und der Art seiner Benutzung im konkreten Fall erhebliche Verletzungen hervorrufen kann. Die Entwendung der 13 Euro mit dem Baseball-Schläger erfüllt demnach die objektiven Voraussetzungen der §§ 244 Abs. 1 Nr. 1 a, 242 StGB. R hat dadurch, dass er mit dem Baseball-Schläger bewaffnet die Kasse des Kiosks ausgeräumt hat, den objektiven Tatbestand der §§ 244 Abs. 1 Nr. 1 a, 242 Abs. 1 StGB erfüllt.

B. Subjektiver Tatbestand

Der R handelte vorsätzlich sowie mit der für die §§ 244, 242 StGB erforderlichen Zueignungsabsicht. R hat auch den subjektiven Tatbestand der benannten Normen erfüllt.

Rechtswidrigkeit

Es sind keine Anhaltspunkte bzw. Rechtfertigungsgründe ersichtlich, die das Verhalten des R rechtfertigen könnten. R handelte rechtswidrig.

Schuld

Es sind schließlich auch keine Anhaltspunkte ersichtlich, die die Schuld des R ausschließen könnten. R handelte demzufolge auch schuldhaft.

Ergebnis: R hat sich strafbar gemacht wegen Diebstahls mit Waffen nach den §§ 244 Abs. 1 Nr. 1 a, 242 Abs. 1 StGB.

II. Strafbarkeit durch das Zertrümmern der Inneneinrichtung des Kiosks

Durch das Zerschlagen der Inneneinrichtung des Kiosks hat R vorsätzlich, rechtswidrig und schuldhaft den § 303 Abs. 1 StGB erfüllt.

Ergebnis: R ist somit auch zu bestrafen wegen Sachbeschädigung nach § 303 Abs. 1 StGB.

III. Strafbarkeit der F

F könnte sich durch das Anraten im Hinblick auf den Baseball-Schläger wegen Anstiftung zum Waffendiebstahl gemäß den §§ 26, 244 Abs. 1 Nr. 1 a, 242 Abs. 1 StGB strafbar gemacht haben.

Objektiver Tatbestand:

1. Erforderlich für eine Strafbarkeit wegen Anstiftung ist gemäß § 26 StGB zunächst eine vorsätzlich und rechtswidrig begangene Haupttat. Die vorsätzliche rechtswidrige Haupttat ist der Diebstahl mit Waffen nach den §§ 244 Abs. 1 Nr. 1 a, 242 Abs. 1 StGB.

2. Die F müsste den R zu dieser Tat »bestimmt« haben. Bestimmen im Sinne des § 26 StGB bedeutet das Hervorrufen des Tatentschlusses. Der Anstifter muss dabei nicht nur irgendwie ursächlich im klassischen Sinne für die Haupttat sein. Angesichts des Umstandes, dass er gemäß § 26 StGB gleich dem Täter bestraft wird, fordert die herrschende Meinung ihn als geistigen »Miturheber« der Tat und demzufolge auch seinerseits eine geistige Willensbeeinflussung, die dem Haupttäter den Anlass gibt, die entsprechende Tat auszuführen. Es muss namentlich zu einem (kommunikativen) Kontakt zwischen Anstifter und Haupttäter kommen, bei dem der Anstifter über eine schlichte Ursächlichkeit hinaus den Impuls für den Tatentschluss des Haupttäters setzt und ihn damit zur Begehung der Tat motiviert. Als geeignete Mittel zur Anstiftung bieten sich unter diesen Umständen dann vielschichtige Handlungen an, etwa das Überreden, ein Rat, eine »Anregung«, ein für die Ausführung der Tat in Aussicht gestelltes Geschenk, eine Bitte oder auch eine Beauftragung.

a) F hat gegenüber R erklärt, er solle doch lieber noch einen Baseball-Schläger mitnehmen, damit er sich mögliche »Störer« bei dem Einbruch vom Hals halten und die Beute sichern könne. Das ist als »Rat« im eben benannten Sinne zu verstehen – und der R nimmt ja aufgrund dieses Rates dann tatsächlich den Baseball-Schläger mit, was er sonst offenbar nicht getan hätte. Der Rat der F ist damit nicht nur ursächlich im klassischen Sinne, sondern bewirkt vielmehr beim Haupttäter R auch aufgrund geistiger Beeinflussung seitens der F den dann von ihm mitgetragenen Entschluss zur Mitnahme des Schlägers. Auf der Grundlage des von F gesetzten Impulses entschließt sich R, den Baseball-Schläger mitzunehmen und die Tat damit auszuführen. Somit lägen die Voraussetzungen des § 26 StGB eigentlich vor.

b) Etwas Anderes könnte sich aber noch aus dem Umstand ergeben, dass der R zum Einbruch in den Kiosk bereits entschlossen war, als ihm die F den Rat mit dem Baseball-Schläger gab. Wenn jemand zur Tat bereits entschlossen ist, kann man ihn eigentlich nicht mehr anstiften. Denn dazu ist erforderlich, dass man bei dem anderen den geistigen Impuls zur Tat setzt und so dann seinen Tatentschluss hervorruft. Einen zur Tat schon entschlossenen Täter – sogenannter »omnimodo facturus« – kann man demnach nicht mehr anstiften im benannten Sinne. Angesichts dessen müsste man die Anstiftung hier verneinen. Allerdings bezog sich der Entschluss des R zunächst nur auf einen einfachen Diebstahl nach § 242 Abs. 1 StGB bzw. nach den §§ 242, 243 Abs. 1 Nr. 1 StGB. Denn er hatte schon geplant, in den Kiosk einzubrechen und dort die Kasse zu plündern, was den Tatbestand der beiden gerade genannten Normen erfüllt und demnach einen Diebstahl in einem besonders schweren Fall dargestellt hätte. Die F hat ihn nun aber mit ihrem »Rat« dazu bewogen, aus diesem Diebstahl einen qualifizierten Diebstahl mit Waffen nach den §§ 242, 244 StGB zu machen. Denn erst durch das Beisichführen des Baseball-Schlägers wird der qualifizierende Tatbestand des § 244 Abs. 1 Nr. 1 a StGB erfüllt.

Es stellt sich nunmehr die Frage, ob ein Täter, der bereits zum Grunddelikt entschlossen ist, noch zur Begehung einer Qualifizierung dieses Grunddelikts angestiftet werden kann. Die Beantwortung dessen ist umstritten:

aa) Nach einer Auffassung scheidet die Anstiftung bzw. Aufstiftung des schon zum Grunddelikt entschlossenen Täters zur entsprechenden Qualifikation grundsätzlich aus. Diese Ansicht argumentiert, dass der Anstifter unter diesen Umständen keinen Tatentschluss mehr beim Täter hervorrufen könne und folglich auch nicht die hohe Strafe des § 26 StGB verdiene. Ihm könne man insbesondere nicht das zur Qualifikation immer dazugehörende Grunddelikt anlasten, denn zu diesem war der Haupttäter ohne Zutun des Anstifters bereits entschlossen. Der Anstifter habe keine entscheidende kriminelle Energie beim Täter geweckt. Sein Verhalten sei demnach lediglich als geistige bzw. psychische Beihilfe im Sinne des § 27 StGB zur später begangenen qualifizierten Tat zu verstehen und entsprechend zu ahnden.

bb) Dem kann jedoch nicht gefolgt werden. Vielmehr ist trotz bereits vorhandenen Entschlusses zum Grunddelikt wegen Anstiftung zur gesamten Tat zu verurteilen. Maßgeblich ist insoweit namentlich der vom Anstifter hervorgerufene übersteigerte Tatentschluss beim Haupttäter. Der Haupttäter ist nämlich bislang nur zum Grunddelikt entschlossen gewesen, was aber in der Regel einen deutlich niedrigeren Unwertgehalt aufweist als die Qualifikation. Eine Bestrafung nur wegen Beihilfe – so wie von der Gegenansicht vertreten – wird dem nun verwirklichten Unrecht des Haupttäters nicht gerecht. Der Anstifter hat daher für die gesamte Tat des Haupttäters einzustehen, auch wenn dieser zu einem Teil der Tat bereits entschlossen war. Es ist demnach festzuhalten, dass F durch den Rat, einen Baseball-Schläger mitzunehmen, bei R den Tatentschluss zur Begehung des Diebstahls mit Waffen hervorgerufen hat. Damit liegt der objektive Tatbestand der Anstiftung vor.

Subjektiver Tatbestand:

1. F müsste Vorsatz auf die von R begangene vorsätzliche rechtswidrige Haupttat gehabt haben. F wusste, dass R mit dem Baseball-Schläger in den Kiosk einsteigt und dort die Kasse plündert. Damit hatte sie Vorsatz auf das erste Merkmal des objektiven Tatbestandes, nämlich die vorsätzlich und rechtswidrig begangene Haupttat.

2. Des Weiteren erforderlich ist der Vorsatz auf die Tathandlung der Anstiftung, also das »Bestimmen« zur Tat, demnach das Hervorrufen des Tatentschlusses. F hat dem R den »Rat« im Hinblick auf das Mitnehmen des Baseball-Schlägers wissentlich gegeben. Damit hatte die F auch den Vorsatz auf das zweite Merkmal des objektiven Tatbestandes der Anstiftung, nämlich ihre eigene Tathandlung. Folglich liegt der doppelte Anstiftervorsatz vor mit der Konsequenz, dass die Merkmale des objektiven und des subjektiven Tatbestandes der Anstiftung zum Diebstahl mit Waffen auf Seiten der F erfüllt sind.

Rechtswidrigkeit:

Es ist nicht erkennbar, dass die F bei ihrer Anstiftung durch einen Rechtfertigungsgrund gerechtfertigt war.

Schuld:

Das Verhalten der F war ohne Frage schuldhaft.

Ergebnis: F hat sich strafbar gemacht wegen Anstiftung zum Diebstahl mit Waffen gemäß den §§ 26, 244 Abs. 1 Nr. 1 a, 242 Abs. 1 StGB.

F könnte sich des Weiteren noch wegen Anstiftung zur Sachbeschädigung des R gemäß den §§ 26, 303 Abs. 1 StGB strafbar gemacht haben.

Objektiver Tatbestand

1. Erste Voraussetzung ist eine entsprechende vorsätzlich und rechtswidrig begangene Haupttat. R hat mit dem Baseball-Schläger die Inneneinrichtung des Kiosks zerkleinert. Das ist – wie oben geprüft – eine Sachbeschädigung nach § 303 Abs. 1 StGB gewesen.

2. Die F müsste den R auch zu dieser Tat »bestimmt« haben. Bestimmen im Sinne des § 26 StGB bedeutet das Hervorrufen des Tatentschlusses. F bzw. der »Rat« der F war zwar ursächlich für diese Tat, denn ohne die von F angeregte Mitnahme des Baseball-Schlägers hätte R die Inneneinrichtung nicht zerkleinert. Es stellt sich jedoch die Frage, ob im Hinblick auf die Sachbeschädigung die F wirklich auch als geistige Miturheberin und Veranlasserin im Sinne des § 26 StGB betrachtet werden kann. Im Ergebnis ist dies zu verneinen. Der »Rat« der F beschränkte sich nämlich allein auf die Ausführung des Diebstahls. Die F hatte dem R hierzu geraten, damit R mögliche Störer einschüchtern und die Beute besser sichern könne. Eine mögliche Sachbeschädigung des R mithilfe des Baseball-Schlägers stand zu diesem Zeitpunkt indes nicht zur Debatte. Der Entschluss, die Inneneinrichtung des Kiosks zu zertrümmern, hatte R vielmehr spontan und allein gefasst. Die F hat durch ihr Verhalten keinen geistigen Impuls zur Begehung dieser Tat gesetzt. Sie ist mithin auch nicht die geistige Miturheberin der Tat. Durch den Rat, den Baseball-Schläger mitzunehmen, hat F in R nicht den Tatentschluss zur Begehung der Sachbeschädigung im Sinne des § 26 StGB hervorgerufen.

Ergebnis: Im Hinblick auf die Sachbeschädigung an der Inneneinrichtung des Kiosks hat F sich nicht strafbar gemacht.

Fall 14

Im Hahnwald von Köln

Nach der Schlappe mit dem Kiosk-Einbruch (Fall 13) hat sich Rechtsstudent R jetzt ein Haus im Kölner Mega-Nobel-Vorort *Hahnwald* als neues Einbruchsziel ausgesucht. Die Tat ist auch schon geplant: R will nachts durch Aufbrechen der Kellertür in das Haus einsteigen und dort Schmuck entwenden. Als er diesen Plan wenige Stunden vor der Ausführung beiläufig seiner Freundin F erzählt, meint F, R könne ja auch einfach die Fensterscheiben eindrücken, das ginge leichter – und händigt ihm zu diesem Zweck ein Paar Lederhandschuhe aus. R bedankt sich für den Tipp, steckt die Handschuhe ein und ruft zwei Stunden später ein Taxi, um zum Tatort zu fahren. Während der Fahrt kommen dem zuächst ahnungslosen Taxifahrer T Bedenken, als er R mit dunkler Kapuzenjacke und Werkzeugkasten hinten in seinem Wagen sitzen sieht, zumal T weiß, dass der *Hahnwald* ein beliebtes Ziel von Einbrechern ist. Letztlich, denkt T, mache er aber nur seinen Job als Taxifahrer und habe deshalb auch nicht auf andere Dinge zu achten. Er könne ja nicht jeden Fahrgast nach seinen Absichten am Zielort befragen. T setzt R gegen zwei Uhr nachts im *Hahnwald* ab, wo R kurz darauf die Kellertür eines Hauses aufbricht und anschließend in der Wohnräumen Schmuck im Wert von 50.000 Euro stiehlt. Die Handschuhe der F hatte R nicht benutzen wollen und deshalb noch während der Taxifahrt aus dem Fenster geworfen.

Strafbarkeit von R, F und T?

Schwerpunkte: Die Beihilfe nach § 27 StGB; Voraussetzungen und Rechtsfolgen; der Aufbau der Beihilfeprüfung; Problem der Beihilfehandlung; das »Hilfeleisten« als Tatbestandsvoraussetzung; Ursächlichkeit der Beihilfehandlung als zwingende Voraussetzung; neutrale, berufstypische Verhaltensweisen als Beihilfehandlungen im Sinne des § 27 StGB.

Lösungsweg

Einstieg: In diesem Fall geht es um die Beihilfe zu einer Tat. Diese ist geregelt in § 27 StGB und deshalb knifflig, weil im Gesetz leider nicht erklärt ist, wann und vor allem ***wie*** man eigentlich zu einer Tat »Hilfe leistet« im Sinne des § 27 Abs. 1 StGB. Anhand der Geschichte da oben wollen wir uns nun mal den Aufbau der Prüfung und zudem die klausurrelevanten Problemfelder anschauen. **Übrigens:** Kaum ein Rechtsinstitut fördert erstaunlichere Ergebnisse zutage als die Beihilfe. Der Leser mag sich – natürlich ohne (!) vorher an den Schluss der Lösung zu springen – gerade mal fragen, ob überhaupt, und wenn ja, wie er die F und den T hier denn bestrafen würde. Die Lösung wird später überraschend sein. Versprochen.

Wir schauen uns das Ganze jetzt aber erst mal in der ausführlichen Lösungsvariante an und werden sehen, dass der Aufbau der Beihilfeprüfung nach dem gleichen Prinzip funktioniert, wie wir es bei der Anstiftung schon gelernt haben. Und deshalb beginnen wir auch hier wieder mit dem **Haupttäter**, denn es gilt immer noch: Ohne Haupttat keine Teilnahme (Beihilfe). Auch die Beihilfe ist nämlich streng **akzessorisch** (abhängig) zur Haupttat. Also:

I. Strafbarkeit des R durch den Einbruch

→ **§§ 242 Abs. 1, 244 Abs. 1 Nr. 3, Abs. 4 StGB** (Wohnungseinbruchsdiebstahl)

Kein Problem, wir machen es deshalb auch kurz: Der R ist zur Ausführung eines Diebstahls in eine Wohnung bzw. ein Haus eingestiegen und hat folglich den objektiven Tatbestand der im Obersatz benannten Normen vorsätzlich, rechtswidrig und schuldhaft erfüllt (bitte lies § 244 Abs. 1 Nr. 3, Abs. 4 StGB).

Ergebnis: R ist zu bestrafen wegen Wohnungseinbruchsdiebstahls nach den §§ 242 Abs. 1, 244 Abs. 1 Nr. 3, Abs. 4 StGB. Und beachte: Der ebenfalls verwirklichte Hausfriedensbruch aus § 123 Abs. 1 StGB tritt im Wege der Gesetzeskonkurrenz als typische Begleittat hinter dem Wohnungseinbruchsdiebstahl zurück (BGH NStZ **1998**, 91; MüKo/*Schmitz* § 243 StGB Rz. 93; S/S/*Eser/Bosch* § 243 StGB Rz. 59). Der § 243 Abs. 1 Satz 2 Nr. 1 StGB (aufschlagen!) ist zwar auch erfüllt, stellt aber keinen eigenen Straftatbestand, sondern nur ein Regelbeispiel dar (siehe die Erläuterungen im vorherigen Fall) und findet bei Vorliegen des § 244 StGB deshalb auch keine Berücksichtigung (BGHSt **23**, 239; OLG Hamm StrFo **2000**, 276; MüKo/*Schmitz* § 244 StGB Rz. 78). Es bleibt somit bei einer Strafbarkeit des R nach den §§ 242 Abs. 1, 244 Abs. 1 Nr. 3, Abs. 4 StGB wegen Wohnungseinbruchsdiebstahls.

II. Strafbarkeit der F (durch das Übergeben der Handschuhe)

→ **§§ 27, 242 Abs. 1, 244 Abs. 1 Nr. 3, Abs. 4 StGB** (Beihilfe zum Wohnungseinbruchsdiebstahl des R)

I. Tatbestand
A. Objektiv

1. Voraussetzung ist zunächst – ebenso wie bei der Anstiftung – eine vorsätzlich begangene rechtswidrige Haupttat (lies: § 27 Abs. 1 StGB).

Hier: Kein Problem; R hat einen Wohnungseinbruchsdiebstahl nach §§ 242 Abs. 1, 244 Abs. 1 Nr. 3, Abs. 4 StGB vorsätzlich und rechtswidrig (und schuldhaft!) begangen.

2. Die F müsste dem R zu dieser Tat »Hilfe geleistet« haben (→ § 27 Abs. 1 StGB).

Definition: Ein **Hilfeleisten** im Sinne des § 27 StGB liegt in jedem Tatbeitrag, der die Haupttat ermöglicht, erleichtert oder die vom Täter begangene Rechtsgutsverletzung verstärkt hat (BGH NStZ-RR **2019**, 74; BGH NStZ-RR **2018**, 368; BGH NStZ **2018**, 329; *Fischer* § 27 StGB Rz. 2; *Rengier* AT § 45 Rz. 82).

Die F hat R den Tipp mit dem Eindrücken der Fensterscheiben und dazu dann auch die Handschuhe gegeben. Angesichts dieser Umstände stellt sich die Frage, ob das Verhalten der F tatsächlich für eine Beihilfe im gerade benannten Sinne reicht, **denn:** Bei genauer Betrachtung hat F dem R die Tat weder ermöglicht oder erleichtert noch die Rechtsgutsverletzung verstärkt. Der gute R war nämlich längst entschlossen, hatte die Tat bereits vollständig geplant und hat die von F übergebenen Handschuhe vor dem Erreichen des Tatortes aus dem Fenster des Taxis geworfen. Der Beitrag der F ist somit ohne jede Auswirkung auf die später begangene Tat geblieben. Und daraus ergibt sich folgende

Frage: Kann auch eine Beihilfe im Sinne des § 27 StGB angenommen werden, wenn die Handlung des Gehilfen nicht conditio sine qua non, also nicht ursächlich für die später begangene Tat des Haupttäters geworden ist, der Erfolg also auch ohne Zutun des Gehilfen in der gleichen Form eingetreten wäre?

Antwort: Umstritten.

- Nach einer Meinung muss die Beihilfehandlung zumindest **mitursächlich** für die später begangene Haupttat gewesen sein. Der Tatbeitrag muss demnach die Art und Weise der Durchführung dieser Haupttat tatsächlich beeinflusst haben (S/S/*Heine/Weißer* § 27 StGB Rz. 7; MK/*Joecks* § 27 StGB Rz. 33; SK/*Hoyer* § 27 StGB Rz. 7; LK/*Schünemann* § 27 StGB Rz. 2; *Lackner/Kühl* § 27 StGB Rz. 2; *Jescheck/Weigend* § 64 III 2c; *Geppert* in Jura 1999, 268). Zur Begründung führt diese Meinung zum einen den **Strafgrund** der Teilnahme an: Dieser liege in der Mitwirkung an fremdem Unrecht, woran es aber fehle, wenn kein kausaler Beitrag zur später begangenen Tat geleistet werde (S/S/*Heine/Weißer* § 27 StGB Rz. 10). Im Übrigen führe eine andere Beurteilung zur uferlosen Ausweitung der Beihilferegeln und bestrafe jedwedes Verhalten, ohne auf die im Strafrecht stets erforderliche Kausalität zwischen Handlung und Erfolgseintritt abzustellen. Die Beihilfe werde dann praktisch zum reinen Gefährdungsdelikt (*Geppert* in Jura 1999, 268). Eine bloße Solidarisierung mit dem Haupttäter ohne eine entsprechende Auswirkung auf Tat und Täter soll nicht genügen; hierfür habe das Gesetz die Nichtanzeige geplanter Straftaten in **§ 138 StGB** geschaffen (MK/*Joecks* § 27 StGB Rz. 40). Des Weiteren würden nämlich die Grenzen zur grundsätzlich straflosen **versuchten Beihilfe** verwischt (siehe § 30 Abs. 1 StGB). Denn wenn auch die nichtkausale Beteiligung strafbar ist, handelt es sich faktisch nur um eine solche versuchte Beihilfe (*Lackner/Kühl* § 27 StGB Rz. 2). Schließlich würde mit dem Verzicht auf die Kausalität die einheitliche Grundstruktur zwischen Anstiftung und Beihilfe aufgegeben.

- Nach anderer Auffassung, vor allem der des **BGH**, ist eine Kausalität zwischen Beihilfehandlung und später begangener Haupttat **nicht** erforderlich. Es soll schon genügen, dass der Beitrag des Gehilfen die Haupttat »irgendwie fördert«, ohne aber selbst zwingend ursächlich für die spätere Rechtsgutsverletzung zu sein (BGH NStZ-RR **2018**, 368; BGH NStZ **2018**, 329; BGH NStZ-RR **2017**, 274; auch: OLG Düsseldorf NStZ-RR **2005**, 336; *Wessels/Beulke/Satzger* Rz. 901; *Fischer* § 27 StGB Rz. 14/14a; *Gaede* in JA 2007, 757). Demnach genügt etwa auch das Bestärken des Tatentschlusses beim Haupttäter – die sogenannte »psychische Beihilfe«, zum Beispiel durch gutes Zureden oder Ratschläge für die Ausführung (**Achtung:** Die bloße Kenntnis von der Tat oder ein schlichtes »Dabeisein« reichen demgegenüber nicht, selbst wenn dies dem Haupttäter ein »sicheres Gefühl« gibt: BGH NStZ-RR **2019**, 74; BGH NStZ-RR **2018**, 368). Zur Begründung führt diese Ansicht zum einen die kriminelle Energie des Gehilfen an, der in Kenntnis des Tatentschlusses des anderen dessen Tatbegehung – und sei es nur psychisch – durch sein Verhalten in jedem Falle fördere. Im Übrigen stelle § 27 StGB die Unterstützung einer »fremden« Tat unter Strafe, daher sei auch eine Kausalbeziehung zwischen Gehilfenbeitrag und (fremder) Haupttat nicht erforderlich (*Wessels/Beulke/Satzger* Rz. 901). Kausalität müsse nur zwischen der Handlung des Haupttäters und dem eingetretenen Erfolg bestehen (BGH NStZ **2001**, 364).

Zum Fall: Hier bei uns hat die F dem R die Handschuhe übergeben mit dem Ratschlag, damit die Fensterscheiben einzudrücken – was der R letztlich aber nicht getan hat. Er hat die Dinger vielmehr schon auf der Fahrt zum Tatort aus dem Fenster des Taxis geworfen. Und damit bliebe die F, da R die Tat ja längst geplant hatte und auch entsprechend entschlossen war, nach Ansicht der **Literatur** straflos, denn ihr Beitrag ist augenscheinlich **nicht** kausal für die spätere Tatausführung geworden. R hat die Tat vielmehr so begangen, wie er es geplant hatte. Der BGH hingegen würde die F wegen Beihilfe bestrafen mit dem Argument, F habe durch ihren Rat und die Übergabe der Handschuhe zumindest psychische Beihilfe geleistet.

Beachte: Wie man diesen Streit dann am Ende löst, dürfte im besten Sinne des Wortes »gleichgültig« sein. Freilich sprechen die besseren Argumente eher **für** ein Kausalitätserfordernis der Beihilfehandlung – und damit **gegen** eine Strafbarkeit der F im konkreten Fall. Das mag sich zwar im ersten Moment so ein kleines bisschen ungerecht anfühlen; denn immerhin hat sie dem Haupttäter Handschuhe zum Eindrücken der Fensterscheiben gegeben und die Tat des R damit sozusagen zumindest konkludent »gebilligt«, wenn nicht sogar aus ihrer Sicht tatkräftig unterstützt. Andererseits würde eine Bestrafung die – oben schon mal angesprochene – Grenze zur grundsätzlich straflosen **versuchten** Beihilfe verwischen. Nach dem Willen des Gesetzgebers soll eine solche versuchte Beihilfe nämlich nicht strafbar sein; in § 30 StGB (bitte den **Absatz 1** lesen) ist normiert, dass nur die **Anstiftung** auch im Versuch (und dann auch nur bei einem Verbrechen) als Straftat geahndet werden kann. Im Übrigen würde eine Bestrafung solcher nichtursächlichen Handlungen auch beachtliche dogmatisch sehr fragwürdige Konsequenzen nach sich ziehen, **denn:** Jeder, der von der Begehung einer Straftat weiß und zum Täter Sätze sagt wie »Schöne Idee, dann mach mal!«, wäre als (psychischer) Gehilfe zu bestrafen, obwohl diese nichtursächliche Handlung eher in den straflosen Bereich fallen dürfte. Für solche Fälle hat das Gesetz nämlich in **§ 138 StGB** mit der sogenannten »Nichtanzeige geplanter Straftaten« eine eigene Norm vorgesehen (lesen, bitte!), die aber nur bei bestimmten (schweren!) Taten eingreifen soll und auch nur dann, wenn der Mitwisser keine Anzeige erstattet (= Unterlassungsdelikt). Im Umkehrschluss folgt daraus aber, dass die alleinige Kenntnis einer Straftat grundsätzlich – also bei den nicht in § 138 StGB genannten Normen – nicht strafbar sein soll. Strafbar ist mithin dann nur derjenige, der eine andere Straftat aktiv unterstützt (vgl. etwa BGH NStZ-RR **2018**, 368).

ZE.: Wir wollen uns aus den genannten Gründen somit der herrschenden Meinung anschließen und können festhalten, dass es aufgrund der mangelnden Ursächlichkeit des Beitrages der F bereits im objektiven Tatbestand des § 27 StGB am Merkmal der Hilfeleistung fehlt.

Ergebnis: F ist nicht zu bestrafen wegen Beihilfe zum Einbruchsdiebstahl aus den §§ 27, 242 Abs. 1, 244 Abs. 1 Nr. 3, Abs. 4 StGB. Ihr Verhalten bleibt damit straflos.

III. Strafbarkeit des T durch die Taxifahrt zum Tatort

→ **§§ 27, 242 Abs. 1, 244 Abs. 1 Nr. 3, Abs. 4 StGB** (Beihilfe zur Tat des R)

I. Tatbestand

A. Objektiv

1. Voraussetzung ist zunächst wieder eine vorsätzlich begangene rechtswidrige Haupttat (vgl. den Wortlaut von § 27 Abs. 1 StGB).

Hier: Kein Problem; der R als Haupttäter hat einen Wohnungseinbruchsdiebstahl nach den §§ 242 Abs. 1, 244 Abs. 1 Nr. 3, Abs. 4 StGB vorsätzlich und rechtswidrig (und schuldhaft) begangen.

2. Der T müsste dem R zu dieser Tat des Weiteren »Hilfe geleistet« haben (lies: § 27 Abs. 1 StGB). Wir erinnern uns bitte:

> **Definition:** Ein »Hilfeleisten« im Sinne des § 27 StGB liegt in jedem Tatbeitrag, der die Haupttat ermöglicht, erleichtert oder die vom Täter begangene Rechtsgutsverletzung verstärkt hat (BGH NStZ-RR **2019**, 74; BGH NStZ-RR **2018**, 368; BGH NStZ **2018**, 329; *Lackner/Kühl* § 27 StGB Rz. 2; *Wessels/Beulke/Satzger* Rz. 900).

Im Unterschied zur Prüfung der F ist dieses Merkmal hier jetzt kein Problem. Denn T hat R mit seinem Taxi zum Tatort gefahren, was die Tat des R fraglos erleichtert, wenn nicht sogar ermöglicht hat. Dass R die Fahrt theoretisch auch mit jemand anderem hätte machen können, spielt keine Rolle, da alternative Handlungsmöglichkeiten stets unberücksichtigt bleiben; es kommt nur auf den konkreten Tatbeitrag an (*Wessels/Beulke/Satzger* Rz. 908). Die Ursächlichkeit der Handlung des T ist also gegeben.

ZE.: Und damit ist der objektive Tatbestand der Beihilfe an sich erfüllt.

Aber: Irgendwie fühlt sich das merkwürdig an. Denn der T geht eigentlich nur seinem Beruf nach – und Taxi zu fahren ist keinesfalls unredlich oder strafbar. Eine Strafbarkeit für das Verfolgen einer redlichen, **sozialadäquaten** Erwerbstätigkeit kommt auf den ersten Blick aber nicht in Betracht. Auf der anderen Seite muss man natürlich sehen, dass der gute T angesichts der sonderbaren Umstände ja nun irgendwie hätte merken können oder sogar müssen, dass da etwas nicht stimmt und er möglicherweise einen Einbrecher zum Tatort fährt. Insoweit erscheint es zumindest bedenklich, dem T hier allein mit dem Hinweis auf seine an sich redliche berufliche Tätigkeit jedwede Verantwortung für die Tat des R abzusprechen.

Durchblick: Hinter dieser Geschichte steckt das in der Wissenschaft und Rechtsprechung »meistdiskutierteste Problem« (so wörtlich *Rengier* § 45 Rz. 101) im Rahmen der Beihilfe (*Wessels/Beulke/Satzger* »wird heftig diskutiert« → AT Rz. 908 ff). Konkret geht es um die Frage, ob sogenannte **neutrale**, **alltägliche** bzw. **berufstypische** Verhaltensweisen, also solche, die der Gehilfe auch gegenüber jeder anderen Person vornimmt, eine Strafbarkeit wegen Beihilfe in Sinne des § 27 StGB begründen können. Diesen Handlungen fehlt aufgrund ihrer Neutralität der sonst übliche konkrete Tatbezug. Wie gesagt, der Gehilfe hätte die Handlung auch gegenüber jeder anderen Person vorgenommen, das ist ja sein Beruf. Die Beantwortung der Frage nach der Strafbarkeit solcher Handlungen ist ziemlich umstritten und betrifft in der Praxis insbesondere die Berufsgruppen der Steuerberater, Rechtsanwälte und auch Bankangestellten, die bei ihren (an sich redlichen!) Tätigkeiten vergleichsweise häufig kriminelle Machenschaften unterstützen, dies auch irgendwie ahnen, aber gleichwohl handeln. So hatte der BGH im August 2000 etwa darüber zu entscheiden, ob sich ein Bankangestellter, der im Auftrag eines Kunden große Geldsummen ins (steuerlich günstige) Ausland transferiert hatte, wegen Beihilfe zur Steuerhinterziehung strafbar machen konnte (→ BGHSt **46**, 107). Das gleiche Problem stellte sich bei einem Strafverteidiger, der im Auftrag seines Mandanten vor Gericht einen Entlastungszeugen benannt hatte und es dabei für möglich hielt, dass dieser zugunsten des Angeklagten vorsätzlich falsch aussagen würde (→ BGH NStZ **2000**, 34) oder bei einem Anwalt, der mit seiner Tätigkeit die Steuerhinterziehung eines anderen unterstützt (BGH NStZ **2017**, 337). Ist das Verhalten des Anwalts damit schon eine Beihilfe zur Strafvereitelung bzw. zur Steuerhinterziehung?

Und genau das gleiche Problem stellt sich auch bei unserem Taxifahrer. Der ahnt ja irgendwie, dass sein Fahrgast mit schwarzer Kapuzenjacke und Werkzeugkasten nachts um zwei Uhr auf dem Weg in den legendären *Hahnwald* möglicherweise Böses im Schilde führt, fährt ihn aber gleichwohl zum gewünschten Ziel. Ist das nun eine Beihilfe zum Einbruchsdiebstahl oder kann sich der T dahingehend zurückziehen, dass er nur seinen Beruf ausgeübt habe?

Lösung: Das Problem ist vielschichtig, was sich schon daran zeigt, dass die verschiedenen Meinungen bereits darüber uneins sind, an welcher Stelle der Fall-Prüfung die ganze Sache denn überhaupt diskutiert werden soll. Manche halten es für ein Problem des **objektiven** Tatbestandes (→ *Hartmann* in ZStW 116, 600; *Puppe* AT § 42 Rz. 20; *Wohlers* NStZ 2000, 169), andere wollen die Frage im **subjektiven** Bereich, also beim Vorsatz lösen (→ BGH NStZ **2018**, 329; BGHSt **46**, 107; BGH wistra **1999**, 459; LK/*Schünemann* § 27 Rz. 19; *Wessels/Beulke/Satzger* Rz. 908; MK/*Joecks* § 27 StGB Rz. 49 ff.), einige sogar in der **Rechtswidrigkeit** (→ *Frisch* in *Lüdersen*-FS Seite 554) und schließlich soll man das Ganze auch mithilfe einer Kombination aus objektiven und subjektiven Komponenten klären können (→ *Kudlich* in JuS 2002, 751).

> **Beachte:** Wir wollen uns hier auf das Wesentliche konzentrieren und deshalb zunächst mal festhalten, dass der Prüfungsstandort des Problems um die sogenannten »neutralen« Handlungen angesichts der unterschiedlichen Auffassungen beliebig ausgewählt werden kann, ohne einen »Fehler« im klassischen Sinne zu begehen. Man kann hier tatsächlich alles vertreten, nur übersehen darf man die Problematik eben nicht. Ratsam erscheint, das Ganze im **subjektiven** Bereich der Prüfung anzusiedeln, namentlich also beim **Vorsatz** des Gehilfen, da sämtliche vertretene Auffassungen im Ergebnis auf die subjektive Sicht des Teilnehmers abstellen bzw. damit argumentieren. Insbesondere der **BGH** (BGH NStZ **2018**, 329; BGHSt **46**, 107; ebenso etwa *Wessels/Beulke/Satzger* Rz. 830) verfährt nach diesem Prinzip, das wir uns dann hier auch zu eigen machen wollen, also:

B. Subjektiver Tatbestand

1. Vorsatz auf die vorsätzlich begangene rechtswidrige Haupttat

Nach Ansicht des BGH (BGH NStZ **2018**, 329; BGHSt **46**, 107) gelten für den Vorsatz des Gehilfen im Falle einer berufstypischen, neutralen Tätigkeit folgende Grundsätze:

→ Zielt das Handeln des Haupttäters ausschließlich darauf ab, eine strafbare Handlung zu begehen, und **weiß** dies der Hilfeleistende, so handelt er vorsätzlich und sein Tatbeitrag ist als Beihilfehandlung im Sinne des § 27 Abs. 1 StGB zu werten. In diesem Fall verliert sein Tun stets den »Alltagscharakter«, es ist als Solidarisierung mit dem Täter und auch nicht mehr als sozialadäquat zu deuten (LK/*Schünemann* § 27 StGB Rz. 19). Der Gehilfe verlässt in diesem Fall den straffreien Bereich seiner an sich sozialadäquaten Tätigkeit und hat einen fördernden, strafrechtlich relevanten Beitrag zur Straftat des anderen geleistet (BGH NStZ **2018**, 329; BGH NStZ **2017**, 337; BGHSt **46**, 107, 112; BGH wistra **1999**, 459; LK/*Schünemann* § 27 StGB Rz. 19; *Wessels/Beulke/Satzger* Rz. 908).

→ Weiß der Hilfeleistende hingegen **nicht**, wie der von ihm geleistete Tatbeitrag vom Haupttäter verwendet wird, hält er es lediglich für möglich, dass sein Tun zur Begehung einer Straftat genutzt wird, so ist sein Handeln mangels entsprechenden Vorsatzes regelmäßig noch nicht als strafbare Beihilfe zu sehen. Es sei denn, das von ihm erkannte Risiko strafbaren Verhaltens des von ihm Unterstützten war derart hoch, dass er sich mit seiner Hilfeleistung »die Förderung eines erkennbar tatgeneigten Täters angelegen sein« ließ (BGHSt **46**, 107, 112; BGH wistra **1999**, 459; LK/*Schünemann* § 27 StGB Rz. 19; *Wessels/Beulke/Satzger* Rz. 908).

Durchblick: Knifflige Formulierung, aber klares Prinzip. Wenn der die Hilfe Leistende mindestens **weiß,** was er gerade unterstützt (→ dolus directus 1. und/oder 2. Grades), muss er dafür auch einstehen. Und dann rettet ihn auch nicht der Rückzug auf seine eigentlich neutrale, sozialadäquate berufliche Tätigkeit, etwa als Taxifahrer oder – so wie im oben zitierten BGH-Fall aus dem 46. Band – als Bankangestellter. Hält der Gehilfe die Begehung einer Tat hingegen nur **für möglich** (→ dolus directus 3. Grades), entfällt in der Regel eine Bestrafung. Es sei denn, dass das von ihm erkannte Risiko der Begehung einer Straftat durch den Haupttäter derart hoch und wahrscheinlich war, dass seine Handlung trotz fehlender positiver Kenntnis dennoch als Solidarisierung mit dem Täter verstanden werden muss.

Und diese Regel leuchtet auch ein: Wer positiv weiß, dass der andere eine Straftat begeht und dazu einen Beitrag leistet, ist selbstverständlich strafbar. Und dabei ist vollkommen egal, ob er damit seinem Beruf nachgeht oder nicht. Wer als Waffenhändler einem Verbrecher ein Gewehr verkauft, das dieser mit der Ansage »*Ich will meinen Nachbarn umlegen, was können Sie mir empfehlen?*« erwirbt, macht sich wegen Beihilfe strafbar – logisch. Gleiches gilt für den Bankangestellten, der im Wissen um die Steuerflucht seines Kunden große Geldbeträge mit einem anonymisierenden Verfahren auf ausländische Konten transferiert (vgl. BGHSt **46**, 107).

Die Grenze ist allerdings da erreicht, wo der »Gehilfe« keine sicheren Erkenntnisse, sondern nur entsprechende Ahnungen oder Vermutungen hat. Dann muss man sagen, dass es nicht zu seiner (strafrechtlich relevanten) Pflicht gehört, den Kunden nach seinen Motiven und möglichen Straftaten auszufragen. Hier greift das Argument der beruflichen, neutralen und sozialadäquaten Tätigkeit, die es eben mitbringt, dass man unter Umständen ungewollt einen fördernden Beitrag zu einer Straftat leistet (BGH NStZ **2018**, 329; BGH NStZ **2017**, 337; BGH NStZ-RR **1999**, 184; LG Bochum NJW **2000**, 1430; *Schröder* in DNotZ 2005, 596). Die Schnittstelle für die Strafbarkeit liegt demnach bei der **subjektiven Vorstellung** des »Gehilfen«. Freilich soll er sich nicht einfach so rausreden können: Sind die Anhaltspunkte zur Begehung einer Straftat des anderen derart eindeutig, dass eigentlich keine andere Möglichkeit besteht, als von der Unterstützung einer fremden Tat auszugehen, genügt dies ebenfalls zur Strafbarkeit wegen Beihilfe. So war das etwa in dem jetzt schon mehrfach zitierten BGH-Fall mit dem Bankangestellten (BGHSt **46**, 107): Da hatte der Mitarbeiter der Bank hohe Geldbeträge mehrerer Kunden auf ausländische Konten transferiert und hierbei ein besonderes (an sich legales) Verfahren angewandt, bei dem der Kontoinhaber seine Identität bei der ausländischen Bank verschleiern konnte. Und das

Ganze war – Überraschung! – zufällig auch nur wenige Wochen nach Einführung der Zinsabschlagssteuer in Deutschland passiert. Der Transfer des Geldes hatte also den Vorteil, dass die Bankkunden für im Ausland erzielte Zinsen keine Steuern mehr zahlen mussten, da ihre Identität nicht nachverfolgbar war. Der Bankangestellte hatte vor dem Transfer des Geldes noch ein längeres Gespräch mit den Kunden geführt und sie hierbei aufgefordert, von dem Transfer abzusehen, diesen später dann aber gleichwohl in oben benannter Art und Weise unterstützt.

Hier kannte der BGH keine Gnade und verurteilte den Bankangestellten wegen Beihilfe zur Steuerhinterziehung, obwohl der Angeklagte zumindest keine positive Kenntnis von den Steuerhinterziehungsplänen der Haupttäter hatte bzw. diese nicht nachweisbar waren. Der BGH meinte, alles andere als die Unterstützung einer Steuerhinterziehung sei angesichts der vorliegenden Umstände aus Sicht des Angestellten nicht denkbar gewesen; in der Steuerhinterziehung habe offensichtlich das »nächstliegende Motiv« gelegen (BGHSt **46**, 107, 114).

Zu unserem Fall: Überträgt man das Ganze mal auf unsere Geschichte mit dem Taxifahrer, der nachts um zwei Uhr einen Mann mit schwarzer Kapuzenjacke und Werkzeugkasten in den *Hahnwald* kutschiert, dürften beide Varianten gut vertretbar sein: Auf der einen Seite deuten die Umstände des Falles durchaus darauf hin, dass der R eine Straftat begehen möchte. Wer sich nachts mit schwarzer Kapuzenjacke und Werkzeugkasten in eine Nobelgegend fahren lässt, führt mit hoher Wahrscheinlichkeit nichts Gutes im Schilde (so würde der Staatsanwalt argumentieren). Andererseits ist das aber nicht die zwingende und einzige Variante, die hier aus Sicht des Taxifahrers T in Betracht kommen könnte, selbst wenn er das – wie hier – vermutet bzw. ihm entsprechende Bedenken kommen. Der T hat in jedem Falle keine positive Kenntnis von der ganzen Sache und es drängt sich auch – anders als in dem Bankangestellten-Fall – die Begehung einer konkreten Straftat nicht unbedingt als nächstliegendes und einziges Motiv auf. So könnte der R etwa auch ein Handwerker sein, der Notdienst hat und ein geplatztes Rohr reparieren soll. R könnte nach Dienstschluss zum Beispiel auch seine Freundin besuchen, die dort wohnt. Oder R könnte dort selbst wohnen und auf dem Heimweg sein. Ausgeschlossen und vollkommen abwägig sind diese Varianten jedenfalls nicht. Die vorliegenden Umstände reichen demnach nicht, um von T zu verlangen, dem R die Fahrt zu verweigern oder ihn nach seinen Absichten am Zielort zu befragen. Anders wäre dies dann zu beurteilen gewesen, wenn T etwa während der Fahrt ein Telefonat des R belauscht hätte, in dem R einer anderen Person von seiner geplanten Tat erzählt; erst dann hätte T die notwendige positive Kenntnis oder aber jedenfalls hinreichende Anhaltspunkte für die Begehung einer Straftat gehabt (so würde der Anwalt des Taxifahrers argumentieren).

ZE.: Wie man sich da letztlich entscheidet, ist wie immer »gleichgültig«. Wir wollen hier nach dem Grundsatz »in dubio pro reo« unseren Taxifahrer vom Vorwurf der Beihilfe mangels Vorsatzes freisprechen. Und zwar mit den eben aufgezeigten Argumenten des Anwalts, nämlich, dass der Fahrgast aus Sicht des T nicht zwingend ein Verbrecher sein musste und sich die Begehung einer Straftat auch nicht als einziges oder nächstliegendes Motiv aufgedrängt hatte. Der T hatte folglich keinen Vorsatz auf eine Beihilfe.

Ergebnis: Und somit ist T nicht zu bestrafen wegen Beihilfe zur Tat des R und bleibt damit ebenfalls straflos (die andere Ansicht ist mit entsprechender Argumentation vertretbar).

Aktuelles zum Schluss

Am 19. Dezember 2017 hatte der BGH im Zusammenhang mit der Bestrafung wegen Beihilfe durch »**neutrale**« Handlungen einen ziemlich interessanten Fall zu klären: Ein Mann (M) aus der Nähe von Koblenz (→ Rheinland-Pfalz) hatte sich auf den – an sich legalen – Verkauf von alten Zigarettenherstellungsmaschinen spezialisiert. Eines Tages trat eine polnische Firma an M heran und bat um den Verkauf zweier 60 Jahre alter, derzeit nicht funktionsfähiger Maschinen. Der Kaufpreis in Höhe von 125.000 Euro (!) sollte mit Schwarzgeld beglichen werden. M hielt es aufgrund seiner Erfahrung in der Branche beim Verkauf der Maschinen für »überwiegend wahrscheinlich«, dass der Käufer die Maschinen instandsetzen und anschließend für die Zigarettenherstellung in Polen nutzen würde; des Weiteren hielt M es für »durchaus wahrscheinlich«, dass der Käufer die hergestellten Zigaretten illegal verkaufen und damit in Polen Steuern in erheblichem Umfang hinterziehen würde. Und genau so geschah es dann auch: Der Käufer produzierte mit den von M gekauften Maschinen mehr als 30 Millionen Zigaretten und hinterzog durch den illegalen Verkauf dieser Zigaretten in Polen Steuern in Höhe von mindestens 16 Millionen Euro (!). **Strafbarkeit des M**?

Der BGH segnete die Bestrafung des M wegen Beihilfe zur Steuerhinterziehung durch das Landgericht Koblenz ab und stellte fest (→ NStZ **2018**, 329):

*»... Strafbare Beihilfe ist die vorsätzliche Hilfeleistung zu einer vorsätzlich begangenen Straftat eines anderen (§ 27 Abs. 1 StGB). Hilfeleistung in diesem Sinn stellt jede Handlung dar, die die Herbeiführung des Taterfolgs des Haupttäters objektiv fördert, ohne dass sie für den Erfolg selbst ursächlich sein muss. Die Hilfeleistung muss auch nicht zur Ausführung der Tat selbst geleistet werden, es genügt die Unterstützung bei einer **vorbereitenden** Handlung. Das kann auch durch äußerlich **neutrale** Handlungen geschehen – wie hier durch Verkauf und Lieferung der Maschinen. **Gehilfenvorsatz** liegt vor, wenn der Gehilfe die Haupttat in ihren wesentlichen Merkmalen kennt und in dem Bewusstsein handelt, durch sein Verhalten das Vorhaben des Haupttäters zu fördern; Einzelheiten der Haupttat braucht er nicht zu kennen. Ob der Gehilfe den Erfolg der Haupttat wünscht oder ihn lieber vermeiden würde, ist nicht entscheidend. Es reicht, dass die Hilfe an sich geeignet ist, die fremde Haupttat zu fördern oder zu erleichtern, und der Hilfeleistende dies weiß ...*

*... Auch **berufstypische Handlungen** – wie Beratungs- oder Unterstützungshandlungen von Rechtsanwälten, Steuerberatern und Bankmitarbeitern – können eine strafbare Beihilfe darstellen. Weder Alltagshandlungen noch berufstypische Handlungen sind in jedem Fall neutral; denn nahezu jede Handlung kann in einen **strafbaren Kontext** gestellt werden. Es ist jedoch anerkannt, dass nicht jede Handlung, die sich im Ergebnis tatfördernd auswirkt, als*

(strafbare) Beihilfe gewertet werden kann. Vielmehr bedarf es in Fällen, die sog. neutrale Handlungen betreffen, einer bewertenden Betrachtung im Einzelfall. Zielt das Handeln des Haupttäters ausschließlich darauf ab, eine strafbare Handlung zu begehen, und weiß dies der Hilfeleistende, so ist sein Tatbeitrag als Beihilfehandlung zu werten. In diesem Fall verliert sein Tun stets den Alltagscharakter; es ist als Solidarisierung mit dem Täter zu deuten und dann auch nicht mehr als sozialadäquat anzusehen … Weiß der Hilfeleistende dagegen nicht, wie der von ihm geleistete Beitrag vom Haupttäter verwendet wird, hält er es lediglich für möglich, dass sein Tun zur Begehung einer Straftat genutzt wird, so ist sein Handeln regelmäßig noch nicht als strafbare Beihilfehandlung zu beurteilen; es sei denn, das von ihm erkannte Risiko strafbaren Verhaltens des von ihm Unterstützten war derart hoch, dass er sich mit seiner Hilfeleistung die Förderung eines erkennbar tatgeneigten Täters angelegen sein ließ …

… Im vorliegenden Fall hielt es der Angeklagte zum Zeitpunkt des Verkaufs und der Lieferung der Maschinen zumindest für ***überwiegend wahrscheinlich****, dass mit den (noch) nicht lauffähigen alten Maschinen illegal Zigaretten produziert und Umsatz- und Verbrauchsteuer nicht abgeführt werden würde. Das vom Angeklagten erkannte Risiko strafbaren Verhaltens des Käufers, der bei Vertragsschluss auch* ***Schwarzgeld*** *bezahlt hatte, war nach der rechtsfehlerfreien Wertung des Landgerichts derart hoch, dass er sich mit seiner Hilfeleistung die Förderung eines erkennbar tatgeneigten Täters, der zwingend auf die Lieferung der Maschinen und Ersatzteile für seine Tathandlung angewiesen war, angelegen sein ließ. Damit stellen Verkauf und Lieferung der Maschinen eine* ***strafbare Beihilfe*** *des Angeklagten dar. Angesichts dessen, dass der Angeklagte die Maschinen für eine zeitlich unbegrenzte Verwendung in einer fabrikmäßigen Produktion auch illegaler Zigaretten lieferte, erfasste sein Vorsatz auch Steuerschäden in der festgestellten Dimension … Die Tatsache, dass die Beihilfehandlungen des Angeklagten erhebliche Zeit vor den Haupttaten lagen, steht ihrer tatsächlichen Förderung nicht entgegen. Es ist ausreichend, dass ein Gehilfe die Haupttat im Vorbereitungsstadium fördert (BGHSt 46, 107, 115), solange die Teilnahmehandlung mit dem Willen und dem Bewusstsein geleistet wird, die Haupttat zu fördern. Dies hat das Landgericht beweiswürdigend belegt …«*

Das Allerletzte

Wir haben gerade unter anderem gelernt, dass es für die Strafbarkeit wegen Beihilfe gemäß § 27 StGB immer und zwingend einer vorsätzlich begangenen, rechtswidrigen Haupttat bedarf. Im Hinblick auf diese Haupttat wollen wir uns zum Schluss bitte noch eine Kleinigkeit merken, die zwar in unserem Fall oben keine Rolle spielte, gleichwohl von erheblicher Bedeutung in Klausuren sein kann, und zwar vor allem, wenn man sie übersieht: Es geht um die Frage, ab und bis wann man eigentlich eine Beihilfe zu einer anderen Tat leisten kann. Drei aktuelle Fälle aus der jüngeren Rechtsprechung illustrieren das **Problem:** Im ersten Fall hatten zwei Täter aus einer Wohnung einen Tresor gestohlen und diesen mit ihrem Auto anschließend in ein 20 km entferntes Waldstück gefahren, um den Tresor dort in aller Ruhe aufzubrechen. Blöderweise bekamen sie das Ding aber nicht auf – und riefen daher ihren Kumpel K an, dem sie von dem Diebstahl erzählten und um Unterstützung bei der Öffnung des

Tresors baten. K brachte anschießend Werkzeug in den Wald, half beim Aufbrechen und bekam dafür schließlich als »Dank« 200 Euro aus der Beute (dem Tresorinhalt). **Strafbarkeit des K?**

Der BGH (→ NStZ-RR **2017**, 198) verneinte für K eine Beihilfe zum Einbruchsdiebstahl und stellte fest: »... *Der Wohnungseinbruchsdiebstahl war zu dem Zeitpunkt, als K in das Geschehen einstieg, bereits beendet. Das Diebesgut war nämlich längst aus dem räumlichen Herrschaftsbereich des Opfers entfernt worden. An einer beendeten Tat aber ist eine Teilnahme nicht mehr möglich. Teilnehmen im Sinne des § 27 StGB kann man an einer vollendeten Tat, deren Beendigung noch nicht erfolgt ist. Ist die Tat indessen, wie vorliegend, bereits beendet, scheidet nach allgemeiner Ansicht eine Teilnahme aus* ...«

Merke: Eine Beilhilfe ist nur so lange möglich, wie die Tat noch nicht beendet ist. Im Zeitpunkt zwischen Vollendung und Beendigung kann daher noch eine Teilnahmestrafbarkeit in Betracht kommen, nicht aber, wenn die Haupttat das Stadium der Beendigung erreicht hat (BGH NJW **2013**, 2211; BGH NStZ **2013**, 463). Im BGH-Fall von soeben hätte K sich etwa wegen Beihilfe strafbar machen können, wenn die Haupttäter ihn um Hilfe beim Abtransport des Tresors von der Wohnung gebeten hätten. Zu **DIESEM** Zeitpunkt war die Tat (die Wegnahme) zwar vollendet, der Diebstahl aber mangels Sicherung der Beute noch nicht beendet (BGH NStZ-RR **2017**, 198; instruktiv dazu auch *Mitsch* in JA 2017, 407).

So, und dann stellt sich noch die Frage, ob und wie man eigentlich im **Vorfeld** einer Tat auch schon Beihilfe leisten kann bzw. muss, um sich strafbar zu machen. Dieses Problem hatte kürzlich zum einen das OLG Celle zu lösen, und zwar in einem ziemlich spektakulären Fall (NStZ-RR **2017**, 81): Ein Rechtsreferendar (R) war im 1. Versuch durch das 2. Staatsexamen gefallen. Vor dem 2. (und letzten!) Versuch trat der Referatsleiter des Justizprüfungsamtes (L) an R heran und bot an, ihm gegen Zahlung einer beachtlichen Geldsumme die Lösungsskizzen der kommenden Klausuren mitzuteilen. R lehnte mangels Bargeld zunächst ab, rief den L aber einige Tage später an und erklärte sich einverstanden. L teilte daraufhin dem R den Inhalt und die Lösungen der Klausuren mit – und R »bestand« das Examen. **Strafbarkeit von L und R?**

Lösung: Der gute L hat sich problemlos unter anderem wegen Geheimnisverrats gemäß § § 353b Abs. 1 Satz 1 Nr. 1 StGB (aufschlagen!) strafbar gemacht, weil er als Referatsleiter des Justizprüfungsamtes ihm anvertraute Geheimnisse unbefugt offenbart hat. Der R kann an dieser Tat mangels Amtsträgerschaft nun höchstens Teilnehmer, nicht aber Mittäter sein (lies: § 28 Abs. 1 StGB). In Betracht kam damit nur die **Beihilfe** an der Tat des L, für eine Anstiftung fehlt es offenkundig am Hervorrufen des Tatentschlusses bei L, der L ist ja zunächst von sich aus an den R herangetreten. **Problem:** R wird nur im Vorfeld tätig, und zwar genau genommen nur dadurch, dass er dem L nach der vorläufigen Ablehnung dann mitteilt, doch zur Entgegennahme der Lösungen und Zahlung des Geldes bereit zu sein. Die eigentliche Tat begeht L freilich erst später – und vor allem ohne aktives Zutun des R. Man könnte also auf die

Idee kommen, dass R keinerlei Unterstützungshandlung für die Tathandlung geleistet hat, er hat insoweit bei genauer Betrachtung nur **passiv** die Lösungen entgegengenommen. Für das OLG Celle war das indes kein Problem, wörtlich heißt es: »*... Im vorliegenden Fall hat sich der Angeklagte (R) nicht nur darauf beschränkt, rein passiv die Inhalte der Klausuren vom Haupttäter entgegen zu nehmen. Unter diesen Umständen wäre sein Verhalten im Hinblick auf den Geheimnisverrat straflos gewesen. Vielmehr war es aber R selbst, der durch Mitteilung an den späteren Haupttäter, dass er das Angebt nun doch annehme, die eigentliche Tathandlung strafrechtlich relevant initiiert hat. Hiermit hat er im Vorfeld maßgeblich dazu beigetragen, dass die spätere Haupttat begangen wurde. Ein solches Handeln im Vorfeld einer späteren Tat kann auch den Tatbestand er Beihilfe im Sinne des § 27 StGB erfüllen ...*« (NStZ-RR **2017**, 81).

Schließlich stellte der BGH mit zwei Entscheidungen aus dem Mai (NStZ-RR **2018**, 368) und dem September 2018 (BGH NStZ-RR **2019**, 190) nochmals klar, dass ein Hilfeleisten im **Vorfeld** oder auch **während** einer Tat durch schlichtes »Dabeisein« im Zweifel nicht für § 27 StGB genügt: Im ersten Fall hatten zwei Freunde (A und B) beschlossen, den W in dessen Wohnung zu berauben. Dafür sollte A sich Zutritt zur Wohnung des W verschaffen und die Lage sondieren, während B unten auf der Straße warten sollte, um den A – falls A ihn per Mobiltelefon dazu rufen würde – zu unterstützen. Nachdem A sich unter einem Vorwand tatsächlich Zutritt zur Wohnung des W verschafft hatte, passierte etwa 45 Minuten nichts, da A sich mit W ausgiebig unterhielt. B verlor währenddessen unten auf der Straße das Interesse an der Tat, war gelangweilt und ging nach Hause, worüber er A per sms informierte. Eine Stunde später schlug A den W nieder und raubte Bargeld. **Strafbarkeit des B?**

Der BGH lehnte eine Strafbarkeit des B wegen Beihilfe zum Raub ab (→ NStZ-RR **2018**, 368): »*... Es ist nicht erkennbar, inwieweit die spätere Haupttat durch die Anwesenheit des B vor der Tür allein im Vorbereitungsstadium konkret gefördert oder erleichtert wurde. Die schlichte Annahme, der B habe dem A im Vorfeld der Tat ein erhöhtes Sicherheitsgefühl verschafft, das dieser zum längeren Sondieren der Lage genutzt und ihn zudem in seinem gleichsam fortwirkenden Tatentschluss bestärkt habe, reicht insoweit nicht aus. Die bloße Kenntnis von der Begehung der Tat und deren Billigung ohne einen die Tat objektiv fördernden Beitrag reichen für die Annahme einer Beihilfe im Sinne des § 27 StGB nicht aus ...*«

Im zweiten Fall aus dem September 2018 war ein Mann zu einer Geiselnahme hinzugekommen, hatte aber außer seiner persönlichen Anwesenheit keinen Beitrag zu dieser Geiselnahme geleistet. Hierzu der BGH (NStZ-RR **2019**, 190): »*... Die bloße Anwesenheit am Tatort in Kenntnis einer Straftat reicht grundsätzlich nicht für eine psychische Beihilfe aus, selbst dann nicht, wenn der Anwesende die Tat billigt ...*«

Aufbaumuster für die Beihilfeprüfung gemäß § 27 StGB

1. Prüfung des Haupttäters

→ Voraussetzung ist eine mindestens **vorsätzlich** und **rechtswidrig** begangene Haupttat (»limitierte Akzessorietät«), vgl. § 27 StGB.

2. Prüfung des Gehilfen

I. Tatbestand

A. Objektiv

1. Vorsätzliche rechtswidrige Haupttat (siehe oben)

2. Zur Tat »Hilfe geleistet« (**Problem:** Ursächlichkeit erforderlich?)

B. Subjektiv (doppelter Gehilfenvorsatz)

1. Vorsatz auf die vorsätzliche rechtswidrige Haupttat (**Problem:** Vorsatz bei neutralen, berufstypischen Handlungen?)

2. Vorsatz auf das Hilfeleisten

II. Rechtswidrigkeit

III. Schuld

Gutachten

I. Strafbarkeit des R durch den Einbruch

R könnte sich durch seine Tat wegen Wohnungseinbruchsdiebstahls gemäß den §§ 242 Abs. 1, 244 Abs. 1 Nr. 3, Abs. 4 StGB strafbar gemacht haben.

Der R ist zur Ausführung eines Diebstahls in eine Wohnung bzw. ein Haus eingestiegen und hat folglich den objektiven Tatbestand der im Obersatz benannten Normen vorsätzlich, rechtswidrig und schuldhaft erfüllt (bitte lies § 244 Abs. 1 Nr. 3, Abs. 4 StGB).

Ergebnis: R ist zu bestrafen wegen Wohnungseinbruchsdiebstahls nach den §§ 242 Abs. 1, 244 Abs. 1 Nr. 3, Abs. 4 StGB. Der ebenfalls verwirklichte Hausfriedensbruch aus § 123 Abs. 1 StGB tritt im Wege der Gesetzeskonkurrenz als typische Begleittat hinter dem Wohnungseinbruchsdiebstahl zurück.

II. Strafbarkeit der F

F könnte sich durch das Übergeben der Handschuhe wegen Beihilfe zum Wohnungseinbruchsdiebstahl gemäß den §§ 27, 242 Abs. 1, 244 Abs. 1 Nr. 3, Abs. 4 StGB strafbar gemacht haben.

Objektiver Tatbestand:

1. Voraussetzung ist zunächst eine vorsätzlich begangene rechtswidrige Haupttat. Der R hat einen Wohnungseinbruchsdiebstahl nach §§ 242 Abs. 1, 244 Abs. 1 Nr. 3, Abs. 4 StGB vorsätzlich und rechtswidrig begangen.

2. F müsste R zu dieser Tat »Hilfe geleistet« haben. Ein Hilfeleisten im Sinne des § 27 StGB liegt in jedem Tatbeitrag, der die Haupttat ermöglicht, erleichtert oder die vom Täter begangene Rechtsgutsverletzung verstärkt hat. F hat R den Tipp mit dem Eindrücken der Fensterscheiben und dazu auch die Handschuhe gegeben. Angesichts dieser Umstände stellt sich die Frage, ob das Verhalten der F tatsächlich für eine Beihilfe im gerade benannten Sinne reicht. F hat R die Tat weder ermöglicht oder erleichtert noch die Rechtsgutsverletzung verstärkt. R war längst entschlossen, hatte die Tat bereits vollständig geplant und hat die von F übergebenen Handschuhe vor dem Erreichen des Tatortes aus dem Fenster des Taxis geworfen. Der Beitrag der F ist somit ohne jede Auswirkung auf die später begangene Tat geblieben. Daraus stellt sich die Frage, ob man auch dann eine Beihilfe im Sinne des § 27 StGB annehmen kann, wenn die Handlung des Gehilfen nicht conditio sine qua non, also nicht ursächlich für die später begangene Tat des Haupttäters geworden ist, der Erfolg also auch ohne Zutun des Gehilfen in der gleichen Form eingetreten wäre.

a) Nach einer Auffassung ist eine Kausalität zwischen Beihilfehandlung und später begangener Haupttat nicht erforderlich. Es soll schon genügen, dass der Beitrag des Gehilfen die Haupttat »irgendwie fördert«, ohne aber selbst zwingend ursächlich für die spätere Rechtsgutsverletzung zu sein. Demnach genügt etwa das Bestärken des Tatentschlusses beim Haupttäter (sogenannte »psychische Beihilfe«), zum Beispiel durch gutes Zureden oder Ratschläge für die Ausführung. Zur Begründung führt diese Ansicht zum einen die kriminelle Energie des Gehilfen an, der in Kenntnis des Tatentschlusses des anderen dessen Tatbegehung – und sei es nur psychisch – durch sein Verhalten in jedem Falle fördere. Im Übrigen stelle § 27 StGB die Unterstützung einer »fremden« Tat unter Strafe, daher sei auch eine Kausalbeziehung zwischen Gehilfenbeitrag und (fremder) Haupttat nicht erforderlich. Kausalität müsse nur zwischen der Handlung des Haupttäters und dem eingetretenen Erfolg bestehen. Demnach wäre F hier wegen psychischer Beihilfe zu belangen.

b) Dem kann jedoch nicht gefolgt werden. Die Beihilfehandlung muss vielmehr zumindest mitursächlich für die später begangene Haupttat gewesen sein. Der Tatbeitrag muss demnach die Art und Weise der Durchführung dieser Haupttat tatsächlich beeinflusst haben. Dies begründet sich zum einen mit dem Strafgrund der Teilnahme. Dieser liegt in der Mitwirkung an fremdem Unrecht, woran es aber fehlt, wenn kein kausaler Beitrag zur später begangenen Tat geleistet wird. Im Übrigen führt eine andere Beurteilung zur uferlosen Ausweitung der Beihilferegeln und bestraft jedwedes Verhalten, ohne auf die im Strafrecht stets erforderliche Kausalität zwischen Handlung und Erfolgseintritt abzustellen. Die Beihilfe wird dann praktisch zum reinen Gefährdungsdelikt. Eine bloße Solidarisierung mit dem Haupttäter, ohne eine entsprechende Auswirkung auf Tat und Täter, kann nicht genügen; hierfür hat das Gesetz die Nichtanzeige geplanter Straftaten in § 138 StGB geschaffen. Des Weiteren würden die Grenzen zur grundsätzlich straflosen versuchten Beihilfe verwischt. Denn wenn auch die nichtkausale Beteiligung strafbar ist, handelt es sich faktisch nur um eine solche versuchte Beihilfe. Schließlich würde mit dem Verzicht auf die Kausalität die einheitliche Grundstruktur zwischen Anstiftung und Beihilfe aufgegeben. Aus den genannten Gründen ist der Meinung zu folgen, die wenigstens mitursächliches Handeln des Gehilfen fordert. Aufgrund der mangelnden Ursächlichkeit des Beitrages der F fehlt es mithin bereits am objektiven Tatbestand des § 27 StGB.

Ergebnis: F ist nicht zu bestrafen wegen Beihilfe zum Einbruchsdiebstahl aus den §§ 27, 242 Abs. 1, 244 Abs. 1 Nr. 3, Abs. 4 StGB. Ihr Verhalten bleibt damit straflos.

III. Strafbarkeit des T durch die Taxifahrt zum Tatort

T könnte sich durch die Taxifahrt wegen Beihilfe zum von R begangenen Wohnungseinbruchsdiebstahl gemäß den §§ 27, 242 Abs. 1, 244 Abs. 1 Nr. 3, Abs. 4 StGB strafbar gemacht haben.

Objektiver Tatbestand:

1. Voraussetzung ist zunächst wieder eine vorsätzlich begangene rechtswidrige Haupttat. R als Haupttäter hat einen Wohnungseinbruchsdiebstahl nach den §§ 242 Abs. 1, 244 Abs. 1 Nr. 3, Abs. 4 StGB vorsätzlich und rechtswidrig begangen.

2. Der T müsste dem R zu dieser Tat des Weiteren »Hilfe geleistet« haben. Ein Hilfeleisten im Sinne des § 27 StGB liegt in jedem Tatbeitrag, der die Haupttat ermöglicht, erleichtert oder die vom Täter begangene Rechtsgutsverletzung verstärkt hat. T hat R mit seinem Taxi zum Tatort gefahren, was die Tat des R zumindest erleichtert, wenn nicht sogar ermöglicht hat. Dass R die Fahrt theoretisch auch mit jemand anderem hätte machen können, spielt keine Rolle, da alternative Handlungsmöglichkeiten stets unberücksichtigt bleiben; es kommt nur auf den konkreten Tatbeitrag an. Die Ursächlichkeit der Handlung des T ist also gegeben. Und damit ist der objektive Tatbestand der Beihilfe erfüllt.

Subjektiver Tatbestand:

1. Es stellt sich die Frage, ob T hier Vorsatz auf die vorsätzlich begangene rechtswidrige Haupttat des R hatte. Dies könnte deshalb problematisch sein, weil T mit seinem Verhalten eigentlich nur seinem Beruf nachgeht – und Taxi fahren ist keinesfalls unredlich oder strafbar. Eine Strafbarkeit für das Verfolgen einer redlichen, sozialadäquaten Erwerbstätigkeit kommt aber nicht in Betracht. Andererseits ist zu beachten, dass der T angesichts der sonderbaren Umstände hätte merken können oder sogar müssen, dass er möglicherweise einen Einbrecher zum Tatort fährt. Insoweit erscheint es bedenklich, dem T hier allein mit dem Hinweis auf seine an sich redliche berufliche Tätigkeit jedwede Verantwortung für die Tat des R abzusprechen. Es geht folglich um die Frage, ob sogenannte neutrale, alltägliche bzw. berufstypische Verhaltensweisen, also solche, die der Gehilfe auch gegenüber jeder anderen Person vornimmt, eine Strafbarkeit wegen Beihilfe in Sinne des § 27 StGB begründen können. Diesen Handlungen fehlt aufgrund ihrer Neutralität nämlich der sonst übliche konkrete Tatbezug. Bei der Frage nach der Strafbarkeit neutraler Verhaltensweisen ist wie folgt zu differenzieren: Zielt das Handeln des Haupttäters ausschließlich darauf ab, eine strafbare Handlung zu begehen, und weiß dies der Hilfeleistende, so handelt er vorsätzlich und sein Tatbeitrag ist als Beihilfehandlung im Sinne des § 27 Abs. 1 StGB zu werten. In diesem Fall verliert sein Tun stets den »Alltagscharakter« es ist als Solidarisierung mit dem Täter und dann auch nicht mehr als sozialadäquat zu deuten. Der Gehilfe verlässt in diesem Fall den straffreien Bereich seiner an sich sozialadäquaten Tätigkeit und hat einen fördernden, strafrechtlich relevanten Beitrag zur Straftat des anderen geleistet. Weiß der Hilfeleistende hingegen nicht, wie der von ihm geleistete Tatbeitrag vom Haupttäter verwendet wird, hält er es lediglich für möglich, dass sein Tun zur Begehung einer Straftat genutzt wird, so ist sein Handeln mangels entsprechenden Vorsatzes regelmäßig noch nicht als strafbare Beihilfe zu sehen. Es sei denn, das von ihm erkannte Risiko strafbaren Verhaltens des von ihm Unterstützten war derart hoch, dass er sich mit seiner Hilfeleistung die Förderung eines erkennbar tatgeneigten Täters angelegen sein ließ.

Für den vorliegenden Fall ergibt sich Folgendes: Auf der einen Seite deuten die Umstände durchaus darauf hin, dass R eine Straftat begehen möchte. Wer sich nachts mit schwarzer Kapuzenjacke und Werkzeugkasten in eine Nobelgegend fahren lässt, führt mit hoher Wahrscheinlichkeit nichts Gutes im Schilde. Andererseits ist das aber nicht die zwingende und einzige Variante, die hier aus Sicht des Taxifahrers T in Betracht kommen könnte, selbst wenn er das – wie hier – vermutet bzw. ihm entsprechende Bedenken kommen. T hat in jedem Falle keine positive Kenntnis von der geplanten Tat und es drängt sich auch die Begehung einer konkreten Straftat nicht unbedingt als nächstliegendes Motiv auf. So könnte der R etwa auch ein Handwerker sein, der Notdienst hat und ein geplatztes Rohr reparieren soll. R könnte nach Dienstschluss zum Beispiel auch seine Freundin besuchen, die dort wohnt. Oder R könnte dort selbst wohnen und auf dem Heimweg sein. Die vorliegenden Umstände reichen demnach nicht, um von T zu verlangen, dem R die Fahrt zu verweigern oder ihn nach seinen Absichten am Zielort zu befragen. Anders wäre dies dann zu beurteilen gewesen, wenn T etwa während der Fahrt ein Telefonat des R belauscht hätte, in dem R einer anderen Person von seiner geplanten Tat erzählt; erst dann hätte T die notwendige positive Kenntnis oder aber jedenfalls hinreichende Anhaltspunkte für die Begehung einer Straftat gehabt. Nach dem Grundsatz »in dubio pro reo« ist der Taxifahrer T damit vom Vorwurf der Beihilfe mangels Vorsatzes freizusprechen.

Ergebnis: Und somit ist T nicht zu bestrafen wegen Beihilfe zur Tat des R und bleibt damit ebenfalls straflos.

6. Abschnitt

Versuch und Rücktritt (§§ 22–24 StGB)

Fall 15

Leider clever

Rechtsstudent R ist zum zweiten Mal durchs Examen gefallen, zudem völlig pleite und hat daher beschlossen, seinen Onkel O zu vergiften, um schneller an das beachtliche Erbe zu kommen, das O in seinem Testament für R vorgesehen hat. Eines Nachmittags mischt R dem O bei einem Besuch unbemerkt Gift in den Kaffee, an dem O sterben soll. O ist allerdings aus klausurtaktischen Gründen ziemlich clever und bemerkt schon am Duft des Kaffees, dass damit etwas nicht stimmt – und stellt die Tasse wieder hin. Anhand eines Sachverständigengutachtens wird später festgestellt, dass die Giftmenge gar nicht geeignet war, zum Tode zu führen. Hiervon aber war R ausgegangen.

Hat R sich strafbar gemacht?

> **Schwerpunkte:** Der Versuch einer Straftat gemäß § 22 StGB; die Aufbauregeln; der Tatentschluss und das unmittelbare Ansetzen; Nichtvollendung und Versuchsstrafbarkeit; der untaugliche Versuch; das »Trottelprivileg« aus § 23 Abs. 3 StGB.

Lösungsweg

Vorab: So, jetzt geht's so langsam ans Eingemachte, denn wir starten mit der Prüfung eines **Versuchs** im Sinne des § 22 StGB. Die Erörterung der Versuchsstrafbarkeit sowie des **Rücktritts** vom Versuch (→ § 24 StGB) gehört mit zum Schwierigsten, was das Strafrecht insgesamt zu bieten hat. Schwierig deshalb, weil hier neben den inhaltlichen Problemen vor allem aufbautechnisch neue Regeln zu beachten sind. Selbst gestandene Examenskandidaten wissen häufig leider (immer noch) nicht, wie man einen Versuch ordnungsgemäß aufbaut und in der Klausurlösung dementsprechend angemessen darstellt – was dann natürlich katastrophale Folgen für die Benotung der Prüfungsaufgabe hat.

Damit das nicht passiert, wollen wir hier im ersten Fall zur Thematik auch mal schön langsam vorgehen, haben uns einen inhaltlich eher leichten Sachverhalt ausgesucht (ist natürlich klar, dass der R sich hier strafbar gemacht hat!) und legen den Schwerpunkt daher auf die Grundregeln zum **Aufbau** einer Versuchsprüfung. Das reicht. Die Vertiefung kommt dann später.

Strafbarkeit des R durch das Zuführen des Giftes in den Kaffee

→ **§§ 211, 22, 23 Abs. 1, 12 Abs. 1 StGB** (versuchter Mord)

Beachte: Die gerade genannte Paragrafenkette (neben dem in Frage kommenden Delikt also insbesondere die **§§ 22, 23 Abs. 1, 12 Abs. 1 StGB**) sollte bei einer Versuchsprüfung stets im Obersatz stehen, denn sie signalisiert dem Leser, dass der Kandidat weiß, worum es geht. In § 22 StGB ist der Versuch normiert und in § 23 Abs. 1 StGB steht drin, unter welchen Voraussetzungen ein Versuch überhaupt strafbar ist. Das muss deshalb auch rein. Und schließlich steht in § 12 StGB, was ein Verbrechen und was ein Vergehen ist; auch das ist – wegen der Regel des § 23 Abs. 1 StGB – wichtig und gehört in den Obersatz. Merken. **Und noch was:** Wenn die Tat – so wie bei uns – offensichtlich nicht vollendet wurde, kann (und muss!) man direkt mit der Versuchsprüfung beginnen. Ansonsten, also bei Unklarheiten über Vollendung oder Versuch, beginnt man immer mit der **Vollendung** und schaltet erst nach der Verneinung zum Versuch. Auch das bitte merken.

Und nach dieser langen Vorrede steigen wir nun endlich ein in die Fallprüfung, und zwar mit der sogenannten

»Vorprüfung«:

1. Die Tat ist nicht vollendet, der O hat den Kaffee mit dem Gift nicht getrunken.

2. Der Versuch des Mordes ist gemäß **§ 23 Abs. 1 StGB** in Verbindung mit **§ 12 Abs. 1 StGB** strafbar (bitte beide Normen lesen).

Warnung! Diese »Vorprüfung« ist der Einstieg in eine **jede** Versuchsprüfung und darf keinesfalls vergessen werden. Sie klingt zwar im ersten Moment albern bis überflüssig, ist aber dennoch absolut zwingend. Und das aus gutem Grund: Das Abprüfen der beiden oben genannten Punkte (→ Nichtvollendung der Haupttat + Versuchsstrafbarkeit) verhindert höchst peinliche Fehler. Der Autor dieser Zeilen hat schon Examenshausarbeiten gelesen, in denen der/die Kandidat/in über 22 Seiten lang (!) die Strafbarkeit einer versuchten Untreue (§ 266 Abs. 1 StGB) prüfte, ohne zu merken, dass der Versuch dieses Delikts gar nicht strafbar ist. Die Vorprüfung war schlicht vergessen oder für überflüssig erachtet worden. Eine solche Arbeit ist leider, obwohl zumeist vier Wochen Blut und Schweiß drinstecken – und unabhängig vom weiteren Inhalt –, unbrauchbar und damit zwingend »mangelhaft«. Der Bearbeiter hat das Lesen des Gesetzes (im Examen!) offenbar für unnötig befunden oder gar vergessen (→ § 23 Abs. 1 StGB). Tragisch.

Deshalb: Diese kurze Prüfung bitte **immer** vorschalten – zwei Sätze reichen normalerweise. Es gilt folgende Regel: Wenn es sich um ein Verbrechen handelt (= Freiheitsstrafe ab einem Jahr aufwärts, vgl. § 12 Abs. 1 StGB), ist der Versuch immer strafbar (lies: § 23 Abs. 1 StGB). Handelt es sich um ein Vergehen (= Mindestfreiheitsstrafe unter einem Jahr oder nur Geldstrafe, vgl. § 12 Abs. 2 StGB), ist der Versuch gemäß § 23 Abs. 1 StGB nur strafbar, wenn es das Gesetz ausdrücklich bestimmt (zum **Beispiel:** § 242 Abs. 2 StGB). **Und:** Die Nichtvollendung der Haupttat schließlich ist logischer Bestandteil der Versuchsprüfung, denn ansonsten wäre es ja keine versuchte, sondern eine **vollendete** Straftat. Und das schreibt man dann bitte auch in einem kurzen Satz hin. Zusammengefasst sieht das so aus:

ZE.: Die Tat des R ist nicht vollendet, der O hat überlebt. Des Weiteren ergibt sich die Strafbarkeit des Versuchs vorliegend aus dem Umstand, dass es sich beim zu prüfenden Mord gemäß § 12 Abs. 1 StGB um ein Verbrechen handelt, dessen Versuch nach § 23 Abs. 1 StGB stets unter Strafe gestellt ist.

I. Tatbestand

Nächste Regel: Die Besonderheit des Versuchs liegt darin, dass der Täter zwar eine bestimmte Tat begehen **wollte**, das Ganze aber aus irgendwelchen Gründen nicht geklappt hat. Der Täter hatte also auf der einen Seite zwar in jedem Falle genügend **kriminelle Energie** (= Vorsatz + mögliche deliktsspezifische Absichten), konnte oder wollte diese Energie letztlich aber nicht in die Wirklichkeit umsetzen. Die Rechtsgutsverletzung ist ja nicht eingetreten (siehe z.B. unseren Fall). Wir haben damit beim Versuch immer folgende Konstellation: Zum einen die vollständig verwirklichte subjektive Tatseite in Form des Vorsatzes und möglicher deliktsspezifischer Absichten (= der Täter **wollte** die Tat begehen) und zum anderen die unvollständige objektive Tatseite (die Rechtsgutsverletzung ist **nicht** eingetreten).

> **Merksatz:** Die Strafbarkeit des Versuchs sanktioniert die in der rechtsfeindlichen Handlung des Täters zu Tage getretene kriminelle Energie, gekoppelt mit einer objektiven Gefährdung von Rechtsgütern — auch wenn diese letztlich nicht zur vollständigen Entfaltung in Form einer endgültigen Rechtsgutsverletzung geführt hat (BGH NStZ **2011**, 143; BGHSt **11**, 324; *Lackner/Kühl* § 22 StGB Rz. 11; *Wessels/Beulke/Satzger* Rz. 930.; S/S/*Eser/Bosch* vor § 22 StGB Rz. 22).

Und aus diesen Überlegungen ergibt sich auch der tatbestandsmäßige Aufbau des Versuchs, **nämlich:** Da die subjektive Tatseite (= Vorsatz auf die objektiven Tatbestandsmerkmale + mögliche deliktsspezifische Absichten) beim Versuch immer **vollständig** vorliegen muss und auch den eigentlichen Strafgrund des Versuchs ausmacht (siehe oben), wird diese auch immer zuerst geprüft. Der uns bekannte »subjektive Tatbestand« wandert beim Versuch also an den Anfang der Tatbestandsprüfung – und heißt jetzt »Tatentschluss«. Und danach folgt dann im zweiten Schritt die Prüfung, ob der Täter durch sein Verhalten zur objektiven Tatbestandsverwirklichung (die ja letztlich nicht geklappt hat!) nach seiner Vorstellung wenigstens »unmittelbar angesetzt« hat, bitte lies **§ 22 StGB**. Die beiden Merkmale des Tatbestandes einer Versuchsprüfung heißen damit »Tatentschluss« und »unmittelbares Ansetzen zur Tatbestandsverwirklichung« (BGH NStZ **2013**, 156; BGH StV **2013**, 632; *Wessels/Beulke/Satzger* Rz. 933). Bitte merken, damit werden wir ab jetzt arbeiten. Also:

A. Tatentschluss (= Vorsatz auf die objektiven Tatbestandsmerkmale des Delikts + mögliche deliktsspezifische Absichten)

Unser R muss also den Vorsatz gehabt haben, den O unter Erfüllung eines Mordmerkmals aus § 211 Abs. 2 StGB umzubringen. Und das ist hier dann auch kein Problem, **denn:** R wollte den O vergiften, um an das Erbe zu kommen. Wer jemand anderem Gift in den Kaffee mischt, um an das im Testament vorgesehene Erbe des Betroffenen zu gelangen, handelt zum einen aus **Habgier** und zudem – wegen der heimlichen Beibringung des Giftes – auch **heimtückisch** im Sinne des § 211 Abs. 2 StGB (BGHSt **42**, 303; BGHSt **41**, 79).

ZE.: Der R ***wollte*** den O umbringen und hatte in seine subjektive Vorstellung auch die Mordmerkmale Habgier und Heimtücke aufgenommen. O hatte demnach den Vorsatz auf die Verwirklichung des objektiven Tatbestandes des § 211 StGB und damit den für die Versuchsstrafbarkeit erforderlichen »Tatentschluss«.

B. Unmittelbares Ansetzen zur Tatbestandsverwirklichung

So, das haben wir oben ja schon mal angedeutet: Der objektive Tatbestand ist beim Versuch niemals vollständig erfüllt, sonst wäre es ja auch kein Versuch, sondern ein vollendetes Delikt. Gleichwohl genügt für eine Bestrafung die vorhandene kriminelle Energie (= Vorsatz), die wir eben im Rahmen des Tatentschlusses geprüft haben, allein nicht. Der Täter muss zudem immer auch nach seiner Vorstellung »unmittelbar zur Verwirklichung des Tatbestandes angesetzt haben«, bitte lies § 22 StGB. Und das ist dann der ***objektive*** Teil der Versuchsprüfung.

> **Beachte:** Unter welchen Umständen dieses »unmittelbare Ansetzen zur Tatbestandsverwirklichung« im Sinne des § 22 StGB tatsächlich vorliegt, ist zumeist ein Problem, wenn es um die Unterscheidung zwischen einer bloßen (straflosen!) **Vorbereitungshandlung** und einem (strafbaren!) **Versuch** geht. **Beispiele:** Hat der Täter eines Einbruchsdiebstahls schon die Schwelle zum Versuch überschritten, wenn er sich mit seinem Werkzeug ins Auto setzt, um zum fünf Kilometer entfernten Tatort zu fahren? Oder ist das noch eine straflose Vorbereitungshandlung, wenn er es sich auf dem Weg noch anders überlegt und einfach umkehrt? Oder wie ist es, wenn ein Täter beim Opfer an der Wohnungstür klingelt, das Opfer die Tür auch öffnet, aber die Verriegelungskette nicht löst? Ist das schon Versuch oder noch Vorbereitungshandlung (vgl. BGH NStZ **2018**, 616)? Oder wie ist es bei dem Täter, der einen Mord begehen will, sich dafür eine Knarre kauft, vor dem Haus des Opfers im Gebüsch Stellung bezieht, die Pistole auf die Tür richtet, dann aber doch nicht abdrückt, weil zufällig Passanten über die Straße gehen, als das Opfer aus der Tür tritt?

Das Problem versteht man, wenn man sich mal die verschiedenen Stufen bis hin zur Begehung einer Straftat vor Augen führt. Das funktioniert nämlich in der Regel so:

1. Schritt: Der Täter fasst den **Entschluss**, eine bestimmte Straftat zu begehen (»*Morgen Nacht breche ich in den Supermarkt ein!*«) → bis dahin grundsätzlich straflos – beachte aber die Ausnahme in § 30 Abs. 2 StGB.

2. Schritt: Der Täter trifft notwendige vorbereitende Maßnahmen (er kauft sich zum Beispiel Einbruchswerkzeug) → immer noch: straflos.

3. Schritt: Der Täter beginnt die **Ausführung** der Tat (er steigt z.B. mithilfe eines Brecheisens in die Geschäftsräume ein) → Versuchsstadium = strafbar!

4. Schritt: Der Täter **vollendet** die Tat (er steckt das gefundene Bargeld ein und verlässt das Gebäude) → Delikt vollendet – strafbar wegen Vollendung.

5. Schritt: Der Täter **beendet** das Delikt (er sichert z.B. die Beute, indem er mit dem Auto an einen entfernten Ort verschwindet) → Delikt beendet (ab dann: keine Teilnahme mehr möglich).

Das Problem des unmittelbaren Ansetzens nach § 22 StGB liegt demnach bei der Frage, wann der zweite Schritt in den dritten Schritt übergeht, es also keine straflose Vorbereitungshandlung, sondern schon ein strafbarer Versuch ist. Hierzu gibt es nun eine Unzahl von Meinungen und Gerichtsurteilen (z.B. BGH NStZ **2015**, 207), was schlicht daran liegt, dass man das Ganze natürlich immer nur am konkreten Einzelfall messen kann. Schematische, allgemeinverbindliche Lösungen verbieten sich – leider. Zudem verlangt der Gesetzeswortlaut des **§ 22 StGB** auch noch ein Abstellen auf die (subjektive) Sicht des Täters, da steht nämlich »nach seiner Vorstellung« (prüfen!).

Um diesen Vorgaben gerecht zu werden, haben die Rechtsprechung und die herrschende Meinung in der Wissenschaft folgende Definition für das unmittelbare Ansetzen zur Tatbestandsverwirklichung entwickelt:

Definition: Nach der »subjektiv-objektiven Theorie« muss der Täter für den Versuch **subjektiv** die Schwelle zum »Jetzt geht's los« überschritten und **objektiv** zur tatbestandsmäßigen Angriffshandlung angesetzt haben. Die Verwirklichung eines gesetzlichen Tatbestandsmerkmals ist nicht zwingend notwendig; es genügt, dass die Handlung des Täters ohne wesentliche Zwischenschritte in die Rechtsgutsverletzung bzw. die Erfüllung des Tatbestandes übergehen soll (BGH NStZ **2018**, 705; BGH NStZ **2018**, 616; BGH NStZ **2015**, 207; *Lackner/Kühl* § 22 StGB Rz. 4).

Beachte: Diese Definition mit der sonderbaren, aber höchst gebräuchlichen »jetzt geht's los« – Formulierung wollen wir uns bitte schon mal merken, die steht nämlich tatsächlich auf dem Lösungsblatt des Korrektors und muss demnach in der Klausur auch hingeschrieben bzw. subsumiert werden.

Machen wir mal: Unser R müsste, um die Grenze zur Versuchsstrafbarkeit zu erreichen, also zum einen nach seiner Vorstellung von der Tat die Schwelle zum »jetzt geht's los« überschritten haben – was hier indessen kein Problem ist, **denn:** Nach der Vorstellung des R gehörte das Einfüllen des Giftes in die Kaffeetasse schon zur geplanten Tat- bzw. Ausführungshandlung des Delikts. R hatte somit aus seiner Sicht sogar schon alles Erforderliche getan bzw. eingeleitet, um den Tötungsvorgang in Gang zu setzen. Schließlich erfüllt diese Handlung auch aus objektiver Sicht die Voraussetzungen des Versuchsbeginns, denn das Einfüllen des Giftes in den Kaffee ist geeignet, die mögliche Rechtsgutsverletzung bei O ohne weitere Zwischenschritte seitens des Täters einzuleiten.

<u>**ZE.**</u>: Damit erfüllt R die in der Definition benannten Merkmale des unmittelbaren Ansetzens zur Tatbestandsverwirklichung im Sinne des § 22 StGB.

> **Beachte noch:** Der Umstand, dass der Tötungsversuch des R hier überhaupt nicht zum Erfolg führen konnte, weil laut Sachverständigengutachten die Giftmenge zur Tötung zu gering war, ändert an diesem Ergebnis nichts. Damit wird dieser Versuch lediglich »untauglich«, was indessen auf die Strafbarkeit grundsätzlich keinen Einfluss hat (BGHSt **40**, 299; MK/*Hoffmann-Holland* § 23 StGB Rz. 41; LK/*Hillenkamp* § 22 StGB Rz. 179; *Fischer* § 22 StGB Rz. 43). Auch der untaugliche Versuch, also der, der objektiv gar nicht zur Vollendung führen kann, ist grundsätzlich strafbar. Und dies folgt aus dem Umkehrschluss des sogenannten »**Trottelprivilegs**« des § 23 Abs. 3 StGB (lesen, bitte!). Das Gesetz bestimmt darin nämlich, dass nur in Fällen des »groben Unverstandes« des Täters bei einem Versuch, der nicht zur Vollendung führen konnte, von Strafe abgesehen oder diese wenigstens gemildert werden kann. Gemeint sind damit Konstellationen, in denen der Täter einen Versuch begeht und auf der Grundlage »einer völlig abwegigen Vorstellung von gemeinhin bekannten Ursachen« dem Ganzen eine Verwirklichungsaussicht einräumt, tatsächlich aber zu keiner Zeit eine konkrete oder abstrakte Gefahr für irgendein Rechtsgut bestand (BT-Drs. V/4095, Seite 12; BGHSt **41**, 95; S/S/*Eser/Bosch* § 23 StGB Rz. 15). Darunter fallen dann zum Beispiel: Versuchter Schwangerschaftsabbruch mit Senfbädern oder Kamillentee (so was gibt's! vgl. RGSt **1**, 439; S/S/*Eser/Bosch* § 23 StGB Rz. 17); versuchtes Abschießen eines hoch fliegenden Flugzeugs mit einem Luftgewehr (*Fischer* § 23 StGB Rz. 7); versuchte Tötung eines Menschen mit Brennnesselsaft (MK/*Hoffmann-Holland* § 23 StGB Rz. 45).

In diesen Fällen fasst man sich als neutralen Beobachter an den Kopf, diese Versuche sind »nicht bedrohlich, sondern lächerlich« (MK/*Hoffmann-Holland* § 23 StGB Rz. 39) und daher unter das Trottelprivileg des § 23 Abs. 3 StGB zu subsumieren. Die Anwendung des § 23 Abs. 3 StGB stellt indes immer nur den Ausnahmefall dar mit der Konsequenz, dass alle anderen Versuche, die objektiv nicht zur Vollendung führen konnten, als »**normale**« untaugliche Versuche zu behandeln und zu bestrafen sind.

Merke: Ein Versuch, der entgegen der Vorstellung des Täters objektiv gar nicht zur Vollendung führen konnte (= untauglicher Versuch), ist dennoch strafbar. Nur im Falle des groben Unverstandes des Täters kann das Gericht gemäß § 23 Abs. 3 StGB die Strafe mildern oder ganz von ihr absehen.

Zum Fall: Bei uns war sogar ein Sachverständigengutachten nötig, um festzustellen, dass das Gift keine tödliche Wirkung entfalten konnte. Von »grobem Unverstand« des R im Sinne des § 23 Abs. 3 StGB kann folglich keine Rede sein.

ZE.: Und damit liegt der Tatbestand des versuchten Mordes gemäß den §§ 211, 22, 23 Abs. 1, 12 Abs. 1 StGB endgültig vor.

II. Rechtswidrigkeit

So, ab hier ändert sich jetzt nichts mehr: Sowohl die Rechtswidrigkeit als auch die Schuld werden in der gleichen Form geprüft, die wir auch schon beim vollendeten Delikts kennengelernt haben, also:

ZE.: Rechtfertigungsgründe sind zugunsten des R nicht erkennbar mit der Folge, dass sein Tötungsversuch auch rechtswidrig gewesen ist.

III. Schuld

ZE.: Kein Problem. Unser R handelte demnach auch schuldhaft.

Ergebnis: Durch das Einfüllen des Giftes in den Kaffee hat sich R wegen versuchten Mordes gemäß den §§ 211, 22, 23 Abs. 1, 12 Abs. 1 StGB strafbar gemacht. **Konsequenz:** Gemäß § 23 Abs. 2 StGB **kann** dieser Versuch milder bestraft werden als die Vollendung, muss aber nicht (»fakultativ«). Wenn das Gericht von dieser Möglichkeit Gebrauch macht, gilt dann **§ 49 Abs. 1 StGB:** Und gemäß § 49 Abs. 1 Nr. 1 StGB tritt anstelle lebenslanger Freiheitsstrafe (→ § 211 Abs. 1 StGB!) Freiheitsstrafe von 3 bis 15 Jahren (vgl. § 38 Abs. 2 StGB). Immerhin.

Kurzer Nachtrag: Das sogenannte »Wahndelikt«

Wir haben weiter oben den (strafbaren) untauglichen Versuch kennengelernt und ihn definiert als einen Versuch, der – entgegen der irrtümlichen Vorstellung des Täters – gar nicht zur Vollendung führen kann (BGHSt **42**, 268; BGHSt **4**, 199; *Wessels/Beulke/Satzger* Rz. 992; *Rengier* AT § 35 Rz. 1). Dieser Versuch ist – wie gesagt – strafbar; nur im Falle des § 23 Abs. 3 StGB (Trottelprivileg) kann das Gericht von Strafe absehen oder die Strafe nach seinem Ermessen mildern. Nicht verwechseln darf man diesen untauglichen Versuch indes mit dem sogenannten (straflosen) »Wahndelikt«. Ein solches liegt vor, wenn der Täter irrtümlich (quasi »im Wahn«) meint, sein Verhalten sei strafbar (BGHSt **14**, 345; OLG Stuttgart NStZ-RR **2001**, 370; LK/*Hillenkamp* § 22 StGB Rz. 180; *Rengier* AT § 35 Rz. 15). **Beispiel:** Der Täter hält von ihm vorgenommene homosexuelle Handlungen (→ gleichgeschlechtliche Liebe) irrtümlich für strafbar. Das waren sie tatsächlich aber nur bis zum 21. Mai **1994**; an diesem Tag wurde der damalige »Schwulenparagraf« 175 des StGB, der seit dem 1. Januar 1872 (!) galt und die männliche homosexuelle Liebe bzw. sogenannte »homosexuelle Handlungen« unter Strafe stellte, aufgehoben. Heute macht sich also niemand mehr strafbar wegen homosexueller Handlungen. Unser »Täter« meint aber gleichwohl, dass er sich strafbar gemacht hat. Sein Glaube bleibt strafrechtlich in diesem Falle unbeachtlich, da der Wille des Täters nicht auf die Verwirklichung einer tatsächlich existenten Strafnorm gerichtet ist. Wer nur irrtümlich meint, er mache sich strafbar, stellt keine Gefährdung für die Rechtsordnung dar (*Wessels/Beulke/Satzger* Rz. 990; *Rengier* AT § 35 Rz. 15; *Kühl* AT § 15 Rz. 97). Der Unterschied zwischen einem strafbaren untauglichen Versuch und einem straflosen Wahndelikt liegt damit in **Folgendem**:

> → Beim **untauglichen Versuch** glaubt der Täter irrtümlich an das Vorliegen der Voraussetzungen eines tatsächlich bestehenden Strafgesetzes. Er stellt sich also irrtümlich eine Sachlage vor, bei deren Vorliegen sein Handeln den objektiven Tatbestand einer tatsächlich existenten Strafnorm vollständig erfüllen würde. **Beispiel:** Der Täter versucht, seinen Onkel zu vergiften, benutzt aber das falsche oder zu wenig Gift = untauglicher Versuch. Der Täter hat sich irrtümlich einen Sachverhalt vorgestellt, bei dessen Vorliegen er einen tatsächlich existenten Straftatbestand vollständig erfüllt hätte.
>
> → Beim **Wahndelikt** meint der Täter hingegen irrtümlich, er mache sich strafbar. Er glaubt also bei klarer Sachlage irrtümlich daran, dass er mit seinem Verhalten ein Strafgesetz, das tatsächlich nicht existiert, verwirklicht. **Beispiel:** Homosexuelle Liebe/Handlungen. Hier sieht der Täter – anders als beim untauglichen Versuch – den Sachverhalt klar vor sich, zieht daraus aber die falschen rechtlichen Schlüsse und glaubt insbesondere daran, ein nicht existentes Strafgesetz zu verwirklichen = strafloses Wahndelikt (*Rengier* AT § 35 Rz. 15).

Alles klar!?

Aufbaumuster zur Versuchsprüfung

Vorprüfung:

1. Nichtvollendung der Tat (wenn fraglich, erst Vollendung prüfen!)

2. Strafbarkeit des Versuchs (§§ 23 Abs. 1, 12 Abs. 1 StGB)

I. Tatbestand

A. Tatentschluss (= Vorsatz auf die objektiven Tatbestandsmerkmale + mögliche deliktsspezifische Absichten)

B. Unmittelbares Ansetzen zur Tat (§ 22 StGB → beachte § 23 Abs. 3 StGB)

II. Rechtswidrigkeit

III. Schuld

Gutachten

R könnte sich durch das Zuführen des Giftes in den Kaffee wegen versuchten Mordes gemäß den §§ 211, 22, 23 Abs. 1, 12 Abs. 1 StGB strafbar gemacht haben.

Vorprüfung:

Die Tat des R ist nicht vollendet, der O hat überlebt. Des Weiteren ergibt sich die Strafbarkeit des Versuchs vorliegend aus dem Umstand, dass es sich beim zu prüfenden Mord gemäß § 12 Abs. 1 StGB um ein Verbrechen handelt, dessen Versuch nach § 23 Abs. 1 StGB stets unter Strafe gestellt ist.

Tatbestand

A. Tatentschluss:

R muss zunächst den Vorsatz gehabt haben, den O unter Erfüllung eines Mordmerkmals aus § 211 Abs. 2 StGB umzubringen. R wollte O vergiften, um an das Erbe zu kommen. Wer jemand anderem Gift in den Kaffee mischt, um an das im Testament vorgesehene Erbe des Betroffenen zu gelangen, handelt zum einen aus Habgier und zudem – wegen der heimlichen Beibringung des Giftes – auch heimtückisch im Sinne des § 211 Abs. 2 StGB. O hatte demnach den Vorsatz auf die Verwirklichung des objektiven Tatbestandes des § 211 StGB und damit den für die Versuchsstrafbarkeit erforderlichen »Tatentschluss«.

B. Unmittelbares Ansetzen zur Tatbestandsverwirklichung:

Nach der sogenannten »subjektiv-objektiven Theorie« muss der Täter für eine Versuchsstrafbarkeit subjektiv die Schwelle zum »Jetzt geht's los» überschritten und objektiv zur tatbestandsmäßigen Angriffshandlung angesetzt haben. Die Verwirklichung eines gesetzlichen Tatbestandsmerkmals ist dafür nicht zwingend notwendig; es genügt, dass die Handlung des Täters ohne wesentliche Zwischenschritte in die Rechtsgutsverletzung bzw. die Erfüllung des Tatbestandes übergehen soll. R müsste, um die Grenze zur Versuchsstrafbarkeit zu erreichen, also zum einen nach seiner Vorstellung von der Tat die Schwelle zum »jetzt geht's los« überschritten haben: Nach der Vorstellung des R gehörte das Einfüllen des Giftes in die Kaffee-Tasse schon zur geplanten Tat- bzw. Ausführungshandlung des Delikts. R hatte somit aus seiner Sicht sogar schon alles Erforderliche getan bzw. eingeleitet, um den Tötungsvorgang in Gang zu setzen. Schließlich erfüllt diese Handlung auch aus objektiver Sicht die Voraussetzungen des Versuchsbeginns, denn das Einfüllen des Giftes in den Kaffee ist geeignet, die mögliche Rechtsgutsverletzung bei O ohne weitere Zwischenschritte seitens des Täters einzuleiten. Damit erfüllt R die in der Definition benannten Merkmale des unmittelbaren Ansetzens zur Tatbestandsverwirklichung im Sinne des § 22 StGB.

Der Umstand, dass der Tötungsversuch des R hier überhaupt nicht zum Erfolg führen konnte, weil laut Sachverständigengutachten die Giftmenge zur Tötung zu gering war, ändert an diesem Ergebnis nichts. Damit wird dieser Versuch lediglich »untauglich«, was indessen auf die Strafbarkeit grundsätzlich keinen Einfluss hat. Auch der untaugliche Versuch, also der, der objektiv gar nicht zur Vollendung führen kann, ist, sofern kein Fall des § 23 Abs. 3 StGB vorliegt, grundsätzlich strafbar. Im vorliegenden Fall war ein Sachverständigengutachten nötig, um festzustellen, dass das Gift keine tödliche Wirkung entfalten konnte. Von »grobem Unverstand« des R im Sinne des § 23 Abs. 3 StGB kann folglich keine Rede sein.

Rechtswidrigkeit:

Rechtfertigungsgründe sind zugunsten des R nicht erkennbar mit der Folge, dass sein Tötungsversuch auch rechtswidrig gewesen ist.

Schuld:

R handelte auch schuldhaft.

Ergebnis: Durch das Einfüllen des Giftes in den Kaffee hat sich R wegen versuchten Mordes gemäß den §§ 211, 22, 23 Abs. 1, 12 Abs. 1 StGB strafbar gemacht.

Fall 16

Einmal ist keinmal?!

Rechtsstudent R will schon wieder seinen Onkel O wegen der zu erwartenden Erbschaft umlegen. Dieses Mal aber beschließt er, sein Vorhaben mit einem Gewehr in die Tat umzusetzen. R besorgt sich eine entsprechende Waffe, steckt ein Magazin mit sechs Patronen ein und bringt sich etwa 30 Meter vom Haus des O entfernt hinter einem Baum in Stellung. Als O dann aus der Tür tritt, feuert R in Tötungsabsicht einen Schuss ab, der O allerdings knapp am Kopf verfehlt. Beim Anblick des nach dem Schuss vollkommen verängstigt zu Boden gegangenen O kommen R moralische Bedenken. Er packt das Gewehr und die übrigen Patronen wieder ein und verschwindet.

Strafbarkeit des R?

> **Schwerpunkte:** Der Rücktritt vom Versuch nach § 24 Abs. 1 StGB; der Prüfungsaufbau; Begriff der Strafausschließungs- und Strafaufhebungsgründe; der beendete und der unbeendete Versuch im Sinne des § 24 Abs. 1 Satz 1 StGB; der fehlgeschlagene Versuch; die Lehre von der Gesamtbetrachtung und die Einzelaktstheorie; der Begriff der Freiwilligkeit.

Lösungsweg

Einstieg: Dieser Fall führt uns zum **Rücktritt** vom Versuch gemäß § 24 StGB. Der Rücktritt spielt eine zentrale Rolle bei der Versuchslehre, da er mit einer Unzahl von Schwierigkeiten und klausurtechnischen Fallstricken behaftet ist, angefangen dabei, dass man häufig schon gar nicht erkennt, dass ein Rücktritt überhaupt in Betracht kommen kann. So auch in unserem kleinen Fällchen da oben: Denn an sich würde man hier als unbefangener Betrachter auf den ersten Blick kaum vermuten, dass ein möglicher Rücktritt die Strafe des R wegen des versuchten Tötungsdelikts unter Umständen komplett aufheben kann, er demnach im Zweifel sogar gänzlich ***straffrei*** ausgeht. In der Praxis kommt dem Rücktritt übrigens eine vollkommen überragende Bedeutung zu, denn die Voraussetzungen sind – wie wir gleich sehen werden – schneller erfüllt, als man gemeinhin und vor allem vom Rechtsgefühl her meinen könnte. Und so eröffnen sich dem Täter bzw. dem Strafverteidiger häufig ungeahnte Möglichkeiten. Der Leser mag, bevor wir dann in die Lösung einsteigen, bitte einfach mal sein Bauchgefühl befragen, ob er unserem R, der den O wegen der Erbschaft gerne abknallen möchte, hier einen Rücktritt (Folge: Straflosigkeit!) gewähren würde. Das Ergebnis wird später überraschend sein. Versprochen.

Nach dieser Vorrede steigen wir in die Prüfung ein und beginnen, da eine Vollendung der Tat offensichtlich nicht in Frage kommt (der O hat überlebt!), mit der Strafbarkeit wegen **Versuchs**. Beachte bitte jetzt schon mal, dass der Rücktritt immer nur vom **versuchten** Delikt möglich ist (lies das ***zweite*** Wort des § 24 Abs. 1 Satz 1 StGB). Von einer vollendeten Tat kann man grundsätzlich nicht zurücktreten (zu den – wenig klausurrelevanten – Ausnahmen der sogenannten »tätigen Reue« vgl. *Wessels/Beulke/Satzger* Rz. 654). Beginnen muss man also stets mit der Prüfung bzw. Feststellung, dass der Täter eine Versuchsstrafbarkeit des in Frage kommenden Delikts verwirklicht hat. Und insoweit können wir jetzt das im vorherigen Fall Erlernte nutzbar machen und die Versuchsprüfung demnach vergleichsweise kurzhalten, nämlich:

Strafbarkeit des R durch den auf O abgefeuerten Schuss

→ **§§ 211, 22, 23 Abs. 1, 12 Abs. 1 StGB** (versuchter Mord)

Vorprüfung:

1. Die Tat ist nicht vollendet, der R hat den O nicht getroffen.

2. Der Versuch des Mordes ist gemäß **§ 23 Abs. 1 StGB** in Verbindung mit **§ 12 Abs. 1 StGB** strafbar.

<u>ZE.</u>: Die Tat des R ist nicht vollendet, der O hat überlebt. Des Weiteren ergibt sich die Strafbarkeit des Versuchs vorliegend aus dem Umstand, dass es sich beim zu prüfenden Mord gemäß § 12 Abs. 1 StGB um ein Verbrechen handelt, dessen Versuch nach § 23 Abs. 1 StGB stets unter Strafe gestellt ist.

I. Tatbestand

A. Tatentschluss (= Vorsatz auf die objektiven Tatbestandsmerkmale + mögliche deliktsspezifische Absichten)

Der R muss den Vorsatz gehabt haben, den O unter Erfüllung eines Mordmerkmals aus § 211 Abs. 2 StGB umzubringen. Das ist hier kein Problem, **denn:** R wollte den O abknallen, um an das Erbe zu kommen. Wer jemand anderen erschießen will, um an das im Testament vorgesehene Erbe des Betroffenen zu gelangen, handelt aus **Habgier** (BGHSt **42**, 303; BGHSt **41**, 79).

<u>ZE.</u>: Der R wollte den O umbringen und hatte in seine subjektive Vorstellung auch das Mordmerkmal Habgier aufgenommen. O hatte demnach den Vorsatz auf die Verwirklichung des objektiven Tatbestandes des § 211 StGB und damit den für die Versuchsstrafbarkeit erforderlichen »Tatentschluss«.

B. Unmittelbares Ansetzen zur Tatbestandsverwirklichung

Wir erinnern uns bitte:

Definition: Nach der sogenannten »subjektiv-objektiven Theorie« muss der Täter für eine Versuchsstrafbarkeit subjektiv die Schwelle zum »**Jetzt geht's los**» überschritten und objektiv zur tatbestandsmäßigen Angriffshandlung angesetzt haben. Die Verwirklichung eines gesetzlichen Tatbestandsmerkmals ist dafür nicht zwingend notwendig; es genügt, dass die Handlung des Täters ohne wesentliche Zwischenschritte in die Rechtsgutsverletzung bzw. die Erfüllung des Tatbestandes übergehen soll (BGH NStZ **2018**, 705; BGH NStZ **2018**, 616; BGH NStZ **2015**, 207; *Wessels/Beulke/Satzger* Rz. 946).

Zum Fall: Kein Problem, der R hat sogar schon geschossen und damit die aus seiner Sicht notwendige Tathandlung des Delikts vollzogen. Nur der Deliktserfolg ist nicht eingetreten.

<u>ZE.</u>: R hat unmittelbar zur Tötung des O angesetzt im Sinne des § 22 StGB.

II. Rechtswidrigkeit

<u>ZE.</u>: Es sind keine Anhaltspunkte ersichtlich, die eine Rechtfertigung der Tat des R begründen könnten. R handelte folglich rechtswidrig.

III. Schuld

<u>ZE.</u>: Gründe, die die Schuld des R ausschließen könnten, sind ebenso nicht erkennbar. R handelte schuldhaft.

<u>ZE.</u>: Damit liegen sämtliche Voraussetzungen des dreistufigen Deliktsaufbaus vor mit der Konsequenz, dass R an sich die Strafbarkeit wegen versuchten Mordes gemäß den §§ 211, 22, 23 Abs. 1, 12 Abs. 1 StGB verwirklicht hat.

Und jetzt aufgepasst: Der im nächsten Schritt zu prüfende Rücktritt ist ein sogenannter persönlicher »Strafaufhebungsgrund« (BGH StV **1982**, 1; MK/*Hoffmann-Holland* § 24 StGB Rz. 7; *Fischer* § 24 StGB Rz. 2; S/S/*Eser/Bosch* § 24 StGB Rz. 4). Aus diesem Wort ergibt sich, dass der Rücktritt logischerweise erst dann geprüft werden darf, wenn eine Strafbarkeit des Täters vorab festgestellt worden ist. Denn »aufheben« kann man natürlich nur etwas, das vorher geprüft und angenommen wurde. Der Prüfungsstandort des Rücktritts liegt demzufolge immer erst im **Anschluss** an die Schuld des in Frage kommenden (versuchten) Delikts. Der dreistufige Deliktsaufbau (Tatbestandsmäßigkeit, Rechtswidrigkeit und Schuld) erfährt damit eine Ergänzung, eingebaut wird ein **vierter** Prüfungspunkt, den man »persönliche Strafausschließungs- und Strafaufhebungsgründe« nennt. **Und beachte bitte:** Im Unterschied zum Straf**aufhebungs**grund (→ Rücktritt) stellt der Straf**ausschließungs**grund einen Umstand dar, der bereits von vorneherein zur Straflosigkeit führt. Das kann z.B. die sogenannte »Indemnität« von Abgeordneten sein (lies: § 36 StGB), das Verwandtenprivileg aus § 258 Abs. 6 StGB, die Vortatbeteiligung gemäß den §§ 257 Abs. 3, 258 Abs. 5 StGB oder auch der § 173 Abs. 3 StGB. Bei Vorliegen dieser Voraussetzungen entfällt die Strafbarkeit des Täters von vorneherein, sie ist »ausgeschlossen«. Obwohl nun diese Strafausschließungsgründe – wie gesagt – sofort, also von vorneherein zur Straflosigkeit führen, werden sie dennoch nach allgemeiner Ansicht ebenfalls erst im Anschluss an die Schuld aufgelistet und geprüft. Das versteht niemand, macht auch keinen Sinn, wird aber trotzdem in den herkömmlichen Lehrbüchern so gemacht oder empfohlen (vgl. etwa das Aufbaumuster bei *Wessels/Beulke/Satzger* Rz. 1390; löbliche Ausnahme übrigens: *Rolf Schmidt*, Strafrecht AT Rz. 640). Dazu ein **Tipp:** In der Regel kommen diese Strafausschließungsgründe in den universitären Übungen – anders als der Rücktritt – selten bis gar nicht vor, denn dann ist der Fall ja ziemlich schnell zu Ende. Man kann daher, auch wenn es kaum Sinn macht (siehe oben), zumindest in der **Überschrift** des vierten Prüfungspunktes die Strafausschließungsgründe drinlassen; wie gesagt, die kommen in der Regel nicht vor, dafür weiß der Prüfer aber jetzt, dass man die Dinger wenigstens kennt. Das reicht. Bitte merken. Also:

IV. Persönliche Strafausschließungs- und Strafaufhebungsgründe

In Betracht kommt im vorliegenden Fall als persönlicher Strafaufhebungsgrund der Rücktritt vom versuchten Mord. Und zwar dadurch, dass R vor dem möglichen Abfeuern eines weiteren Schusses den Tatort verlassen hat. Dies könnte ein Rücktritt vom **unbeendeten** Versuch gemäß **§ 24 Abs. 1 Satz 1, 1. Alt. StGB** sein.

Durchblick: Gemäß § 24 Abs. 1 Satz 1 StGB (aufschlagen!) ist der Rücktritt zum einen dadurch möglich, dass der Täter freiwillig »die weitere Ausführung der Tat aufgibt«. Zum anderen kann der Täter auch freiwillig »deren Vollendung verhindern«, was ihm ebenfalls Straffreiheit einbringt (BGH NStZ **2020**, 340; BGH NStZ **2016**, 664). Dahinter steckt die immens wichtige Unterscheidung zwischen dem sogenannten »unbeendeten« und dem »beendeten« Versuch. Was das genau zu bedeuten hat, sehen wir uns gleich noch im Einzelnen an, müssen vorher aber noch den allerersten Prüfungspunkt beim Rücktritt beachten, nämlich die Frage klären, ob die Rücktrittsregeln im konkreten Fall überhaupt anwendbar sind. Das wäre dann nicht der Fall, wenn es sich um einen sogenannten »**fehlgeschlagenen Versuch**« handelt. Von einem solchen kann man nämlich grundsätzlich nicht zurücktreten – jede weitere Erörterung wäre dann überflüssig (BGH NStZ-RR **2019**, 137; BGH NStZ **2018**, 204; *Wessels/Beulke/Satzger* Rz. 1008; LK/*Lilie/Albrecht* § 24 StGB Rz. 26; *Fischer* § 24 StGB Rz. 6).

Dahinter steckt folgende **Idee:** Da der Rücktritt dem Täter die Möglichkeit eröffnet, trotz bereits vollzogenen unmittelbaren Ansetzens zur Tatbestandsverwirklichung straffrei auszugehen, muss er in irgendeiner Form zeigen, dass er sich doch noch »gegen das Unrecht und für das Recht!« entschieden hat. Dem Täter soll mit dem Rücktritt nämlich eine »goldene Brücke« zum Rückzug gebaut werden (RGSt **39**, 39); seine freiwillige Rückkehr zur Legalität wird dann mit § 24 StGB honoriert (BGHSt **37**, 345; *Wessels/Beulke/Satzger* Rz. 1008; *Jescheck/Weigend* § 51 I 3). Damit das aber auch funktioniert und der Täter, der ja bereits das Versuchsstadium erreicht hatte, sich diese Straffreiheit tatsächlich »**verdient**«, muss es aus seiner Sicht logischerweise auch die Möglichkeit gegeben haben, die Tat noch zu vollenden. Denn nur wenn der Täter die Wahl hat zwischen Recht und Unrecht, kann er sich durch seinen freiwilligen Entschluss die Straffreiheit »verdienen«. Anders wäre das dann, wenn er gar nicht anders kann als aufzuhören, zum **Beispiel:** Wer einen Safe aufbricht, um das darin vermutete Geld zu stehlen, kann nicht mehr vom versuchten Diebstahl zurücktreten, wenn er nach der Öffnung feststellt, dass das blöde Ding leer ist. Denn hier besteht überhaupt nicht die Möglichkeit, die Tat zu vollenden; der Täter **muss** aufhören. Er »entscheidet« sich somit nicht für die Rückkehr in die Legalität, sondern wird dazu gezwungen (BGH NStZ **2013**, 156; BGH NStZ-RR **2012**, 106; S/S/*Eser/Bosch* § 24 StGB Rz. 7). Dieser Versuch ist **fehlgeschlagen** – und nicht rücktrittsfähig.

Und aus diesen Überlegungen haben die Rechtsprechung und die herrschende Meinung in der Wissenschaft den Begriff des »fehlgeschlagenen Versuchs«, von dem man grundsätzlich nicht zurücktreten kann, entwickelt. Es gilt folgende

Definition: Ein Versuch ist **fehlgeschlagen**, wenn der Täter erkannt hat, dass er mit den ihm zur Verfügung stehenden Mitteln den tatbestandlichen Erfolg nicht oder zumindest nicht ohne zeitliche relevante Zäsur herbeiführen kann (BGH NStZ **2020**, 341; BGH NStZ-RR **2020**, 102; *Wessels/Beulke/Satzger* Rz. 1010).

In solchen Fällen ist dann nix mehr mit Rücktritt, wie gesagt, dann kehrt der Täter ja nicht verdienstvoll in die Legalität zurück. So zum Beispiel unser erfolgloser Dieb von eben, der den (leeren) Safe aufbricht. Die Rücktrittsprüfung scheitert hier bereits an der Anwendbarkeit der Rücktrittsregeln (BGH NStZ **2016**, 207; BGH NStZ **2014**, 634; *Lackner/Kühl* § 24 StGB Rz. 10; *Fischer* § 24 StGB Rz. 6; S/S/*Eser/Bosch* § 24 StGB Rz. 7), denn der Täter kann die Tat gar nicht vollenden.

Während nun die Geschichte mit dem Safe von gerade vergleichsweise einfach und auch einleuchtend ist, gibt es bei der Frage nach dem fehlgeschlagenen Versuch natürlich auch deutlich kniffligere Varianten und insbesondere einen höchst klausurrelevanten Meinungsstreit, den wir uns anschauen müssen. Es geht um Folgendes: Es sind Konstellationen denkbar, in denen der Täter nach einem klar vorgefassten Plan zu seiner Tat schreitet und auch eine konkrete Vorstellung von der Ausführung der Tathandlung hat. Interessant wird es nun, wenn der Täter den angestrebten Erfolg mit dem eigentlichen Plan nicht erreicht, sich dann aber zur Tatbestandsverwirklichung noch eine andere Möglichkeit bietet. **Beispiel:** Täter T will seinen Schwager S mit einem Hammer erschlagen. Er sucht den S daher unter einem Vorwand in dessen Wohnung auf, zieht anschließend den Hammer aus der Tasche, verfehlt den S aber beim ersten Schlag, bei dem der Hammer auf den Steinboden aufschlägt und zerbricht. T erkennt nun, dass er den körperlich unterlegenen S mit einem herumliegenden Küchenmesser erstechen könnte, sieht davon aber ab und verschwindet. **Fehlgeschlagener Versuch?**

Lösung: Nach der oben benannten Definition müsste man dies eigentlich klar verneinen, denn T kann die Tat nach seiner Vorstellung ja noch vollenden; zwar nur mit anderen Mitteln (→ Messer) als er zunächst geplant hatte, aber die Vollendung ist durchaus noch möglich. Damit wäre der Versuch **nicht** fehlgeschlagen und T könnte theoretisch noch zurücktreten (vgl. etwa BGH NStZ **2020**, 341; BGH NStZ-RR **2020**, 102; BGH NStZ-RR **2019**, 137).

Problem: Das kann man auch anders sehen. Wenn wir uns nämlich noch mal vor Augen führen, dass der Rücktritt denjenigen Täter begünstigen soll, der freiwillig seinen (kriminellen) Tatplan aufgibt und in die Legalität zurückkehrt, könnte man auf folgende Idee kommen: Sofern der Täter die geplante und realisierte Ausführungshandlung für erfolgstauglich gehalten hat, kann er von ***dieser*** Handlung bzw. ***diesem*** Versuch auch nicht mehr zurücktreten. Denn sein rechtsfeindlicher Wille ist damit bereits vollständig und unwiderrufbar zutage getreten. Dass ihm danach dann noch ein anderer, zunächst nicht eingeplanter Akt zur Vollendung bereitstand, er diesen aber nicht genutzt hat, entlastet ihn nicht (mehr). Denn aus seiner Sicht hat er bereits mit der ersten – erfolgstauglichen – Handlung das kriminelle Unrecht unwiderruflich manifestiert. Der zweite und jeder weitere Akt würden immer nur einen **neuen** Versuch des gleichen Delikts darstellen.

- Und aus genau diesen Überlegungen hat sich die sogenannte »**Einzelaktstheorie**« entwickelt. Die Vertreter dieser Ansicht sehen nämlich in jeder Vornahme einer aus Sicht des Täters erfolgstauglichen Handlung einen selbstständigen Versuch, von dem ein Rücktritt nicht mehr möglich sei (S/S/*Eser/Bosch* § 24 StGB Rz. 20; *Jakobs* AT § 26 Rz. 15; derselbe in ZStW 104, 89; *Bosch* in Jura 2014, 395; *Streng* in NStZ 1993, 257; *Backman* in JuS 1981, 340; *Freund* AT § 9 Rz. 30; in diese Richtung auch MK/*Hoffmann-Holland* § 24 StGB Rz. 62). Der »das Recht erschütternde Eindruck«, den der Täter mit einem solchen Versuch hinterlasse, könne durch das Unterlassen oder Nichtvollenden weiterer Versuche nicht beseitigt werden (*Backmann* in JuS 1981, 340). Nur wenn aus Tätersicht die betreffende Handlung von vorneherein ergänzungsbedürftig gewesen sei, könne der Täter durch die Nichtfortführung noch zurücktreten (S/S/*Eser/Bosch* § 24 StGB Rz. 20). Nicht aber, wenn der Täter bereits die erste Handlung für geeignet hielt, den Erfolg herbeizuführen, dieser dann aber – entgegen der ursprünglichen Planung des Täters – nicht eingetreten sei.

Übertragen auf unseren Fall ergäbe sich Erstaunliches: Der abgefeuerte Schuss des R auf den Kopf des O war nämlich ohne Frage geeignet, den tatbestandsmäßigen Erfolg des § 211 StGB (→ Tod eines Menschen) herbeizuführen. Denn bei einem Kopfschuss sterben die meisten Opfer – und so war das von R ja auch beabsichtigt. Damit aber war dieser einzelne Akt nach der eben beschriebenen Ansicht (»Einzelaktstheorie«) bereits als abgeschlossener Versuch zu betrachten, von dem ein Rücktritt nicht mehr möglich ist. Dieser Versuch des R wäre nach Auffassung der Einzelaktstheorie folglich **fehlgeschlagen**.

- Dieser Ansicht gegenüber stehen jedoch die herrschende Meinung in der Literatur und auch die Rechtsprechung. Diese favorisieren nämlich die sogenannte »**Gesamtbetrachtungslehre**«, und nach der gilt in Fällen der vorliegenden Art Folgendes: Nach der Gesamtbetrachtungslehre kann der Täter auch bei einer mehraktigen Tat von seinem Versuch insgesamt zurücktreten, wenn die späteren Akte, die der Täter ausgeführt hat oder die ihm möglich gewesen wären, aus seiner Sicht (dem »Rücktrittshorizont«) mit der ersten Versuchshandlung einen »einheitlichen Lebensvorgang« bilden (BGH NStZ **2020**, 341; BGH NStZ-RR **2020**, 102; BGH NStZ **2020**, 82; BGH NStZ-RR **2019**, 137; *Fischer* § 24 StGB Rz. 15; LK/*Lilie*/*Albrecht* § 24 StGB Rz. 72; *Jescheck*/*Weigend* § 51 II; *Wessels*/*Beulke*/*Satzger* Rz. 1018; vorsichtig zweifelnd aber *Lackner*/*Kühl* § 24 StGB Rz. 6). Ein solcher, einheitlicher Lebensvorgang liegt dann vor, wenn die Verwendung des neuen Mittels aus Tätersicht nur die Weiterführung des ursprünglichen Tatentschlusses darstellt und zwischen den Handlungen ein unmittelbarer räumlicher und zeitlicher Zusammenhang besteht oder bestehen würde (BGHSt **39**, 228; *Lackner*/*Kühl* § 24 StGB Rz. 6; *Fischer* § 24 StGB Rz. 11). Unter diesen Umständen kann der Täter trotz des ersten misslungenen Akts noch **insgesamt** vom Versuch zurücktreten, dieser ist namentlich nicht fehlgeschlagen (BGH NStZ **2020**, 82; BGH NStZ **2019**, 204; BGH NStZ-RR **2019**, 137; *Wessels*/*Beulke*/*Satzger* Rz. 1018).

Auch das übertragen wir mal auf unseren Fall: R wollte den O erschießen. Dazu hat er ein ganzes Magazin mit Patronen gekauft und auch mitgenommen. Hätte der erste Schuss getroffen, wäre der Erfolg aller Voraussicht nach eingetreten. Nach dem Fehlschuss hatte R nun aber noch die Möglichkeit, einen oder mehrere weitere Schüsse abzufeuern, was durchaus in unmittelbarem räumlichen und zeitlichen Zusammenhang hätte erfolgen können (und vermutlich auch müssen). Die Tatsache, dass R somit noch die Gelegenheit hatte, einen weiteren (tödlichen) Schuss abzufeuern, stellt aus seiner Sicht also auch einen weiteren möglichen neuen Akt zur Deliktsvollendung und damit einen einheitlichen Lebensvorgang im benannten Sinne dar. Nach der Gesamtbetrachtungslehre war dieser Versuch mithin **nicht** fehlgeschlagen, die Vollendung war aus Sicht des R ja noch möglich.

Und jetzt? Da die beiden Ansichten hier zu unterschiedlichen Ergebnissen führen (→ lebenslange Freiheitsstrafe oder mögliche komplette Straffreiheit!), muss natürlich vom Bearbeiter eine Entscheidung getroffen werden. Und hier gilt dann bitte nicht der sonst übliche Standardsatz, dass es »**gleichgültig**« ist, welcher Ansicht man den Vorzug gewährt. Nein, hier folgt man – insbesondere in der Klausur – bitte der Gesamtbetrachtungslehre, und zwar mit folgenden Argumenten: Die Einzelaktstheorie führt im Ergebnis nämlich zu einer unangemessenen Rücktrittsbeschränkung (*Wessels*/*Beulke*/*Satzger* Rz. 1018). Denn sie nimmt dem Täter die Möglichkeit, nach einer ersten erfolglosen Handlung durch Schonung des Opfers noch in den Genuss des § 24 StGB zu kommen. Zudem reißt sie einen einheitlichen Lebensvorgang ohne Not und wirklichkeitsfremd auseinander (*Jescheck*/*Weigend* § 51 II). Des Weiteren animiert sie den Täter, der durch die Schonung seines Opfers ja letztlich nach dieser Auffassung keine Straffreiheit mehr erlangen kann, dazu, seinen Tatplan zu Ende zu bringen, etwa um Zeugen oder sonstige Beweise zu vernichten. Im Ergebnis wirkt sie daher schließlich kriminalisierend und nicht das Unrecht bekämpfend oder dem reuigen Täter zugewandt.

ZE.: Im vorliegenden Fall ist der Versuch – folgt man der herrschenden Gesamtbetrachtungslehre – somit **nicht** fehlgeschlagen mit der Folge, dass die Regeln über den Rücktritt nach § 24 StGB anwendbar sind (BGH StraFo **2015**, 28; BGH NStZ **2007**, 399).

So. Und jetzt können wir dann endlich in die eigentliche Rücktrittsprüfung des § 24 Abs. 1 Satz 1 StGB einsteigen und wollen uns zunächst noch mal in Erinnerung rufen, was wir weiter oben schon mal kurz gesagt hatten, nämlich: Der § 24 Abs. 1 Satz 1 StGB unterscheidet den Rücktritt vom **unbeendeten** und vom **beendeten** Versuch. Und davon hängt insbesondere ab, was genau der Täter tun muss, um die Straffreiheit zu erlangen. Im Falle eines unbeendeten Versuchs muss er nur »die weitere Ausführung der Tat aufgeben«. Im Falle eines beendeten Versuchs muss er hingegen »deren Vollendung verhindern«. Bitte lies: **§ 24 Abs. 1 Satz 1 StGB**. Wer das Gesetz genau gelesen hat, wird nun blöderweise feststellen, dass da gar nix steht von unbeendeten oder beendeten Versuchen. Und deshalb brauchen wir jetzt noch zwei Definitionen, die das Ganze erläutern, und zwar:

1. Definition: Unbeendet ist der Versuch, wenn der Täter noch nicht alles getan zu haben glaubt, was nach seiner Vorstellung von der Tat zu ihrer Vollendung notwendig ist (BGH NStZ **2020**, 340; BGH NStZ **2018**, 204; BGH NStZ **2017**, 459; BGH NStZ **2016**, 664; *Fischer* § 24 StGB Rz. 14).

Und:

2. Definition: Beendet ist der Versuch, wenn der Täter alles getan zu haben glaubt, was nach seiner Vorstellung von der Tat zur Herbeiführung des tatbestandlichen Erfolges notwendig ist, sodass der beabsichtigte Erfolg nunmehr ohne weiteres Zutun des Täters eintreten kann (BGH NStZ **2020**, 340; BGH NStZ-RR **2020**, 102; BGH StV **2020**, 80; BGH NStZ-RR **2018**, 137; *Lackner/Kühl* § 24 StGB Rz. 4).

Das klingt schwieriger als es ist. Zum einen muss man bei genauer Betrachtung nämlich nur darauf achten, dass es stets auf die Sicht des Täters ankommt (sogenannter »Rücktrittshorizont«. vgl. etwa BGH NStZ **2020**, 340; BGH NStZ **2018**, 204). Zum anderen ist entscheidend, ob aus Tätersicht noch weitere Handlungen zur Deliktsvollendung notwendig waren (dann **unbeendeter** Versuch) – oder ob der Täter geglaubt hat, dass er bereits alles Erforderliche getan hat und der Erfolg jetzt ohne sein weiteres Handeln eintritt (dann **beendeter** Versuch). Im ersten Fall genügt es, wenn der Täter gemäß § 24 Abs. 1 Satz 1, **1. Var.** StGB freiwillig »die weitere Ausführung der Tat aufgibt«; im zweiten Fall muss er gemäß § 24 Abs. 1 Satz 1, **2. Var.** StGB freiwillig

»deren Vollendung verhindern«. Die Frage nach der Beendigung des Versuchs entscheidet also über die Anforderungen an das Täterverhalten zur Erlangung der Straffreiheit über § 24 Abs. 1 Satz 1 StGB.

Diese Unterscheidung in unbeendeten und beendeten Versuch stellt somit die Weichen der Rücktrittsprüfung und muss demzufolge sehr sorgfältig beachtet werden. Wirklich schwer ist das freilich nicht, wie man etwa an unserem Fall sehen kann: Der Schuss des R stellt fraglos einen **unbeendeten** Versuch dar, **denn:** Aus Sicht des R hat er bislang natürlich noch nicht alles getan, was zur Vollendung der Tat notwendig ist. Denn der erste Schuss ist ja danebengegangen, und wenn R jetzt nichts mehr tut, bleibt O logischerweise am Leben. **Ergebnis:** R hat noch nicht alles getan, was aus seiner Sicht zur Vollendung des in Frage kommenden Tatbestandes des § 211 StGB (→ Tod eines Menschen) notwendig war. Es handelt sich mithin um einen unbeendeten Versuch. **Folge:** Zur Erlangung der Straffreiheit muss R jetzt »freiwillig« die »weitere Ausführung der Tat aufgeben« (bitte lies: § 24 Abs. 1 Satz 1, 1. Var. StGB).

Prüfen wir mal:

Definition: Aufgeben der Tat im Sinne des § 24 Abs. 1 Satz 1, 1. Var. StGB bedeutet, von der weiteren Realisierung des Entschlusses, den Tatbestand zu verwirklichen, aufgrund eines entsprechenden Gegenentschlusses endgültig Abstand zu nehmen (BGH NStZ **2016**, 664; BGH NStZ **2009**, 501; *Fischer* § 24 StGB Rz. 26a).

Genau das hat unser R hier getan, er hat die Knarre einschließlich der Patronen eingepackt und ist gegangen.

<u>ZE.</u>: R hat somit die weitere Ausführung der Tat aufgegeben.

Das Ganze müsste schließlich noch »freiwillig« erfolgt sein.

Definition: Freiwillig ist der Rücktritt, wenn er nicht durch zwingende Hinderungsgründe veranlasst wird, sondern der eigenen autonomen Entscheidung des Täters entspringt (BGH NStZ **2020**, 81; BGH StraFo **2018**, 31; S/S/*Eser/Bosch* § 24 StGB Rz. 42/43). Hierfür können auch Gewissensbisse, Reue, Scham, Mitleid mit dem Opfer oder die Angst vor einer Strafe maßgeblich sein (BGH NStZ-RR **2018**, 169; BGH StraFo **2018**, 31; BGH NStZ-RR **2014**, 241; *Wessels/Beulke/Satzger* Rz. 1068).

Auch das ist kein Problem, der R bekommt Gewissensbisse und erfüllt damit problemlos das Merkmal der Freiwilligkeit im Sinne des § 24 Abs. 1 Satz 1 StGB.

<u>ZE.</u>: R handelte bei der Aufgabe der weiteren Ausführung auch freiwillig.

Ergebnis: R ist somit wirksam vom versuchten Mord zurückgetreten und wird folglich gemäß § 24 Abs. 1 Satz 1, 1. Var. StGB wegen dieses Delikts nicht bestraft.

Beachte:

Dieses Ergebnis wollen wir uns bitte noch mal für einen Augenblick auf der Zunge zergehen lassen: Man kann tatsächlich durch einfaches »**Nichtweitermachen**« in den Genuss der kompletten Straffreiheit des § 24 Abs. 1 Satz 1 StGB kommen. Der Gesetzgeber ist beim unbeendeten Versuch – wie gesehen – äußerst gnädig und fordert nur, dass man die weitere Ausführung der Tat aufgibt – sofern aus der Sicht des Täters die Vollendung eben noch möglich wäre. Gerade an dieser Stelle scheitern übrigens viele Kandidaten, weil sie dieses Ergebnis für ziemlich ungerecht halten und mit ihrem »normalen Menschenverstand« nicht in Einklang bringen können. **Vorsicht:** Darauf kommt es natürlich **nicht** an. Die Rücktrittsregeln sind beim unbeendeten Versuch im Sinne des § 24 Abs. 1 Satz 1, 1. Var. StGB außerordentlich täterfreundlich, sie ermöglichen dem bereits zutage getretenen Unrecht einen vergleichsweise einfachen Rückzug in die Legalität (die »goldene Brücke«). Und das geht im Falle der noch möglichen Vollendung durch Weitermachen eben am einfachsten durch: **Aufhören!** Merken.

Nebenbei soll uns dieses, im vorliegenden Fall scheinbar erstaunliche Ergebnis für die Zukunft weiter sensibilisieren, den Rücktritt bei versuchten Taten bitte stets im Auge zu behalten (→ sehr instruktiv zum Thema etwa BGH StraFo **2015**, 28, wo der Täter von einem versuchten **Flugzeugabsturz** (!) zurücktritt; auch spektakulär und lehrreich: BGH NStZ-RR **2015**, 105, wo der Täter von einer versuchten **Hausexplosion** zurücktritt; auch interessant ist BGH NStZ **2016**, 644, wo die Täterin wirksam von einem versuchten Mord zurücktritt, obwohl das Opfer anschließend stirbt!). Wir werden die Behandlung des Rücktritts im nächsten Fall fortführen, das hier Erlernte nutzbar machen und dann einen genaueren Blick auf den Rücktritt vom **beendeten** Versuch im Sinne des § 24 Abs. 1 Satz 1, 2. Var. StGB werfen. Und auch da – versprochen! – werden wieder ziemlich erstaunliche Regeln und vor allem interessante und namentlich täterfreundliche Ergebnisse rauskommen. Inhaltlich sollte das, was wir auf den letzten Seiten hier gelernt haben, natürlich möglichst verstanden und vor allem auch behalten werden. Insbesondere die Unterscheidung zwischen dem **beendeten** und dem **unbeendeten** Versuch sowie die daraus folgenden Konsequenzen für das Täterverhalten zur Erlangung der Straffreiheit sind wichtig. Und wer dann noch sagen kann, was ein fehlgeschlagener Versuch und die Gesamtbetrachtungslehre ist, hat das Lernziel dieses Falles erreicht. Alles klar!?

Prima. Und hier dann das obligatorische Aufbauschema zum Schluss:

Muster zur Prüfung eines Rücktritts vom unbeendeten Versuch

Versuchtes Delikt

Vorprüfung

1. Nichtvollendung der Tat (wenn fraglich, erst Vollendung prüfen!)

2. Strafbarkeit des Versuchs (§§ 23 Abs. 1, 12 Abs. 1 StGB)

I. Tatbestand

A. Tatentschluss (= Vorsatz auf die objektiven Tatbestandsmerkmale + mögliche deliktsspezifische Absichten)

B. Unmittelbares Ansetzen zur Tat (§ 22 StGB → beachte § 23 Abs. 3 StGB)

II. Rechtswidrigkeit

III. Schuld

IV. Möglicher Rücktritt vom Versuch

1. Fehlgeschlagener Versuch?

Problem: Abgrenzung von Einzelaktstheorie und Gesamtbetrachtungslehre bei mehraktigem Verhalten des Täters

2. Unbeendeter/beendeter Versuch?

Frage: Hat der Täter aus seiner Sicht alles Erforderliche zur Tatbestandsverwirklichung getan – oder waren noch weitere Handlungen notwendig?

3. Bei unbeendetem Versuch:

a) Aufgabe der weiteren Tatausführung

b) Freiwilligkeit

Folge: Straffreiheit des entsprechenden Versuchs → § 24 Abs. 1 Satz 1, 1. Var. StGB

Gutachten

Strafbarkeit des R durch den auf O abgefeuerten Schuss

R könnte sich durch den auf O abgefeuerten Schuss wegen versuchten Mordes gemäß den §§ 211, 22, 23 Abs. 1, 12 Abs. 1 StGB strafbar gemacht haben.

Vorprüfung:

Die Tat des R ist nicht vollendet, der O hat überlebt. Des Weiteren ergibt sich die Strafbarkeit des Versuchs vorliegend aus dem Umstand, dass es sich beim zu prüfenden Mord gemäß § 12 Abs. 1 StGB um ein Verbrechen handelt, dessen Versuch nach § 23 Abs. 1 StGB stets unter Strafe gestellt ist.

Tatbestand

Tatentschluss:

R muss den Vorsatz gehabt haben, den O unter Erfüllung eines Mordmerkmals aus § 211 Abs. 2 StGB umzubringen. R wollte O erschießen, um an das Erbe zu kommen. Wer jemand anderen erschießen will, um an das im Testament vorgesehene Erbe des Betroffenen zu gelangen, handelt aus Habgier. O hatte demnach den Vorsatz auf die Verwirklichung des objektiven Tatbestandes des § 211 StGB und damit den für die Versuchsstrafbarkeit erforderlichen »Tatentschluss«.

Unmittelbares Ansetzen zur Tatbestandsverwirklichung:

Nach der sogenannten »subjektiv-objektiven Theorie« muss der Täter für eine Versuchsstrafbarkeit subjektiv die Schwelle zum »Jetzt geht's los« überschritten und objektiv zur tatbestandsmäßigen Angriffshandlung angesetzt haben. Die Verwirklichung eines gesetzlichen Tatbestandsmerkmals ist dafür nicht zwingend notwendig; es genügt, dass die Handlung des Täters ohne wesentliche Zwischenschritte in die Rechtsgutsverletzung bzw. die Erfüllung des Tatbestandes übergehen soll. R hat im vorliegenden Fall sogar schon geschossen und damit die aus seiner Sicht notwendige Tathandlung des Delikts vollzogen. Nur der Deliktserfolg ist nicht eingetreten. R hat folglich unmittelbar zur Tötung des O angesetzt im Sinne des § 22 StGB.

Rechtswidrigkeit:

Es sind keine Anhaltspunkte ersichtlich, die eine Rechtfertigung der Tat des R begründen könnten. R handelte folglich rechtswidrig.

Schuld:

Gründe, die die Schuld des R ausschließen könnten, sind ebenso nicht erkennbar. R handelte schuldhaft.

Persönliche Strafausschließungs- und Strafaufhebungsgründe: In Betracht kommt im vorliegenden Fall als persönlicher Strafaufhebungsgrund der Rücktritt vom versuchten Mord. Und zwar dadurch, dass R vor dem möglichen Abfeuern eines weiteren Schusses den Tatort verlassen hat. Dies könnte ein Rücktritt vom unbeendeten Versuch gemäß § 24 Abs. 1 Satz 1, 1. Alt. StGB sein.

1. Dafür darf der Versuch zunächst nicht fehlgeschlagen sein. Ein Versuch ist fehlgeschlagen, wenn der Täter erkannt hat, dass er mit den ihm zur Verfügung stehenden Mitteln den tatbestandlichen Erfolg nicht oder zumindest nicht ohne zeitliche relevante Zäsur herbeiführen kann. In solchen Fällen ist kein Rücktritt mehr möglich. Nach der benannten Definition müsste man im vorliegenden Fall den Fehlschlag an sich verneinen, denn R kann die Tat nach seiner Vorstellung noch vollenden, er hat ja noch mehrere Schüsse in seinem Gewehr zur Verfügung. Damit wäre der Versuch nicht fehlgeschlagen und R könnte theoretisch zurücktreten.

Dies kann indessen auch anders beurteilt werden. Bedenkt man, dass der Rücktritt denjenigen Täter begünstigen soll, der freiwillig seinen (kriminellen) Tatplan aufgibt und in die Legalität zurückkehrt, ließe sich bei der vorliegenden Konstellation, bei der R nach dem ersten Fehlschuss aufhört, Folgendes vertreten: Sofern der Täter die geplante und realisierte Ausführungshandlung für erfolgstauglich gehalten hat, kann er von dieser Handlung bzw. diesem Versuch auch nicht mehr zurücktreten. Denn sein rechtsfeindlicher Wille ist damit bereits vollständig und unwiderruflich zutage getreten. Dass ihm danach dann noch ein anderer, zunächst nicht eingeplanter Akt zur Vollendung bereitstand, er diesen aber nicht genutzt hat, entlastet ihn nicht. Aus seiner Sicht hat er bereits mit der ersten – erfolgstauglichen – Handlung das kriminelle Unrecht unwiderruflich manifestiert. Der zweite und jeder weitere Akt würden immer nur einen neuen Versuch des gleichen Delikts darstellen.

a) Aus diesen Überlegungen hat sich die sogenannte »Einzelaktstheorie« entwickelt. Die Vertreter dieser Ansicht sehen in jeder Vornahme einer aus Sicht des Täters erfolgstauglichen Handlung einen selbstständigen Versuch, von dem ein Rücktritt nicht mehr möglich sei. Der das Recht erschütternde Eindruck, den der Täter mit einem solchen Versuch hinterlasse, könne durch das Unterlassen oder Nichtvollenden weiterer Versuche nicht beseitigt werden. Nur wenn aus Tätersicht die betreffende Handlung von vorneherein ergänzungsbedürftig gewesen sei, könne der Täter durch die Nichtfortführung noch zurücktreten. Nicht aber, wenn der Täter bereits die erste Handlung für geeignet hielt, den Erfolg herbeizuführen, dieser dann aber – entgegen der ursprünglichen Planung des Täters – nicht eingetreten sei. Übertragen auf den vorliegenden Fall ergäbe sich daraus, dass der abgefeuerte Schuss des R auf den Kopf des O ein fehlgeschlagener Versuch gewesen ist. Er war zunächst geeignet, den tatbestandsmäßigen Erfolg des § 211 StGB herbeizuführen. Bei einem Kopfschuss sterben die meisten Opfer – und so war das von R ja auch beabsichtigt. Damit aber war dieser einzelne Akt nach der eben beschriebenen Ansicht (»Einzelaktstheorie«) bereits als abgeschlossener Versuch zu betrachten, von dem ein Rücktritt nicht mehr möglich ist. Dieser Versuch des R wäre nach Auffassung der Einzelaktstheorie folglich fehlgeschlagen.

b) Dieser Bewertung des Täterverhaltens kann jedoch nicht gefolgt werden. Vorzugswürdig ist vielmehr die sogenannte »Gesamtbetrachtungslehre«. Demnach gilt in Fällen der vorliegenden Art Folgendes: Nach der Gesamtbetrachtungslehre kann der Täter auch bei einer mehraktigen Tat von seinem Versuch insgesamt zurücktreten, wenn die späteren Akte, die der Täter ausgeführt hat oder die ihm möglich gewesen wären, aus seiner Sicht mit der ersten Versuchshandlung einen »einheitlichen Lebensvorgang« bilden. Ein solcher, einheitlicher Lebensvorgang liegt dann vor, wenn die Verwendung des neuen Mittels aus Tätersicht nur die Weiterführung des ursprünglichen Tatentschlusses darstellt und zwischen den Handlungen ein unmittelbarer räumlicher und zeitlicher Zusammenhang besteht oder bestehen würde. Unter diesen Umständen kann der Täter trotz des ersten misslungenen Akts noch insgesamt vom Versuch zurücktreten, dieser ist namentlich nicht fehlgeschlagen. Die gegenläufige Einzelaktstheorie ist abzulehnen, denn sie führt im Ergebnis zu einer unangemessenen Rücktrittsbeschränkung. Zudem nimmt sie dem Täter die Möglichkeit, nach einer ersten erfolglosen Handlung durch Schonung des Opfers noch in den Genuss des § 24 StGB zu kommen. Des Weiteren reißt sie einen einheitlichen Lebensvorgang ohne Not und wirklichkeitsfremd auseinander. Schließlich animiert sie den Täter, der durch die Schonung seines Opfers ja letztlich nach dieser Auffassung keine Straffreiheit mehr erlangen kann, dazu, seinen Tatplan zu Ende zu bringen, etwa um Zeugen oder sonstige Beweise zu vernichten. Im Ergebnis wirkt sie daher kriminalisierend und nicht das Unrecht bekämpfend oder dem reuigen Täter zugewandt.

Nach der deshalb vorzugswürdigen Gesamtbetrachtungslehre ergibt sich vorliegend Folgendes: R wollte den O erschießen. Dazu hat er ein ganzes Magazin mit Patronen gekauft und auch mitgenommen. Hätte der erste Schuss getroffen, wäre der Erfolg aller Voraussicht nach eingetreten. Nach dem Fehlschuss hatte R nun aber noch die Möglichkeit, einen oder mehrere weitere Schüsse abzufeuern, was durchaus in unmittelbarem räumlichem und zeitlichem Zusammenhang hätte erfolgen können. Die Tatsache, dass R somit noch die Gelegenheit hatte, einen weiteren (tödlichen) Schuss abzufeuern, stellt aus seiner Sicht also auch einen weiteren möglichen neuen Akt zur Deliktsvollendung und damit einen einheitlichen Lebensvorgang im benannten Sinne dar. Nach der Gesamtbetrachtungslehre war dieser Versuch mithin nicht fehlgeschlagen, die Vollendung war aus Sicht des R ja noch möglich.

2. Um zu klären, welches konkrete Verhalten seitens des R zur Erlangung der Straffreiheit notwendig ist, muss gemäß § 24 Abs. 1 Satz 1 StGB der Rücktritt vom unbeendeten und vom beendeten Versuch unterschieden werden. Unbeendet ist der Versuch dann, wenn der Täter noch nicht alles getan zu haben glaubt, was nach seiner Vorstellung von der Tat zu ihrer Vollendung notwendig ist. Beendet ist der Versuch dann, wenn der Täter alles getan zu haben glaubt, was nach seiner Vorstellung von der Tat zur Herbeiführung des tatbestandlichen Erfolges notwendig ist, sodass der beabsichtigte Erfolg nunmehr ohne weiteres Zutun des Täters eintreten kann.

a) Der Schuss des R stellt einen unbeendeten Versuch dar. Aus Sicht des R hat er bislang noch nicht alles getan, was zur Vollendung der Tat notwendig ist. Der erste Schuss ist danebengegangen, und wenn R jetzt nichts mehr tut, bleibt O logischerweise am Leben. R hat somit noch nicht alles getan, was aus seiner Sicht zur Vollendung des in Frage kommenden Tatbestandes des § 211 StGB (Tod eines Menschen) notwendig war. Es handelt sich mithin um einen unbeendeten Versuch. Zur Erlangung der Straffreiheit muss R jetzt gemäß § 24 Abs. 1 Satz 1, 1. Var. StGB freiwillig die weitere Ausführung der Tat aufgeben. Aufgeben der Tat im Sinne des § 24 Abs. 1 Satz 1, 1. Var. StGB bedeutet, von der weiteren Realisierung des Entschlusses, den gesetzlichen Tatbestand zu verwirklichen, aufgrund eines entsprechenden Gegenentschlusses Abstand zu nehmen. Genau das hat R hier getan, er hat das Gewehr einschließlich der Patronen eingepackt und ist gegangen. R hat somit die weitere Ausführung der Tat aufgegeben.

b) Dies müsste schließlich noch freiwillig erfolgt sein. Freiwillig ist der Rücktritt dann, wenn er nicht durch zwingende Hinderungsgründe veranlasst wird, sondern der eigenen autonomen Entscheidung des Täters entspringt. Insoweit können Gewissensbisse, Reue, Scham, Mitleid mit dem Opfer oder auch die Angst vor Strafe maßgeblich sein. R bekommt Gewissensbisse und erfüllt damit das Merkmal der Freiwilligkeit im Sinne des § 24 Abs. 1 Satz 1 StGB. R handelte bei der Aufgabe der weiteren Ausführung auch freiwillig.

Ergebnis: R ist somit wirksam vom versuchten Mord zurückgetreten und wird folglich gemäß § 24 Abs. 1 Satz 1, 1. Var. StGB wegen dieses Delikts nicht bestraft.

Fall 17

Der letzte Versuch!

Rechtsstudent R will zum letzten Mal seinen Onkel O wegen der zu erwartenden Erbschaft umlegen und steht erneut mit einer geladenen Knarre 30 Meter vom Haus des O entfernt hinter einem Baum. Als O spätabends aus der Tür tritt, schießt R ihm sofort zielsicher in die Brust, woraufhin O schwer verletzt zu Boden geht. Im sicheren Wissen, dass O innerhalb weniger Minuten an den Verletzungen sterben wird, sucht R das Weite. Blöderweise plagen ihn nach etwa 300 Metern und dem Erreichen der nächsten Straßenkreuzung dann aber Gewissensbisse. R ruft einem zufällig die Straße überquerenden Passanten (P) zu, in der Nebenstraße liege ein lebloser Körper, er sei auf dem Weg zur nächsten Telefonzelle, P solle sich schon mal um den Verletzten kümmern. P nimmt sofort sein Mobiltelefon zur Hand und verständigt einen Notarzt, der wenig später das Leben des O, der ansonsten verblutet wäre, rettet. R hatte genau diesen Verlauf erwartet und erhofft, war aber, um nicht als Täter identifiziert zu werden, nach dem Zuruf weder zu einer Telefonzelle noch zurück zum Tatort, sondern weiter zu einem abgelegenen Waldstück gelaufen, um sich dort zu verstecken.

Strafbarkeit des R?

Schwerpunkte: Der Rücktritt vom beendeten Versuch nach § 24 Abs. 1 Satz 1, 2. Var. StGB; die Anforderungen an die Rücktrittsbemühungen; Abgrenzung zum unbeendeten Versuch; die Freiwilligkeit; Straffreiheit nur im Hinblick auf die Versuchsstrafbarkeit; kein Rücktritt von vollendeten Taten im Zwischenstadium.

Lösungsweg

Einstieg: Ein kniffliges Fällchen, bei dem man auf den ersten Blick nicht so recht weiß, ob und wie man den R nun strafrechtlich belangen soll. Eigentlich ist es ja ein versuchtes Tötungsdelikt, könnte aber eigentlich auch ein Rücktritt des R sein – jedenfalls gibt es eine von ihm zumindest in Gang gesetzte Rettung des Opfers. Ob das wirklich reicht, um die Straffreiheit des § 24 Abs. 1 Satz 1 StGB zu erlangen, erscheint indessen sehr fraglich. Wir werden uns das jetzt mal in aller Ruhe anschauen; es geht – soviel vorweg – in diesem Fall natürlich um den Rücktritt vom **beendeten** Versuch gemäß § 24 Abs. 1 Satz 1, **2. Var.** StGB. Das Ergebnis übrigens wird wieder ziemlich überraschend sein, wie hatten das beim letzten Fall ja schon mal gesagt: Der Rücktritt trägt zumeist absonderliche Blüten und fördert Lösungen zutage, mit denen man als unbefangener Betrachter im Zweifel nicht rechnet. Aber der Reihe nach:

Strafbarkeit des R durch den Schuss auf O

→ **§§ 211, 22, 23 Abs. 1, 12 Abs. 1 StGB** (versuchter Mord)

Vorprüfung:

1. Die Tat ist nicht vollendet, der O hat überlebt.

2. Der Versuch des Mordes ist gemäß **§ 23 Abs. 1 StGB** in Verbindung mit **§ 12 Abs. 1 StGB** strafbar.

ZE.: Die Tat des R ist nicht vollendet, der O lebt. Des Weiteren ergibt sich die Strafbarkeit des Versuchs vorliegend aus dem Umstand, dass es sich beim zu prüfenden Mord gemäß § 12 Abs. 1 StGB um ein Verbrechen handelt, dessen Versuch nach § 23 Abs. 1 StGB stets unter Strafe gestellt ist.

I. Tatbestand

A. Tatentschluss (= Vorsatz auf die objektiven Tatbestandsmerkmale des Delikts + mögliche deliktsspezifische Absichten)

Der R muss den Vorsatz gehabt haben, den O unter Erfüllung eines Mordmerkmals aus § 211 Abs. 2 StGB umzubringen. Das ist hier kein Problem, **denn:** R wollte den O töten, um an das Erbe zu kommen. Wer jemand anderen erschießen will, um an das Erbe des Betroffenen zu gelangen, handelt aus **Habgier** (BGHSt **42**, 303; S/S/*Eser/Sternberg-Lieben* § 211 StGB Rz. 17).

ZE.: Der R wollte den O umbringen und hatte in seine subjektive Vorstellung auch das Mordmerkmal Habgier aufgenommen. O hatte demnach den Vorsatz auf die Verwirklichung des objektiven Tatbestandes des § 211 StGB und damit den für die Versuchsstrafbarkeit erforderlichen »Tatentschluss«.

B. Unmittelbares Ansetzen zur Tatbestandsverwirklichung

Wir erinnern uns bitte noch mal:

Definition: Nach der sogenannten »subjektiv-objektiven Theorie« muss der Täter für eine Versuchsstrafbarkeit **subjektiv** die Schwelle zum »Jetzt geht's los« überschritten und **objektiv** zur tatbestandsmäßigen Angriffshandlung angesetzt haben. Die Verwirklichung eines gesetzlichen Tatbestandsmerkmals ist dafür nicht zwingend notwendig; es genügt, dass die Handlung des Täters ohne wesentliche Zwischenschritte in die Rechtsgutsverletzung bzw. die Erfüllung des Tatbestandes übergehen soll (BGH NStZ **2018**, 616; BGH NStZ **2015**, 207; BGH NStZ **2014**, 447; *Lackner/Kühl* § 22 StGB Rz. 4; *Wessels/Beulke/Satzger* Rz. 944).

Zum Fall: Das ist hier natürlich ebenfalls kein Problem, der R hat sogar schon geschossen und damit die aus seiner Sicht notwendige Tathandlung des Delikts vollzogen. Nur der Deliktserfolg ist nicht eingetreten.

ZE.: R hat unmittelbar zur Tötung des O angesetzt im Sinne des § 22 StGB.

II. Rechtswidrigkeit

ZE.: Es sind keine Anhaltspunkte ersichtlich, die eine Rechtfertigung der Tat des R begründen könnten. R handelte folglich rechtswidrig.

III. Schuld

ZE.: Gründe, die die Schuld des R ausschließen könnten, sind ebenfalls nicht erkennbar. R handelte schuldhaft.

ZE.: Damit liegen sämtliche Voraussetzungen des dreistufigen Deliktsaufbaus vor mit der Konsequenz, dass R an sich die Strafbarkeit wegen versuchten Mordes gemäß den §§ 211, 22, 23 Abs. 1, 12 Abs. 1 StGB verwirklicht hat.

IV. Persönliche Strafausschließungs- und Strafaufhebungsgründe

In Betracht kommt im vorliegenden Fall als persönlicher Strafaufhebungsgrund der Rücktritt vom versuchten Mord gemäß § 24 Abs. 1 Satz 1 StGB. Dieser könnte einschlägig sein, weil R den P nach dem Schuss darüber informiert hatte, dass in der Nebenstraße der O schwer verletzt am Boden lag und infolgedessen der von P herbeigerufene Notarzt das Leben des O retten konnte. Insoweit kommt ein Rücktritt vom **beendeten** Versuch gemäß **§ 24 Abs. 1 Satz 1, 2. Alt. StGB** in Betracht.

1. Es dürfte sich nicht um einen fehlgeschlagenen Versuch handeln; von einem solchen ist der Rücktritt grundsätzlich nicht möglich (BGH NStZ **2018**, 204; BGH StraFo **2015**, 28; *Wessels/Beulke/Satzger* Rz. 889; LK/*Lilie/Albrecht* § 24 StGB Rz. 26).

Definition: Ein Versuch ist fehlgeschlagen, wenn der Täter erkannt hat, dass er mit den ihm zur Verfügung stehenden Mitteln den tatbestandlichen Erfolg nicht oder zumindest nicht ohne zeitliche relevante Zäsur herbeiführen kann (BGH NStZ **2020**, 341; BGH NStZ-RR **2020**, 102; BGH NStZ **2020**, 82; *Wessels/Beulke/Satzger* Rz. 1010; *Fischer* § 24 StGB Rz. 6).

Hier: R hatte bereits geschossen, und nach seiner Überzeugung war dieser Tötungsakt auch geeignet, den Tod des O ohne weitere Zwischenschritte herbeizuführen.

ZE.: Der Versuch des R war mithin nicht fehlgeschlagen; die Rücktrittsregeln sind anwendbar.

2. Um zu klären, welche Anforderungen an das Verhalten des R im Hinblick auf einen strafbefreienden Rücktritt zu stellen sind, ist zwischen dem **unbeendeten** und dem **beendeten** Versuch zu unterscheiden. Während der Täter beim unbeendeten Versuch gemäß § 24 Abs. 1 Satz 1, 1. Var. StGB lediglich freiwillig die »weitere Ausführung der Tat aufgeben« muss, erfordert der Rücktritt vom beendeten Versuch gemäß § 24 Abs. 1 Satz 1, 2. Var. StGB das freiwillige »Verhindern der Vollendung«. Zu prüfen ist demnach, um welche Art von Versuch es sich handelt.

Definition: Unbeendet ist der Versuch, wenn der Täter noch nicht alles getan zu haben glaubt, was nach seiner Vorstellung von der Tat zu ihrer Vollendung notwendig ist (BGH NStZ **2020**, 340; BGH NStZ-RR **2020**, 102; BGH NStZ **2018**, 204; S/S/*Eser/Bosch* § 24 StGB Rz. 14; *Fischer* § 24 StGB Rz. 14).

Und:

Definition: Beendet ist der Versuch, wenn der Täter alles getan zu haben glaubt, was nach seiner Vorstellung zur Herbeiführung des tatbestandlichen Erfolges notwendig ist, sodass der beabsichtigte Erfolg nunmehr ohne weiteres Zutun des Täters eintreten kann (BGH NStZ-RR **2020**, 102; BGH NStZ-RR **2018**, 137; BGH NStZ **2018**, 204; *Fischer* § 24 StGB Rz. 14).

In unserem Fall haben wir es demnach eindeutig mit einem **beendeten** Versuch zu tun, **denn:** Der gute R war sich sicher, dass der von ihm abgefeuerte Schuss ausreicht, um den Deliktserfolg des § 211 StGB (→ Tod eines Menschen) ohne weiteres Handeln seinerseits herbeizuführen. O wäre wenig später nach Auskunft des Sachverhaltes ja auch tatsächlich verblutet.

ZE.: Es handelt sich vorliegend somit um einen beendeten Versuch mit der Konsequenz, dass R zur Erlangung der Straffreiheit gemäß § 24 Abs. 1 Satz 1, 2. Var. StGB die Vollendung der Tat freiwillig **verhindern** muss.

Durchblick: Wir haben im letzten Fall – das war die Geschichte mit dem einen Schuss, der das Opfer verfehlt hatte – gesehen, dass in den Konstellationen des **unbeendeten** Versuchs es häufig schon genügen kann, wenn der Täter – bildlich gesprochen – einfach nach Hause geht, seine weitere mögliche Tatausführung also nur aufgibt. Das Gesetz ist in diesen Fällen vergleichsweise gnädig, da es dem Täter quasi durch freiwilliges Nichtstun die Straffreiheit gewährt. Die Begründung dafür liegt darin, dass aus Tätersicht beim unbeendeten Versuch bislang keine Gefahr für das in Frage kommende Rechtsgut besteht und er sich trotz fortdauernder Verletzungsmöglichkeit nun aber für das Recht und gegen das Unrecht entscheidet (BGH NStZ-RR **2020**, 102; BGH NStZ-RR **2012**, 106; *Lackner/Kühl* § 24 StGB Rz. 3). Anders aber stellt sich die Situation nun beim **beendeten** Versuch dar: In diesen Fällen hat der Täter nämlich bereits die aus seiner Sicht notwendige und ausreichende Verletzungshandlung vollzogen und das Rechtsgut ist demnach auch schon angegriffen und wird bei normalem Fortgang ohne weiteres Zutun des Täters endgültig verletzt, sprich das Delikt vollendet. Jetzt aber muss der Täter diesen endgültigen Erfolgseintritt, also die Deliktsvollendung, **aktiv** verhindern, will er in den Genuss der Straffreiheit kommen (BGH NStZ-RR **2020**, 102; BGH NStZ-RR **2018**, 137; BGH NStZ **1986**, 312). Einfaches Nachhausegehen würde ja auch gar nicht reichen, denn dann träte (aus Sicht des Täters) die Vollendung ohne weiteres Zutun ein, was aber nicht passieren darf, denn von einer Vollendung kann man – wir haben das im letzten Fall schon gelernt – nicht mehr zurücktreten. **Deshalb:** Bei einem beendeten Versuch muss der Täter die von ihm geschaffene Gefahr der Deliktsvollendung **aktiv** bannen, sprich den Erfolgseintritt durch sein Zutun aktiv verhindern (BGH NJW **2018**, 2908; BGH NStZ-RR **2018**, 137). Und genau das steht in § 24 Abs. 1 Satz 1, 2. Var. StGB.

Problem: Der Wortlaut des Gesetzes ist in § 24 Abs. 1 Satz 1 StGB bei genauem Hinsehen ziemlich dünn; da findet sich ja nur die knappe Formulierung »**deren Vollendung verhindern**«. Was genau der Täter insoweit aber unternehmen muss, bleibt nach der Gesetzeslektüre leider offen – und ist daher auch mächtig umstritten. Das dahintersteckende Problem erkennt man prima an unserem Fall: Die entscheidende Frage lautet natürlich, ob das, was unser R hier veranstaltet, wirklich ausreichen kann, um den Anforderungen des § 24 Abs. 1 Satz 1, 2. Var. StGB gerecht zu werden und ihm demnach eine Straffreiheit im Hinblick auf den versuchten Mord zu gewähren. Denn tatsächlich rettet nicht R das Leben des O, sondern der Notarzt, der auch noch nicht mal von R, sondern von P gerufen wurde. Der einzige Beitrag, den R zur Rettung des O leistet, liegt genau genommen im Zuruf auf der Straße, woraufhin P den eigentlichen Rettungsvorgang in Gang setzt, während R, um nicht als Täter ertappt zu werden, sogar in einen abgelegenen Wald flüchtet. Kann das schon die »Verhinderung der Deliktsvollendung« im Sinne des § 24 Abs. 1 Satz 1 StGB sein – oder wäre nicht vielmehr erforderlich gewesen, dass R selbst den Notarzt ruft, wartet bis der erschienen ist, bis dahin beim Opfer bleibt und selbst erste Hilfe leistet, um sich so die Vorzüge des Rücktritts zu »verdienen«?

Lösung: Grundsätzlich wird vom Täter eine auf die Erfolgsverhinderung gerichtete Tätigkeit verlangt (BGHSt **64**, 80; BGH NStZ-RR **2019**, 171; BGH NJW **2018**, 2908; S/S/*Eser*/*Bosch* § 24 StGB Rz. 59). Insbesondere muss das Täterverhalten durch Ingangsetzen einer neuen Kausalreihe zumindest **mitursächlich** für die ausgebliebene Deliktsvollendung und zudem Ausdruck des Willens sein, die Tat aufzugeben und abzubrechen (BGHSt **64**, 80; BGH NStZ-RR **2019**, 171; BGH JuS **2019**, 266). Ob neben der reinen Ursächlichkeit noch weitere Anforderungen an das Bemühen des Täters zu stellen sind, ist umstritten:

- Nach einer Meinung ist neben dieser einfachen Kausalität zudem erforderlich, dass der Täter tatsächlich sämtliche ihm subjektiv zur Verfügung stehenden Rettungsmöglichkeiten **optimal** ausschöpft (sogenannte »Bestleistungstheorie«). Namentlich verdiene sich der Täter nur dann die Straffreiheit des Rücktritts, wenn er aus seiner Sicht **alles** tue, was im konkreten Fall zur Erfolgsabwendung in seinen Möglichkeiten steht (*Jakobs* AT 26/21; derselbe in JZ 2003, 743; *Roxin* § 30 Rz. 243; *Herzberg* in NStZ 1989, 49 sowie NJW 1991, 1633; *Rudolphi* in NStZ 1989, 508; *Baumann/Weber/Mitsch* § 27 Rz. 28; *Römer* in MDR 1989, 945). Schaltet der Täter etwa eine dritte Person zur Rettung ein, dürfe er sich damit nicht allein begnügen, sondern er müsse weiterhin jederzeit als Herr des Rettungsgeschehens erkennbar und tätig sein. Andernfalls verdiene er sich nicht die Straffreiheit des § 24 StGB (*Lackner/Kühl* § 24 StGB Rz. 19a). Zur Begründung beruft diese Meinung sich insbesondere auf die Regelung des **§ 24 Abs. 1 Satz 2 StGB**. Wenn nämlich im Falle des dort normierten untauglichen und damit ungefährlichen Versuchs der Rücktritt nur bei »ernsthaftem« Bemühen, also bei optimaler Ausschöpfung aller Möglichkeiten, verdient werden kann, müsse dies **erst recht** bei einem tatsächlich gefährlichen Versuch gelten. Außerdem widerspreche eine andere Regelung auch dem Sinn und Zweck des Rücktritts. Dieser honoriere die aktive Umkehr des Täters vom Unrecht zum Recht. Nutze der Täter nicht die optimale Rettungsmöglichkeit, sondern begnüge sich mit einer weniger sicheren Variante, nehme er in diesem Fall aber sogar einen durch optimale Bemühungen vermeidbaren Erfolg weiterhin billigend in Kauf (*Roxin* in Hirsch-FS, Seite 333).

- Dem widersprechen die herrschende Meinung in der Literatur und auch der BGH. Hiernach genügt im Sinne einer »Ende gut – alles gut!«-Betrachtung (die heißt wirklich so), dass der Täter durch sein zielgerichtetes und aus seiner Sicht geeignetes Verhalten zumindest **mitursächlich** für die spätere Erfolgsabwendung gewesen ist (BGHSt **64**, 80; BGH NStZ-RR **2019**, 171; BGH JuS **2019**, 266). Weitere Erfordernisse, etwa das Ausschöpfen des im konkreten Fall optimalen Mittels, gelten nicht als zwingende Voraussetzung (BGH NStZ-RR **2019**, 171; BGH JuS **2019**, 266; BGH NJW **2018**, 2908; MK/*Hoffmann-Holland* § 24 StGB Rz. 133; NK/*Zaczyk* § 24 StGB Rz. 61; *Fischer* § 24 StGB Rz. 35; *Wessels/Beulke/Satzger* Rz. 1058; S/S/*Eser/Bosch* § 24 StGB Rz. 59; LK/*Lilie/Albrecht* § 24 StGB Rz. 289; *Engländer* in JuS 2003, 641; SK/*Jäger* § 24 StGB Rz. 92). Begründet wird diese Meinung mit dem Wortlaut des § 24 Abs. 1 Satz 1, 2. Var. StGB, der im Gegensatz zu § 24 Abs. 1 Satz 2 StGB gerade kein »ernsthaftes« Bemühen verlangt, sondern die schlicht ursächliche Erfolgsabwendung ausreichen lässt. Ein weiteres Erfordernis, namentlich die »Bestleistung« des Täters, überdehne den Wortlaut des Gesetzes und verstoße damit gegen das Verbot der Analogie eines Strafgesetzes zulasten des Täters. Zudem seien die beiden Fälle des § 24 Abs. 1 Satz 1, 2. Var. StGB und § 24 Abs. 1 Satz 2 StGB auch nicht vergleichbar: Denn der § 24 Abs. 1 Satz 2 StGB regele den Fall, dass der Täter den Erfolg durch sein Verhalten gerade **nicht** verhindert habe. Wenn diese Erfolgsabwendung durch den Täter bzw. sein Verhalten nicht eingetreten sei, sei es nachvollziehbar, dass das Gesetz dann wenigstens an die **Bemühungen** des Täters strengere Anforderungen stelle. Dies auch bei einem Täter zu erwarten, der tatsächlich ursächlich für die Erfolgsabwendung gewesen ist, widerspreche dem Grundgedanken der Verdienstlichkeit des letztlich ja erfolgreichen Rücktritts (MK/*Hoffmann-Holland* § 24 StGB Rz. 133;

S/S/*Eser/Bosch* § 24 StGB Rz. 59). Schließlich fordere auch der Opferschutz diese Auslegung des § 24 Abs. 1 Satz 1, 2. Var. StGB: Es liege stets im Sinne des Opfers, wenn dem Täter auch bei nicht optimalen Rettungsbemühungen die Straffreiheit in Aussicht stehe. Ansonsten könnte der reuige Täter vom Rücktritt absehen, was auf Kosten des Opfers ginge (BGHSt **64**, 80; *Fischer* § 24 StGB Rz. 35).

Zum Fall: Betrachtet man diese beiden Ansichten, ergibt sich für unser kleines Fällchen, dass R nach der erstgenannten Auffassung hier offensichtlich **nicht** von seinem Versuch zurückgetreten ist, denn der Zuruf an P ist keinesfalls die »beste« Möglichkeit zur Rettung des O aus Sicht des R gewesen. Dafür hätte er beim Opfer bleiben, den Notarzt sofort selbst rufen und erste Hilfe leisten müssen. Hat er aber nicht, und damit fehlen nach der eher restriktiven Meinung von oben die Mindestvoraussetzungen für einen strafbefreienden Rücktritt von dem Tötungsversuch. Nach der anderen Ansicht hingegen würde sein Verhalten ausreichen: Denn R wollte den O retten, hat durch den Zuruf eine neue Kausalkette in Gang gesetzt, die letztlich dann auch zum Erfolg (= Rettung des O) führte. Dass er hierbei das Glück hatte, dass P sofort einen Notarzt gerufen und dieser dann in letzter Minute das Leben des O gerettet hat, ist im Sinne der »**Ende gut – alles gut!**«-Betrachtung unerheblich. R war ursächlich für die Rettung und wollte diese auch. Das reicht (vgl. instruktiv: BGH JuS **2019**, 266).

ZE.: Wie man sich da entscheidet, ist wieder mal »gleichgültig« im besten Sinne des Wortes. Freilich sprechen die besseren Argumente für die letztgenannte Meinung, denn tatsächlich steht im Gesetz bei § 24 Abs. 1 Satz 1, 2. Var. StGB kein Wort davon, dass der Täter die beste und optimale Möglichkeit zur Rettung des Opfers aussuchen muss. Das steht nur in § 24 Abs. 1 Satz 2 StGB für den Fall des untauglichen Versuchs. Aus dem Wortlaut des § 24 Abs. 1 Satz 1, 2. Var. StGB lässt sich indessen nur die einfache Ursächlichkeit des Täterverhaltens als Voraussetzung ableiten. Wir wollen daher auch dieser zweiten Auffassung den Vorzug gewähren und demzufolge feststellen, dass R im vorliegenden Fall die »Vollendung der Tat verhindert« hat im Sinne des § 24 Abs. 1 Satz 1, 2. Var. StGB. Und dass es hierbei insbesondere keine Rolle spielt, dass er dafür eine dritte Person eingeschaltet hat und selbst sogar geflüchtet war. Auch unter diesen Umständen kann der Täter die Rücktrittsregeln für sich in Anspruch nehmen (vgl. auch BGH NStZ **2008**, 393 sowie den sehr instruktiven Fall aus BGH JuS **2019**, 266 und *Fischer* § 24 StGB Rz. 31). Äußerst merkfähig ist insoweit schließlich eine Formulierung des BGH in einer unserem Fall ähnlichen Entscheidung aus dem Jahre 1985, dort heißt es:

> *»… Der Täter verhindert die Vollendung der Tat, wenn er willentlich eine neue Kausalkette in Gang setzt, die für die Nichtvollendung mindestens mitursächlich wird. Dass daneben andere, vom Willen des Täters unabhängige Umstände zur Verhinderung der Tatvollendung beitragen, steht einem strafbefreienden Rücktritt ebenso wenig entgegen wie die Möglichkeit, etwas Anderes oder mehr zu tun, um die Vollendung der Tat mit größerer Sicherheit zu verhindern …«* (→ BGH NJW **1985**, 813, 814)

Das merken wir uns bitte.

3. R müsste zur Erlangung der Straffreiheit schließlich noch **freiwillig** gehandelt haben, was aber kein echtes Problem darstellt.

Definition: Freiwillig ist der Rücktritt dann, wenn er nicht durch zwingende Hinderungsgründe veranlasst wird, sondern der eigenen autonomen Entscheidung des Täters entspringt (BGH NStZ **2020**, 340; BGH NStZ **2020**, 81; BGH NStZ-RR **2019**, 171). Insoweit können Gewissensbisse, Reue, Scham, Mitleid mit dem Opfer oder die Angst vor Strafe maßgeblich sein (BGH NStZ **2020**, 81; BGH NStZ-RR **2018**, 169; *Rengier* AT § 37 Rz. 92; *Wessels/Beulke/Satzger* Rz. 1068).

ZE.: Unser R hatte Gewissensbisse und handelte somit freiwillig im Sinne des § 24 Abs. 1 Satz 1, 2. Var. StGB.

Ergebnis: R ist vom versuchten Mord gemäß § 24 Abs. 1 Satz 1, 2. Var. StGB mit strafbefreiender Wirkung zurückgetreten.

Achtung! Das ist aber noch nicht das Ende der Geschichte. Denn anders als im vorherigen Fall, als der R den O noch nicht mal getroffen hatte, bleibt hier jetzt natürlich noch etwas übrig, und zwar: Mit dem Schuss in die Brust hat unser R die tatbestandlichen Voraussetzungen der gefährlichen Körperverletzung gemäß den **§§ 223 Abs. 1, 224 Abs. 1 Nrn. 2 und 5 StGB** verwirklicht. Und diese Tat ist auch keinesfalls nur versucht, sondern selbstverständlich **vollendet**. Ein Rücktritt davon kommt folglich nicht in Betracht.

Merke: Der Rücktritt bewirkt immer nur die Straffreiheit im Hinblick auf das jeweilige versuchte Delikt. Beinhaltet dieser Versuch dazu noch andere **vollendete** Straftaten, bleibt insoweit die Strafbarkeit des Täters bestehen. Auf diese Taten wirkt sich der Rücktritt grundsätzlich nicht aus (BGH BeckRS **2017**, 136661; BGH NStZ **2016**, 207; *Fischer* § 24 StGB Rz. 45; *Lackner/Kühl* § 24 StGB Rz. 23).

Dieser Merksatz ist wichtig und gehört daher hinter die Ohren des Lesers. Denn leider übersehen selbst Examenskandidaten in Fällen der vorliegenden Art die verbliebene Strafbarkeit wegen vollendeter Körperverletzung und lassen den Täter dann aufgrund des Rücktritts vom Tötungsdelikt irrtümlich komplett straffrei nach Hause gehen (= klausurtechnische Katastrophe).

Wir prüfen gerade noch die Körperverletzung durch, also:

→ **§§ 223 Abs. 1, 224 Abs. 1 Nrn. 2 und 5 StGB** (gefährliche Körperverletzung)

I. Tatbestand

A. Objektiv

R hat durch den Schuss den O sowohl körperlich misshandelt als auch seine Gesundheit beschädigt (= Grundtatbestand des § 223 Abs. 1 StGB). Des Weiteren hat R die Körperverletzung mittels einer Waffe und auch in einer das Leben gefährdenden Behandlung begangen (= Qualifikation des § 224 Abs. 1 Nrn. 2 und 5 StGB).

<u>ZE.</u>: Der objektive Tatbestand der gefährlichen Körperverletzung aus den §§ 223, Abs. 1, 224 Abs. 1 Nrn. 2 und 5 StGB ist erfüllt.

B. Subjektiver Tatbestand

R müsste gemäß § 15 StGB auch vorsätzlich im Hinblick auf die objektiven Tatbestandsmerkmale gehandelt haben. **Beachte:** Dass der R den O hier eigentlich töten und nicht nur verletzen wollte, schließt seinen Vorsatz auf eine Körperverletzung nicht aus. Denn ein Tötungsvorsatz beinhaltet immer auch den Verletzungsvorsatz, und zwar als sogenanntes notwendiges **Durchgangsstadium** auf dem Weg zur Tötung (unstreitig: BGHSt **44**, 196; BGHSt **16**, 121; S/S/*Eser/Sternberg-Lieben* § 212 StGB Rz. 17; *Lackner/Kühl* § 212 StGB Rz. 8). Merken.

<u>ZE.</u>: R handelte auch vorsätzlich im Hinblick auf die Voraussetzungen der §§ 223 Abs. 1, 224 Abs. 1 Nrn. 2 und 5 StGB.

II. Rechtswidrigkeit und III. Schuld

Keine Probleme, R war weder gerechtfertigt noch entschuldigt.

IV. Persönliche Strafaufhebungs- und Strafausschließungsgründe?

Nein! Der Rücktritt scheidet schon aus bei der Vorprüfung. Denn das Delikt – die Körperverletzung – ist ja **vollendet**. Zurücktreten kann man aber nur vom Versuch (bitte lies noch ein letztes Mal § 24 Abs. 1 Satz 1 StGB, und dort bitte das *zweite* Wort!). Alles klar!?

Ergebnis: R hat sich strafbar gemacht wegen gefährlicher Körperverletzung gemäß den §§ 223 Abs. 1, 224 Abs. 1 Nrn. 2 und 5 StGB.

Endergebnis für unseren Fall: R hat sich nicht wegen versuchten Mordes strafbar gemacht; davon ist er – wie oben eingehend geprüft – strafbefreiend gemäß § 24 Abs. 1 Satz 1, 2. Var. StGB zurückgetreten. Es verbleibt aber eine Strafbarkeit wegen **vollendeter** gefährlicher Körperverletzung nach den §§ 223, Abs. 1, 224 Abs. 1 Nrn. 2 und 5 StGB, da der Rücktritt hierauf keinen Einfluss hat. Und damit geht unser R immerhin noch für mindestens sechs Monate in den Knast (lies: § 224 Abs. 1 StGB).

Zwei Anmerkungen noch zum Schluss

1. Im Hinblick auf die Frage, was ein Täter zur Erlangung der Straffreiheit beim Rücktritt vom beendeten Versuch unternehmen muss, haben wir oben gesehen, dass eine »Bestleistung« nach herrschender Meinung nicht erforderlich ist. Der Täter muss nach seiner Vorstellung nur dafür sorgen, eine neue Kausalkette in Gang zu setzen, die zumindest mitursächlich für die spätere Erfolgsabwendung ist. Diese Linie vertritt unter anderem der BGH (BGHSt **64**, 80; BGH NStZ-RR **2019**, 171).

Aber: Auch hier gibt es zuweilen Feinheiten und Abstufungen. So hatte der BGH im Februar 2018 über einen (gruseligen) Fall zu entscheiden, bei dem eine Frau einen Handwerker absichtlich mit ihrem 1.600 kg schweren Auto überfahren und mehrere Meter mitgeschliffen hatte. Anschließend war sie, obwohl sie die lebensbedrohliche Situation des Opfers erkannte, zunächst in ihr Haus gegangen und hatte den – bereits von anderen Personen verständigten – Notarzt abermals angerufen, um sicherzugehen, dass dieser auch zügig erscheine. Bis zum Eintreffen des Notarztes war sie anschließend im Haus geblieben und hatte nichts mehr unternommen. Der BGH verweigerte ihr einen Rücktritt und stellte fest (BGH NStZ-RR **2018**, 137):

> *»… Bleibt – wie hier – der Erfolg ohne Zutun des Täters aus, kommt ein strafbefreiender Rücktritt nur in Betracht, wenn sich der Täter freiwillig und ernsthaft bemüht, die Vollendung zu verhindern. Danach ist für einen strafbefreienden Rücktritt vom Versuch erforderlich, dass der Täter das Rettungsmittel einsetzt, das er selbst für am* ***besten*** *geeignet hält, um die Tatvollendung zu verhindern. Er muss nach seiner Vorstellung eine neue Kausalkette in Gang setzen, die zumindest mitursächlich für die Erfolgsabwendung ist. Der Täter muss dabei alles, was in seiner Kraft steht und was nach seiner Vorstellung erforderlich ist, unternehmen. Stehen Menschenleben auf dem Spiel, sind* ***hohe*** *Anforderungen zu stellen. In diesem Fall muss sich der Täter um die* ***bestmögliche Maßnahme*** *zur Erfolgsabwendung bemühen … Die Angeklagte hat nicht die bestmögliche Rettungsmöglichkeit ergriffen. Denn dies wäre ein ihr möglicher zeitnaher Notruf gewesen. Die Angeklagte hat demgegenüber ihre Bemühungen auf einen nachträglichen und nochmaligen Notruf beschränkt, ohne sich nochmals um das Opfer zu bemühen. Sie ist bis zum Eintreffen des Notarztes im Haus geblieben. Der Notruf der Angeklagten setzte daher auch nach ihrer Vorstellung keine neue Kausalkette in Gang, sie wusste, dass jemand anders bereits einen Notarzt verständigt hatte. Sie wollte somit nur sichergehen, dass ärztliche Hilfe unterwegs ist, eine Steigerung der Rettungschancen des Opfers war aus Sicht der Angeklagten durch ihr Verhalten nicht zu erwarten …«*

Beachte: Obwohl nach herrschender Meinung ja gar nicht erforderlich, spricht auch der BGH hier unter anderem und ausdrücklich von einer notwendigen »bestmöglichen Maßnahme«, die die Täterin hätte ergreifen müssen. Davon sollte man sich freilich nicht irritieren lassen, **denn:** Tatsächlich scheitert der Rücktritt bei genauem Lesen des Urteils im Ergebnis daran, dass die Frau unstreitig keine neue Kausalkette in Gang setzt und mit ihrem Anruf beim Notarzt auch die Rettungschancen des Opfers nicht mehr steigert; das ging rein faktisch ja auch gar nicht mehr, da der Notarzt bereits gerufen war – und die Täterin das auch wusste. In die gleiche Richtung geht eine Entscheidung des BGH vom Juli 2018 (NJW **2018**, 2908), wo ein Feuerwehrmann erst selbst einen Brand legt, später aber den Rücktritt für sich reklamiert, weil er nach der Brandlegung und während den Löscharbeiten seinen Dienst (im Büro der Feuerwehr) verrichtet hatte. Irrtum! Der BGH verweigerte den Rücktritt nach § 24 Abs. 1 Satz 2 StGB, da der Täter »nur« seinen Dienst verrichtet, die Rettungskräfte vor Ort aber nicht mit seinen Informationen über die Brandursache und den Brandherd unterstützt hatte. Dies wäre für § 24 Abs. 1 Satz 2 StGB erforderlich (BGH NJW **2018**, 2908).

In gewohnt täterfreundlicher Manier urteilte der BGH aber wieder im Februar 2019 und gönnte einem Jugendlichen aus der Nähe von Münster den (eher unerwarteten) Rücktritt von einem vielfachen Mordversuch gemäß § 24 Abs. 1 Satz 1, 2. Alt. StGB – und zwar bei der folgenden, abenteuerlichen Geschichte (→ NStZ-RR **2019**, 171):

Der Jugendliche (J) hatte in seiner Wohnung in einem Mehrfamilienhaus vorsätzlich einen Brand gelegt, um auf diesem Wege die kurz zuvor abgeschlossene Hausratversicherung zu betrügen und Gelder einzufordern. Schon wenige Augenblicke nach Ausbruch des Brandes fürchtete sich J jedoch plötzlich vor den Konsequenzen seiner Tat. Um den Verdacht auf einen angeblichen Einbrecher zu lenken, fügte er sich deshalb nun selbst mit einem Messer eine Stichverletzung am Bauch zu, betätigte unmittelbar danach den Notruf und berichtete der Feuerwehr von einem flüchtenden Einbrecher, der ihn verletzt hätte – sowie den aufkommenden Flammen. Die Rettung der übrigen Hausbewohner war ihm dabei komplett egal, es ging ihm nach wie vor um die Einleitung seines Versicherungsbetruges, den er mithilfe der erfundenen Geschichte realisieren wollte. Danach verließ J die eigene Wohnung, warf erst sein Portemonnaie und anschließend sich selbst vor der Wohnungstür auf den Boden und schrie im Treppenhaus laut um Hilfe. Beim Versuch, die Taschenlampenfunktion seines Smartphones zu betätigen (inzwischen war sehr starker Rauch im Haus aufgetreten), rief J aus Versehen nochmals bei der Feuerwehr an und bat nun – im Angesicht der zunehmenden Feuer- und Rauchentwicklung – nachdrücklich um ein Löschfahrzeug und alsbaldige Hilfe. Sowohl J als auch weitere sechs Hausbewohner in den anderen Wohnungen wurden wenig später von der Feuerwehr gerettet. **Strafbarkeit des J nach § 211 StGB?**

Einstieg: Die Voraussetzungen eines vielfachen Mordversuches nach den §§ 211, 12, 22, 23 StGB lagen vor. J hatte mit gemeingefährlichen Mitteln und um eine andere Straftat zu ermöglichen eine Tötung anderer Personen billigend in Kauf genommen. Der BGH sah aber – anders als das Landgericht in Münster als Vorinstanz – die Voraussetzungen eines strafbefreienden Rücktritts vom beendeten Mordversuch gemäß § 24 Abs. 1 Satz 1, 2. Alt. StGB überraschend als erfüllt an. Wörtlich heißt es:

> *»… Soweit das Landgericht darauf abgestellt hat, dass der Angeklagte wirksamere Rettungsbemühungen hätte entfalten können, geht dies über die Anforderungen an einen Rücktritt nach § 24 Abs. 1 Satz 1 2. Alternative StGB hinaus. Erweist sich das auf Erfolgsabwendung gerichtete Handeln des Versuchstäters als erfolgreich und für die Verhinderung der Tatvollendung ursächlich im Sinne des § 24 Abs. 1 Satz 1 2. Alternative StGB, so kommt es nicht darauf an, ob dem Täter schnellere oder sichere Möglichkeiten der Erfolgsabwendung zur Verfügung gestanden hätten; das Erfordernis eines ›ernsthaften Bemühens‹ gemäß § 24 Abs. 1 Satz 2 StGB gilt für diesen Fall nicht (BGH NStZ-RR* ***2010****, 276; BGH NStZ* ***2006****, 503). Da*

die Strafkammer des Landgerichts davon ausgegangen ist, dass die von dem Angeklagten abgesetzten Notrufe kausal waren für die Rettung aller anwesenden Hausbewohner, ist dies für einen Rücktritt nach § 24 Abs. 1 Satz 1 2. Alternative StGB ausreichend. Auf ein etwaiges Nichtergreifen besserer Rettungshandlungen kommt es nicht an. Einem strafbefreienden Rücktritt steht – entgegen der Auffassung des Landgerichts – auch nicht entgegen, dass das Vorgehen des Angeklagten der ***Vorbereitung*** *des* ***Versicherungsbetruges*** *diente. Selbst eine solche Motivation steht einem strafbefreienden Rücktritt nicht entgegen. Verschleierungsbemühungen schließen einen Rücktritt nicht aus, wenn die Verhinderung der Tatvollendung Teil dieser Bemühungen ist; anders ist dies nur, wenn die Tatvollendung im Rahmen der Verschleierungshandlung lediglich aus Versehen verhindert wird (BGH NJW* ***1986****, 1001; Fischer, StGB § 24 Rz. 31). Nach den getroffenen Feststellungen alarmierte der Angeklagte die Rettungskräfte zwar, um den von ihm erfundenen Hergang – Überfall und Brandlegung durch einen Dritttäter – glaubhaft erscheinen zu lassen. Hiermit hat er aber notwendigerweise zugleich Rettungsmaßnahmen in Gang gesetzt. Dies reicht aus für die Voraussetzungen eines strafbefreienden Rücktritts gemäß § 24 Abs. 1 Satz 1, 2. Alt. StGB …«*

So, und dann noch der Hinweis auf eine ebenfalls abenteuerliche Geschichte, die der BGH im Juni 2019 entscheiden musste – wieder mit täterfreundlichem Ausgang (BGHSt **64**, 80): Täter T hatte in der Stadt X vergiftete Babynahrung in fünf verschiedenen Supermärkten deponiert, um durch Erpressung 10 Millionen Euro zu erzielen. Kurz nach der Verbringung der Breigläser in die Regale der Supermärkte informierte er anonym die Polizei, teilte mit, dass er in der Stadt X bei fünf näher bezeichneten Supermarktketten, die jeweils mehrere Filialen in X betrieben, kontaminierte Babynahrung deponiert habe und 10 Millionen Euro Lösegeld fordere. Nur dann werde er Einzelheiten über die Orte bzw. betroffenen Filialen bekanntgeben, andernfalls weitere Nahrung vergiften. Es gelang der Polizei, die Gläser zu finden, noch bevor sie von Kunden gekauft wurden. **Strafbarkeit des T?**

Der BGH sprach T vom versuchten Mord und auch vom versuchten § 251 StGB wegen strafbefreienden Rücktritts vom beendeten Versuch gemäß § 24 Abs. 1 Satz 1, 2. Alt. StGB frei. Wörtlich heißt es: »… *Es kommt nicht darauf an, ob dem Täter schnellere oder sicherere Möglichkeiten der Erfolgsabwendung zur Verfügung standen. Erforderlich ist nur, dass der Täter eine neue Kausalkette in Gang setzt, die für die Nichtvollendung der Tat jedenfalls mitursächlich ist … Der an die Polizei gegebene Hinweis auf die vergiftete Babynahrung enthielt konkrete Angaben, die der Polizei gezielte Maßnahmen zum Auffinden und zur Sicherstellung der vergifteten Produkte vor dem Verkauf und Verzehr ermöglichten …«*

Hat man Worte? Es blieben für T eine versuchte besonders schwere räuberische Erpressung sowie § 314 StGB übrig (beachte aber: § 314a Abs. 2 Nr. 1 StGB); hiervon konnte er nicht mehr zurückgetreten, da er seine Drohung aufrechterhielt.

2. Aus aktuellem Anlass widmen wir uns als Letztes noch kurz der »**Freiwilligkeit**«, die unabdingbare Voraussetzungen eines jeden Rücktritts ist (§ 24 Abs. 1 und 2 StGB). In unseren Fällen oben war diese Freiwilligkeit nie wirklich problematisch, weil das in Klausuraufgaben tatsächlich auch nur eher selten vorkommt. Wir schauen uns zu Übungszwecken trotzdem mal den Fall an, den der BGH im **Januar 2020** zu entscheiden hatte und der einen Haufen wichtiger Informationen vereint (NStZ **2020**, 341):

> Täter (T) hatte seine Ex-Freundin F nachts in seine Gewalt gebracht, um mit ihr zu reden und sie zur Rückkehr zu bewegen. Er zwang sie in seinen PKW, fuhr mit ihr in ein Waldstück, stieg aus und ging mit F durch den Wald, als er plötzlich einen schlafenden Mann (M) auf einer Parkbank liegen sah. T entschied sich spontan, den M auszurauben und entwendete ihm die Geldbörse aus der Hosentasche. Als M unerwartet erwachte, stach T mit einem Messer mehrfach auf M ein und nahm dabei dessen Tod billigend in Kauf. M konnte sich trotz schwerer Verletzungen aber aufrichten und weglaufen. T setzte ihm kurz nach, traf ihn nochmal in die Schulter, stoppte dann aber ab, weil er fürchtete, die F könnte sich während der weiteren Verfolgung des M entfernen. T lief daher zurück zu F. Der M überlebte, weil er kurze Zeit später zufällig von einem Jäger gefunden wurde. **Strafbarkeit des T wegen versuchter Tötung?**

Der BGH sah im Verhalten des T ziemlich überraschend einen **freiwilligen** Rücktritt vom unbeendeten Versuch gemäß § 24 Abs. 1 Satz StGB. Wörtlich heißt es:

> »*… Gemäß § 24 Abs. 1 Satz 1 Alt. 1 StGB kann der Täter eines versuchten Delikts durch die Aufgabe der weiteren Tatausführung strafbefreiend vom Versuch zurücktreten, wenn er* ***freiwillig*** *die weitere Ausführung der Tat aufgibt.* ***Freiwilligkeit*** *liegt vor, wenn der Täter ›Herr seiner Entschlüsse‹ geblieben ist und er die Ausführung seines Verbrechensplans noch für möglich hält, er also weder durch eine äußere Zwangslage daran gehindert, noch durch seelischen Druck unfähig geworden ist, die Tat zu vollbringen. Erst wenn durch von außen kommende Ereignisse aus Sicht des Täters ein Hindernis geschaffen worden ist, das der Tatvollendung zwingend entgegensteht, ist er nicht mehr Herr seiner Entschlüsse und eine daraufhin erfolgte Abstandnahme von der weiteren Tatausführung als unfreiwillig anzusehen … Hieran gemessen, ist T strafbefreiend vom versuchten Tötungsdelikt zurückgetreten, insbesondere handelte er freiwilllig. Weder war er durch objektive Umstände noch aufgrund seiner psychischen Verfassung daran gehindert, dem bereits schwer verletzten M weiter nachzusetzen und seine Tötungshandlung fortzusetzen. Dass T die Weiterverfolgung des M nicht möglich war, ohne die F, der sein vorrangiges Interesse galt, aus den Augen zu lassen, steht der Freiwilligkeit nicht entgegen. Denn die Freiwilligkeit des Rücktritts wird nicht dadurch ausgeschlossen, dass T nicht aus einem sittlich billigenswerten Motiv von weiteren Angriffen auf sein Opfer absieht, sondern nur deshalb, weil er sein weiteres Opfer, nicht entkommen lassen will. Die Abstandnahme von der weiteren Tatausführung erweist sich hier als das Ergebnis einer* ***nüchternen Abwägung****, bei der T Herr seiner Entschlüsse blieb … Einem Rücktritt steht auch nicht entgegen, dass der Angeklagte nicht die Durchführung seines gesamten strafrechtlich relevanten Vorhabens aufgab, sondern nur darauf verzichtete, den M weiter zu verfolgen, und stattdessen seine Tat (Freiheitsberaubung) zum Nachteil der F fortsetzte. Zwar kann grundsätzlich nur derjenige strafbefreiend zurücktreten, der die Durchführung des kriminellen Entschlusses* ***im Ganzen*** *und endgültig aufgibt. Diese Erwägung betrifft aber stets nur den Entschluss, von der Vollendung eines bestimmten Verbrechens oder Vergehens im Sinne eines gesetzlich umschriebenen Straftatbestandes abzusehen. Dementsprechend steht einem Rücktritt nicht entgegen, wenn der Täter den zunächst Geschädigten nicht weiterverfolgt, um sich einem anderen Opfer zuzuwenden, dessen Tötung er für vordringlich erachtet … Auch dass T mit der Flucht des M sein weitergehendes, mit Blick auf den Tötungsversuch außertatbestandliches Ziel der Beutesicherung erreicht hatte, rechtfertigt nicht die Annahme der Unfreiwilligkeit … T ist daher strafbefreiend vom versuchten Tötungsdelikt zurückgetreten …*« (BGH NStZ **2020**, 341)

Muster zur Prüfung eines Rücktritts vom beendeten Versuch

Versuchtes Delikt

Vorprüfung:

1. Nichtvollendung der Tat (wenn fraglich, erst Vollendung prüfen!)

2. Strafbarkeit des Versuchs (§§ 23 Abs. 1, 12 Abs. 1 StGB)

I. Tatbestand

A. Tatentschluss (= Vorsatz auf die objektiven Tatbestandsmerkmale + mögliche deliktsspezifische Absichten)

B. Unmittelbares Ansetzen zur Tat (§ 22 StGB → beachte § 23 Abs. 3 StGB)

II. Rechtswidrigkeit

III. Schuld

IV. Möglicher Rücktritt vom Versuch

1. Fehlgeschlagener Versuch?

Problem (bei mehraktigem Verhalten des Täters): Abgrenzung von Einzelaktstheorie und Gesamtbetrachtungslehre

2. Unbeendeter/beendeter Versuch?

Frage: Hat der Täter aus seiner Sicht alles Erforderliche zur Tatbestandsverwirklichung getan – oder waren noch weitere Handlungen notwendig?

3. Bei beendetem Versuch:

a) Verhindern der Vollendung

b) Freiwilligkeit

Gutachten

Strafbarkeit des R durch den Schuss auf O

R könnte sich durch den Schuss auf O wegen versuchten Mordes gemäß den §§ 211, 22, 23 Abs. 1, 12 Abs. 1 StGB strafbar gemacht haben.

Vorprüfung:

Die Tat des R ist nicht vollendet, der O lebt. Des Weiteren ergibt sich die Strafbarkeit des Versuchs vorliegend aus dem Umstand, dass es sich beim zu prüfenden Mord gemäß § 12 Abs. 1 StGB um ein Verbrechen handelt, dessen Versuch nach § 23 Abs. 1 StGB stets unter Strafe gestellt ist.

Tatbestand

Tatentschluss:

R muss den Vorsatz gehabt haben, den O unter Erfüllung eines Mordmerkmals aus § 211 Abs. 2 StGB umzubringen. R wollte O töten, um an das Erbe zu kommen. Wer jemand anderen erschießen will, um an das Erbe des Betroffenen zu gelangen, handelt aus Habgier. O hatte demnach den Vorsatz auf die Verwirklichung des objektiven Tatbestandes des § 211 StGB und damit den für die Versuchsstrafbarkeit erforderlichen »Tatentschluss«.

Unmittelbares Ansetzen zur Tatbestandsverwirklichung:

Nach der sogenannten »subjektiv-objektiven Theorie« muss der Täter für eine Versuchsstrafbarkeit subjektiv die Schwelle zum »Jetzt geht's los« überschritten und objektiv zur tatbestandsmäßigen Angriffshandlung angesetzt haben. Die Verwirklichung eines gesetzlichen Tatbestandsmerkmals ist dafür nicht zwingend notwendig; es genügt, dass die Handlung des Täters ohne wesentliche Zwischenschritte in die Rechtsgutsverletzung bzw. die Erfüllung des Tatbestandes übergehen soll. R hat schon geschossen und damit die aus seiner Sicht notwendige Tathandlung des Delikts vollzogen. Nur der Deliktserfolg ist nicht eingetreten. R hat unmittelbar zur Tötung des O angesetzt im Sinne des § 22 StGB.

Rechtswidrigkeit:

Es sind keine Anhaltspunkte ersichtlich, die eine Rechtfertigung der Tat des R begründen könnten. R handelte folglich rechtswidrig.

Schuld:

Gründe, die die Schuld des R ausschließen könnten, sind ebenso nicht erkennbar. R handelte schuldhaft.

Damit liegen sämtliche Voraussetzungen des dreistufigen Deliktsaufbaus vor mit der Konsequenz, dass R an sich die Strafbarkeit wegen versuchten Mordes gemäß den §§ 211, 22, 23 Abs. 1, 12 Abs. 1 StGB verwirklicht hat.

Persönliche Strafausschließungs- und Strafaufhebungsgründe

In Betracht kommt im vorliegenden Fall als persönlicher Strafaufhebungsgrund der Rücktritt vom versuchten Mord gemäß § 24 Abs. 1 Satz 1 StGB. Dieser könnte einschlägig sein, weil R den P nach dem Schuss darüber informiert hatte, dass in der Nebenstraße der O schwer verletzt am Boden lag und infolgedessen der von P herbeigerufene Notarzt das

Leben des O retten konnte. Insoweit kommt ein Rücktritt vom beendeten Versuch gemäß § 24 Abs. 1 Satz 1, 2. Alt. StGB in Betracht.

1. Dann dürfte es sich zunächst nicht um einen fehlgeschlagenen Versuch handeln; von einem solchen ist der Rücktritt grundsätzlich nicht möglich. Ein Versuch ist fehlgeschlagen, wenn der Täter erkannt hat, dass er mit den ihm zur Verfügung stehenden Mitteln den tatbestandlichen Erfolg nicht oder zumindest nicht ohne zeitlich relevante Zäsur herbeiführen kann. R hatte bereits geschossen, und nach seiner Überzeugung war dieser Tötungsakt auch geeignet, den Tod des O ohne weitere Zwischenschritte herbeizuführen. Der Versuch des R war mithin nicht fehlgeschlagen; die Rücktrittsregeln sind anwendbar.

2. Um zu klären, welche Anforderungen an das Verhalten des R im Hinblick auf einen strafbefreienden Rücktritt zu stellen sind, ist zwischen dem unbeendeten und dem beendeten Versuch zu unterscheiden. Während der Täter beim unbeendeten Versuch gemäß § 24 Abs. 1 Satz 1, 1. Var. StGB lediglich freiwillig die »weitere Ausführung der Tat aufgeben« muss, erfordert der Rücktritt vom beendeten Versuch gemäß § 24 Abs. 1 Satz 1, 2. Var. StGB das freiwillige »Verhindern der Vollendung«. Zu prüfen ist demnach, um welche Art von Versuch es sich handelt. Unbeendet ist der Versuch dann, wenn der Täter noch nicht alles getan zu haben glaubt, was nach seiner Vorstellung von der Tat zu ihrer Vollendung notwendig ist. Beendet ist der Versuch dann, wenn der Täter alles getan zu haben glaubt, was nach seiner Vorstellung zur Herbeiführung des tatbestandlichen Erfolges notwendig ist, sodass der beabsichtigte Erfolg nunmehr ohne weiteres Zutun des Täters eintreten kann. Im vorliegenden Fall war R sich sicher, dass der von ihm abgefeuerte Schuss ausreicht, um den Deliktserfolg des § 211 StGB ohne weiteres Handeln seinerseits herbeizuführen. O wäre wenig später nach Auskunft des Sachverhaltes ja auch tatsächlich verblutet. Der Versuch ist folglich beendet mit der Konsequenz, dass R zur Erlangung der Straffreiheit gemäß § 24 Abs. 1 Satz 1, 2. Var. StGB die Vollendung der Tat freiwillig verhindern muss.

Grundsätzlich wird vom Täter in diesem Falle eine auf die Erfolgsverhinderung gerichtete Tätigkeit verlang. Insbesondere muss das Täterverhalten durch Ingangsetzen einer neuen Kausalreihe zumindest mitursächlich für die ausgebliebene Deliktsvollendung und zudem Ausdruck des Willens sein, die Tat aufzugeben und abzubrechen. Ob neben der reinen Ursächlichkeit noch weitere Anforderungen an das Bemühen des Täters zu stellen sind, ist umstritten:

a) Nach einer Meinung ist neben dieser einfachen Kausalität zudem erforderlich, dass der Täter tatsächlich sämtliche ihm subjektiv zur Verfügung stehenden Rettungsmöglichkeiten optimal ausschöpft (sogenannte »Bestleistungstheorie«). Namentlich verdiene sich der Täter nur dann die Straffreiheit des Rücktritts, wenn er aus seiner Sicht alles tue, was im konkreten Fall zur Erfolgsabwendung in seinen Möglichkeiten steht. Schaltet der Täter etwa eine dritte Person zur Rettung ein, dürfe er sich damit nicht allein begnügen, sondern er müsse weiterhin jederzeit als Herr des Rettungsgeschehens erkennbar und tätig sein. Andernfalls verdiene er sich nicht die Straffreiheit des § 24 StGB. Zur Begründung beruft diese Meinung sich insbesondere auf die Regelung des § 24 Abs. 1 Satz 2 StGB. Wenn nämlich im Falle des dort normierten untauglichen und damit ungefährlichen Versuchs der Rücktritt nur bei »ernsthaftem« Bemühen, also bei optimaler Ausschöpfung aller Möglichkeiten, verdient werden kann, müsse dies erst recht bei einem tatsächlich gefährlichen

Versuch gelten. Außerdem widerspreche eine andere Regelung auch dem Sinn und Zweck des Rücktritts. Dieser honoriere die aktive Umkehr des Täters vom Unrecht zum Recht. Nutze der Täter nicht die optimale Rettungsmöglichkeit, sondern begnüge sich mit einer weniger sicheren Variante, nehme er in diesem Fall aber sogar einen durch optimale Bemühungen vermeidbaren Erfolg weiterhin billigend in Kauf.

Folgt man dieser Auffassung, käme der Rücktritt für R nicht in Betracht. Denn der Zuruf an den P ist keinesfalls die »beste« Möglichkeit zur Rettung des O aus Sicht des R gewesen. Dafür hätte er beim Opfer bleiben, den Notarzt sofort selbst rufen und erste Hilfe leisten müssen. Dies hat er aber nicht getan, und damit fehlen nach der soeben dargestellten Ansicht die Mindestvoraussetzungen für einen strafbefreienden Rücktritt von dem Tötungsversuch.

b) Dieser Bewertung kann jedoch nicht gefolgt werden. Vielmehr muss im Sinne einer abschließenden Gesamtbetrachtung genügen, dass der Täter durch sein zielgerichtetes, aus seiner Sicht geeignetes Verhalten zumindest mitursächlich für die spätere Erfolgsabwendung gewesen ist. Weitere Erfordernisse, etwa das Ausschöpfen des im konkreten Fall optimalen Mittels, können nicht als zwingende Voraussetzung gelten. Begründet liegt diese Auffassung im Wortlaut des § 24 Abs. 1 Satz 1, 2. Var. StGB, der im Gegensatz zu § 24 Abs. 1 Satz 2 StGB gerade kein »ernsthaftes« Bemühen verlangt, sondern die schlicht ursächliche Erfolgsabwendung ausreichen lässt. Ein weiteres Erfordernis, namentlich die »Bestleistung« des Täters, überdehnt den Wortlaut des Gesetzes und verstößt damit gegen das Verbot der Analogie eines Strafgesetzes zulasten des Täters. Zudem sind die beiden Fälle des § 24 Abs. 1 Satz 1, 2. Var. StGB und § 24 Abs. 1 Satz 2 StGB auch nicht vergleichbar: Denn der § 24 Abs. 1 Satz 2 StGB regelt den Fall, dass der Täter den Erfolg durch sein Verhalten gerade nicht verhindert hat. Wenn diese Erfolgsabwendung durch den Täter bzw. sein Verhalten nicht eingetreten ist, ist es nachvollziehbar, dass das Gesetz dann wenigstens an die Bemühungen des Täters strengere Anforderungen stellt. Dies auch bei einem Täter zu erwarten, der tatsächlich ursächlich für die Erfolgsabwendung gewesen ist, widerspricht dem Grundgedanken der Verdienstlichkeit des letztlich ja erfolgreichen Rücktritts. Schließlich fordert auch der Opferschutz diese Auslegung des § 24 Abs. 1 Satz 1, 2. Var. StGB: Denn es liegt stets im Sinne des Opfers, wenn dem Täter auch bei nicht optimalen Rettungsbemühungen die Straffreiheit in Aussicht steht. Ansonsten könnte der reuige Täter unter Umständen vom Rücktritt ganz absehen, was dann auf Kosten des Opfers ginge. Die besseren Argumente sprechen somit für die letztgenannte Meinung mit der Konsequenz, dass R im vorliegenden Fall die »Vollendung der Tat verhindert« hat im Sinne des § 24 Abs. 1 Satz 1, 2. Var. StGB. Hierbei spielt insbesondere keine Rolle, dass er dafür eine dritte Person eingeschaltet hat und selbst sogar geflüchtet war. Auch unter diesen Umständen kann der Täter die Rücktrittsregeln für sich in Anspruch nehmen.

3. R müsste zur Erlangung der Straffreiheit schließlich noch freiwillig gehandelt haben. Freiwillig ist der Rücktritt dann, wenn er nicht durch zwingende Hinderungsgründe veranlasst wird, sondern der eigenen autonomen Entscheidung des Täters entspringt. Insoweit können Gewissensbisse, Reue, Scham, Mitleid mit dem Opfer oder auch die Angst vor Strafe maßgeblich sein. R hatte Gewissensbisse und handelte somit freiwillig im Sinne des § 24 Abs. 1 Satz 1, 2. Var. StGB.

Ergebnis: R ist vom versuchten Mord gemäß § 24 Abs. 1 Satz 1, 2. Var. StGB mit strafbefreiender Wirkung zurückgetreten.

R könnte sich aber wegen vollendeter gefährlicher Körperverletzung gemäß den §§ 223 Abs. 1, 224 Abs. 1 Nrn. 2 und 5 StGB strafbar gemacht haben.

Objektiver Tatbestand:

R hat durch den Schuss den O sowohl körperlich misshandelt als auch seine Gesundheit beschädigt. Des Weiteren hat R die Körperverletzung mittels einer Waffe und auch in einer das Leben gefährdenden Behandlung begangen. Der objektive Tatbestand der gefährlichen Körperverletzung aus §§ 223, Abs. 1, 224 Abs. 1 Nrn. 2 und 5 StGB ist erfüllt.

Subjektiver Tatbestand:

R müsste gemäß § 15 StGB auch vorsätzlich im Hinblick auf die objektiven Tatbestandsmerkmale gehandelt haben. Dass R den O hier eigentlich töten und nicht nur verletzen wollte, schließt seinen Vorsatz auf eine Körperverletzung nicht aus. Ein Tötungsvorsatz beinhaltet immer auch den Verletzungsvorsatz, und zwar als sogenanntes notwendiges Durchgangsstadium auf dem Weg zur Tötung. R handelte somit auch vorsätzlich im Hinblick auf die Voraussetzungen der §§ 223 Abs. 1, 224 Abs. 1 Nrn. 2 und 5 StGB.

Rechtswidrigkeit:

R war nicht gerechtfertigt.

Schuld:

R war nicht entschuldigt.

IV. Persönliche Strafaufhebungs- und Strafausschließungsgründe?

Ein strafbefreiender Rücktritt von dieser Körperverletzung kommt nicht in Betracht. Zurücktreten kann man gemäß § 24 Abs. 1 Satz 1 StGB grundsätzlich nur vom Versuch. Die Körperverletzung war aber bereits vollendet.

Ergebnis: R hat sich strafbar gemacht wegen gefährlicher Körperverletzung gemäß den §§ 223 Abs. 1, 224 Abs. 1 Nrn. 2 und 5 StGB.

7. Abschnitt

Die Irrtümer im Strafrecht:

Tatbestandsirrtum (§ 16 StGB),
Verbotsirrtum (§ 17 StGB) und
Erlaubnistatbestandsirrtum

Fall 18

Die Autobombe

In der Hamburger Rotlichtszene tobt der Bandenkrieg: Nach einer heftigen Auseinandersetzung um die Kontrolle eines Nachtclubs beschließt Zuhälter Z, seinen Konkurrenten K umzubringen. Dazu schleicht er frühmorgens zum Haus des K, befestigt unter dessen *Maserati* eine Handgranate und verbindet den Zündring mithilfe einer Nadel und eines Drahtes mit dem linken Vorderreifen, sodass die Granate beim Losfahren automatisch gezündet wird. Wenige Augenblicke nachdem Z verschwunden ist, steigt die Freundin F des K, die zum Einkaufen wollte, in das Auto und fliegt mitsamt dem Fahrzeug in die Luft. Der später wegen Mordes an F angeklagte Z erklärt vor Gericht, er habe – was der Wahrheit entspricht – von der Existenz der F gar nichts gewusst. Er sei daher allenfalls wegen fahrlässiger Tötung der F zu verurteilen, denn sein Tötungsvorsatz habe schließlich nur dem K gegolten.

Strafbarkeit des Z? Die §§ 303, 308 StGB bleibt außer Betracht.

Schwerpunkte: Der Irrtum über Tatumstände im Sinne des § 16 Abs. 1 Satz 1 StGB (→ Tatbestandsirrtum); der Grundfall des »error in persona«; die Abgrenzung zur »aberratio ictus«; das Fehlgehen der Tat; der Versuch am verfehlten Objekt; das Problem der »mittelbaren Individualisierung« bei einem Sprengstoffanschlag.

Lösungsweg

Einstieg: Der Fall da oben führt uns zu den Irrtümern im Strafrecht. Diese füllen nicht nur unzählige Lehrbuchseiten, sondern fördern bis heute auch eine Vielzahl von hoch komplizierten Gerichtsentscheidungen zutage, die dann selbstverständlich auch zum Gegenstand von Prüfungsaufgaben an der Uni und im Examen werden. So auch unser kleines Fällchen, das der BGH – in leicht abgewandelter Form – am 7. Oktober 1997 zu entscheiden hatte (→ BGH NStZ **1998**, 294). Inhaltlich geht es um den sogenannten »**Tatbestandsirrtum**« gemäß § 16 Abs. 1 Satz 1 StGB, den wir anhand des vorliegenden Falles insbesondere von der »**aberratio ictus**« (= Fehlgehen der Tat) abgrenzen müssen. Der Schwierigkeitsgrad dieser Geschichte liegt vergleichsweise hoch, weshalb auch dementsprechend erhöhte Aufmerksamkeit, Konzentration sowie ein aufgeschlagener Gesetzestext unbedingt erforderlich sind. Letztlich hat das Fällchen in den letzten Jahren leider auch praktisch zunehmend an Bedeutung gewonnen, denn Sprengstoffanschläge gehören inzwischen zum täglichen Nachrichtenprogramm – und vermutlich werden sie das auch bleiben. Wir wollen uns anschauen, wie die rechtliche Beurteilung funktioniert, wenn ein solcher Anschlag ein Opfer trifft, das der Täter gar nicht treffen wollte:

Strafbarkeit des Z durch das Installieren der Bombe

→ **§ 211 StGB** (Mord, begangen an F – mit dem Merkmal Heimtücke)

I. Tatbestand

A. Objektiv

Z hat durch das Installieren der Bombe ohne Frage objektiv die Ursache für den Tod der F gesetzt. Des Weiteren geschah diese Tötung auch heimtückisch, denn Z hat die Arg- und Wehrlosigkeit des Opfers in feindlicher Willensrichtung ausgenutzt. Wer eine Autobombe legt, an der das ahnungslose Opfer später stirbt, handelt heimtückisch im Sinne des § 211 Abs. 2 StGB (BGH NStZ **1998**, 294).

ZE.: Der objektive Tatbestand des § 211 StGB ist erfüllt.

B. Subjektiver Tatbestand

Gemäß § 15 StGB ist grundsätzlich nur **vorsätzliches** Handeln strafbar. Unser Z müsste somit Vorsatz im Hinblick auf alle objektiven Tatbestandsmerkmale des § 211 StGB gehabt haben. Das aber könnte hier durchaus fraglich sein, namentlich kommt ein »Irrtum über Tatumstände«, ein sogenannter »Tatbestandsirrtum« im Sinne des **§ 16 Abs. 1 Satz 1 StGB** in Betracht (*Sternberg-Lieben* in JuS 2012, 289). Und der kommt natürlich deshalb in Betracht, weil Z nicht die F, sondern vielmehr den K umbringen wollte und deshalb ja auch die Autobombe am Fahrzeug des K angebracht hatte. Dem Z könnten daher »Umstände nicht bekannt gewesen sein, die zum gesetzlichen Tatbestand gehören« (bitte lies: § 16 Abs. 1 Satz 1 StGB) mit der Folge, dass sein Vorsatz im Hinblick auf die Tötung der F entfiele.

Durchblick: Die Fälle der Personenverwechselung gehören zum klassischen Repertoire innerhalb des § 16 Abs. 1 Satz 1 StGB. Sie sind in der Ur-Form zunächst mal ziemlich einfach zu lösen – und firmieren unter dem Begriff »error in persona«.

Definition: Ein für den Vorsatz des Täters unbeachtlicher **error in persona** liegt dann vor, wenn das anvisierte und das tatsächlich verletzte Objekt zwar personengleich sind, der Täter sich aber über die Identität des Objekts oder der Person geirrt hat (S/S/*Sternberg-Lieben/Schuster* § 15 Rz. StGB 59; *Wessels/Beulke/Satzger* Rz. 371, 249; *Sternberg-Lieben* in JuS 2012, 289).

Sieht so aus: Täter T will sein Opfer O erschießen und lauert O aus diesem Grund mit einer geladenen Knarre im Stadtwald auf. Als er eine Person in etwa 50 Meter Entfernung erblickt, die er für O hält, schießt er diese Person nieder. Leider war das aber nicht O, sondern der dem O ziemlich ähnlich sehende Fußgänger F. **Frage:** Dennoch vorsätzliches Tötungsdelikt, begangen an F? **Antwort:** Ja! **Begründung:** Es handelt sich um einen für den Vorsatz des Täters unbeachtlichen »error in persona«, denn der Täter hat sich nur über die Identität des anvisierten Objekts geirrt. Insbesondere liegt **kein** Fall des § 16 Abs. 1 Satz 1 StGB vor. Denn im gesetzlichen (= objektiven) Tatbestand des § 212 Abs. 1 StGB steht nur drin, dass man »einen Menschen« töten muss (prüfen, bitte!). Und da steht vor allem nicht drin, dass die Person auch derjenige gewesen sein muss, für den man sie gehalten hat. Erforderlich ist im Hinblick auf den Vorsatz des Täters nur, dass der Täter eine Person als Angriffsobjekt individualisiert und anvisiert hatte. Dass er diese Person dann irrtümlich falsch identifiziert hat (sogenannter »Identitätsirrtum«), spielt keine Rolle (und das ist übrigens vollkommen unstreitig: vgl. etwa BGHSt **37**, 218; BGHSt **11**, 270; LK/*Vogel/Bülte* § 16 StGB Rz. 75; S/S/*Sternberg-Lieben/Schuster* § 15 StGB Rz. 59; *Fischer* § 16 StGB Rz. 5; *Wessels/Beulke/Satzger* Rz. 361; *Jescheck/Weigend* § 29 V 6a).

> **Merke:** Im gesetzlichen Tatbestand der Tötungsdelikte ist nur fixiert, dass man **einen Menschen** töten muss. Hat man einen bestimmten Menschen visuell individualisiert bzw. anvisiert, liegt auch der für § 212 StGB (oder auch § 211 StGB) erforderliche Tatbestandsvorsatz zur Tötung **dieses** Menschen vor. Ein Irrtum allein über die Identität des anvisierten Opfers (»error in persona«) ist dann unbeachtlich, es liegt insbesondere kein Tatbestandsirrtum im Sinne des § 16 Abs. 1 Satz 1 StGB vor (BGHSt **37**, 218; SK/*Stein* § 16 StGB Rz. 37; MK/*Joecks* § 16 StGB Rz. 98).

So. Es stellt sich nun die Frage, ob die vorliegende Geschichte mit der Autobombe einen solchen Fall des schlichten Identitätsirrtums im oben benannten Sinne darstellt. **Problem:** Der Fall liegt ein kleines bisschen anders, **nämlich:** Der Z hat die Bombe am Auto des K angebracht in der Hoffnung, der K würde alsbald aus dem Haus kommen, einsteigen, losfahren und anschließend in die Luft fliegen. Bei genauer Betrachtung fehlt damit hier aber – im Unterschied zur vorherigen Geschichte im Stadtwald – die optische Individualisierung bzw. Anvisierung des konkreten Opfers. Denn Z hat den K nicht vor Augen gehabt und den Tötungsvorgang dann gezielt auf ***diese*** von ihm anvisierte Person (den K) in Gang setzen können (dann wäre es unproblematisch ein »error in persona«). Genau genommen hat Z den Tötungsvorsatz vielmehr bislang nur auf die Person konkretisiert, die als nächstes ins Auto steigt und dabei gehofft, dies sei der K. Dass dies aber nun blöderweise die F war, wirft die Frage auf, ob auch bei einer solchen sogenannten »mittelbaren Individualisierung« des Opfers, also wenn theoretisch mehrere Personen als Opfer in Betracht kommen können, der Tatbestandsvorsatz nach den Regeln des »error in persona« unberührt bleibt – oder aber ob es sich nicht vielmehr um einen Fall des **Fehlgehens der Tat** (»aberratio ictus«) handelt mit der möglichen Konsequenz des Vorsatzausschlusses.

Definition: Im Fall der **aberratio ictus** lenkt der Täter seinen Angriff auf ein bestimmtes, von ihm individualisiertes Tatobjekt, dieser Angriff geht jedoch fehl und trifft ein Objekt, das der Täter nicht anvisiert hatte und auch gar nicht verletzen wollte. Hierbei handelt es sich um ein »Fehlgehen der Tat«, das den Vorsatz des Täters im Hinblick auf das irrtümlich getroffene Objekt ausschließt (BGH NStZ **2009**, 210; BGHSt **34**, 55; *Fischer* § 16 StGB Rz. 6; *Wessels/Beulke/Satzger* Rz. 375; *Sternberg-Lieben* in JuS 2012, 289).

Klassisches Beispiel: Täter T stürmt in die Kneipe und will aus Rache den Wirt W erschießen. Er zielt auf W, drückt ab, trifft aber aus Ungeschicklichkeit den vor der Theke stehenden Gast G, der sofort tot ist. W bleibt hingegen unverletzt. **Frage:** Unbeachtlicher »error in persona« – und damit strafbar wegen vorsätzlicher Tötung des G? **Antwort** (herrschende Meinung): Nein! **Begründung:** T hatte W als Opfer schon individualisiert und anvisiert, hat aber dann unbeabsichtigt den von ihm ***nicht*** anvisierten G getroffen. Im Hinblick auf G daher: Kein Vorsatz. **Lösung:** Fahrlässige Tötung an G + versuchte Tötung an W. Diese Tat ist fehlgegangen, es handelt sich um eine sogenannte »aberratio ictus« (herrschende Meinung: BGH NStZ **2009**, 210; BGHSt **37**, 214; MK/*Joecks* § 16 StGB Rz. 100; SK/*Stein* § 16 StGB Rz. 37/38; *Jescheck/Weigend* § 29 V 6c; *Sternberg-Lieben* in JuS 2012, 289).

Beachte noch mal die Unterschiede: Beim »error in persona« trifft der Täter genau das Objekt (Mensch), das er auch anvisiert hatte. Er irrt sich lediglich über die Identität des anvisierten Objekts. Dieser Irrtum ist für seinen Vorsatz daher unbeachtlich; es liegt insbesondere kein Tatbestandsirrtum im Sinne des § 16 Abs. 1 Satz 1 StGB vor. Bei der »aberratio ictus« hingegen trifft der Täter versehentlich ein anderes als das von ihm ursprünglich anvisierte Objekt. Diesen Verlauf bezeichnet man als *Fehlgehen der Tat* – der Vorsatz des Täters im Hinblick auf das versehentlich getroffene Objekt entfällt nach herrschender Meinung, es verbleibt eine Bestrafung wegen fahrlässiger Tat (*Sternberg-Lieben* in JuS 2012, 289).

Und jetzt zu unserem Fall: Die Frage lautet demnach, welche der beiden vorgestellten Varianten auf unser Fällchen passt. Ist es eher ein »error in persona«, also die Konstellation, bei der der Täter genau das Objekt trifft, das er auch anvisiert hatte, sich aber über die Identität des Opfers geirrt hat? Oder ist es eher eine »aberratio ictus«, also die Konstellation, bei der der Täter versehentlich ein anderes als das anvisierte Objekt trifft?

Lösung: Die Beantwortung dieser Frage nach der fehlgeleiteten »Sprengstoff-Falle«, bei der ein anderes als das eigentlich beabsichtigte Ziel bzw. Objekt getroffen wird, ist in der Wissenschaft und Rechtsprechung natürlich lebhaft umstritten.

- Nach einer Auffassung soll es sich um einen Fall des Fehlgehens der Tat – »**aberratio ictus**« – handeln (*Erb* in *Frisch*-Festschrift 2013, 393; *Heinrich* AT Rz. 1112; *Herzberg* in NStZ 1999, 217; derselbe in JA 1981, 472; *Otto* I 99; *Jescheck/Weigend* § 29 V 6c; *Kudlich* in JuS 2002, 1074). Diese Meinung führt zur Begründung an, der Täter habe von vorneherein nur eine ganz bestimmte Person töten wollen, daher sei die Tötung einer anderen, nicht in den Vorsatz aufgenommenen Person als Fehlschlag zu werten. Eine Bestrafung wegen vorsätzlicher Tat komme demnach nicht in Betracht. Insbesondere *Herzberg* (→ NStZ 1999, 217) weist darauf hin, dass der BGH in einem ähnlich gelagerten Fall einer sogenannten »Giftfalle« den Vorsatz des Täters ausgeschlossen hatte. Im Fall von BGHSt **43**, 177 hatte ein Mann in seinem Keller für mögliche Einbrecher eine Flasche mit vergifteter Limonade aufgestellt in der Hoffnung, dass diese Limonade einen potentiellen Täter vergiften würde. Da er gleichzeitig die Polizei informiert hatte, stand irgendwann ein Beamter des Einsatzkommandos vor der Flasche und war im Begriff zu trinken (was aber verhindert werden konnte). Im Hinblick auf die Frage, ob es sich hierbei um einen versuchten Mord am Polizisten handeln könnte, teilte der BGH dann mit, dass der Polizist als Tatopfer keinesfalls in den Vorsatz des Täters aufgenommen worden sei (BGHSt **43**, 177, 183), es sich demnach um ein Fehlgehen der Tat gehandelt hätte. Deshalb, so *Herzberg*, könne der Fall der Sprengfalle nicht anders beurteilt werden (vgl. bitte den exzellenten Aufsatz in NStZ 1999, 217, 221), denn auch hier hatte der Täter ein ganz bestimmtes Opfer vor Augen, zu Schaden gekommen ist aber jemand völlig anderes.

- Die andere Auffassung geht im vorliegenden Fall dennoch von einem für den Vorsatz des Täters unbeachtlichen »**error in persona**« aus (BGH NStZ **1998**, 294; *Fischer* § 16 StGB Rz. 5; LK/*Vogel/Bülte* § 16 StGB Rz. 87; S/S/*Sternberg-Lieben/Schuster* § 15 StGB Rz. 59; *Roxin* AT I § 12 Rz. 197; *Wessels/Beulke/Satzger* Rz. 382; *Streng* in JuS 1991, 913; *Rengier* AT § 15 Rz. 47; *Kühl* AT § 13 RZ. 27). Zur Begründung heißt es, dass bei der hier vorliegenden mittelbaren Individualisierung des Opfers der Vorsatz des Täters sich immer auf die Person beziehe, die in die vorgefertigte Situation eintrete (BGH NStZ **1998**, 294). Dass dies eine vom Täter ausgewählte bestimmte Person sein soll, sich das letztlich aber als Irrtum herausstelle, spiele keine Rolle (*Wessels/Beulke/Satzger* Rz. 382). Der Täter habe dieses Risiko geschaffen und daher auch die Konsequenzen zu tragen. Insoweit sei zudem beachtlich, dass es nicht in der Hand des Täters liege, welche konkrete Person in den geschaffenen Wirkungskreis eintrete, ihm dieses bewusst eingegangene Risiko später dann aber nicht mildernd zugutekommen könne (LK/*Vogel/Bülte* § 16 StGB Rz. 87; S/S/*Sternberg-Lieben/Schuster* § 15 StGB Rz. 59). Anders als im Falle der »aberratio ictus« werde hier im Übrigen auch kein Objekt rein zufällig getroffen, denn der Täter habe eine bestimmte Gefahrensituation erschaffen und damit das Opfer als Person mittelbar individualisiert.

Beachte: Wie man diesen Streit entscheidet, ist wie immer im besten Sinne des Wortes »gleichgültig«. Beide Seiten haben sehr gute Argumente für ihren Standpunkt, die in einer Klausur oder Hausarbeit freilich ausgetauscht und abgewogen werden müssen (wie man das am souveränsten macht, steht wie immer weiter unten im Gutachten zum Fall). Für den Fall, dass man über dieses Thema eine **Hausarbeit** zu schreiben hat, sei noch mal auf den extrem gelungenen Aufsatz von *Herzberg* (NStZ 1999, 217) verwiesen; da stehen prima Argumente drin, die man zur Streitentscheidung verwerten (= abschreiben) kann, was zudem noch den in einer Übungsarbeit nie zu unterschätzenden Vorteil hat, der »Mindermeinung« zu folgen.

ZE.: Davon wollen wir hier aus lösungstaktischen Gründen aber nicht Gebrauch machen, favorisieren deshalb – ohne Wertung! – auch die zuletzt genannte (herrschende) Meinung und stellen demnach fest, dass es sich in Fällen der fehlgeleiteten Sprengstoff-Falle um einen für den Vorsatz des Täters unbeachtlichen »**error in persona**« handelt. Insbesondere liegt **kein** Tatbestandsirrtum im Sinne des § 16 Abs. 1 Satz 1 StGB vor.

ZE.: Z handelte bei der Tötung der ihm nicht bekannten F also vorsätzlich im Hinblick auf den objektiven Tatbestand des § 211 StGB.

ZE.: Und damit liegt der subjektive Tatbestand des § 211 StGB auf Seiten des Z vor.

II. Rechtswidrigkeit

Kein Problem, zugunsten des Z sind keine Rechtfertigungsgründe ersichtlich.

III. Schuld

Es sind keine Entschuldigungsgründe ersichtlich.

Ergebnis: Z hat sich wegen Mordes, begangen an F, strafbar gemacht.

> **Frage:** Hat Z sich zudem noch wegen **versuchten Mordes** an K (!), der ja – entgegen der Vorstellung des Z – gar nicht ins Auto gestiegen ist, strafbar gemacht?

Antwort: Nein! **Begründung:** Da dem Z der objektiv bewirkte Erfolg im Hinblick auf die F auch subjektiv zugerechnet wird (siehe oben), liegt neben dem vollendeten Delikt am getroffenen Objekt nicht noch zusätzlich ein Versuch an demjenigen Objekt vor, dem der Anschlag eigentlich galt. Dies würde nämlich zu einer unzulässigen Verdoppelung des Vorsatzes führen (S/S/*Sternberg-Lieben*/*Schuster* § 15 StGB Rz. 59; SK/*Stein* § 16 StGB Rz. 40).

Gesamtergebnis: Z hat sich »nur« strafbar gemacht wegen Mordes, begangen an F.

Beachte bitte noch:

Wir haben im Laufe der Lösung oben unter anderem die Rechtsfigur der »**aberratio ictus**«, also das »Fehlgehen der Tat«, kennengelernt. Wir hatten dabei als Beispielsfall die Geschichte in der Kneipe genommen, wo der Täter T auf den Wirt W zielt, dann aber aus Ungeschicklichkeit den vor der Theke stehenden Gast G trifft, der sofort tot umfällt. Und wir hatten dann gesagt, dass in einem solchen Fall die herrschende Meinung den Vorsatz auf die Tötung des versehentlich getroffenen Objekts (also den G) ablehnt, weil der Täter ja jemand ganz anderen, den er vor allem schon optisch individualisiert und anvisiert hatte, treffen wollte. **Deshalb:** Kein Vorsatz im Hinblick auf das tatsächlich getroffene Objekt, sondern nur **fahrlässige** Tötung. Und im Hinblick auf das anvisierte, aber nicht getroffene Objekt bleibt dann eine Strafbarkeit wegen versuchter Tötung (wie gesagt, das ist die herrschende Meinung zur *aberratio ictus*: vgl. dazu auch *Schwabe*, »Lernen mit Fällen«, BT 1, Fälle 2 und 3 sowie BGHSt **37**, 214; BGHSt **34**, 55; RGSt **58**, 28; LG München JZ **1988**, 565; *Fischer* § 16 StGB Rz. 6; S/S/*Sternberg-Lieben/Schuster* § 15 StGB Rz. 57; MK/*Joecks* § 16 StGB Rz. 100; *Lackner/Kühl* § 15 StGB Rz. 12; SK/*Stein* § 16 StGB Rz. 39; *Wessels/Beulke/Satzger* Rz. 376; *Sternberg-Lieben* in JuS 2012, 289).

Aufgepasst: Zu dieser Frage gibt es aber noch eine andere Ansicht, die bei der geschilderten Konstellation dennoch wegen vollendeter vorsätzlicher Tötung am getroffenen Objekt verurteilen möchte, das Fehlgehen der Tat also für unbeachtlich hält (NK/*Puppe* § 16 StGB Rz. 102; *Puppe* in JZ 1989, 731; *Heuchemer* in JA 2005, 280; *Prittwitz* in GA 83, 118; *Schreiber* in JuS 1985, 873; *Bottke* in JA 1981, 346). Diese Meinung wird in der Klausur vom Bearbeiter nicht zwingend gefordert. Zum Bestehen genügt dann die herrschende Auffassung, die Prüfer sind in der Regel schon sehr glücklich, wenn man die Geschichte überhaupt als aberratio ictus erkennt und dann die Rechtsfolgen der herrschenden Meinung niederschreiben kann. Das reicht auf jeden Fall für eine brauchbare Note.

Wer hingegen richtig abkassieren will oder aber eine Hausarbeit darüber zu schreiben hat, erwähnt bitte auch die Mindermeinung, muss diese dann freilich mit vernünftigen Argumenten wegbügeln. Da schreibt man dann zum Beispiel, dass die abweichende Ansicht sich über den bereits individualisierten Tötungsvorsatz des Täters hinwegsetzt. Im Übrigen verkennt diese Auffassung auch, dass der Täter das nur versehentlich getroffene Zweitobjekt gar nicht hat verletzen wollen, weil er schon ein bestimmtes anderes Objekt als Angriffsziel ausgewählt hatte (*Wessels/Beulke/Satzger* Rz. 253). In Bezug auf das versehentlich getroffene Objekt kann daher nur Fahrlässigkeit in Betracht kommen. Die Verurteilung wegen vollendeter Tat am versehentlich getroffenen Objekt widerspricht eklatant der subjektiven Zielrichtung des Täters und ist mithin abzulehnen (vgl. auch die umfassenden Erläuterungen bei S/S/*Sternberg-Lieben/Schuster* § 15 StGB Rz. 57). Und ein Letztes noch: Aufpassen muss man schließlich in denjenigen Fallkonstellationen, in denen der Täter zwar das »falsche« Objekt trifft, dieses Fehlgehen der Tat aber billiegend in Kauf genommen hat. Der BGH hatte im Oktober 2008 den folgenden grausigen Fall zu entscheiden: Täter T war mit einem Beil auf den auf seiner Ehefrau liegenden (!) Bekannten B losgegangen, erschlug dann aber aus Ungeschicklichkeit nicht den B, der sich blitzschnell zur Seite wegdrehte, sondern seine Frau. Der BGH verurteilte hier dennoch wegen vorsätzlicher Tötung und lehnte eine *aberratio ictus* deshalb ab, weil der Täter die Tötung des nicht primär anvisierten Objekts (= seine Frau) angesichts der Umstände billigend in Kauf genommen hatte (BGH NStZ **2009**, 210).

Gutachten

Strafbarkeit des Z durch das Installieren der Bombe

Z könnte sich durch das Installieren der Bombe wegen Mordes an F gemäß § 211 StGB strafbar gemacht haben.

Objektiver Tatbestand:

Z hat durch das Installieren der Bombe objektiv die Ursache für den Tod der F gesetzt. Des Weiteren geschah diese Tötung auch heimtückisch; Z hat die Arg- und Wehrlosigkeit des Opfers in feindlicher Willensrichtung ausgenutzt. Wer eine Autobombe legt, an der das ahnungslose Opfer später stirbt, handelt heimtückisch im Sinne des § 211 Abs. 2 StGB. Der objektive Tatbestand des § 211 StGB ist erfüllt.

Subjektiver Tatbestand:

Gemäß § 15 StGB ist grundsätzlich nur vorsätzliches Handeln strafbar. Z müsste somit Vorsatz im Hinblick auf alle objektiven Tatbestandsmerkmale des § 211 StGB gehabt haben. Das aber könnte hier fraglich sein, namentlich kommt ein Irrtum über Tatumstände im Sinne des § 16 Abs. 1 Satz 1 StGB in Betracht. Z wollte nach seinem Tatplan nicht F, sondern vielmehr K umbringen. Z könnten daher Umstände nicht bekannt gewesen sein, die zum gesetzlichen Tatbestand gehören mit der Folge, dass sein Vorsatz im Hinblick auf die Tötung der F entfiele.

1. Möglicherweise unterliegt Z hier aber nur einem für den Vorsatz unbeachtlichen error in persona. Ein für den Vorsatz des Täters unbeachtlicher error in persona liegt dann vor, wenn das anvisierte und das tatsächlich verletzte Objekt zwar personengleich sind, der Täter sich aber über die Identität des Objekts oder der Person geirrt hat. Es stellt sich demnach die Frage, ob die vorliegende Konstellation mit der Autobombe einen solchen Fall des schlichten Identitätsirrtums im oben benannten Sinne darstellt. Dies ist deshalb problematisch, weil die Fälle nicht deckungsgleich übertragbar sind. Z hat die Bombe am Auto des K angebracht in der Hoffnung, der K würde alsbald aus dem Haus kommen, einsteigen, losfahren und anschließend in die Luft fliegen. Bei genauer Betrachtung fehlt hier damit aber die optische Individualisierung bzw. Anvisierung des konkreten Opfers. Z hat den K nicht vor Augen gehabt und den Tötungsvorgang dann gezielt auf diese von ihm anvisierte Person in Gang setzen können. Genau genommen hat Z den Tötungsvorsatz vielmehr bislang nur auf die Person konkretisiert, die als Nächstes ins Auto steigt und dabei gehofft, dies sei der K. Dass dies aber nun die F war, wirft die Frage auf, ob auch bei einer solchen sogenannten »mittelbaren Individualisierung« des Opfers der Tatbestandsvorsatz nach den Regeln des »error in persona« unberührt bleibt – oder aber ob es sich nicht vielmehr um einen Fall des Fehlgehens der Tat (»aberratio ictus«) handelt mit der möglichen Konsequenz des Vorsatzausschlusses.

2. Im Fall der aberratio ictus lenkt der Täter seinen Angriff auf ein bestimmtes, von ihm individualisiertes Tatobjekt, dieser Angriff geht jedoch fehl und trifft ein Objekt, das der Täter nicht anvisiert hatte und auch gar nicht verletzen wollte. Hierbei handelt es sich um ein »Fehlgehen der Tat«, das den Vorsatz des Täters im Hinblick auf das irrtümlich getroffene Objekt ausschließt. Die entscheidende Frage lautet demnach, welche der beiden Varianten im vorliegenden Fall einschlägig ist.

3. Die Beantwortung der Frage nach der fehlgeleiteten »Sprengstoff-Falle«, bei der ein anderes als das eigentlich beabsichtigte Ziel bzw. Objekt getroffen wird, ist in der Wissenschaft und Rechtsprechung umstritten:

a) Nach einer Auffassung soll es sich um einen Fall des Fehlgehens der Tat – »aberratio ictus« – handeln. Diese Meinung führt zur Begründung an, der Täter habe von vorneherein nur eine ganz bestimmte Person töten wollen, daher sei die Tötung einer anderen, nicht in den Vorsatz aufgenommenen Person als Fehlschlag zu werten. Eine Bestrafung wegen vorsätzlicher Tat komme demnach nicht in Betracht. Insbesondere wird darauf hingewiesen, dass der BGH in einem ähnlich gelagerten Fall einer sogenannten »Giftfalle« den Vorsatz des Täters ausgeschlossen hatte. In diesem Fall hatte ein Mann in seinem Keller für mögliche Einbrecher eine Flasche mit vergifteter Limonade aufgestellt in der Hoffnung, dass diese Limonade einen potentiellen Täter vergiften würde. Da er gleichzeitig die Polizei informiert hatte, stand irgendwann ein Beamter des Einsatzkommandos vor der Flasche und war im Begriff zu trinken. Im Hinblick auf die Frage, ob es sich hierbei um einen versuchten Mord am Polizisten handeln könnte, teilte der BGH dann mit, dass der Polizist als Tatopfer keinesfalls in den Vorsatz des Täters aufgenommen worden sei, es sich demnach um ein Fehlgehen der Tat gehandelt hätte. Unter Berufung darauf behauptet die Meinung, der hier in Frage stehende Fall der Sprengfalle könne nicht anders beurteilt werden, denn auch hier hatte der Täter ein ganz bestimmtes Opfer vor Augen, zu Schaden gekommen ist aber jemand völlig anderes. Folgt man dieser Ansicht, wäre Z im vorliegenden Fall nicht wegen vorsätzlicher Tötung der F, sondern nur wegen Fahrlässigkeit im Hinblick auf den Tod der F gemäß § 222 StGB zu bestrafen.

b) Dieser Bewertung des Täterverhaltens kann jedoch nicht gefolgt werden. Im vorliegenden Fall muss vielmehr von einem für den Vorsatz des Täters unbeachtlichen »error in persona« ausgegangen werden. Bei der hier einschlägigen mittelbaren Individualisierung des Opfers bezieht sich der Vorsatz des Täters nämlich immer auf die Person, die in die vorgefertigte Situation eintritt. Dass dies eine vom Täter ausgewählte bestimmte Person sein soll, sich das letztlich aber als Irrtum herausstellt, spielt keine Rolle. Der Täter hat dieses Risiko geschaffen und daher auch die Konsequenzen zu tragen. Insoweit ist zudem beachtlich, dass es nicht in der Hand des Täters liegt, welche konkrete Person in den geschaffenen Wirkungskreis eintritt, ihm dieses bewusst eingegangene Risiko später dann aber nicht mildernd zugutekommen kann. Anders als im Falle der »aberratio ictus« wird hier im Übrigen auch kein Objekt rein zufällig getroffen, denn der Täter hat eine bestimmte Gefahrensituation erschaffen und damit das Opfer als Person mittelbar individualisiert.

Die besseren Argumente sprechen somit für die Meinung, die die vorliegende Situation nach den Grundsätzen des error in persona bewertet. Und damit liegt insbesondere kein

Tatbestandsirrtum im Sinne des § 16 Abs. 1 Satz 1 StGB auf Seiten des Z vor. Z handelte bei der Tötung der ihm nicht bekannten F also vorsätzlich im Hinblick auf den objektiven Tatbestand des § 211 StGB. Und damit liegt der subjektive Tatbestand des § 211 StGB auf Seiten des Z vor.

Rechtswidrigkeit:

Zugunsten des Z sind keine Rechtfertigungsgründe ersichtlich.

Schuld:

Es sind des Weiteren auch keine Entschuldigungsgründe ersichtlich.

Ergebnis: Z hat sich wegen Mordes, begangen an F, strafbar gemacht.

Z könnte sich zudem noch wegen versuchten Mordes an K gemäß §§ 211, 22, 23 Abs. 1, 12 Abs. 1 StGB strafbar gemacht haben.

Dies ist jedoch nach der soeben festgestellten Bestrafung wegen vollendeten Mordes an F ausgeschlossen. Da dem Z der objektiv bewirkte Erfolg im Hinblick auf die F auch subjektiv zugerechnet wird, liegt neben dem vollendeten Delikt am getroffenen Objekt nicht noch zusätzlich ein Versuch an demjenigen Objekt vor, dem der Anschlag eigentlich galt. Dies würde nämlich zu einer unzulässigen Verdoppelung des Vorsatzes führen.

Gesamtergebnis: Z hat sich nur strafbar gemacht wegen eines an F begangenen Mordes.

Fall 19

Drei, zwei, eins ... meins!

Als Rechtsstudent R nach einem anstrengenden Tag den Heimweg antreten möchte, muss er feststellen, dass sein vor dem Universitätsgebäude abgestelltes Fahrrad gestohlen worden ist. Am nächsten Tag wundert R sich nicht schlecht, als er den ihm gut bekannten Kommilitonen K, der das Rad am Vortag aufgebrochen und mitgenommen hatte, mit dem Drahtesel über den Universitätsparkplatz fahren sieht. Im Glauben, durch Notwehr gerechtfertigt zu sein, läuft R auf den K zu, stößt ihn ohne Vorwarnung mit einem Fausthieb gegen den Oberkörper vom Rad und nimmt anschließend das Gefährt wieder an sich. K geht bei der Attacke zu Boden.

Strafbarkeit des R? Der § 240 StGB bleibt außer Betracht.

Schwerpunkte: Der Verbotsirrtum gemäß § 17 StGB; der Irrtum über die Grenzen eines Rechtfertigungsgrundes; die Notwehr gemäß § 32 StGB; die Selbsthilfe des Besitzers nach § 859 Abs. 2 BGB als Rechtfertigungsgrund; die Selbsthilfe aus § 229 BGB; der »direkte« und der »indirekte« Verbotsirrtum; Abgrenzung zum Erlaubnistatbestandsirrtum; die Vermeidbarkeit beim indirekten Verbotsirrtum; die Rechtsfolgen des § 17 StGB.

Lösungsweg

Einstieg: In diesem Fällchen geht es natürlich wieder um einen strafrechtlich möglicherweise relevanten Irrtum des Täters. Im Unterschied zum vorherigen Fall mit dem »Tatbestandsirrtum« gemäß § 16 Abs. 1 StGB – das war die Geschichte mit der fehlgeleiteten Sprengstoff-Falle – glaubt unser Täter hier jetzt sogar, dass er **rechtmäßig** handelt. Sein Irrtum bezieht sich also bei genauer Betrachtung nicht mehr auf den Tatbestand des entsprechenden Delikts, sondern auf die Rechtswidrigkeit der Tat. Und damit sind wir dann beim sogenannten »Unrechtsbewusstsein« angelangt, das prüfungstechnisch innerhalb der Schuld erörtert wird und den meisten Kandidaten erhebliches Kopfzerbrechen bereitet, zumal die Irrtumslehre in der universitären Ausbildung in der Regel sowieso eher stiefmütterlich behandelt wird. Wirklich schwierig übrigens ist die Problematik um den hier fraglichen »Verbotsirrtum« gemäß § 17 StGB nicht; man muss eben nur die Grundregeln verstanden haben und dann selbstverständlich beherzigen, soll heißen vernünftig anwenden. Und genau das wollen wir jetzt mal erledigen, also dann:

Strafbarkeit des R durch das gewaltsame Ergreifen seines Rades

→ **§ 223 Abs. 1 StGB** (Körperverletzung)

I. Tatbestand

A. Objektiv

Unser R müsste K körperlich misshandelt oder an der Gesundheit beschädigt haben. Kein Problem: R hat den K mit einem Fausthieb attackiert. Hierin liegt eine körperliche Misshandlung im Sinne des § 223 StGB (vgl. *Lackner/Kühl* § 223 StGB Rz. 4).

ZE.: Der objektive Tatbestand des § 223 Abs. 1 StGB ist erfüllt.

B. Subjektiver Tatbestand

Gemäß § 15 StGB ist nur **vorsätzliches** Handeln strafbar. Auch das ist hier kein Problem: R handelte mit Wissen und Wollen.

> **Beachte:** Dass R geglaubt hat, er sei durch Notwehr gerechtfertigt, spielt an dieser Stelle der Prüfung keine Rolle. Denn hier im subjektiven Tatbestand geht es ja nur um die Frage, ob R vorsätzlich in Bezug auf die **objektiven** Tatbestandsmerkmale handelte. Das aber ist in unserem Fall nicht problematisch: Denn die (Fehl-)Vorstellung des R betrifft nicht die Merkmale des objektiven Tatbestandes der Körperverletzung, sondern nur die mögliche Rechtswidrigkeit seines Handelns. Dass R alle objektiven Merkmale der Körperverletzung erfüllt, war ihm fraglos klar, und das wollte er ja auch. Er dachte eben nur, er sei dazu berechtigt. Diese Vorstellung über die mögliche Rechtfertigung seiner Handlung berührt den Tatbestandsvorsatz indessen nicht. Wie gesagt, beim Tatbestandsvorsatz geht es allein um die Frage, ob der Täter die Merkmale des objektiven Tatbestandes kannte. Bitte die Trennung dieser beiden Fragen stets sehr sorgfältig beachten.

ZE.: Auch der subjektive Tatbestand des § 223 Abs. 1 StGB ist erfüllt.

II. Rechtswidrigkeit

Ansatz: Der R könnte bei seinem Verhalten durch die Selbsthilfe des Besitzers gemäß § 859 Abs. 2 BGB, durch die allgemeine Selbsthilfe gemäß § 229 BGB und schließlich auch durch Notwehr gemäß § 32 StGB gerechtfertigt sein.

> **1. Problem:** Die gegen eine verbotene Eigenmacht nach § 858 BGB zulässige Selbsthilfe aus **§ 859 Abs. 2 BGB** ist zwar ein auch im Strafrecht anerkannter Rechtfertigungsgrund (BGH NStZ-RR **1999**, 265; S/S/*Lenckner/Sternberg-Lieben* vor § 32 StGB Rz. 66); sie setzt jedoch zu ihrer Anwendung entweder das Betreffen »auf frischer Tat« oder aber einen »verfolgten« Täter voraus. In unserem Fall war der Diebstahl (= verbotene Eigenmacht) bereits einen Tag alt mit der Folge, dass beide gerade genannten Voraussetzungen nicht (mehr) erfüllt sind. »Auf frischer Tat betroffen« ist nur derjenige Täter, der unmittelbar nach der Entziehung angetroffen wird (*Palandt/Bassenge* § 859 BGB Rz. 3). Eine »Verfolgung« im Sinne der Norm setzt voraus, dass der Täter alsbald nach der Entziehung entdeckt und dann die Verfolgung begonnen

wurde (*Erman/Lorenz* § 859 BGB Rz. 4). Ist die Entziehung aber bereits einen Tag her und damit abgeschlossen, scheidet die Anwendung des § 859 Abs. 2 BGB aus (OLG Schleswig SchlHA **1987**, 12; S/S/*Perron* § 32 StGB Rz. 15).

2. Problem: Die Notwehr aus § 32 Abs. 2 StGB setzt zu ihrer Anwendung einen **gegenwärtigen** rechtswidrigen Angriff voraus (bitte lies: § 32 Abs. 2 StGB). Dass hier ein rechtswidriger Angriff auf das Rechtsgut Eigentum des R vorlag, steht zunächst mal außer Frage. Dieser war jedoch nicht mehr gegenwärtig. Denn gegenwärtig ist ein Angriff nur dann, wenn er unmittelbar bevorsteht, begonnen hat oder noch **fortdauert** (BGH NJW **2013**, 2133; BGH NStZ **2006**, 152; *Lackner/Kühl* § 32 StGB Rz. 4; *Wessels/Beulke/Satzger* Rz. 466/498). Ein Angriff dauert fort, bis zu seinem vollständigen Abschluss in Form der endgültigen Rechtsgutsbeeinträchtigung mit der Konsequenz, dass man auch einen flüchtenden Dieb in unmittelbarem Zusammenhang mit der Tat grundsätzlich verfolgen und ihm die Beute nach Notwehrregeln wieder abjagen darf (BGHSt **48**, 209; RGSt **55**, 82; *Fischer* § 32 StGB Rz. 17). Hat der Täter indessen den Tatort zunächst unbehelligt verlassen, die Beute also gesichert, ist der Angriff abgeschlossen und beendet, mithin nicht mehr gegenwärtig im Sinne des § 32 StGB. Dieser Angriff kann demzufolge später auch nicht mehr mit den Mitteln der Notwehr bekämpft werden (S/S/*Perron* § 32 StGB Rz. 15; *Mitsch* in NStZ 1989, 26).

3. Problem: Und schließlich liegen auch die Voraussetzungen der allgemeinen Selbsthilfe aus § 229 BGB (aufschlagen, bitte!) nicht vor. Denn der K war zwar »der Flucht verdächtig« im Sinne der Norm; es bestand aber **nicht** die Gefahr, dass die Verwirklichung des Herausgabeanspruchs des R gegen K (z.B. § 985 BGB) vereitelt oder wesentlich erschwert wird, wenn R den K nicht eigenmächtig festhält und ihm die Sache wegnimmt. Der R kannte nämlich nach Auskunft des Sachverhaltes den K, sodass es ohne Problem möglich war, den Anspruch mit staatlichen Mitteln (Polizei, Gericht) durchzusetzen bzw. zu realisieren. Sofern aber staatliche Mittel zur Durchsetzung privater Ansprüche erfolgversprechend eingesetzt werden können, ist die Selbsthilfe nach § 229 BGB grundsätzlich unzulässig. Der Bürger muss seine Rechte in dem dafür vorgesehenen gerichtlichen Verfahren geltend machen und darf insbesondere keine private Gewalt anwenden (*Palandt/Ellenberger* § 229 BGB Rz. 1; *Jauernig/Mansel* Anm. zu §§ 229–231 BGB Rz. 1).

Konsequenz: Es liegen weder die objektiven Voraussetzungen der Selbsthilfe des Besitzers im Sinne des § 859 Abs. 2 BGB noch der Notwehr aus § 32 StGB noch der der allgemeinen Selbsthilfe aus § 229 BGB vor. Unser R konnte sich also bei seiner gegen K gerichteten Handlung auf keinen dieser Rechtfertigungsgründe berufen. Die den Täter entlastenden rechtfertigenden Wirkungen der strafrechtlichen Rechtfertigungsgründe greifen grundsätzlich nur dann ein, wenn deren **objektive** Voraussetzungen erfüllt sind (*Lackner/Kühl* § 32 StGB Rz. 6; MK/*Erb* § 32 StGB Rz. 1). Wer nur irrig an das Vorliegen der Voraussetzungen eines scheinbar eingreifenden Rechtfertigungsgrundes glaubt, handelt nicht gerechtfertigt (BGHSt **39**, 133; *Lackner/Kühl* § 32 StGB Rz. 6; LK/*Rönnau/Hohn* § 32 StGB Rz. 280; SK/*Hoyer* § 32 StGB Rz. 68; S/S/*Perron* § 32 StGB Rz. 65).

ZE.: Unser R glaubte zwar, dass sein Verhalten (durch Notwehr) gerechtfertigt sei, kann hieraus aber keine Rechtfertigung für seine Tat herleiten. Die Körperverletzung des R war objektiv nicht gerechtfertigt (siehe oben). R handelte folglich rechtswidrig.

III. Schuld

1. Der R war mangels entgegenstehender Angaben schuldfähig.

2. Unrechtsbewusstsein?

So, jetzt wird es interessant. An dieser Stelle der Prüfung, die wir bislang in diesem Buch aus gutem Grund ausgespart haben, sitzen die entscheidenden Fragen bei den (kniffligen) Irrtümern im Strafrecht. Im letzten Fall mit der Sprengstoff-Falle haben wir gesehen, dass der (einfache) Tatbestandsirrtum aus § 16 Abs. 1 Satz 1 StGB weiter oben im Prüfungsschema, und zwar im subjektiven Tatbestand erörtert wird (deshalb heißt der ja auch so) und dort unter Umständen den Vorsatz ausschließen kann. Interessant wurde es da dann vor allem bei Personenverwechselungen und den Rechtsfiguren des **error in persona** und der **aberratio ictus** (vgl. insoweit den letzten Fall). Die im Vergleich zum Tatbestandsirrtum deutlich problematischeren Irrtumsvarianten finden sich nun hier bei dem sogenannten »Unrechtsbewusstsein« des Täters. Genau genommen geht es jetzt um die Frage, ob der Täter, der durchaus bewusst den objektiven Tatbestand der jeweiligen Strafnorm erfüllt hat (siehe zum Beispiel unseren R!), dadurch entlastet bzw. exkulpiert werden kann, dass er irrtümlich geglaubt hat, sein an sich tatbestandsmäßiges Verhalten sei ausnahmsweise durch die Rechtsordnung gedeckt. Der Täter glaubt also – aus welchen Gründen auch immer – irrtümlich daran, dass sein Verhalten gerechtfertigt sei. Das Unrechtsbewusstsein klärt nun, ob dieser Irrtum für den Täter beachtlich oder eben unbeachtlich ist.

Durchblick: Im Hinblick darauf unterscheidet die Strafrechtswissenschaft *zwei* Irrtümer. Der eine ist der sogenannte »Verbotsirrtum« im Sinne des § 17 StGB (wird gelegentlich auch »Erlaubnisirrtum« genannt), der andere ist der sogenannte »Erlaubnistatbestandsirrtum«, der blöderweise gesetzlich gar nicht geregelt ist. Beide Irrtumsarten beziehen sich auf die **Rechtswidrigkeit** des Täterverhaltens, haben aber einen unterschiedlichen Ansatz, und zwar: Beim Verbotsirrtum sieht der Täter den vor ihm liegenden Sachverhalt richtig, beurteilt diese richtig gesehene Sachlage aber **rechtlich** unzutreffend. Beim Erlaubnistatbestandsirrtum ist es genau umgekehrt: Der Täter glaubt hier an einen (unzutreffenden) Sachverhalt, der allerdings, wenn er tatsächlich vorliegen würde, sein Verhalten rechtfertigen würde. Der Verbotsirrtum ist damit ein Irrtum um rechtliche Begebenheiten, der Erlaubnistatbestandsirrtum ein Irrtum über **tatsächliche** Begebenheiten. Merken.

So. Und wenn wir das verstanden haben, wissen wir auch schon, um welchen Irrtum es bei unserer Geschichte hier jetzt gehen wird, **nämlich:** Der R sieht den vor ihm liegenden Sachverhalt klar und zutreffend. Der K hat sein Rad geklaut und fährt nun damit einen Tag später über den Uni-Parkplatz. In dieser (korrekt gesehenen) Situation glaubt R, dass er durch Notwehr berechtigt sei, den K vom Rad zu zerren und sein Gefährt wieder an sich zu nehmen. Der R unterliegt also bei zutreffend gesehener

Sachlage einem Irrtum in der **rechtlichen** Beurteilung dieser Lage. **Folge:** Verbotsirrtum! Und den (der andere kommt im nächsten Fall) prüfen wir jetzt mal.

Dazu lesen wir zunächst bitte den **§ 17 StGB**.

OK. Besonders viel und vor allem Aussagekräftiges steht da nicht drin, außer, dass der Täter, dem »die Einsicht fehlt, Unrecht zu tun«, ohne Schuld handelt, wenn er den Irrtum nicht vermeiden konnte. Und dass, wenn er den Irrtum vermeiden konnte, seine Strafe nach § 49 Abs. 1 StGB gemildert werden kann. Und weil das als Gesetzesformulierung wenig gehaltvoll daherkommt, hat die Wissenschaft diesen Verbotsirrtum in ***zwei*** unterschiedliche Varianten aufgeteilt, von der allerdings nur eine im richtigen Leben und in den Klausuren an der Uni vorkommt.

1. Definition: Ein sogenannter »**direkter**« Verbotsirrtum liegt vor, wenn der Täter die seine Tat unmittelbar betreffende Verbotsnorm nicht kennt oder sie für ungültig hält und daher glaubt, er handele ohne Unrecht (BGH StV **2020** 378; BGH NStZ **2019**, 146; BGH NStZ **2013**, 461; S/S/*Sternberg-Lieben/Schuster* § 17 StGB Rz. 10; *Wessels/Beulke/Satzger* Rz. 729; *Fischer* § 17 StGB Rz. 3).

Durchblick: Hinter dieser Definition verbirgt sich der allseits bekannte Satz: »Unwissenheit schützt vor Strafe nicht!« Denn normalerweise kann sich kein Mensch in Deutschland ernsthaft darauf berufen, nicht gewusst zu haben, dass sein Verhalten strafbar ist (BGH NStZ **2019**, 146). Genau das aber fordert der »direkte« Verbotsirrtum mit der eben benannten Definition. Um zu begreifen, worum es geht, wollen wir uns mal einen Spaß erlauben und die folgende, zugegebenermaßen etwas fiktive Geschichte strafrechtlich beleuchten:

> Eines Tages landet ein Ufo auf der Erde, und zwar in Köln. Heraus steigt der einzige Insasse, nämlich der Außerirdische »A-I«. Nach einem kurzen Spaziergang wird A-I wegen seines sonderbaren Aussehens von der Polizei angesprochen und anschließend zur Feststellung der Personalien auf die Polizeiwache gebracht. Als er dort nach stundenlangem Warten irgendwann Hunger verspürt, verspeist er ohne Vorwarnung die dort sitzende Sekretärin S, da dieses Verhalten auf seinem Heimatplaneten üblich ist. Später wegen Mordes an S angeklagt, beruft sich der Anwalt von A-I auf den direkten Verbotsirrtum im Sinne des § 17 StGB, da sein Mandant selbstverständlich nicht gewusst habe und auch nicht wissen konnte, dass so etwas auf der Erde bzw. in Deutschland strafbar ist. Sein Irrtum sei angesichts der Umstände daher im Übrigen auch nicht vermeidbar gewesen (= Straflosigkeit nach § 17 Satz 1 StGB).

Dieser – natürlich absurde – Fall macht ziemlich gut deutlich, worum es beim direkten Verbotsirrtum geht: An sich kann sich niemand in unserem Land auf einen solchen direkten Verbotsirrtum berufen, also behaupten, er hätte nicht gewusst, dass sein Verhalten strafbar ist und er demnach Unrecht tut (lies: § 17 Satz 1 StGB). Unser Herr A-I konnte das (und handelte folglich ohne Schuld), der Rest der Bevölkerung in Deutschland kann das aber nicht (BGH StV **2020**, 378). **Wir merken uns:** Der in § 17

Satz 1 StGB beschriebene Fall des direkten Verbotsirrtums kommt in unseren Breitengraden nicht vor. Jeder ist verpflichtet, sich über die Gesetzeslage des Landes zu informieren und dementsprechend Kenntnis darüber zu haben, was verboten ist und was nicht. Die Ansage »Ich wusste nicht, dass das strafbar ist« rettet demnach grundsätzlich niemanden (außer – wie gesehen – Herrn A-I). Merken.

Weitaus interessanter ist aber der »indirekte« Verbotsirrtum.

2. Definition: Ein »**indirekter**« Verbotsirrtum liegt vor, wenn der Täter sich über die Existenz oder die rechtlichen Grenzen eines anerkannten Rechtfertigungsgrundes irrt und deshalb nicht erkennt, dass seine Tat Unrecht ist (BGH NStZ **2013**, 461; BGHSt **45**, 378; BGH NStZ **2003**, 596; MK/*Joecks* § 17 StGB Rz. 33).

So, damit müssen wir jetzt arbeiten, beschränken uns aber gleich auf den **2. Teil** der Definition, also die Variante, dass der Täter sich über die **Grenzen** eines anerkannten Rechtfertigungsgrundes irrt. Der andere Teil der Definition – also der irrtümliche Glaube an die **Existenz** eines tatsächlichen nicht bestehenden Rechtfertigungsgrundes – kommt nur noch in schlechten Filmen oder in konservativen Kommunionsunterrichten vor, wenn nämlich der Pfarrer meint, gegenüber einem aufmüpfigen Schüler ein Züchtigungsrecht zu haben (was er natürlich **nicht** hat!). Schließlich dürfen auch Eltern ihre Kinder nicht mehr unter Berufung auf ein elterliches Züchtigungsrecht windelweich prügeln (bitte lies: § 1631 Abs. 2 BGB). Tun sie dies doch und erklären, sie hätten an ein Züchtigungsrecht geglaubt, steht ihnen (leider) der § 17 StGB zur Seite, denn sie haben irrtümlich an die Existenz eines tatsächlich nicht bestehenden Rechtfertigungsgrundes geglaubt (S/S/*Perron* § 32 StGB Rz. 11 und S/S/*Eser* § 223 StGB Rz. 18 ff.) und mithin im indirekten Verbotsirrtum gehandelt.

Die in Klausuren deutlich häufiger anzutreffende Variante des indirekten Verbotsirrtums liegt indessen im Verkennen der **Grenzen** eines anerkannten Rechtfertigungsgrundes. Auch dies wird – wie gesehen – als »indirekter Verbotsirrtum« unter § 17 StGB mit den entsprechenden Rechtsfolgen subsumiert. Man hat also zu prüfen, ob der Täter bei seiner Handlung den von ihm nach seiner Vorstellung in Anspruch genommenen Rechtfertigungsgrund in seinem Anwendungsbereich zu weit ausgedehnt hat.

Machen wir mal: Unser R hat den K im Glauben, durch Notwehr gerechtfertigt zu sein, vom Rad gestoßen und das Gefährt wieder an sich genommen. Das aber war objektiv nicht zulässig, denn wir haben oben gesehen, dass der Angriff des K auf das Rechtsgut (Eigentum) des R durch die Besitzentziehung vom Vortag bereits abgeschlossen war. Der Angriff war namentlich nicht mehr **gegenwärtig** (§ 32 StGB) und der K auch nicht auf frischer Tat betroffen oder verfolgt (§ 859 Abs. 2 BGB). Der R hat folglich die **zeitlichen Grenzen** des Notwehrrechts und des Rechts auf Selbsthilfe des Besitzers irrtümlich überdehnt. Und damit unterlag er insoweit einem indirekten

Verbotsirrtum im oben definierten Sinne, denn er hat sich »über die Grenzen eines anerkannten Rechtfertigungsgrundes geirrt«. Kapiert!?

Prima. Dann können wir weitermachen und mal schauen, zu welchen Rechtsfolgen dieser Irrtum nun bei R führt: Entscheidend für die Strafbarkeit des R ist gemäß § 17 Satz 2 StGB, ob er diesen Irrtum vermeiden konnte. War der Irrtum vermeidbar, ist seine Strafe nach § 17 Satz 2 StGB zu mildern. Konnte er ihn nicht vermeiden, handelte R gemäß § 17 Satz 1 StGB ohne Schuld und würde folglich mangels Unrechtsbewusstseins, das ja zur Schuld gehört, nicht bestraft.

Definition: Vermeidbar ist ein Verbotsirrtum, wenn dem Täter sein Vorhaben unter Berücksichtigung seiner Fähigkeiten und Kenntnisse hätte Anlass geben müssen, über dessen mögliche Rechtswidrigkeit nachzudenken oder sich zu erkundigen, und er auf diesem Weg zur Unrechtseinsicht gekommen wäre (BGH NStZ **2013**, 461; BGHSt **2**, 201; OLG Köln NJW **1996**, 473; *Fischer* § 17 StGB Rz. 7; S/S/*Sternberg-Lieben*/*Schuster* § 17 StGB Rz. 13).

Und das ist hier kein Problem, denn dass der R als Rechtsstudent (!) hätte wissen können, dass er den ihm bekannten K nicht einfach vom Rad stoßen und die gestohlene Sache wieder an sich nehmen darf, leuchtet ein. Für solche Fälle gibt es nach unserem Verständnis – wie oben schon mal angesprochen – nicht das Faustrecht in Form privater Gewalt, sondern die Staatsgewalt (Polizei, Gerichte). Die gewaltsame Sicherung oder Durchsetzung von zivilrechtlichen Ansprüchen durch private Gewalt ist in unserem Staat grundsätzlich nicht zulässig, wenn die Beschreitung des gerichtlichen Weges möglich ist (*Jauernig*/*Mansel* Anm. zu § 229–231 BGB Rz. 1). Nur im Falle der Gefährdung, namentlich bei einem flüchtigen Anspruchsgegner, ist die Anwendung privater Gewalt gemäß § 229 BGB zulässig. Und so etwas weiß man, vor allem als rechtskundige Person, wovon wir bei R mal ausgehen wollen. Das Überschreiten des Notwehrrechts war somit für R vermeidbar mit der Konsequenz, dass die Rechtsfolgen des § 17 Satz 2 StGB eingreifen.

ZE.: R handelte in einem vermeidbaren indirekten Verbotsirrtum im Sinne des § 17 StGB und hatte demzufolge auch das für die Schuld und die Strafbarkeit notwendige Unrechtsbewusstsein.

3. Entschuldigungsgründe zugunsten des R sind nicht erkennbar.

Ergebnis: R hat sich strafbar gemacht wegen Körperverletzung. Seine Strafe kann wegen des vermeidbaren indirekten Verbotsirrtums gemäß den §§ 17 Satz 2, 49 Abs. 1 StGB gemildert werden.

Kurze Wiederholung

Wir wollen uns bitte noch mal klarmachen, welchen Regelungsgehalt der Verbotsirrtum, den wir eben kennengelernt haben, genau absteckt: Der Täter hat bei zutreffender Beurteilung der tatsächlichen Begebenheiten eine irrtümliche Vorstellung von der **rechtlichen Bewertung** dieser Sachlage. Er glaubt insbesondere, sein Verhalten sei »kein Unrecht« (lies § 17 StGB), sprich gerechtfertigt. Insoweit hatten wir den »direkten« Verbotsirrtum kennengelernt, der im richtigen Leben allerdings so gut wie nicht vorkommt (siehe dazu auch weiter unten »Prüfungsverdächtiges zum Abschluss«), sondern nur von einem Außerirdischen, der zufällig in Köln landet und auf der Polizeiwache dann die Sekretärin S verspeist, in Anspruch genommen werden kann. Alle anderen Bewohner dieses Landes können sich nicht damit rausreden, sie hätten nicht gewusst, dass ihr Verhalten strafbar ist.

Das hat der BGH übrigens kürzlich noch einmal ausdrücklich festgestellt und einen Apotheker (A) wegen Verstoßes gegen das Betäubungsmittelgesetz verurteilt, der sich unter anderem auf den Rechtsrat seines Anwalts verlassen hatte (BGH StV **2020**, 378): A wollte einen Internethandel mit verschreibungspflichtigen Medikamenten eröffnen und war sich nicht sicher, ob er damit gegen Rechtsnormen verstößt. Sowohl sein Rechtsanwalt als auch eine (unzuständige) Behörde hatten auf Anfrage hin erklärt, dies sei rechtlich unbedenklich. War es am Ende aber nicht – und weil der A nicht die eigentlich zuständige »Bundesopiumstelle« befragt hatte, konnte er sich nicht auf einen Verbotsirrtum berufen. **Fazit**: Das Risiko im Hinblick auf die Kenntnis der Rechtswidrigkeit einer Tat trägt im Zweifel immer der Täter, selbst wenn er sich von (scheinbar) rechtskundigen Personen beraten lässt. Wörtlich heißt es: »*… Unvermeidbar ist ein Verbotsirrtum erst und nur dann, wenn der Täter alle seine geistigen Erkenntniskräfte eingesetzt und etwa aufkommenden Zweifel durch Nachdenken oder – falls nötig – durch Einholung verlässlichen und sachkundigen Rechtsrates beseitigt hat. Das Risiko der Befragung einer unzuständigen Behörde trägt der Täter …*« (BGH StV **2020**, 378)

Neben dem direkten Verbotsirrtum gibt es noch den »indirekten« Verbotsirrtum, der weitaus klausurträchtiger daherkommt und unter anderem die Fälle erfasst, in denen der Täter irrtümlich die **Grenzen** eines anerkannten Rechtfertigungsgrundes überdehnt. Er glaubt zum Beispiel, er dürfe den Dieb seines Fahrrades noch am nächsten Tag niederstrecken und überdehnt damit irrtümlich die **zeitlichen** Grenzen des § 32 StGB bzw. des § 859 Abs. 2 BGB. Im Falle der Vermeidbarkeit dieses Irrtums kann die Strafe gemäß § 17 Satz 2 StGB in Verbindung mit § 49 Abs. 1 StGB gemildert werden.

Und noch was: Der ein oder andere Leser mag sich im Laufe der Lösung gefragt haben, warum wir eigentlich mit keinem Wort darauf eingegangen sind, dass R bei der Ergreifung seines Rades zu vergleichsweise drastischen Mitteln gegriffen und K kommentarlos mit einem Fausthieb attackiert hat, anstatt ihn erst mal anzuhalten und zu fragen, woher denn dieses Rad komme und dass er das gefälligst herausgeben solle. Das hätte man tatsächlich noch bedenken können. **Aber:** Da R bereits die **zeitlichen Grenzen** des Notwehrrechts irrtümlich überschritten hatte und damit schon die Voraussetzungen des indirekten Verbotsirrtums vorlagen, war dies nicht (mehr) zwingend notwendig. Dass R hier unter Umständen nicht nur diese zeitliche Grenze, sondern auch die Befugnisse im Falle der Notwehrhandlung (Stichwort: mildestes Mittel) überschritten haben könnte, blieb damit für das Ergebnis unerheblich. **Anders** wäre dies freilich gewesen, wenn R den K unmittelbar, also direkt bei der Begehung des Diebstahls gestellt, er demnach tatsächlich eine Notwehrlage in Form des **gegenwärtigen**, rechtswidrigen Angriffs vorgefunden hätte. In diesem Fall wäre zur Verteidigung selbstverständlich nur das jeweils erforderliche (mildeste) Mittel im Sinne des § 32 StGB zulässig gewesen. Darunter ist bei mehreren möglichen Verteidigungsmitteln immer das für den Angreifer am wenigsten schädliche oder gefährliche Mittel zu wählen, das den Erfolg in Form der Wiederherstellung des ursprünglichen Zustandes herbeiführt (BGH NStZ-RR **2013**, 139; BGH NStZ **2006**, 152; BGHSt **42**, 100; S/S/*Perron* § 32 StGB Rz. 36a). Wählt der Notwehrausübende im Glauben, dazu berechtigt zu sein, ein anderes und weniger schonendes Mittel, unterliegt er ebenfalls einem indirekten Verbotsirrtum im Sinne des § 17 StGB, da er die Grenzen des Rechtfertigungsgrundes irrtümlich überschreitet (*Wessels/Beulke/Satzger* Rz. 765). Klassisches Lehrbuch-Beispiel ist der zwei Meter große Amateurboxer, der einen schmächtigen, etwa 40 cm kleineren Dieb auf frischer Tat beim Taschendiebstahl ertappt und ihm in der Überzeugung, dazu im Rahmen der Notwehr berechtigt zu sein, mit einem deftigen Aufwärtshaken den Kiefer bricht, um ihm das gestohlene Portemonnaie wieder abzunehmen. Dieser Täter (der Boxer) überdehnt das Notwehrrecht zwar nicht zeitlich (so wie unser R oben), dafür aber in Bezug auf die Erforderlichkeit der Notwehrhandlung. Denn er hatte ein milderes Mittel (z.B. Festhalten!) zur Verfügung. Der Boxer unterlag somit auch einem indirekten Verbotsirrtum gemäß § 17 StGB (BGH NStZ **1987**, 172; S/S/*Perron* § 32 StGB Rz. 65). Und übertragen auf unseren Fall würde dies bedeuten, dass man hier mit vernünftiger Argumentation durchaus vertreten könnte, der R habe neben der zeitlichen Grenze auch **inhaltlich** die Befugnisse seiner Notwehrhandlung überschritten. Denn in der Tat war der kommentarlose Fausthieb ein ziemlich drastisches Mittel, das man durch einfaches Anhalten des Fahrrades bzw. Anhalten des K vermutlich hätte vermeiden können. Und damit wäre dieser Fausthieb nicht mehr das »**erforderliche**« Mittel im Sinne des § 32 Abs. 2 StGB gewesen (vgl. dazu auch BGH NStZ-RR **2013**, 139). Am Ergebnis freilich ändert dies nichts: Denn dann läge eben nur ein zweiter indirekter Verbotsirrtum vor, der allerdings ebenfalls nur die Anwendung des § 17 StGB nach sich zieht.

Prüfungsverdächtigtes zum Schluss

Im Hinblick auf die Abgrenzung des Tatbestandsirrtums zum Verbotsirrtum vollzieht der BGH aktuell eine Kehrtwende seiner jahrzehntelangen Rechtsprechung. Wir wollen uns zum leichteren Verständnis der (durchaus anspruchsvollen) Problematik jetzt mal – in gebotener Kürze – zwei BGH-Fälle ansehen, die anschaulich illustrieren, worum es sich dreht. Es geht in beiden Fällen konkret um die Frage, was genau bzw. welche Umstände bei der Begehung einer Tat vom Vorsatz des Täters umfasst sein müssen. Angeklagt waren die Täter bei beiden Geschichten wegen »Veruntreuung von Arbeitsentgelt« gemäß **§ 266a Abs. 1 StGB** (aufschlagen!).

1. Der erste Fall (→ BGH NStZ **2019**, 146) stammt vom 24. Januar 2018 und geht so:

Täter (T), ein polnischer Staatsbürger, arbeitete seit 20 Jahren gelegentlich in Deutschland als Handwerker. Hierbei wurde er von Anfang an von Rechtsanwalt und Steuerberater R beraten und vertreten. R erledigte die behördlichen Vorgänge wie die Anmeldung des T bei der Handwerkskammer, die Gewerbeanmeldung und die Anfertigung der Steuererklärungen. Als Firmensitz des T wurde die Adresse des R geführt, wo ein entsprechendes Klingelschild hing und im Keller die Werkzeuge und das Baumaterial des T lagerten. Irgendwann begann T, anderen, ihm bekannten oder verwandten polnischen Staatsbürgern (legal) handwerkliche Tätigkeiten in Deutschland zu vermitteln. Für diese Personen fertigte R vorformulierte Rechnungen mit den Steuernummern und Adressen an. Auf den Rechnungen wurde als Empfänger das Konto des T vermerkt, da die Arbeiter keine eigene Bankverbindung hatten und kein Deutsch sprachen. Die Namen der Arbeiter standen auf einem Zettel, den T an sein Klingelschild (am Haus des R) geklebt hatte. Bei der routinemäßigen Kontrolle einer Baustelle im Jahr 2006 wurden neben T noch neun weitere polnische Arbeiter angetroffen, die seit etwa zwei Jahren mit T zusammen auf der Baustelle arbeiteten und für die T keine Sozialversicherungsbeiträge abgeführt hatte. **Frage:** Hat T sich strafbar gemacht nach **§ 266a Abs. 1 StGB**?

Lösung: Das Problem des Falles steckt gleich im dritten Wort des § 266a Abs. 1 StGB (aufschlagen!), nämlich bei der Frage, ob T tatsächlich »Arbeitgeber« der Kollegen gewesen bzw. sich dessen überhaupt bewusst gewesen ist. Blöderweise äußerte sich T im Prozess vor Gericht nicht, was das Landgericht *Wiesbaden* als Vorinstanz (Az.: Ss 200/17) zu einer erstaunlichen Schlussfolgerung kommen ließ:

*»... Es ist zugunsten des schweigenden Angeklagten nicht auszuschließen, dass er in Bezug auf seine Arbeitgebereigenschaft einem **unvermeidbaren Verbotsirrtum** erlegen ist. Der ihn betreuende Rechtsanwalt hat ihm durch seine umfangreiche, langjährige Beratungs- und Betreuungstätigkeit möglicherweise den Eindruck vermittelt, sämtliche in Deutschland erforderlichen rechtlichen Schritte erledigt zu haben. Es kann daher nicht ausgeschlossen werden, dass der Angeklagte als polnischer Staatsbürger aufgrund dieser Umstände von der vollständigen Rechtmäßigkeit seines Handelns in Deutschland überzeugt war. Dies aber erfüllt die Voraussetzungen des unvermeidbaren Verbotsirrtums mit der zwingenden Rechtsfolge eines Ausschlusses des Unrechtsbewusstseins gemäß § 17 StGB ...«*

Oha. Das wollte und konnte der BGH so nicht stehenlassen. Wer sich in Deutschland auf einen unvermeidbaren (direkten!) Verbotsirrtum berufen möchte, muss nach Meinung des BGH schon mehr anbieten (siehe unser Außerirdischer oben). Deshalb hoben die Richter das Urteil auch auf und stellte fest (NStZ **2019**, 146):

»... Allein der Umstand, dass R als Rechtsanwalt (und Steuerberater) den Angeklagten beraten und insoweit glaubwürdig auch selbst von der Rechtmäßigkeit der selbstständigen Tätigkeit des Angeklagten als vor allem auch der übrigen Arbeiter überzeugt war, vermag ein fehlendes Unrechtsbewusstsein des Angeklagten bezogen auf seine Arbeitgebereigenschaft nicht zu begründen. Es fehlt insoweit schon an einer Darstellung des Landgerichts, was genau denn der Rechtsanwalt dem Angeklagten mitgeteilt hat. Ebenso mangelt es an einer Darstellung, welches Vorstellungsbild der Angeklagte in Bezug auf seine Stellung gegenüber seinen

Kollegen hatte … Beachtlich wäre des Weiteren Folgendes: Ein Irrtum über die Eigenschaft als ›Arbeitgeber‹ im Sinne des § 266a Abs. 1 StGB – als normatives Tatbestandsmerkmal – muss sich auf die ***statusbegründenden tatsächlichen Voraussetzungen*** *beziehen. Wem sämtliche tatsächlichen Umstände, die eine Arbeitgebereigenschaft begründen, bekannt sind, kann sich bei einer rechtlich unzutreffenden Wertung nur im Ausnahmefall darauf berufen, er habe nicht gewusst, Arbeitgeber im Sinne der Norm (§ 266a Abs. 1 StGB) zu sein … Sind dem Täter demgegenüber statusbegründende Umstände nicht bekannt, wäre ein solcher Irrtum über die Arbeitgebereigenschaft dann aber nicht als Verbotsirrtum im Sinne des § 17 StGB, sondern als vorsatzausschließender* ***Tatbestandsirrtum*** *nach § 16 Abs. 1 StGB zu behandeln…Insoweit erwägt der Senat eine Änderung seiner bisherigen Rechtsprechung, wonach ein solcher Irrtum bisher nach § 17 StGB zu behandeln war (vgl. BGH wistra* ***2014****, 23; BGH NStZ* ***2010****, 337) …«*

Also: Wir wollen uns bitte zunächst mal merken, dass der Irrtum über das normative Tatbestandsmerkmal »Arbeitgeber« in § 266a Abs. 1 StGB die statusbegründenden tatsächlichen Voraussetzungen umfassen muss. Wie bei allen normativen Tatbestandsmerkmalen muss man dann aber stets noch die berühmte »**Parallelwertung in der Laiensphäre**« vornehmen, also fragen, ob der die Tatumstände kennende Täter auch den rechtlich-sozialen Bedeutungsgehalt des Ganzen erfasst hat (BGHSt **3**, 248; OLG Köln StraFo **2004**, 282; *Wessels/Beulke/Satzger* Rz. 363). Würde man das hier verneinen, läge unter diesen Umständen ein Tatbestandsirrtum nach § 16 StGB und insbesondere kein Verbotsirrtum vor. Da dies, also die Parallelwertung in der Laiensphäre = die Vorstellung des Täters, im vorliegenden Fall bislang nicht abschließend geklärt ist (siehe oben), hat der BGH die Sache konsequenterweise an das LG *Wiesbaden* zur weitere Verhandlung zurückverwiesen.

2. So, und diese Rechtsprechung führte der BGH im September 2019 konsequent fort und ordnete damit die Bewertung normativer Tatbestandsmerkmale durch den Täter neu (BGH NStZ **2020**, 89). Es ging auch bei diesem Fall – wie erwähnt – um **§ 266a StGB**, und zwar mit folgender Geschichte (hier: leicht vereinfacht):

T vermittelte professionell ausländische Pflegekräfte an Familien in Deutschland. Hierfür warb er in verschiedenen osteuropäischen Ländern Personen an, brachte diese anschließend nach Deutschland und mit den Familien der Pflegebedürftigen in Kontakt. Diese Familien zahlten dafür einmalig eine Vermittlungsgebühr an T (→ 285 Euro) sowie eine monatliche »Kostenpauschale« in Höhe von maximal 88 Euro. Hierfür versprach T, sich um die Krankenversicherung der jeweiligen Pflegekraft sowie um kurzfristigen Ersatz zu kümmern, sollte eine Pflegekraft ausfallen. Einen weiteren Kontakt zwischen T und der jeweiligen Pflegekraft gab es nicht mehr. Die monatliche Vergütung der Pflegekräfte zahlten die jeweiligen Familien, bei denen die Personen in aller Regel auch wohnten und Kost und Logis erhielten. Die Familien bestimmten auch über den Inhalt der Pflegetätigkeit. Sozialversicherungsbeiträge oder Lohnsteuer wurden von niemandem abgeführt. Wegen dieser Nichtabführung der Beiträge konnte T den Familien – im Gegensatz zur Konkurrenz auf dem Pflegemarkt – die Pflegekräfte zu deutlich günstigeren Konditionen anbieten, was seinem Geschäftsmodell entsprach. **Strafbarkeit des T?**

Problem: Eine Täterschaft im Sinne des § 25 Abs. 1 StGB nach § 266a Abs. 1 oder 2 StGB kam für T nicht in Betracht, da er fraglos nicht als »Arbeitgeber« in Erscheinung trat, der § 266a Abs. 1 StGB diese Eigenschaft aber ausdrücklich fordert (bitte lies § 266a Abs. 1 StGB, dort das dritte Wort!). Die Pflegekräfte wurden zwar von T angeworben und auch an die deutschen Familien vermittelt bzw. zu ihnen gebracht; die monatliche Vergütung erhielten die Personen aber von den Familien selbst, die zudem auch allein über den Inhalt der Tätigkeit bestimmten (= klassische Arbeitgeber-Definition). T war somit keinesfalls Arbeitgeber und konnte demnach auch nicht als Täter von § 266a StGB belangt werden.

Aber: Wenn schon nicht als Täter, so konnte T aber durchaus **Beihilfe** im Sinne des § 27 StGB zur Begehung des § 266a StGB durch die Familien leisten. Wenn die Familien bzw. einzelne Personen dieser Familien objektiv »Arbeitgeber« waren (und das waren sie), erfüllte ihr Verhalten – das Nichtabführen von Sozialversicherungsbeiträgen – problemlos die Voraussetzungen des objektiven Tatbestandes des § 266a Abs. 1 und/oder Abs. 2 StGB. Die entscheidende Frage lautete freilich: Handelten die Familien bzw. die jeweiligen Familienmitglieder tatsächlich auch **vorsätzlich** in Bezug auf § 266a StGB und dort namentlich ihre Arbeitgebereigenschaft und der daraus folgenden Abführungspflicht bzgl. der Sozialversicherungsabgaben?

Antwort: Welches Bewusstsein für die Erfüllung des subjektiven Tatbestandes des § 266a Abs. 1 StGB konkret nötig ist, legte der BGH mit einer erstaunlichen, aber konsequenten Entscheidung im September 2019 sodann (neu) fest. Wörtlich heißt es:

> *»... Hinsichtlich der Arbeitgebereigenschaft in § 266a StGB und der daraus folgenden Abführungspflicht kommt es für das Vorliegen von bedingtem Vorsatz entscheidend darauf an, ob der Arbeitgeber erkannt und billigend in Kauf genommen hat, dass aufgrund der Umstände des Einzelfalls möglicherweise von einer abhängigen Beschäftigung auszugehen ist und daraus gegebenenfalls für ihn eine Abführungspflicht folgt. Er muss in einer zumindest* ***laienhaften Bewertung*** *erkannt haben, dass er selbst möglicherweise Arbeitgeber ist, dass eine Abführungspflicht existieren und er durch die fehlende Anmeldung oder unvollständige oder unrichtige Angaben die Heranziehung zum Abführen von Sozialabgaben ganz oder teilweise vermeiden könnte. Eine bloße ›Erkennbarkeit‹ reicht insofern nicht aus ...*
>
> *... Nach der* ***bisherigen Rechtsprechung*** *des Bundesgerichtshofs musste sich der Vorsatz mit Blick auf die Eigenschaft als Arbeitgeber und Arbeitnehmer sowie die daraus resultierenden sozialversicherungsrechtlichen Pflichten allerdings nur auf die hierfür maßgeblichen tatsächlichen Umstände beziehen, während es* ***keiner*** *zutreffenden rechtlichen Einordnung und damit auch keines Fürmöglichhaltens und keiner Billigung einer möglichen Verletzung der etwa in eigener Person bestehenden Verpflichtung zur Beitragsabführung bedurfte. Lag diese Kenntnis der tatsächlichen Verhältnisse vor, unterlag der Täter, wenn er glaubte, nicht Arbeitgeber zu sein oder für die Abführung der Beiträge nicht Sorge tragen zu müssen, nach bisheriger Rechtsprechung keinem vorsatzausschließenden Tatbestandsirrtum, sondern (allenfalls) einem – in der Regel vermeidbaren –* ***Verbotsirrtum*** *(BGH vom 7. Oktober 2009 –*

*1 StR 478/09 und 4. September 2013 – 1 StR 94/13 Rz. 16) … **Hieran hält der Senat nicht fest**. Wie bereits in dem Beschluss vom 24. Januar 2018 angedeutet, ist vorsätzliches Handeln nur anzunehmen, wenn der Täter über die Kenntnis der insoweit maßgeblichen tatsächlichen Umstände hinaus auch die außerstrafrechtlichen Wertungen des Arbeits- und Sozialversicherungsrechts – zumindest als Parallelwertung in der Laiensphäre – nachvollzogen hat (zustimmend Habetha in StV 2019, 39 ff.; von Galen/Dawidowicz in NStZ 2019, 148 f.; Schneider/Rieks in HRRS 2019, 62 ff.; Rode/Hinderer in wistra 2018, 341 f.; Reichling in StraFo 2018, 357 f.; Floeth in NStZ-RR 2018, 182 f.; MüKoStGB/Radtke § 266a StGB Rz. 90; Fischer § 266a StGB Rz. 23). Der § 266a Abs. 1 bis 3 StGB stellt – mit Ausnahme von § 266a Abs. 2 Nr. 1 StGB – ein **echtes Unterlassungssonderdelikt** dar. Bei derartigen Sonderdelikten, die durch Unterlassen begangen werden, muss der Vorsatz alle die Handlungspflicht begründenden Umstände umfassen. Der Täter muss danach seine Stellung als Arbeitgeber **und** die daraus resultierende sozialversicherungsrechtliche Abführungspflicht zumindest für möglich gehalten und deren Verletzung billigend in Kauf genommen haben … Bei der Pflichtenstellung im Sinne des § 266a StGB handelt es sich um ein **normatives Tatbestandsmerkmal**, hinsichtlich dessen die bloße Kenntnis der zugrundeliegenden Tatsachen nicht genügt, um vorsätzliches Verhalten zu begründen. Vielmehr muss der Täter die für die Unrechtsbegründung wesentliche Bedeutung der maßgeblichen Tatumstände zutreffend erfasst und die rechtliche Wertung nachvollzogen haben. Demgemäß ist eine Fehlvorstellung über die Arbeitgebereigenschaft in § 266a StGB und die daraus folgende Abführungspflicht als **Tatbestandsirrtum** im Sinne von **§ 16 Abs. 1 Satz 1 StGB** einzuordnen. Hat der Täter diese Vorstellung nicht, unterliegt er einem vorsatzausschließenden Tatbestandsirrtum, weil ihn der spezifische strafrechtliche Normappell nicht erreicht …«*

Wir merken uns: Beim normativen Tatbestandsmerkmal »Arbeitgeber« im echten Unterlasssungsdelikt des § 266a Abs. 1 StGB muss der Täter nicht nur die maßgeblichen Umstände kennen, die die Arbeitgebereigenschaft begründen, sondern darüber hinaus auch die außerstrafrechtlichen Wertungen des Arbeits- und Sozialversicherungsrechts – zumindest als Parallelwertung in der Laiensphäre – nachvollzogen und in seinen Vorsatz einbezogen haben. Der Täter muss danach seine Stellung als Arbeitgeber und die daraus resultierende sozialversicherungsrechtliche Abführungspflicht zumindest für möglich halten und deren Verletzung billigend in Kauf nehmen. Andernfalls unterliegt er einem vorsatzausschließenden Tatbestandsirrtum nach § 16 StGB und nicht (mehr) einem Verbotsirrtum im Sinne des § 17 StGB (BGH NStZ **2020**, 89; BGH NStZ **2019**, 146). So, und weil die Fragen nach dem konkreten Vorstellungsbild der einzelnen Familien, die eine osteuropäische Pflegekraft unter Zuhilfenahme des T engagiert hatten, nicht vollständig geklärt waren, verwies der BGH die ganze Geschichte zurück ans Landgericht (→ BGH NStZ **2020**, 89).

Gutachten

Strafbarkeit des R durch das gewaltsame Ergreifen seines Rades

R könnte sich durch das Ergreifen des Rades wegen Körperverletzung gemäß § 223 Abs. 1 StGB strafbar gemacht haben.

Objektiver Tatbestand:

R müsste K körperlich misshandelt oder an der Gesundheit beschädigt haben. R hat K mit einem Fausthieb attackiert. Hierin liegt eine körperliche Misshandlung im Sinne des § 223 StGB. Der objektive Tatbestand des § 223 Abs. 1 StGB ist erfüllt.

Subjektiver Tatbestand:

Gemäß § 15 StGB ist nur vorsätzliches Handeln strafbar. R handelte mit Wissen und Wollen, folglich vorsätzlich. Auch der subjektive Tatbestand des § 223 Abs. 1 StGB ist erfüllt.

Rechtswidrigkeit:

Der R könnte bei seinem Verhalten durch die Selbsthilfe des Besitzers gemäß § 859 Abs. 2 BGB, durch die allgemeine Selbsthilfe gemäß § 229 BGB und schließlich auch durch Notwehr gemäß § 32 StGB gerechtfertigt sein.

1. Die gegen eine verbotene Eigenmacht nach § 858 BGB zulässige Selbsthilfe aus § 859 Abs. 2 BGB setzt zu ihrer Anwendung entweder das Betreffen »auf frischer Tat« oder aber einen »verfolgten« Täter voraus. In vorliegenden Fall war der Diebstahl bereits einen Tag alt mit der Folge, dass beiden gerade genannten Voraussetzungen nicht (mehr) erfüllt sind. »Auf frischer Tat betroffen« ist nur derjenige Täter, der unmittelbar nach der Entziehung angetroffen wird. Eine »Verfolgung« im Sinne der Norm setzt voraus, dass der Täter alsbald nach der Entziehung entdeckt und dann die Verfolgung begonnen wurde. Ist die Entziehung aber bereits einen Tag her und damit abgeschlossen, scheidet die Anwendung des § 859 Abs. 2 BGB aus.

2. Die Notwehr aus § 32 Abs. 2 StGB setzt zu ihrer Anwendung einen gegenwärtigen rechtswidrigen Angriff voraus. Dass hier ein rechtswidriger Angriff auf das Rechtsgut Eigentum des R vorlag, steht zunächst außer Frage. Dieser war jedoch nicht mehr gegenwärtig. Gegenwärtig ist ein Angriff nämlich nur dann, wenn er unmittelbar bevorsteht, begonnen hat oder noch fortdauert. Ein Angriff dauert fort, bis zu seinem vollständigen Abschluss in Form der endgültigen Rechtsgutsbeeinträchtigung mit der Konsequenz, dass man auch einen flüchtenden Dieb in unmittelbarem Zusammenhang mit der Tat grundsätzlich verfolgen und ihm die Beute nach Notwehrregeln wieder abjagen darf. Hat der Täter indessen den Tatort zunächst unbehelligt verlassen, die Beute also gesichert, ist der Angriff abgeschlossen und beendet, mithin nicht mehr gegenwärtig im Sinne des § 32 StGB. Dieser Angriff kann demzufolge später auch nicht mehr mit den Mitteln der Notwehr bekämpft werden.

3. Schließlich liegen auch die Voraussetzungen der allgemeinen Selbsthilfe aus § 229 BGB nicht vor. K war zwar »der Flucht verdächtig« im Sinne der Norm; es bestand aber nicht die Gefahr, dass die Verwirklichung des Herausgabeanspruchs des R gegen K (z.B. § 985 BGB) vereitelt oder wesentlich erschwert wird, wenn R den K nicht eigenmächtig festhält und ihm die Sache wegnimmt. Der R kannte nach Auskunft des Sachverhaltes den K, sodass es ohne Problem möglich war, den Anspruch mit staatlichen Mitteln (Polizei, Gericht) durchzusetzen bzw. zu realisieren. Sofern aber staatliche Mittel zur Durchsetzung privater Ansprüche erfolgversprechend eingesetzt werden können, ist die Selbsthilfe nach § 229 BGB grundsätzlich unzulässig. Der Bürger muss seine Rechte in dem dafür vorgesehenen gerichtlichen Verfahren geltend machen und darf insbesondere keine private Gewalt anwenden. Es liegen somit weder die objektiven Voraussetzungen der Selbsthilfe des Besitzers im Sinne des § 859 Abs. 2 BGB noch der Notwehr aus § 32 StGB noch der allgemeinen Selbsthilfe aus § 229 BGB vor. R konnte sich also bei seiner gegen K gerichteten Handlung auf keinen dieser Rechtfertigungsgründe berufen. Die den Täter entlastenden rechtfertigenden Wirkungen der strafrechtlichen Rechtfertigungsgründe greifen grundsätzlich nur dann ein, wenn deren objektiven Voraussetzungen erfüllt sind. Wer nur irrig an das Vorliegen der Voraussetzungen eines Rechtfertigungsgrundes glaubt, handelt nicht gerechtfertigt. R glaubte zwar, dass sein Verhalten (durch Notwehr) gerechtfertigt sei, kann hieraus aber keine Rechtfertigung für seine Tat herleiten. Die Körperverletzung des R war objektiv nicht gerechtfertigt. R handelte folglich rechtswidrig.

Schuld:

1. Der R war mangels entgegenstehender Angaben schuldfähig.

2. Es stellt sich aber die Frage, ob R mit Unrechtsbewusstsein handelte. Angesichts der Tatsache, dass R glaube, in Notwehr zu handeln, kommt ein Verbotsirrtum gemäß § 17 StGB in Betracht.

a) Ein sogenannter »direkter« Verbotsirrtum liegt vor, wenn der Täter die seine Tat unmittelbar betreffende Verbotsnorm überhaupt nicht kennt oder sie für ungültig hält und daher glaubt, er handele ohne Unrecht. Dies aber kann vorliegend nicht angenommen werden. R war in Kenntnis der Rechtfertigungsnorm, hatte indessen den Anwendungsbereich falsch eingeschätzt.

b) Insoweit kann ein »indirekter« Verbotsirrtum einschlägig sein. Ein »indirekter« Verbotsirrtum liegt vor, wenn der Täter sich über die Existenz oder die rechtlichen Grenzen eines anerkannten Rechtfertigungsgrundes irrt und deshalb nicht erkennt, dass seine Tat Unrecht ist. R hat den K im Glauben, durch Notwehr gerechtfertigt zu sein, vom Rad gestoßen und das Gefährt wieder an sich genommen. Das aber war objektiv nicht zulässig, denn es ist oben festgestellt worden, dass der Angriff des K auf das Rechtsgut (Eigentum) des R durch die Besitzentziehung vom Vortag bereits abgeschlossen war. Der Angriff war namentlich nicht mehr gegenwärtig und der K auch nicht auf frischer Tat betroffen oder verfolgt. Der R hat folglich die zeitlichen Grenzen des Notwehrrechts und des Rechts auf Selbsthilfe des Besitzers irrtümlich überdehnt. Und damit unterlag er insoweit einem indirekten Verbotsirrtum im oben definierten Sinne, denn er hat sich über die Grenzen eines anerkannten Rechtfertigungsgrundes geirrt.

Entscheidend für die Strafbarkeit des R ist gemäß § 17 Satz 2 StGB, ob er diesen Irrtum vermeiden konnte. War der Irrtum vermeidbar, ist seine Strafe nach § 17 Satz 2 StGB zu mildern. Konnte er ihn nicht vermieden, handelte R gemäß § 17 Satz 1 StGB ohne Schuld und würde folglich mangels Unrechtsbewusstseins nicht bestraft. Vermeidbar ist ein Verbotsirrtum dann, wenn dem Täter sein Vorhaben unter Berücksichtigung seiner Fähigkeiten und Kenntnisse hätte Anlass geben müssen, über dessen mögliche Rechtswidrigkeit nachzudenken oder sich zu erkundigen, und er auf diesem Weg zur Unrechtseinsicht gekommen wäre. R als Rechtsstudent hätte wissen können, dass er den ihm bekannten K nicht einfach vom Rad stoßen und die gestohlene Sache wieder an sich nehmen darf. Für solche Fälle gilt nicht das Faustrecht in Form privater Gewalt, sondern die Einschaltung der Staatsgewalt (Polizei, Gerichte). Die gewaltsame Sicherung oder Durchsetzung von zivilrechtlichen Ansprüchen durch private Gewalt ist grundsätzlich nicht zulässig, wenn die Beschreitung des gerichtlichen Weges möglich ist. Nur im Falle der Gefährdung, namentlich bei einem flüchtigen Anspruchsgegner, ist die Anwendung privater Gewalt gemäß § 229 BGB zulässig. Das Überschreiten des Notwehrrechts war somit für R vermeidbar mit der Konsequenz, dass die Rechtsfolgen des § 17 Satz 2 StGB eingreifen. R handelte in einem vermeidbaren indirekten Verbotsirrtum im Sinne des § 17 StGB und hatte demzufolge auch das für die Schuld und die Strafbarkeit notwendige Unrechtsbewusstsein.

3. Entschuldigungsgründe zugunsten des R sind nicht erkennbar.

Ergebnis: R hat sich strafbar gemacht wegen Körperverletzung. Seine Strafe kann wegen des vermeidbaren indirekten Verbotsirrtums gemäß den §§ 17 Satz 2, 49 Abs. 1 StGB gemildert werden.

Fall 20

Retter ohne Not

Rechtsstudent R hält auf dem Heimweg von der Universität mit seinem Fahrrad gegen 12 Uhr mittags an einer Ampel an. Als er dort steht, dringt plötzlich aus einem geöffneten Fenster eines anliegenden Hauses eine verzweifelte, laut schreiende Frauenstimme. Als R auch noch das Geräusch von Ohrfeigen und dumpfen Schlägen vernimmt, schmeißt er geistesgegenwärtig sein Rad zur Seite, läuft durch die offen stehende Haustür in das Gebäude, die Treppe hoch in den ersten Stock und tritt im Glauben, eine Vergewaltigung zu stoppen, mit voller Wucht die Tür der betreffenden Wohnung ein. Im vermeintlichen Tat-Zimmer sitzt allerdings der durchgeknallte Philosophiestudent P vor dem Fernseher und schaut sich gerade einen schmuddeligen Actionfilm mit Lautstärke 50 an. P stellt Strafantrag wegen Sachbeschädigung an der Wohnungstür.

Frage: Hat R sich strafbar gemacht?

> **Schwerpunkte:** Der »Erlaubnistatbestandsirrtum«; die rechtliche Einordnung im Prüfungsaufbau; Abgrenzung zum klassischen Verbotsirrtum im Sinne des § 17 StGB und zum Tatbestandsirrtum gemäß § 16 StGB; die strenge Schuldtheorie; die eingeschränkte Schuldtheorie; die Lehre von den negativen Tatbestandsmerkmalen; die Lösung des BGH. Im Anhang: Der »Putativnotwehrexzess«.

Lösungsweg

Vorab: Mit diesem Fall begeben wir uns an **DAS** Problem der strafrechtlichen Irrtumslehre überhaupt. Die Frage nach dem sogenannten »Erlaubnistatbestandsirrtum« beschäftigt (und quält) seit Generationen die Jurastudenten; jeder fertige Jurist hat während seiner Ausbildung garantiert mindestens einmal dazu schriftlich oder im Staatsexamen zumindest mündlich Stellung nehmen müssen (vgl. etwa *Rengier* AT § 30 Rz. 1 oder *Christoph* in JA 2016, 32). Inhaltlich ist das Ganze dabei eigentlich gar nicht so schwer, zumal wir in den beiden vorherigen Fällen schon beachtliche Vorarbeit geleistet haben, die uns jetzt zugutekommt. Bevor wir an die klassische Fall-Lösung im bekannten Muster gehen, wollen wir daher auch noch mal kurz wiederholen, was wir bislang im Hinblick auf die strafrechtlichen Irrtümer gelernt haben, und zwar: Wenn dem Täter Umstände nicht bekannt sind, die zum gesetzlichen (= objektiven) Tatbestand gehören, handelt er nicht vorsätzlich. Das ist der sogenannte »**Tatbestandsirrtum**«, und der steht in § 16 Abs. 1 Satz 1 StGB. Sofern es ein entsprechendes fahrlässiges Delikt gibt, verbleibt dann aber eine Bestrafung nach diesem Fahrlässigkeitsdelikt (vgl. § 16 Abs. 1 Satz 2 StGB). Kannte der Täter den gesetzlichen (= objektiven) Tatbestand, dachte er aber, er handele gerechtfertigt, war das ein sogenannter (indirekter) »**Verbotsirrtum**« im Sinne des § 17 StGB (BGH NStZ **2013**, 461). Und diesen Verbotsirrtum hatten wir sogar noch insoweit konkretisiert, als dass der Täter im Falle des (in der Praxis allein vorkommenden) »indirekten« Verbotsirrtums bei einer von ihm **zutreffend** gesehenen Sachlage nur einer **falschen** Bewertung der rechtlichen Seite dieser Sachlage erlegen war. Der Täter hat also den vor ihm liegenden Sachverhalt zutreffend erkannt, aus diesem Sachverhalt aber die falschen rechtlichen Schlüsse für sein Verhalten gezogen und namentlich geglaubt, sein Verhalten sei gerechtfertigt (der letzte Satz war wichtig, bitte noch mal lesen). Und dieser Verbotsirrtum war dann nach **§ 17 StGB** zu beurteilen mit der Folge, dass bei (regelmäßig vorliegender) Vermeidbarkeit die Strafe des Täters wegen vorsätzlicher Tat nur gemildert werden konnte (lies § 17 Satz 2 StGB).

So, und jetzt schauen wir mal auf unseren Fall. Und wer ziemlich gut aufgepasst hat, wird Folgendes bemerkt haben: Der gute R, der hier die Wohnungstür des P eintritt (= § 303 StGB), unterliegt schon mal **keinem** Tatbestandsirrtum im Sinne des § 16 Abs. 1 Satz 1 StGB. Denn R ***will*** (Vorsatz!) ohne Frage die Tür eintreten. Er ***will*** damit den objektiven Tatbestand des § 303 Abs. 1 StGB (→ Zerstören oder Beschädigen einer fremden Sache) erfüllen. Am Vorsatz des R gibt es somit nix zu mucken. Denn – wie gesagt – unser R wusste ja um alle Merkmale des objektiven Tatbestandes und wollte diese auch erfüllen. Der Tatbestandsirrtum im klassischen Sinne scheidet damit aus. Bleibt der indirekte Verbotsirrtum, aber: Wir haben oben gesagt, dass ein solcher nur dann vorliegt, wenn der Täter bei zutreffend gesehener Sachlage die falschen **rechtlichen** Schlüsse zieht und sein Verhalten demnach für gerechtfertigt hält. Hier bei uns nun ist es aber genau umgekehrt, nämlich: Der R sieht den vor ihm liegenden Sachverhalt gerade **falsch**, zieht aber aus diesem falsch gesehenen Sachverhalt die **richtigen** rechtlichen Schlüsse! Unser R glaubt nämlich irrtümlich an eine Vergewaltigung, während der P sich einen dämlichen Actionfilm ansieht. **Und:** Würde die Vorstellung des R stimmen (→ Vergewaltigung), wäre sein Verhalten fraglos gerechtfertigt, und zwar sowohl durch den rechtfertigenden Notstand aus § 34 StGB als auch durch die Regelung des § 904 BGB.

Und genau **DAS** ist der sogenannte »Erlaubnistatbestandsirrtum«:

Definition: Der Täter glaubt irrtümlich an einen Sachverhalt, der – läge er tatsächlich vor – sein Verhalten in der konkreten Situation rechtfertigen würde (BGH NJW **2004**, 2458; BGH NStZ **1983**, 500; LK/*Vogel/Bülte* § 16 StGB Rz. 110; *Rengier* § 30 Rz. 1; *Wessels/Beulke/Satzger* Rz. 704).

Diese Konstellation, die auch als »Putativnotwehr« bzw. »Putativnotstand« bezeichnet wird, ist nun leider – wie gesehen – weder von § 16 StGB noch von § 17 StGB ausdrücklich geregelt mit der Folge, dass ein breites Feld für Meinungsstreitigkeiten geebnet wurde, das Wissenschaft und Rechtsprechung auch reichhaltig beackern, und zwar seit Gründung des BGH (→ 8. Oktober 1950) – bis heute.

Wir wollen es uns in der konkreten Fall-Lösung ansehen:

Strafbarkeit des R durch das Eintreten der Tür

→ **§ 303 Abs. 1 StGB** (Sachbeschädigung)

I. Tatbestand

A. Objektiv

R müsste eine fremde Sache beschädigt oder zerstört haben. Kein Problem: R hat die aus seiner Sicht fremde Tür mit dem Tritt zumindest beschädigt.

ZE.: Der objektive Tatbestand ist erfüllt.

B. Subjektiver Tatbestand

Für den subjektiven Tatbestand ist gemäß § 15 StGB der Vorsatz des R im Hinblick auf die objektiven Tatbestandsmerkmale erforderlich. Auch kein Problem: R wusste um alle Umstände des gesetzlichen (= objektiven) Tatbestandes – und ***wollte*** sogar die fremde Tür eintreten (= beschädigen). R hatte folglich den erforderlichen Vorsatz. Es liegt insbesondere kein Fall des Tatbestandsirrtums im Sinne des § 16 Abs. 1 Satz 1 StGB vor, denn R irrte sich hier nicht über die Merkmale des gesetzlichen Tatbestandes (siehe auch unsere Ausführungen oben im Vorspann).

ZE.: R handelte somit vorsätzlich im Sinne des § 15 StGB.

II. Rechtswidrigkeit

Die Tat des R könnte jedoch zum einen durch den sogenannten »aggressiven Notstand« aus § 904 Satz 1 BGB und zum anderen durch den »rechtfertigenden Notstand« aus § 34 StGB gerechtfertigt sein. Gemäß § 904 Satz 1 BGB ist der Eigentümer einer Sache nicht berechtigt, die Einwirkung eines anderen auf die Sache zu verbieten (= strafrechtlicher Rechtfertigungsgrund, vgl. weiter vorne Fall 5), wenn die Einwirkung zur Abwendung einer gegenwärtigen Gefahr notwendig und der drohende Schaden gegenüber dem aus der Einwirkung dem Eigentümer entstehenden Schaden unverhältnismäßig groß ist. Und gemäß **§ 34 StGB** handelt nicht rechtswidrig, wer in einer gegenwärtigen, nicht anders abwendbaren Gefahr für (unter anderem) die Rechtsgüter Leben, Leib und Freiheit eine rechtswidrige Tat begeht, um die Gefahr von sich oder einem anderen abzuwenden, wenn bei Abwägung der widerstreitenden Interessen das geschützte Interesse das beeinträchtigte wesentlich überwiegt.

Problem: Die genannten Voraussetzungen liegen **objektiv** nicht vor; der R glaubt nur, dass das so ist. Damit aber scheiden nach allgemeiner Ansicht sämtliche Rechtfertigungsgründe in ihrer Anwendung von vorneherein aus. Deren Voraussetzungen müssen nämlich unstreitig **objektiv** gegeben sein (BGHSt **3**, 195; RGSt **64**, 102; OLG Stuttgart NJW **1992**, 851; *Fischer* § 32 StGB Rz. 4), damit ein Täter sich darauf berufen kann. Wer nur irrig an das Vorliegen der Voraussetzungen eines Rechtfertigungsgrundes glaubt, handelt ***nicht*** gerechtfertigt (BGHSt **39**, 133; *Lackner/Kühl* § 32 StGB Rz. 6; LK/*Rönnau/Hohn* § 32 StGB Rz. 280; SK/*Hoyer* § 32 StGB Rz. 68; S/S/*Perron* § 32 StGB Rz. 65).

ZE.: R handelte beim Eintreten der Tür nicht gerechtfertigt.

III. Schuld

1. Mangels entgegenstehender Angaben im Sachverhalt ist R schuldfähig.

2. Unrechtsbewusstsein?

Beachte: Der »Erlaubnistatbestandsirrtum« muss vom Klausurbearbeiter zunächst mal als solcher erkannt werden. Wie das geht, haben wir weiter oben im Vorspann schon mal gesagt. Wir erinnern uns bitte:

> **Definition:** Der Täter glaubt irrtümlich an einen Sachverhalt, der – läge er tatsächlich vor – sein Verhalten rechtfertigen würde (BGH NJW **2004**, 2458; BGH NStZ **1983**, 500; LK/*Vogel/Bülte* § 16 StGB Rz. 110; *Rengier* AT § 30 Rz. 1; *Wessels/Beulke/Satzger* Rz. 739; *Christoph* in JA 2016, 32).

Hier: Hätte in dem fraglichen Zimmer tatsächlich eine Vergewaltigung stattgefunden, wären beim Eintreten der Tür sowohl die Voraussetzungen des § 904 BGB als auch des § 34 StGB erfüllt gewesen. Denn zum einen hätte P die Einwirkung auf die Tür gemäß **§ 904 Satz 1 BGB** wegen der Abwehr des drohenden Schadens am vermeintlichen Vergewaltigungsopfer dulden müssen und zum anderen hätte dann auch eine **gegenwärtige Gefahr** für das Rechtsgut »Leib« des Opfers im Sinne des § 34 StGB bestanden, zu dessen Verteidigung das Eintreten der Tür zulässig gewesen wäre (Übrigens: Notwehr nach § 32 StGB kam nicht in Betracht, da sich dort die Verteidigungshandlung direkt gegen den Angreifer richten muss).

ZE.: Der R hat sich einen Sachverhalt vorgestellt, bei dessen Vorliegen seine Tat sowohl nach § 904 Satz 1 BGB als auch nach § 34 StGB gerechtfertigt gewesen wäre.

Hat man dies festgestellt, ist nun natürlich fraglich, welche rechtlichen Konsequenzen dieser Irrtum hat. Folgendes wird zur Abwicklung des Erlaubnistatbestandsirrtums vertreten (vgl. umfassend *Christoph* in JA 2016, 32):

- Nach einer Meinung, der sogenannten »**strengen Schuldtheorie**«, soll der Erlaubnistatbestandsirrtum wie ein klassischer Verbotsirrtum im Sinne des § 17 StGB behandelt werden (NK/*Paeffgen/Zabel* vor § 32 StGB Rz. 123; *Dornseifer* in JuS 1982, 765; *Hirsch* in ZStW 94, 257; derselbe: Die Lehre von den negativen Tatbestandsmerkmalen (1960), Seite 311 ff.; NK/*Puppe* § 16 StGB Rz. 144; *Jakobs* AT § 11 Rz. 54; *Maurach/Gössel* II 99; *Kaufmann* in ZStW 76, 430; *Warda* in JR 1950, 546). Nach dieser Auffassung soll nämlich **jeder** Irrtum über die Rechtfertigung der Tat ein Fall des § 17 StGB sein. Dies gelte demnach nicht nur für Irrtümer über die rechtliche Seite eines Rechtfertigungsgrundes, sondern auch wenn der Täter die tatsächlichen Voraussetzungen einer rechtfertigenden Norm falsch sehe. Die Theorie nennt sich »strenge« Schuldtheorie, da sie keinerlei Ausnahmen von dem Grundsatz zulässt, dass fehlendes Unrechtsbewusstsein, also der Irrtum über die Rechtswidrigkeit der Tat, allein eine Frage der Schuld sei. Sämtliche Irrtümer über die Rechtswidrigkeit der Tat könnten also nur als Verbotsirrtum mit den Rechtsfolgen des **§ 17 StGB** beurteilt werden (vgl. *Hirsch* in ZStW 94, 257; NK/*Paeffgen/Zabel* vor § 32 StGB Rz. 123). Der Täter handelt somit in jedem Falle vorsätzlich und rechtswidrig, je nach Vermeidbarkeit des Irrtums entfällt jedoch die Bestrafung wegen fehlenden Unrechtsbewusstseins ganz (§ 17 Satz 1 StGB) oder kann gemildert werden (§ 17 Satz 2 StGB).

- Daneben steht die sogenannte »**eingeschränkte Schuldtheorie**«, die in zwei unterschiedlichen Spielarten vertreten wird (jetzt wird's ein bisschen knifflig), **nämlich:**

  → Zum einen lässt die »reine« eingeschränkte Schuldtheorie (auch: Schuldtheorie »im engeren Sinne«) schon das »Unrecht der vorsätzlichen Tat« in **analoger** Anwendung des **§ 16 Abs. 1 Satz 1 StGB** entfallen; beruht der Irrtum des Täters auf Fahrlässigkeit, wird analog § 16 Abs. 1 Satz 2 StGB aber wegen der entsprechenden Fahrlässigkeitstat bestraft (MK/*Joecks* § 16 StGB Rz. 127; SK/*Hoyer* § 16 StGB Rz. 90; S/S/*Sternberg-Lieben/Schuster* § 16 StGB Rz. 18; *Rengier* AT § 30 Rz. 20; *Lackner/Kühl* § 17 StGB Rz. 14; LK/*Rönnau* vor § 32 StGB Rz. 96; *Roxin* AT § 14 Rz. 64; *Krey/Esser* AT Rz. 710; *Mitsch* in JA 1995, 36; *Herzberg* in JA 1989, 243; *Scheffler* in Jura 1993, 617; *Graul* in JuS 1995, L 41). Nach dieser Auffassung gehören die subjektiven Vorstellungen des Täters vom Tatbestand **und** der Rechtswidrigkeit qualitativ zusammen und müssen deshalb auch die gleiche Behandlung erfahren. Wer die tatsächlichen Voraussetzungen einer rechtfertigenden Norm verkennt, handelt zwar nicht in Unkenntnis des »gesetzlichen« Tatbestandes wie es der § 16 StGB ausdrücklich fordert; gleichwohl werde der Handlungsunwert der Tat durch den Irrtum in einer dem § 16 StGB vergleichbaren Art und Weise aufgehoben. Der § 16 StGB sei daher auf den Erlaubnistatbestandsirrtum **analog** anzuwenden (*Lackner/Kühl* § 17 StGB Rz. 14) mit der Folge, dass der Täter grundsätzlich nicht vorsätzlich handelt und auch nicht entsprechend bestraft werden kann (in diese Richtung tendieren auch die Formulierungen des BGH in BGHSt **45**, 378; BGH NStZ **1996**, 34). Die Strafbarkeit des Täters scheitert somit nicht erst in der Schuld – so wie bei der »strengen« Schuldtheorie –, sondern bereits am **Vorsatz** im Hinblick auf das »Unrecht der Tat«. Für mögliche Teilnehmer hat dies dann die (günstige) Konsequenz, dass es mangels Vorsatzes des Haupttäters schon an einer »vorsätzlichen rechtswidrigen Haupttat« im Sinne der §§ 26, 27 StGB fehlt und eine Teilnahme mithin nicht möglich ist (im Einzelnen noch umstritten, vgl. LK/*Vogel/Bülte* § 16 StGB Rz. 126).

→ Die sogenannte »**rechtsfolgenverweisende**« eingeschränkte Schuldtheorie (auch: Schuldtheorie »im weiteren Sinne«) kommt im Strafausspruch, also bei der Verurteilung des Täters, zum gleichen Ergebnis, begründet dies jedoch anders: Nach dieser Meinung wird der Täter, der sich im Erlaubnistatbestandsirrtum befindet, im Ergebnis ebenfalls nicht wegen vorsätzlicher Tat bestraft. Allerdings soll hierzu nur die **Rechtsfolge** des § 16 Abs. 1 Satz 1 StGB, also in jedem Falle die mangelnde Bestrafung wegen vorsätzlicher Tat, herangezogen werden. Der klassische Vorsatz des Täters, also die Kenntnis der objektiven Merkmale des verwirklichten Strafgesetzes im Sinne des § 16 Abs. 1 StGB, bleibt nach dieser Meinung aber bestehen (OLG Hamm NJW **1987**, 1034; *Blei* AT § 59 II 3; *Fischer* § 16 StGB Rz. 22d; *Wessels/Beulke/Satzger* Rz. 756; *Jescheck/Weigend* § 41 IV 1d; LK/*Vogel/Bülte* § 16 StGB Rz. 125). Denn der Wille des Täters, den objektiven Tatbestand zu erfüllen, sei ja offensichtlich vorhanden. Deshalb könne auch nicht – wie von der anderen eingeschränkten Schuldtheorie vorgeschlagen – der Vorsatz des Täters entfallen. Dem Täter, der sich über das Vorliegen eines rechtfertigenden Sachverhaltes geirrt habe, könne vielmehr nur kein **Vorsatzschuldvorwurf** gemacht werden (*Jescheck/Weigend* § 41 IV 1d). Der Irrtum über die tatsächliche Seite der Rechtfertigung sei somit lediglich auf der Ebene der Schuld zu berücksichtigen. Die Tat bleibe daher vorsätzlich und rechtswidrig im klassischen Sinne, es fehle aber der für die Schuld typische Vorwurf des Verkennens der Wertvorstellungen der Rechtsgemeinschaft (*Blei* AT § 59 II 3). Im Ergebnis bestraft somit auch diese Meinung nicht wegen vorsätzlicher Tat, lässt aber durch die Aufrechterhaltung des Vorsatzes und der Rechtswidrigkeit eine Bestrafung möglicher Teilnehmer an der jeweiligen Tat weiterhin zu (*Wessels/Beulke/Satzger* Rz. 755).

- Und schließlich gibt es noch die »**Lehre von den negativen Tatbestandsmerkmalen**«. Diese Meinung sieht in den Rechtfertigungsgründen Bestandteile eines »Gesamtunrechtstatbestandes« und in den einzelnen Rechtfertigungsvoraussetzungen demzufolge »negative Tatbestandsmerkmale« (*Schünemann* in GA 1985, 341; *Kaufmann* in JZ 1954, 653; *Koriath*, Grundlagen strafrechtlicher Zurechnung (1994), Seite 326 ff.; vgl. umfassend auch SK/*Hoyer* vor §§ 32 ff. StGB Rz. 16). Somit braucht der § 16 Abs. 1 StGB logischerweise auch nicht analog oder nur in seinen Rechtsfolgen angewendet zu werden; er kann nach dieser Auffassung vielmehr **direkt** bzw. **unmittelbar** zur Geltung kommen, wenn der Täter sich über die »negativen« Tatbestandsmerkmale irrt. Denn es sind nach dieser Meinung ja gesetzliche Tatbestandsmerkmale im Sinne des § 16 StGB.

Problem: Das klingt alles nicht nur ziemlich schwierig und sehr abstrakt – das ist es leider auch. Besonders ärgerlich ist insoweit übrigens noch, dass der BGH sich bis heute zu keiner der benannten Meinungen ausdrücklich bekannt hat (vgl. etwa BGHSt **45**, 378, 384; BGH NStZ **1996**, 34; BGHSt **31**, 264; BGHSt **2**, 194). In der Entscheidung BGHSt **45**, 378 heißt es auf Seite 384 lediglich, dass …

> *»… die irrige Annahme eines rechtfertigenden Sachverhaltes wie ein den Vorsatz ausschließender Irrtum über Tatumstände nach § 16 Abs. 1 Satz 1 StGB zu bewerten ist, sodass der Vorwurf der vorsätzlichen Tat entfällt«.*

Und in einem jüngeren, ziemlich spektakulären Fall hat der BGH diese »Rechtsauffassung« und seine dogmatisch nach wie vor unklare Bewertung zum Erlaubnistatbestandsirrtum auch noch einmal ausdrücklich bestätigt (→ BGH JR **2012**, 204). Am **2. November 2011** sprachen die Richter unter enormer Empörung der Öffentlichkeit ein Mitglied der Rockergruppe »**Hells Angels**« vom Vorwurf des Mordes an einem Polizisten wegen eines unvermeidbaren Erlaubnistatbestandsirrtums frei – Folgendes hatte sich ereignet: Der A, ein hochrangiges Mitglied der *Hells Angels*, war von einem Mitglied der verfeindeten Rockergruppe *Bandidos* darüber informiert worden, dass die *Bandidos* einen Anschlag auf ein Mitglied der *Hells Angels* planten. Einige Tage später begab sich ein Sondereinsatzkommando der Polizei morgens früh gegen sechs Uhr zum Haus des A, da die Polizei gegen A wegen diverser Waffendelikte ermittelte, was A aber nicht wusste. Die Beamten brachen sodann die Eingangstür am Haus des A auf, woraufhin A aus dem Schlaf erwachte. A glaubte sofort, dass dies der geplante Anschlag der *Bandidos* sei, die sich offenbar ihn als Opfer ausgesucht hatten. A ergriff eine Schusswaffe, lief die Treppe herunter und schrie in Richtung der Tür »*Verpisst euch!*«. Die Polizisten hörten dies nicht und machten sich weiter an der Tür zu schaffen. Im Glauben, dass ein Anschlag auf sein Leben unmittelbar bevorstehe, schoss A daraufhin zweimal auf die hinter dem Türfenster sichtbare Silhouette der sich dort gerade aufrichtenden Person. Der 2. Schuss traf den die Tür öffnenden Polizeibeamten tödlich in der Brust. A, der dies nicht realisiert hatte, lief wieder die Treppe hoch, blickte aus dem Fenster und sah erst jetzt die Polizisten, die sich vorher gut getarnt verborgen hatten. Daraufhin warf A sofort seine Pistole runter und rief »*Wie könnt ihr sowas machen? Wieso gebt ihr euch nicht zu erkennen? Warum habt ihr nicht geklingelt?*« Dann ließ er sich umgehend und widerstandslos festnehmen.

Der BGH sah A hier in einem unvermeidbaren **Erlaubnistatbestandsirrtum** und sprach ihn daher vom vorsätzlichen Tötungsdelikt frei, da er angesichts der konkreten Lage die Schusswaffe einsetzen durfte. Wörtlich heißt es (BGH JR **2012**, 204):

> *»… Wird eine Person (aus ihrer Sicht) rechtswidrig angegriffen, dann ist sie grundsätzlich dazu berechtigt, dasjenige Abwehrmittel zu wählen, welches eine **endgültige** Beseitigung der Gefahr gewährleistet; der Angegriffene muss sich **nicht** mit der Anwendung weniger gefährlicher Verteidigungsmittel begnügen, wenn deren Abwehrwirkung zweifelhaft ist. Das gilt **auch** für die Verwendung einer Schusswaffe. In der Regel ist der Angegriffene bei einem Schusswaffeneinsatz zwar gehalten, den Gebrauch der Waffe zunächst **anzudrohen** oder vor*

einem tödlichen Schuss einen weniger gefährlichen Einsatz zu versuchen. Die Notwendigkeit eines Warnschusses kann aber nur dann angenommen werden, wenn ein solcher Schuss auch dazu ***geeignet*** *gewesen wäre, den Angriff* ***endgültig*** *abzuwehren. Das war hier nicht der Fall, zumal der Angeklagte damit rechnete, dass er seinerseits von den Angreifern durch die Tür hindurch beschossen werden könne. Ihm blieb angesichts seiner Annahme, dass ein endgültiges Aufbrechen der Tür und das Eindringen mehrerer bewaffneter Angreifer oder aber ein Beschuss durch die Tür unmittelbar bevorstand, keine Zeit zur ausreichenden Abschätzung des schwer kalkulierbaren Risikos. Hier war aus Sicht des Angeklagten zu erwarten, dass die hartnäckig vorgehenden Angreifer ihrerseits gerade dann durch die Tür schießen würden, wenn sie durch einen Warnschuss auf die Abwehrbereitschaft des Angeklagten aufmerksam gemacht worden wären. Auf einen Kampf mit ungewissem Ausgang muss sich ein Verteidiger* ***nicht*** *einlassen. Daher waren beide Schüsse, die der Angeklagte durch die Tür abgegeben hat, aus seiner Sicht* ***erforderliche*** *Notwehrhandlungen …«*

Aus diesen Gründen bejahte der BGH den Erlaubnistatbestandsirrtum und auch die Rechtmäßigkeit des Gebrauchs der Schusswaffe. Demnach entfiel logischerweise dann auch eine Bestrafung wegen vorsätzlicher Tat, was der BGH sehr spärlich so ausdrückte (BGH JR **2012**, 204): »*Der Irrtum des A führt zum Wegfall der Vorsatzschuld.*«

Was das nun genau zu bedeuten hat und welcher der oben benannten Ansichten sich der BGH damit anschließt, bleibt von der dogmatischen Seite her also weiterhin unklar (*Wessels/Beulke/Satzger* freilich sehen darin das Bekenntnis zur rechtsfolgenverweisenden Schuldtheorie, vgl. Rz. 756). Fest steht indes nach wie vor nur, dass der Täter nicht wegen der vorsätzlichen Tat bestraft werden kann; dieser »Vorsatzschuldvorwurf« entfällt (BGH JR **2012**, 204; BGHSt **45**, 378, 384). Ob dieser Vorwurf nun bereits am Tatbestands***vorsatz*** oder doch erst am ***Schuld***vorwurf scheitern soll, ist wegen unklaren Formulierungen nach wie vor nicht eindeutig erkennbar. Wie gesagt, jeder deutet diesen Wortlaut anders (siehe oben).

Wir wollen uns daher bitte **Folgendes** merken: Der Erlaubnistatbestandsirrtum führt nach der »reinen« und nach der »rechtsfolgenverweisenden« eingeschränkten Schuldtheorie, nach der Lehre von den negativen Tatbestandsmerkmalen und auch nach der Meinung des BGH dazu, dass der Täter auf jeden Fall nicht wegen vorsätzlicher Tat bestraft wird. Beruht der Irrtum des Täters auf Fahrlässigkeit (und das ist die Regel), kommt aber wenigstens eine Bestrafung wegen des entsprechenden Fahrlässigkeitsdelikts in Betracht. Dieses Ergebnis wird entweder in **direkter** (→ Lehre von den negativen Tatbestandsmerkmalen), in **analoger** Anwendung des § 16 Abs. 1 StGB (→ »reine« eingeschränkte Schuldtheorie) oder durch Heranziehung lediglich der **Rechtsfolgen** des § 16 Abs. 1 StGB (→ »rechtsfolgenverweisende« eingeschränkte Schuldtheorie) erzielt. Der BGH lässt die gewählte Variante grundsätzlich offen, bezieht sich aber zumindest allgemein auf § 16 Abs. 1 StGB (BGHSt **45**, 378) oder spricht von »Vorsatzschuldvorwurf«, der entfällt (BGH JR **2012**, 204). Nur nach der »strengen Schuldtheorie« kommt es zur Anwendung des § 17 StGB mit der Konsequenz der Bestrafung wegen vorsätzlicher Tat, wenn der Irrtum vermeidbar war (§ 17 Satz 2 StGB).

Folge: Solange es um die Bestrafung eines **Einzeltäters** geht, brauchen die beiden eingeschränkten Schuldtheorien und auch die Lehre von den negativen Tatbestandsmerkmalen nicht argumentativ beackert zu werden, denn sie führen alle zum gleichen Ergebnis: Der Täter wird **nicht** wegen vorsätzlicher Tat bestraft und hat nur mit einer möglichen Fahrlässigkeitsbestrafung zu rechnen. Lediglich die »strenge Schuldtheorie« bedarf dann einer gutachterlichen Auseinandersetzung (machen wir gleich). Gibt es indes neben dem Haupttäter, der dem Erlaubnistatbestandsirrtum erlegen war, einen **Teilnehmer**, müssen die Meinungen abgewogen werden, **denn:** Nur nach der »rechtsfolgenverweisenden« eingeschränkten Schuldtheorie und der »strengen Schuldtheorie« handelt der Täter vorsätzlich ***und*** rechtswidrig mit der Folge, dass an dieser Tat die Teilnahme (§§ 26 und 27 StGB) möglich ist.

Zum Fall: Wir haben hier natürlich Glück, denn unser R ist fraglos Einzeltäter – und damit beschränken wir uns auf die Behandlung der »strengen Schuldtheorie«. Und diese werden wir im Ergebnis dann bitte **ablehnen**, und zwar aus den folgenden Gründen: Zunächst verkennt die den § 17 StGB anwendende strenge Schuldtheorie, dass beim Erlaubnistatbestandsirrtum ein Irrtum über den rechtfertigenden **Sachverhalt** vorliegt, der aber von § 17 StGB nicht intendiert ist. Diese Norm spricht vielmehr von »Unrecht« und impliziert damit eine Fehlvorstellung in der **rechtlichen** Bewertung einer Sachlage (*Lackner/Kühl* § 17 StGB Rz. 9). Der Erlaubnistatbestandsirrtum aber ist ein klassischer Sachverhaltsirrtum. Ein solcher ist nur vergleichbar mit der Situation des § 16 StGB (S/S/*Sternberg-Lieben/Schuster* § 16 StGB Rz. 15). Ebenso wie bei § 16 StGB handelt der Täter, der sich im Erlaubnistatbestandsirrtum befindet, von seiner Vorstellung her nämlich an sich rechtstreu und verdient damit nicht die Bestrafung wegen vorsätzlicher Tat (*Wessels/Beulke/Satzger* Rz. 756). Die strenge Schuldtheorie führt mithin zu unbilligen Ergebnissen, entspricht nicht der Intention des Gesetzgebers und ist folglich abzulehnen (weitere Argumente – etwa für eine Hausarbeit – noch bei *Christoph* in JA 2016, 32).

ZE.: Der im Erlaubnistatbestandsirrtum handelnde R ist nicht wegen vorsätzlicher Sachbeschädigung zu bestrafen. Nach dem Ablehnen der strengen Schuldtheorie ist eine Entscheidung zugunsten einer anderen Ansicht wegen der gleich lautenden Ergebnisse entbehrlich.

Ergebnis: Eine Bestrafung des R gemäß § 303 Abs. 1 StGB entfällt.

Und jetzt: Strafbar wegen Fahrlässigkeit?

Eigentlich ja, denn das hatten wir weiter oben ja gesagt: Wenn die Bestrafung wegen vorsätzlicher Tat in direkter, analoger oder nur die Rechtsfolgen des § 16 Abs. 1 StGB beachtender Art und Weise entfällt, bleibt ja gemäß **§ 16 Abs. 1 Satz 2 StGB** noch die Fahrlässigkeit übrig. **Aber:** Voraussetzung dafür ist zum einen, dass der Irrtum des Täters auf Fahrlässigkeit beruht, zum anderen aber auch, dass ein entsprechendes Fahrlässigkeitsdelikt überhaupt existiert (*Wessels/Beulke/Satzger* Rz. 755). Und genau daran scheitert es hier im Fall, **denn:** Die Sachbeschädigung, die in Frage steht, ist bei Fahrlässigkeit gar nicht strafbar. Eine »fahrlässige Sachbeschädigung« gibt es nicht. Ob der Irrtum des R hier auf Fahrlässigkeit beruhte, kann demzufolge dahinstehen.

Beachte noch: In dem eben geschilderten Fall um die Tötung eines Polizisten durch ein Mitglied der *Hells Angels* entfiel die Strafbarkeit wegen fahrlässiger Tat (→ fahrlässige Tötung nach § 222 StGB) ebenfalls – dort allerdings, weil dem Täter keine Fahrlässigkeit im Hinblick auf seinen Irrtum vorgeworfen konnte (BGH JR **2012**, 204), was dann übrigens zu einem gewaltigen Medienecho führte und dem BGH dirverse Ohrfeigen, unter anderem von der »Bild«-Zeitung einbrachte. Obwohl vom BGH dogmatisch einwandfrei gelöst, war der breiten Öffentlichkeit nicht nachvollzieh- und vor allem nicht vermittelbar, dass ein *Hells Angel* einen Polizisten erschießt und anschließend als freier Mann den Gerichtssaal verlässt.

Ergebnis in unserem Fall: Der R kann auch nicht wegen einer fahrlässigen Variante eines Strafgesetzes belangt werden, da das in Betracht kommende Delikt (Sachbeschädigung) nur bei Vorsatz strafbar ist. R bleibt somit insgesamt **straflos**.

Noch ein kurzer Nachschlag

Wir haben die Problematik um den Erlaubnistatbestandsirrtum oben im Prüfungsaufbau innerhalb des **Unrechtsbewusstseins** (also in der Schuld) diskutiert. Das haben wir deshalb gemacht, weil es sich nach Meinung des Verfassers (also nach meiner Meinung!) um die sicherste Variante mit dem vor allem geringsten Verwirrungspotential für den Leser/Korrektor handelt. Wenn man es mit den herkömmlichen Aufbauregeln ganz genau nimmt, ist das allerdings zum Teil inkonsequent: Denn wir haben oben ja gesehen, dass beim Erlaubnistatbestandsirrtum nach diversen Meinungen der **Vorsatz** des Täters entweder in direkter oder zumindest aber analoger Anwendung des § 16 StGB entfallen soll. Entfällt nun aber der Vorsatz, ist das keine Frage der Schuld bzw. des Unrechtsbewusstseins, sondern natürlich bei strenger Einhaltung des dreistufigen Deliktsaufbaus bereits im subjektiven Tatbestand zu klären. Aus diesem Grund empfehlen manche Lehrbücher dann auch, die Fragen zum Erlaubnistatbestandsirrtum quasi »neutral«, also auf einer eigenständigen Stufe, sozusagen als **Exkurs** zu klären, um keinesfalls schon frühzeitig durch den gewählten Aufbau ein vorweggenommenes Urteil über den Meinungsstreit und seine Folgen abzugeben.

Beachte: Das ist – mit Verlaub – Unsinn. Der Leser/Prüfer ist in der Regel schon sehr dankbar, wenn der Kandidat den Erlaubnistatbestandsirrtum überhaupt erkennt. Wenn der Kandidat dann auch noch weiß, dass es da verschiedene Meinungen zu gibt und diese aufsagen oder im allergünstigsten Fall sogar gegeneinander abwägen kann, ist das Gröbste geschafft (= gute Note). Diese Erörterungen noch aufzusplitten und mit anstrengenden und vor allem in einer Strafrechtsarbeit in der Regel nicht zulässigen (!) Verweisen nach **unten** zu versehen, zerdeppert den guten Eindruck der Arbeit, und es ist der Lösung im Übrigen auch alles andere als zuträglich. Meinungsstreitigkeiten sollten möglichst komprimiert und vor allem an **einer** (der richtigen)

Stelle der Arbeit diskutiert werden, auch wenn sie (was übrigens die Regel ist) zu unterschiedlichen Rechtsfolgen führen. **Deshalb:** Kein Prüfer wird Anstoß daran nehmen, wenn der Erlaubnistatbestandsirrtum erst (und nur) im Unrechtsbewusstsein geklärt wird. Im Gegenteil: Dieser Aufbau garantiert eine übersichtliche Darstellung ohne Querverweise, lenkt die Aufmerksamkeit auf die richtigen Stellen und ist daher vorzugswürdig. Selbst wenn der Bearbeiter sich bei der Abwägung der unterschiedlichen Meinungen später für die Anwendung des § 16 StGB (analog oder direkt) entscheiden sollte, kann und sollte dies dennoch nur in der **Schuld** beim Unrechtsbewusstsein diskutiert werden. In diesem Falle tut es nämlich ein (zulässiger!) Verweis nach **oben**, um dem Prüfer zu sagen, dass man trotz zunächst erfolgter Bejahung des Vorsatzes nunmehr doch die Rechtsfolgen des § 16 StGB zur Lösung der Streitfrage heranzieht. Das reicht. Versprochen.

Und das Allerletzte

Bevor wir das Buch gleich endgültig schließen, müssen wir noch einen letzten Begriff aus der Irrtumslehre klären. Keine Bange, es ist nicht schwer, man muss es aber wenigstens mal gehört haben. Es geht um den legendären und den meisten Kandidaten bis heute leider angsteinflößenden sogenannten »Putativnotwehrexzess«. Dabei dreht es sich um folgende Fallgestaltung:

> Der uns inzwischen bekannte ca. zwei Meter große Amateurboxer B schlendert in Köln über die belebte *Hohe Straße*. Dort sieht er dann zufällig, wie in einer Hauseinfahrt ein älterer Herr (H) ein junges Mädchen (M) gewaltsam an den Arm fasst und zu sich zieht. Im Glauben, er sei Zeuge eines sexuellen Übergriffs, rennt B zu der Einfahrt und schlägt den schmächtigen, etwa 1,60 Meter großen H in der Überzeugung, dazu berechtigt zu sein, ohne Vorwarnung mit einem schweren Kinnhaken nieder. Die M kann daraufhin, wie von B beabsichtigt, verschwinden. Im Nachhinein stellt sich heraus, dass die M dem H vorher in der Menschenmenge auf der *Hohe Straße* das Portemonnaie gestohlen, H dies aber bemerkt hatte und die daraufhin flüchtende M bis zum Eintreffen der benachrichtigten Polizei festhalten wollte. **Strafbarkeit des B?**

Wenn man ganz genau hinschaut, unterliegt der B bei seiner Körperverletzung nach § 223 StGB hier gleich **zwei** Irrtümern:

1. Zum einen glaubt B an einen Sachverhalt, der, wenn er vorliegen würde, ihn durchaus zum Einschreiten berechtigt hätte. Denn wenn ein älterer Herr ein junges Mädchen in einer Hauseinfahrt am Arm festhält und zu sich zieht, ist das zumindest eine Freiheitsberaubung gemäß § 239 StGB, unter Umständen eine Nötigung nach § 240 StGB und im schlimmsten Fall sogar ein versuchter § 177 StGB (lesen, bitte!). In diesem Falle wäre B gemäß § 32 StGB in der Form der sogenannten »Nothilfe« (»die Gefahr von **einem anderen** abzuwenden«) berechtigt gewesen, mit der erforderlichen Verteidigung gegen das Handeln des M vorzugehen. Dem war aber nicht so: Der H wollte die M festhalten und war zu diesem Verhalten wegen des vorangegangenen Diebstahls gemäß § 127 Abs. 1 StPO – privates Festnahmerecht bei einer Straftat – gerechtfertigt (vgl. insoweit vorne Fall Nr. 5). Es lag damit insbesondere kein »rechtswidriger« Angriff des H auf die M im Sinne des § 32 StGB vor – an den der B aber irrtümlich geglaubt hat. Dieser Irrtum des B ist damit ein: **Erlaubnistatbestandsirrtum**! B hat nämlich an einen Sachverhalt geglaubt, der – läge er tatsächlich vor – sein Verhalten rechtfertigen würde (→ **Putativnotwehr**). Wie dieser Erlaubnistatbestandsirrtum – also die Putativnotwehr – rechtlich einzuordnen ist, haben wir oben im Ausgangsfall ausführlich besprochen. Die überwiegende Meinung wendet den § 16 StGB entweder analog oder direkt an und lässt damit die Bestrafung wegen vorsätzlicher Tat entfallen (siehe oben).

2. Zudem unterliegt unser B hier aber noch einem weiteren Irrtum. Er hat nämlich im Übrigen geglaubt, er dürfe den 40 cm kleineren, schmächtigen alten Herrn als Amateurboxer gleich mit einem Kinnhaken niederstrecken, um die M zu retten. Bei diesem Irrtum überdehnt B seine (scheinbaren) Befugnisse im Rahmen des § 32 StGB, **denn:** Selbst wenn die Situation so gewesen wäre, wie B es sich gedacht hat, wäre ***diese*** Form der Verteidigung nicht das erforderliche (weil unter mehreren möglichen nicht das mildeste) Mittel und folglich unzulässig gewesen (daher: »Exzess«). B hat also die Grenzen eines an sich anerkannten Rechtfertigungsgrundes überschritten bzw. sich darüber geirrt. Dieser Irrtum ist damit ein: **Indirekter Verbotsirrtum**! Und der richtet sich nach **§ 17 StGB**, führt also je nach Vermeidbarkeit zur Straflosigkeit oder zur Strafmilderung (vgl. die Einzelheiten dazu in Fall Nr. 19 oben). Und damit ergibt sich Folgendes:

> **Regel Nr. 1:** Der sogenannte »Putativnotwehrexzess« beschreibt als eine Form des »Doppelirrtums« die Kombination aus einem Erlaubnistatbestandsirrtum und einem indirekten Verbotsirrtum (BGH NStZ **2003**, 599; *Fischer* § 33 StGB Rz. 5; *Jescheck/Weigend* § 45 II 4; *Geppert* in Jura 2007, 33; *Schuster* in JuS 2007, 617).

Der Täter glaubt also zum einen irrtümlich an einen Sachverhalt, der – läge er vor – sein Verhalten rechtfertigen würde. Und zum anderen irrt er sich dann auch noch über seine Befugnisse aus dieser vermeintlichen Notwehrlage, er überschreitet also die Grenzen des angenommenen Rechtfertigungsgrundes.

Die rechtliche Einordnung ist nun glücklicherweise nicht so problematisch, wie man es vermuten könnte: Es gibt insbesondere kein Drama mit 96 Meinungen und so weiter. Nein. Es gilt vielmehr folgende

> **Regel Nr. 2:** Der »Putativnotwehrexzess« richtet sich ausschließlich nach **§ 17 StGB**, wird also dem Verbotsirrtum gleichgestellt (BGH NStZ **2003**, 600; BGH NStZ-RR **2002**, 203; S/S/*Perron* § 33 StGB Rz. 8; *Fischer* § 33 StGB Rz. 5; *Wessels/Beulke/Satzger* Rz. 704; *Jescheck/Weigend* § 45 II 4).

Der Täter wird demnach zwar grundsätzlich wegen **vorsätzlicher Tat** belangt, je nach Vermeidbarkeit auch nur eines Irrtums entfällt aber die Schuld (§ 17 Satz 1 StGB) oder die Strafe kann gemildert werden (§ 17 Satz 2 StGB). **Begründung:** Selbst wenn der Sachverhalt so gewesen wäre, wie es sich der Täter irrtümlich vorgestellt hatte, hätte er dennoch seine Befugnisse aus dem vermeintlichen Notwehrrecht überschritten und damit jedenfalls im indirekten Verbotsirrtum gemäß § 17 StGB gehandelt. Dass er zudem im konkreten Fall auch noch an einen falschen Sachverhalt geglaubt hat, kann ihn nicht mit den Rechtsfolgen des Erlaubnistatbestandsirrtums (= keine Bestrafung wegen Vorsatztat!) entlasten. Hier muss vielmehr allein **§ 17 StGB** gelten (BGH NStZ **2003**, 600; *Jescheck/Weigend* § 45 II 4). **Übrigens:** Die Anwendung des § 33 StGB – das einfache Überschreiten der Notwehr (der sogenannte »**Notwehrexzess**«) – kommt im Falle des Putativnotwehrexzesses von vorneherein nicht in Betracht; dies scheitert nämlich bereits am Vorliegen seiner Voraussetzungen, denn der Täter überschreitet die Notwehr nicht aus Furcht, Schrecken oder Verwirrung (bitte lies § 33 StGB; zum Ganzen auch BGH JuS **2016**, 366; *Geppert* in Jura 2007, 33 und *Theile* in JuS 2006, 965).

Zum Fall: Der im »Putativnotwehrexzess« handelnde Amateurboxer B wäre somit im vorliegenden Fall gemäß § 223 Abs. 1 StGB wegen vorsätzlicher Körperverletzung zu verurteilen. Da seine Irrtümer vermeidbar waren (einfach mal nachfragen vor dem Zuschlagen!), kann seine Strafe gemäß § 17 Satz 2 StGB in Verbindung mit § 49 Abs. 1 StGB gemildert werden. Alles klar!?

Gutachten

Strafbarkeit des R durch das Eintreten der Tür

R könnte sich durch das Eintreten der Tür wegen Sachbeschädigung gemäß § 303 Abs. 1 StGB strafbar gemacht haben.

Objektiver Tatbestand:

R müsste eine fremde Sache beschädigt oder zerstört haben. R hat die aus seiner Sicht fremde Tür mit dem Tritt zumindest beschädigt. Der objektive Tatbestand ist erfüllt.

Subjektiver Tatbestand:

Für den subjektiven Tatbestand ist gemäß § 15 StGB der Vorsatz des R im Hinblick auf die objektiven Tatbestandsmerkmale erforderlich. R wusste um alle Umstände des gesetzlichen Tatbestandes, er wollte sogar die fremde Tür eintreten. R hatte folglich den erforderlichen Vorsatz.

Rechtswidrigkeit:

Die Tat des R könnte jedoch zum einen durch den sogenannten »aggressiven Notstand« aus § 904 Satz 1 BGB und zum anderen durch den »rechtfertigenden Notstand« aus § 34 StGB gerechtfertigt sein. Gemäß § 904 Satz 1 BGB ist der Eigentümer einer Sache nicht berechtigt, die Einwirkung eines anderen auf die Sache zu verbieten, wenn die Einwirkung zur Abwendung einer gegenwärtigen Gefahr notwendig und der drohende Schaden gegenüber dem aus der Einwirkung dem Eigentümer entstehenden Schaden unverhältnismäßig groß ist. Und gemäß § 34 StGB handelt nicht rechtswidrig, wer in einer gegenwärtigen, nicht anders abwendbaren Gefahr für (unter anderem) die Rechtsgüter Leben, Leib und Freiheit eine rechtswidrige Tat begeht, um die Gefahr von sich oder einem anderen abzuwenden, wenn bei Abwägung der widerstreitenden Interessen das geschützte Interesse das beeinträchtigte wesentlich überwiegt.

Die genannten Voraussetzungen liegen indessen schon objektiv nicht vor; der R glaubt nur, dass das so ist. Damit aber scheiden nach allgemeiner Ansicht sämtliche Rechtfertigungsgründe in ihrer Anwendung von vorneherein aus. Deren Voraussetzungen müssen nämlich unstreitig objektiv gegeben sein, damit ein Täter sich darauf berufen kann. Wer nur irrig an das Vorliegen der Voraussetzungen eines Rechtfertigungsgrundes glaubt, handelt nicht gerechtfertigt. R handelte beim Eintreten der Tür mithin nicht gerechtfertigt.

Schuld:

1. Mangels entgegenstehender Angaben im Sachverhalt ist R schuldfähig.

2. Es stellt sich die Frage, ob R angesichts seines Irrtums mit Unrechtsbewusstsein handelte. In Betracht kommt ein sogenannter Erlaubnistatbestandsirrtum. Ein solcher liegt vor, wenn der Täter irrtümlich an einen Sachverhalt glaubt, der – läge er tatsächlich vor – sein Verhalten rechtfertigen würde. Hätte in dem fraglichen Zimmer tatsächlich eine Vergewaltigung stattgefunden, wären beim Eintreten der Tür sowohl die Voraussetzungen des § 904 BGB als auch des § 34 StGB erfüllt gewesen. Zum einen hätte P die Einwirkung auf die Tür gemäß § 904 Satz 1 BGB wegen der Abwehr des drohenden Schadens am vermeintlichen Vergewaltigungsopfer dulden müssen und zum anderen hätte dann auch eine gegenwärtige Gefahr für das Rechtsgut »Leib« des Opfers im Sinne des § 34 StGB bestanden, zu dessen Verteidigung das Eintreten der Tür zulässig gewesen wäre.

Der R hat sich also einen Sachverhalt vorgestellt, bei dessen Vorliegen seine Tat sowohl nach § 904 Satz 1 BGB als auch nach § 34 StGB gerechtfertigt gewesen wäre. Insoweit ist nun fraglich, welche rechtlichen Konsequenzen dieser Irrtum hat.

a) Nach einer Meinung, der sogenannten »strengen Schuldtheorie«, muss der Erlaubnistatbestandsirrtum wie ein klassischer Verbotsirrtum im Sinne des § 17 StGB behandelt werden. Nach dieser Auffassung soll nämlich jeder Irrtum über die Rechtfertigung der Tat ein Fall des § 17 StGB sein. Dies gelte demnach nicht nur für Irrtümer über die rechtliche Seite eines Rechtfertigungsgrundes, sondern auch wenn der Täter die tatsächlichen Voraussetzungen einer rechtfertigenden Norm falsch sehe. Diese Theorie macht somit keine Ausnahmen von dem Grundsatz, dass fehlendes Unrechtsbewusstsein, also der Irrtum über die Rechtswidrigkeit der Tat, allein eine Frage der Schuld sei. Sämtliche Irrtümer über die Rechtswidrigkeit der Tat könnten also nur als Verbotsirrtum mit den Rechtsfolgen des § 17 StGB beurteilt werden. Der Täter handelt somit in jedem Falle vorsätzlich und rechtswidrig, je nach Vermeidbarkeit des Irrtums entfällt jedoch die Bestrafung wegen fehlenden Unrechtsbewusstseins ganz (§ 17 Satz 1 StGB) oder kann gemildert werden (§ 17 Satz 2 StGB).

b) Daneben steht die sogenannte »eingeschränkte Schuldtheorie«, die in zwei unterschiedlichen Ausprägungen vertreten wird.

aa) Zum einen lässt die »reine« eingeschränkte Schuldtheorie schon das »Unrecht der vorsätzlichen Tat« in analoger Anwendung des § 16 Abs. 1 Satz 1 StGB entfallen; beruht der Irrtum des Täters auf Fahrlässigkeit, wird analog § 16 Abs. 1 Satz 2 StGB aber wegen der entsprechenden Fahrlässigkeitstat bestraft. Nach dieser Auffassung gehören die subjektiven Vorstellungen des Täters vom Tatbestand und der Rechtswidrigkeit qualitativ zusammen und müssen deshalb auch die gleiche Behandlung erfahren. Wer die tatsächlichen Voraussetzungen einer rechtfertigenden Norm verkennt, handelt zwar nicht in Unkenntnis des »gesetzlichen« Tatbestandes wie es der § 16 StGB ausdrücklich fordert; gleichwohl werde der Handlungsunwert der Tat durch den Irrtum in einer dem § 16 StGB vergleichbaren Art und Weise aufgehoben. Der § 16 StGB sei daher auf den Erlaubnistatbestandsirrtum analog anzuwenden mit der Folge, dass der Täter grundsätzlich nicht vorsätzlich handelt und auch nicht entsprechend bestraft werden kann. Die Strafbarkeit des Täters scheitert somit nicht erst in der Schuld – so wie bei der »strengen« Schuldtheorie –, sondern bereits am Vorsatz im Hinblick auf das »Unrecht der Tat«. Für mögliche Teilnehmer hat dies dann die (günstige) Konsequenz, dass es mangels Vorsatzes des Haupttäters schon an einer »vorsätzlichen rechtswidrigen Haupttat« im Sinne der §§ 26, 27 StGB fehlt und eine Teilnahme mithin nicht möglich ist.

bb) Die sogenannte »rechtsfolgenverweisende« eingeschränkte Schuldtheorie kommt im Strafausspruch, also bei der Verurteilung des Täters, zum gleichen Ergebnis, begründet dies jedoch anders: Nach dieser Meinung wird der Täter, der sich im Erlaubnistatbestandsirrtum befindet, im Ergebnis ebenfalls nicht wegen vorsätzlicher Tat bestraft. Allerdings soll hierzu nur die Rechtsfolge des § 16 Abs. 1 Satz 1 StGB, also in jedem Falle die mangelnde Bestrafung wegen vorsätzlicher Tat, herangezogen werden. Der klassische Vorsatz des Täters, also die Kenntnis der objektiven Merkmale des verwirklichten Strafgesetzes im Sinne des § 16 Abs. 1 StGB, bleibt nach dieser Meinung aber bestehen. Denn der Wille des Täters, den objektiven Tatbestand zu erfüllen, sei ja offensichtlich vorhanden. Deshalb könne auch nicht – wie von der anderen eingeschränkten Schuldtheorie vorgeschlagen – der Vorsatz des Täters entfallen. Dem Täter, der sich über das Vorliegen eines rechtfertigenden Sachverhaltes geirrt habe, könne vielmehr nur kein Vorsatzschuldvorwurf gemacht werden. Der Irrtum über die tatsächliche Seite der Rechtfertigung sei somit lediglich auf der Ebene der Schuld zu berücksichtigen. Die Tat bleibe daher vorsätzlich und rechtswidrig im klassischen Sinne, es fehle aber der für die Schuld typische Vorwurf des Verkennens der Wertvorstellungen der Rechtsgemeinschaft. Im Ergebnis bestraft somit auch diese Meinung nicht wegen vorsätzlicher Tat, lässt aber durch die Aufrechterhaltung des Vorsatzes und der Rechtswidrigkeit eine Bestrafung möglicher Teilnehmer weiterhin zu.

c) Und schließlich wird noch die »Lehre von den negativen Tatbestandsmerkmalen« vertreten. Diese Meinung sieht in den Rechtfertigungsgründen Bestandteile eines »Gesamtunrechtstatbestandes« und in den einzelnen Rechtfertigungsvoraussetzungen demzufolge »negative Tatbestandsmerkmale«. Und somit braucht der § 16 Abs. 1 StGB nach dieser Auffassung logischerweise auch nicht analog oder nur in seinen Rechtsfolgen angewendet zu werden; er kann nach dieser Auffassung vielmehr direkt bzw. unmittelbar zur Geltung kommen, wenn der Täter sich über die »negativen« Tatbestandsmerkmale irrt. Denn es sind nach dieser Meinung gesetzliche Tatbestandsmerkmale im Sinne des § 16 StGB.

d) Im Hinblick auf eine Streitentscheidung ist nunmehr zu beachten, dass lediglich die strenge Schuldtheorie den Täter wegen vorsätzlicher Tat bestrafen will. Nach allen anderen Ansichten entfällt in jedem Falle die Bestrafung wegen vorsätzlicher Tat mit der Konsequenz, dass eine argumentative Auseinandersetzung nur in Bezug auf die strenge Schuldtheorie erfolgen muss. Die strenge Schuldtheorie ist aus den folgenden Erwägungen abzulehnen. Zunächst verkennt die den § 17 StGB anwendende strenge Schuldtheorie, dass beim Erlaubnistatbestandsirrtum ein Irrtum über den rechtfertigenden Sachverhalt vorliegt, der aber von § 17 StGB nicht intendiert ist. Diese Norm spricht vielmehr von »Unrecht« und impliziert damit eine Fehlvorstellung in der rechtlichen Bewertung einer klar erkannten Sachlage. Der Erlaubnistatbestandsirrtum aber ist ein klassischer Sachverhaltsirrtum. Ein solcher ist nur vergleichbar mit der Situation des § 16 StGB. Ebenso wie bei § 16 StGB handelt der Täter, der sich im Erlaubnistatbestandsirrtum befindet, von seiner Vorstellung her nämlich an sich rechtstreu und verdient damit nicht die Bestrafung wegen vorsätzlicher Tat. Die strenge Schuldtheorie führt mithin zu unbilligen Ergebnissen, entspricht nicht der Intention des Gesetzgebers und ist folglich abzulehnen. Der im Erlaubnistatbestandsirrtum handelnde R ist damit nicht wegen vorsätzlicher Sachbeschädigung zu bestrafen. Nach dem Ablehnen der strengen Schuldtheorie ist eine Entscheidung zugunsten einer anderen Ansicht wegen der gleich lautenden Ergebnisse entbehrlich.

Ergebnis: Eine Bestrafung des R gemäß § 303 Abs. 1 StGB entfällt. In Ermangelung einer bei Fahrlässigkeit strafbaren Sachbeschädigung bleibt R somit insgesamt straflos.

Sachverzeichnis